세상을 구한 의학의 전설들

세상을 구한 의학의 전설들

초판 1쇄 발행 2022년 2월 25일

지은이 로날트 D. 게르슈테 / **옮긴이** 이덕임

펴낸이 조기흠
기획이사 이홍 / **책임편집** 이한결 / **기획편집** 이수동, 최진
마케팅 정재훈, 박태규, 김선영, 홍태형, 배태욱, 임은희 / **제작** 박성우, 김정우
교정교열 신지영 / **디자인** 김효정

펴낸곳 한빛비즈(주) / **주소** 서울시 서대문구 연희로2길 62 4층
전화 02-325-5506 / **팩스** 02-326-1566
등록 2008년 1월 14일 제 25100-2017-000062호

ISBN 979-11-5784-564-4 03900

이 책에 대한 의견이나 오탈자 및 잘못된 내용에 대한 수정 정보는 한빛비즈의 홈페이지나
이메일(hanbitbiz@hanbit.co.kr)로 알려주십시오. 잘못된 책은 구입하신 서점에서 교환해드립니다.
책값은 뒤표지에 표시되어 있습니다.

⌂ hanbitbiz.com ᯼ facebook.com/hanbitbiz Ⓝ post.naver.com/hanbit_biz
▶ youtube.com/한빛비즈 ◎ instagram.com/hanbitbiz

지금 하지 않으면 할 수 없는 일이 있습니다.
책으로 펴내고 싶은 아이디어나 원고를 메일(hanbitbiz@hanbit.co.kr)로 보내주세요.
한빛비즈는 여러분의 소중한 경험과 지식을 기다리고 있습니다.

위대한 의학의 황금기를 이끈 찬란한 발견의 역사

세상을 구한
의학의
전설들

로날트 D. 게르슈테 지음 · 이덕임 옮김

한빛비즈
Hanbit Biz, Inc.

한국 독자들에게

우리는 대체로 건강을 당연한 것으로 여깁니다. 하지만 나이가 들어감에 따라 이 같은 확신은 점점 옅어지고 심신의 노쇠함과 함께 살아가는 법을 배우게 되지요. 프랑스 철학자이자 비평가였던 볼테르^{Voltaire}는 "우리는 인생의 전반기에는 돈을 벌기 위해 건강을 축내고 후반기에는 건강을 되찾기 위해 돈을 축낸다."라는 말을 남기기도 했습니다.

코로나바이러스가 우리 삶의 일부가 된 이후 우리 자신과 가족, 가까운 친구들의 건강에 대한 염려는 나이와 상관없이 이전과는 완전히 다른 의미를 가지게 되었습니다. 대유행은 한 개인의 건강뿐 아니라 사회와 국가의 건강도 얼마나 취약할 수 있는지 일깨워주었습니다. 전염병에 대한 정부와 학계, 언론과 일반 대중의 반응은 세계적인 어려움에 대처하기 위한 나름의 시도이기도 했지요. 코로나바이러스는 국가마다 다르기는 하지만 지금까지 지켜왔던 소중한 일상에 대한 공격과 같기도 합니다. 일부 국가는 개인의 자유에 제한을 가하는 소위 '강력한' 봉쇄 정책을 시행했고, 스웨덴과 같은 나라는 강제적인 조치보다는 국민의 책임감이나 통찰력에서 비롯된 자발성에 더 크게 의존하는 모습을 보였습니다. 역사상 흔히 있는 일이지만 위기 상황에서 동시대인들은 어느 쪽이 더 나은지 판단하기 어렵습니다. 이는 흔한 말로 역사가 심판할 일인 것입니다. 또한 이러한 판단 역시 최종적인 것이 아니라 수십 년, 수 세기가 흐르는 동안 변화할 수 있습니다. 마치 각 세대의 가치관을 되돌아보는 것처럼 말입니다.

대유행이 불러온 이 모든 공포스러운 상황에도 불구하고 이 어려움을 통해 우리는 오늘날 우리가 처한 특권적인 상황을 깨달아야 합니다. 바로 우리의 의학이 이전 세대 사람들은 꿈조차 꾸지 못했던 가능성을 포함한다는 사실입니다. 이는 특히 전염병과 유행병이 창궐했던 시대를 살았던 사람들, 콜레라와 천연두, 매독의 시대를 견뎌야 했던 사람들에게는 더욱 꿈만 같은 일입니다. 오늘날 코로나바이러스와 관련된 우리의 온갖 우려에도 불구하고 과거 전염병들의 치명성과 그로 인한 전체 사망자의 숫자는 그 심각성 면에서 코로나를 훨씬 능가하곤 합니다.

이 책은 의학은 물론 과학과 기술, 우리가 살아가는 현대 세계의 토대가 마련되고 새로운 지평이 열리던 시대를 조명하는 데 그 목적이 있습니다. 한국의 독자 여러분을 위대한 발견과 발명 그리고 이에 가담한 사람들의 성공과 비극의 한가운데로 데려갈 수 있어서 영광입니다.

한국에는 '고생 끝에 낙이 온다.'라는 지혜로운 격언이 있다고 들었습니다. 역경이 지나고 나면 행복이 찾아온다는 뜻이겠지요. 우리를 앞서

간 수많은 용감하고 혁신적인 조상들처럼 우리도 함께 이 역경을 극복할 수 있으리라 믿어 의심치 않습니다. 이 전염병이 지나고 나면 우리를 기다리고 있는 행복을 다 같이 누릴 수 있기를 기대합니다.

로날트 D. 게르슈테
워싱턴, 2022년 봄

손을 씻으라,
그러면 생명을 구할 것이니

언뜻 보기에 슈퍼마켓은 여느 때와 다름없었다. 과일 판매대에는 화려한 과일들이 진열되었고 고기와 소시지도 멋지게 분류되어 있으며, 초콜릿과 견과류 코너에는 밀크 초콜릿부터 코코아 함량이 90퍼센트나 되는 초콜릿 바까지 작고 달콤한 죄의식을 안겨주는 간식거리들이 몇 미터 길이의 선반 위에 쌓였고, 고추나 바다 소금 같은 이국적인 양념도 놓여 있었다. 그런데 소비자의 세계를 거닐다 보면 주의 깊은 사람은 뭔가 괴이한 점을 눈치채게 된다. 화장지가 없는 것이다. 그것만이 아니었다. 손 소독제라고 불리는 다양한 크기의 용기에 담긴 위생용품이 어디를 가나 눈에 띄는 것이다.

이는 도시 중심부의 쇼핑 지역뿐 아니라 지역 외곽의 쇼핑센터 또는 동네의 작은 슈퍼마켓에서도 볼 수 있는 풍경이다. 다른 나라에서도 비슷한 풍경이 등장했다. 처음에는 마스크를 쓴 사람이 몇 명 되지 않았지만 나중에는 점점 많아졌고, 결국에는 모든 사람이 얼굴에 마스크를 쓴 채 쇼핑하면서 지나가는 모든 이들에게 의심의 눈초리를 보내며 최대한 빠르게 가게를 벗어났다.

21세기 초반의 봄이었다.

언뜻 보기에 병동 입구는 여느 때와 다름없었다. 의사와 의대생들이 유쾌하게 떠들면서 요제프 2세 황제가 디자인한 거대한 병원 건물에서 나와 맞은편의 비슷한 건물 안으로 들어가려 하고 있었다. 이들은 죽음으로부터 탈출하여 삶의 세계로 진입하려던 참이었다. 일반적으로 아침에 부검과 인체와 죽음의 원인에 관한 연구가 이루어지던 빈 종합병원의 병리과는 당대의 의학계에서 가장 크고 유명한 부서였다. 의사와 학생들이 첫 진료를 위해 산부인과로 들어서자마자 새로 태어난 아기들의 울음소리가 복도에 가득 울려 퍼졌다.

젊은 의사들의 웃음소리와 활기찬 대화는 평소와는 뭔가 다른 입구의 모습을 알아차리자 일순간 멈췄다. 손 씻는 대야가 테이블에 놓여 있었고 대야 옆에는 강한 냄새를 풍기는 액체 용기가 있었다. 그 위에 단호하게 쓰인 글귀가 보였다. "오늘부터는 염화석회액으로 손을 깨끗이 씻은 후에야 분만실과 산부인과 병동에 들어갈 수 있습니다. 단 한 명의 예외도 없습니다." 이 문구를 본 몇몇은 놀라고 몇몇은 분개했다. 대다수 학생은 불합리하다고 느꼈지만 그래도 복종했다. 어떤 혁명은 소리 없이 시작되기도 한다. 바로 이처럼 말이다. 더는 산모에게 출산이 사형선고가 될 수 없음을 의미하는 일이었다.

프롤로그

19세기 중반의 봄이었다.

오늘날 우리가 당연히 여기는 대부분은 어느 순간 어디선가 시작된 것이다. '손 씻기의 역사' 같은 글귀를 구글에서 검색하면 이그나즈 필리프 제멜바이스Ignaz Philipp Semmelweis라는 이름이 맨 위에 등장하는 것을 볼 수 있다. 그 자료를 살펴보면 1847년 헝가리 태생의 이 의사가 빈에서 시작하기 전까지는 의사들이 거의 손을 씻지 않았던 것 같다. 오늘날에는 너무나 기본적인 것으로 여겨지는 신체 위생에 대한 관념은 그 시대 사람들의 가치관이나 사회적 지위에 따라 달라진다. 대체로 많은 이들이 위생이라는 개념을 특히 목욕탕과 수로가 갖추어져 있던 그리스 로마 시대와 결부시키는 경향이 있다. 물론 현대 위생학자라면 물의 질을 따져보았을 때 그 시대의 위생 시설을 그리 높게 평가할 수 없겠지만 그래도 초기 근대 유럽 귀족 사회의 욕실이나 화장실보다는 건강과 위생적 측면에서 낫다고 본다. 의학적 예방 목적의 손 씻기, 특히 산모의 높은 사망률을 예방하기 위한 손 씻기는 실제로 대부분 제멜바이스에게서 시작되었다. 구글이 재빨리 찾아내는 그에 대한 온라인 기사나 잡지, 여러 매체의 글을 보면 대부분 2020년에 발행된 것이다.

우리가 익히 알고 있고 일상에서 당연하게 여기는 많은 것이 사실 이전에 살았던 사람들의 경험과 진보를 바탕으로 이루어진 것이다. 제멜바이스의 예에서 볼 수 있듯이 치열한 싸움과 희생을 전제로 하기도 한다. 정상적인 일상이 위협받는 위기와 불확실의 시대에 우리는 종종 과거와 연결된 '현대'의 존재에 눈을 뜨게 된다. 친숙하지만 궁극적으로 취약한 이 현대성의 뿌리에 대해 누군가 물으면 사람들은 각자의 세계관에 따라 서로 다른 답을 내놓을 것이다. 어떤 사람은 15세기 중반 무렵의 인쇄술 발명을 손에 꼽는다. 인쇄술 없는 지식의 증대와 보급은 상상하기 어렵기 때문이다. 또 노예제도의 폐지와 여성 참정권 도입, 국가와 정부의 형태로서 민주주의 확립과 같은 사회적 진보가 현대 사회의 새벽을 열었다고 보는 사람도 있다. 기술과 디지털 세계의 신봉자라면 컴퓨터라는 단어가 NASA나 CIA 같은 기관에서만 독점적으로 사용되는 것이 아니라, 아타리나 매킨토시와 함께 최초로 중산층 가정의 거실과 공부방으로 진입하게 된 40여 년 전을 진정한 현대의 갈림길로 볼 것이다.

하지만 기술 장비도, 차고에서 빛나는 아름다운 차도, 지구를 몇 바퀴나 도는 여행도, 우리를 둘러싼 사회와 정치적 조건조차도 몸과 마음의 건강 문제만큼 직접적으로 우리 삶에 영향을 미치지는 못한다. 건강 또는 건강의 결함, 질병은 우리의 삶을 규정하고 방향을 알려주며 어떤 지점에서는 삶을 끝장내는 가장 기본적인 요소다. 질병의 존재나 질병에 취약한 상태에 대한 공포는 대부분 익숙하고 확실하게 보이던 삶의 전반을 흔들고 개인의 삶을 변화시키며 완전히 다른 방향으로 인도하기도 한다.

인류 신체 건강의 관점에서 근대성의 시작에 관해 비할 데 없는 진보가 이루어진 시대라면 많은 이들이 망설임 없이 19세기 후반을 꼽을 것이다. 이때는 발견과 발명이 봇물 터지듯 쏟아져 나오고 의학적 불모지를 나타내는 지도 위 하얀 점들이 점차 작아지고 있던 시기다. 이 책은 오늘날의 우리 일상을 가능하게 만든 획기적인 사건들에 독자들을 끌어들이고, 이 매혹적인 시대의 선구자와 개척자의 삶을 들여다보도록 한다. (물론 이들의 세계가 완벽하다거나 전 세계적인 관점으로 확대될 수 있다고 주장하려는 것은 전혀 아니다. 그들의 세계는 대체로 유럽과 북미에 한정된다.)

그렇다고 이 책이 의학사를 다루려는 것은 아니다. 다만 주로 의학적인 관점에서, 다양한 영역에서 진보와 발전이 이루어진다고 여겨지던 시대를 그려보려는 것이다. 황금시대에 터져 나오던 의사들의 획기적 성과는 당대 혁신에 대한 유례없는 열정에 바탕을 둔 것이었다. 현실의 이미지를 생생하게 구현해내는 장치(다게레오타이프와 사진)와 세기말로 갈수록 진보되어 가던 영상 기술, 철도가 놓이고 해저케이블을 깔아서 실시간 통신을 가능하게 한 기술적 진보 덕이었다. 도시의 급속한 성장과 거대한 산업화에 따라 빠르게 변화하는 인구통계를 배경으로 의사와 연구자는 선구적인 연구 활동을 시작할 수 있었다.

때마침 정치적 환경도 변화하고 있었다. 이념과 정당 구성에 대한 논쟁이 점점 치열해지고 독일이나 이탈리아 같은 새로운 국가가 출현했다. 영국은 여전히 세계 제일의 강대국이었지만, 의학적 관점에서 획기적인 전환점이라고 볼 수 있는 유혈 내전 이후로 미국 또한 강대국의 역할을 점차 준비하고 있었다. 그리하여 우리는 이 책에서 제멜바이스나 로베르트 코흐Robert Koch, 루이 파스퇴르Louis Pasteur나 지크문트 프로이트Sigmund Freud 뿐 아니라 건축가와 철도 재벌, 그리고 통치자들과도 만나게 될 것이다. 그들은 행동가이자 환자였고 때로는 당대에 자신의 이름을 남긴 이들이기도 하다.

시대에 관해 말할 때 흔히 1850년에서 1900년까지를 19세기 후반기라고 말한다. 하지만 이 책에서는 좀 더 너그럽게 그 경계를 짓고자 한다. 역사가들이 흔히 1789년의 프랑스 혁명이나 1815년 나폴레옹의 최후 패배, 혹은 빈 회의를 기점으로 하여 1914년까지 이어지는 시기를 일컬어 '기나긴 19세기'라고 하는 것과는 다른 의미다. 그보다는 19세기 중반 무렵에 1848~1849년의 혁명을 비롯하여 미래를 위한 수많은 토대가 만들어졌다는 사실과 더 깊게 연관된다. 무엇보다 중요한 것은 위대한 두 가지 의학적 발전이 그 시대에 이루어졌다는 점이다. 1840년대에 이루어진 그 의학적 사건 없이는 오늘날 우리의 삶을 상상할 수조차 없다.

이 책의 여정이 1914년에 끝나는 것은 때로 현실을 잊고 자아도취에 빠져 헛꿈을 꾸는 시대에 따끔한 눈길을 보내기 위해서다. 세상은 치유될 수 없다. 기껏해야 개선되고, 더 살기 좋은 곳으로 바뀔 수 있을 뿐. 이 책에 등장하는 많은 행동가가 보여주는 것도 바로 그것이다. 1914년은 희망의 패배와 함께 세상 모든 것이 좋아지기만 할 것이라는 꿈에서 우리를 끌고 나와 잔인한 깨우침을 가져다준 해이기도 했다. 물론 그 재앙을 일으킨 것은 의사들이 아니었다. 하지만 이후의 이야기는 우리의 노력이 언제든 실패할 수 있다는 것을 상징하는 것이기도 하다. 또한 통제할 수 없는 전염병도 있다는 것을 보여준다.

소수의 예외를 제외하고는 의사와 과학자, 우리가 얘기하고자 하는 시대의 발명가 대부분이 점진적으로 진보하는 미래에 대해 흔들리지 않는 믿음을 갖고 있었다. 19세기 후반에 태어난 위대한 외과 의사 페르디난트 자우어브루흐 Ferdinand Sauerbruch 는 자신의 젊은 시절을 다음과 같이 회고한다.

나는 1875년 바르멘에서 태어났다. 내가 태어나고 자란 그 시절 우리는 모두 오늘날과 같은 삶에 대한 두려움을 전혀 이해하지 못했다.

그는 "번영과 자신감, 삶에 대한 기대 어린 전망으로 가득 차 있던 시기"에 성장했던 것이다.[1]

그 시대는 정말로 오랜 과거가 되었다.

| 차례 |

1장

죽음의 손

이그나즈 제멜바이스, 손을 씻으라는 한마디로
전 세계 산모의 운명을 바꾸다

죽음, 이 죽음은 부자와 권력자의 문 앞에서조차 멈추지 않았다. 마리아 테레지아^{Maria Theresa}의 아들인 요제프 2세 황제는 평생 '개혁'이라는 단어와 가까이 지냈으며 재임 중에 세상에서 본 적 없는 병원을 짓도록 했다. 빈에 있는 종합병원은 계몽주의 시대의 이성적 사고와 계획, 엄격한 기하학을 바탕으로 병원 마당과 수백 개의 병상을 갖추었다. 산부인과 의사인 루카스 요한 보어^{Lucas Johann Böer}처럼 당대 최고의 의사들을 끌어들인 병원이었다.

하지만 그의 의술도 말기 결핵을 앓고 있던 병든 황제의 처조카이자, 합스부르크 왕가의 왕위 계승자 프란츠 요제프^{Franz Joseph}의 부인이었던 엘리자베트 공주 앞에서는 한계에 부딪혔다. 보어는 프란츠 1세의 마지막 순정이라는 세평을 얻는 젊은 여인의 품에 건강한 여자아이를 안겨주었다. 하지만 출산 이틀 만에 22세의 엘리자베트는 고열을 앓다 사망했다. 젊은 여인의 사인은 산욕열이었다. 다른 모든 의사들과 마찬가지로 보어는 무기력하게 어깨만 으쓱할 뿐이었다. 출산열이라고도 불리는 산욕열은 고대부터 이 세상 모든 어머니들과 동행해온 인류의 숙명적인 골칫거리로 여겨졌다.

반세기 후 산업화의 호황기가 찾아오면서 왕가와 유명한 궁중 재상들, 부유한 상인이나 사업가를 비롯하여 부와 권력을 누리던 빈의 재력가들은 산욕열로 인한 죽음을 어느 정도 줄이는 데 성공했다. 집이나 별장에서 아이를 낳음으로써 대부분 산모들은 운 좋게도 엘리자베트 공주의 운명을 피할 수 있었다. 젊은 산모나 영아를 죽음으로 내몰던 산욕열로 인한 사망은 귀족이나 중상류층에서는 100명당 한 명꼴로 줄어들었다.

하지만 빈의 대다수 시민들은 '고귀한 신분'이 아니라 하찮은 부르주아나 하층민이었다. 이들의 아내는 대부분 종합병원에서 아이를 낳았다. 하지만 위대한 요제프 황제가 개관한 이 병원은 출산에 한해서는 의학적·사회적 근대성의 상징이 아니었다. 빈의 임신부들에게 이 병원은 그야말로 어두운 그림자로 가득 찬 곳이었다. 출산일이 가까워질수록 임신부들이 달력을 근심 가득한 눈으로 올려다보는 일이 잦았다.

빈 종합병원은 산부인과 병동을 둘로 나누어 산통이 시작된 임신부를 받고 있었다. 또 사회적 수치와 경멸을 견디다 못해 신생아를 살해하는 등의 폐해를 막기 위해 가난하고 오갈 데 없는 임신부가 임신 마지막 두 달을 산부인과의 커다란 병동에서 지낼 수 있도록 했다. 이 외에 빈의 시민들이 모두 알고 있던 또 다른 사실이 있는데, 산부인과 제1병동에는 산욕열이 놀라울 정도로 만연해서 많은 임신부가 그곳에 입원하는 것을 마치 사형선고같이 받아들였다는 점이다. 그래서 빈의 임신부들은 출산일이 임박해오면 제2병동이 열리는 오후까지 진통을 늦추기 위해 필사적으로 애를 썼다. 물론 이곳에서도 산욕열로 인한 사망자는 있었다. 하지만 제1병동보다는 훨씬 덜했다. 제2병동의 산모 사망률은 다른 산부인과보다 약간 높았을 뿐이다.

이에 대한 의학계의 설명은 처절할 정도로 신통치 않았다. 당시에는 공기 중이나 바닥에 있는 물질이 질병을 유발한다는 장기설瘴氣說이나 환자의 허약한 체질이 전염병 같은 심각한 질병에 책임이 있다는 관점이 만연했다. 하지만 이 중 어떤 이론도 두 산부인과 병동의 차이를 설명하지는 못했다. 환자들은 같은 건물 침대에 누워 같은 공기를 들이마시고 같은 음식을 섭취했다. 이 문제가 단지 빈 종합병원 하나의 문제만이 아니라는 것을 빈 종합병원 경영진이 알고 있다는 것도 그들 스스로에게 큰 위안이 되지는 않았다.

유럽 전역에 산업화가 확산되는 과정에서 도시는 성장했고 인구는 증가했다. 특히 인구통계학적으로 하층민 혹은 평민층이라고 불리는 계층의 인구가 더욱 증가했다. 베를린, 파리, 뉴욕에서는 주 정부나 교회 차원에서 산부인과를 짓기 시작했다. 수 세기 동안 자기 집이나 농가에서 이루어졌던 출산은 이제 당국에 의해 수행되고 기록되는 일종의 공공 사건이 되었다.

산모의 사망률은 분명 빈 종합병원에서 일하는 의사들의 지적·과학적 자질의 문제로 인한 것이 아니었다. 그곳에서 일하던 많은 의사가 전문가 집단에서 높은 존경을 받았고, 심지어 그중 몇 명은 세계적인 명성을 얻기도 했다. 특히 19세기 중반은 다뉴브강 유역에 우뚝 선 이 도시를 중심으로 인체와 질병에 대한 연구에 기반한 의술이 번창하던 시기였다. 또한 18세기 중반 황후 마리아 테레지아 시대에는 궁정 의사인 헤라르트 판 슈비텐을 중심으로 '빈 의과대학'이 명성을 떨치고 있었다. 그리하여 빈 종합병원에는 1840년부터 위대한 외과 의사인 테오도어 빌로트Theodor Billroth를 비롯해 많은 유명 의사들이 모여들었고, 곧 '두 번째 빈 의과대학'으로 불렸다.

이 상승세를 주도한 사람은 그때까지만 해도 그다지 알려지지 않았던, 병리적 해부학을 의학 지식과 이해의 기초로 만든 카를 폰 로키탄스키Carl von Rokitansky였다. 그는 1830년부터 빈 대학의 병리해부학 연구소에서 일하기 시작해 4년 후에는 대학의 교수이자 병리해부학 박물관의 책임자가 되었다. 활동 기간 45년 동안 그가 행했던 3만 건 이상의 부검은 의대생들에게는 의학적 지식을 쌓기 위한 가장 중요한 수련장이었다. 또한 그는 질병을 설명하기 위해 매우 적절한 언어를 사용한 것으로 유명했다. 가령 로키탄스키 교수는 염증이 있는 쓸개 속 점액을 '멸치 반죽'으로, 낭종 속 혈액과 분비물은 '산딸기 잼'으로, 암세포가 번진 복부의 결석을 '커피 가루'라는 이름으로 불렀다.[1]

로키탄스키의 명성이 날로 높아지면서 그는 가장 중요한 작업인 부검을 수행하는 데 필요한 노른자위 장소를 확보하는 데 성공했다. 빈 종합병원의 '시체 안치소' 한쪽을 부검실로 삼은 것이다. 이는 학자로서 병리학에 대한 열정을 유지하는 데 도움이 되었고, 학생들은 보통 오전 중에 대여섯 번의 부검 수련을 함으로써 최고의 학습 기회를 얻을 수 있었다. 산부인과 제1병동의 높은 산모 사망률, 부검실과 출산 병동 간의 가까운 거리 때문에, 산욕열로 사망한 산모나 이어서 사망한 아기들이 부검대에 오르는 일도 종종 있었다. 염증으로 인한 고름에 덮인 끔찍하고도 신비로운 여체의 모습은 합스부르크 왕정 아래 있던 헝가리 지역 출신의 한 학생에게 깊은 인상을 주었고, 그는 산부인과 전문의가 되기로 결심했다. 그의 이름은 이그나즈 필리프 제멜바이스였다.

그는 1818년 7월 1일 헝가리 수도 부다페스트의 절반에 해당하는 지역인 부다^{Buda}에서 부유한 상류층 상인의 아들로 태어났다. 그가 태어난 집은 당시 기준에서 궁전에 해당할 징도였는데, 오늘날 그 집은 그의 이름을 딴 의학사 박물관이 되었다. 제멜바이스는 진정한 다문화 사회에서 성장했다. 합스부르크 제국에는 10여 국가에서 온 사람들이 살고 있었고 이들이 사용하는 언어가 적어도 11가지는 되었다. 제멜바이스의 독일어는 그의 가족이 사용했던 도나우 슈바벤^{Donauschwaben} 사투리가 많이 섞여 있었다. 또한 헝가리어를 유창하게 구사했고 어린 시절부터 학교에서 라틴어를 배웠다. 제멜바이스 가문에서 교육은 중요한 부분이었는데 그는 자신의 형제들처럼 가톨릭 김나지움을 다녔고 이후에는 도나우강 반대편 페스트^{Pest}의 대학에서 철학을 공부했다.

1837년에 그는 대학에서 법학을 전공하기 위해 빈으로 이사했다. 아버지의 충고를 따라 군 변호사가 되기 위해서였다. 하지만 법학은 그에겐 너무 무미건조한 학문으로 여겨졌다. 좀 더 생생하고 삶에 가까운 공부를 하고 싶었던 어느 날, 그는 친구들과 함께 로키탄스키가 수행하는 해부학 시연을 보러 갔다. 그리고 순식간에 매료되었다. 결국 제멜바이스는 진로를 의학으로 바꾸었다. 1841년에 다시 빈으로 돌아오기 전 그는 고국 헝가리에서 2년간 의학 공부를 마친 상태였다. 동료 학생들은 제멜바이스를 사교적이고 친절한 사람으로 묘사했다. 이는 말년에 보여준 심술 맞고 공격적인 의사의 모습과는 대조적이다. 그는 또한 빈의 여성들에게 인기가 많았다. 그의 전기를 쓴 작가 중 몇 명은 인생 후반부 그가 보인 정신적 증상을 토대로 빈에서 보낸 젊은 시절로 인해 이후 중추신경계에 매독 증상이 발현된 것이 아닐까 진단하기도 한다. 물론 그 가능성을 완벽하게 배제하기는 어렵다. 빈은 매우 활기찬 도시였으며 빈 도시 전체에 커다란 지붕을 설치하기만 한다면 공식적인 사창가를 허용하는 것이 어떻겠냐는 제안에 전설적인 개혁 황제 요제프 2세가 체념이 담긴 한숨을 쉬었다고 전해지기도 했으니.

이 모든 방해 요소에도 불구하고 제멜바이스는 쾌락의 도시 빈에서 이를 악물고 공부해 1844년 산부인과 박사학위를 취득했다. 제멜바이스가 산부인과 전공을 선택한 데에는 한 치의 망설임도 없었다. 이후 그는 산부인과 원장의 보조 의사직을 자원하기도 했다. 당시 원장은 보잘것없는 배경을 극복하고 빈의 상류 사회까지 진출하여 명성을 날리던 요한 클라인Johann Klein 교수였다.

제멜바이스를 주인공으로 한 모든 전기소설이나 영화에서 클라인은 주요 악당으로 묘사되곤 한다. 이는 사실 그리 틀린 얘기도 아니다. 제멜바이스가 보조의 시험을 치를 당시 56세였던 클라인은 1822년 보어의 자리를 이어받아 자신의 매력과 의술을 왕정 및 국가의 지도자들에게 십분 발휘 중이었다. 1830년에는 미래의 황제 프란츠 요제프의 탄생을 성공적으로 뒷받침해준 의사로서 세간의 존경을 한 몸에 받기도 했다.

클라인이 원장으로 있던 산부인과의 유일한 보조의 자리는 이미 채워져 있었기에 제멜바이스는 보조 지망자의 자리로 만족해야 했다. 무보수이긴 했지만 가족의 재정적 지원을 받고 있던 그로서는 꿈의 직장에서 일할 기회를 갖는 것이 더 중요했다. 드디어 산부인과 세계로 들어선 제멜바이스는 분명 그 규모에 압도되었을 것이다. 출산 병동은 매우 규모가 컸는데 두 개의 부서에 모두 병동 여덟 개, 그 여덟 개 병동마다 20개의 병상이 있었다. 그곳의 창문 배열은 매우 특이했다. 모두 바닥에서 거의 2미터 정도 위에 위치해 있고 문을 열기도 어려웠다. 이는 임신부나 젊은 산모의 자살을 막기 위한 것이었다. 비슷한 예방책이 화장실에도 마련되어 있었다. 산모가 신생아를 살해하는 것을 막기 위해 화장실을 개방했기 때문이다. 덕분에 병동에서 취할 수 있는 환기 통로는 오로지 밖으로 난 복도를 통하는 것만이 유일했다.

제멜바이스가 보조 지망생으로 일하던 2년 동안 좋았던 부분이 있다면 그가 상당히 독립적으로 일하고 연구할 수 있었다는 점이다. 제멜바이스를 아끼던 로키탄스키 교수는 그가 산욕열로 사망한 여성들을 부검할 수 있도록 허락했다. 빈에서 지낸 5년 동안 제멜바이스가 부검한 여성 인체 수만 해도 수백 건이 넘었을 것이다. 그런데 안타깝게도 그와 함께 부검을 끝낸 동료 의사들은 종종 출산 병동으로 직행하곤 했다. 이후 제멜바이스가 산욕열의 원인과 그것이 전파되는 경로를 점점 명확하게 이해하면서 그는 자신도 모르게 산모들을 감염시켜 죽음에 이르게 했다는 사실에 괴로워하기도 했다.

그 당시 제멜바이스는 의학계에서 과학적 방법론의 선구자 중 한 명이자 존경받던 임상학자 요제프 스코다 Josef Skoda 교수에게서 논리학과 통계학을 1년 이상 배우고 있었다. 현대의 전기 작가가 지적한 바와 같이 스코다 교수의 가르침은 제멜바이스에게 지속적인 영향을 끼쳤다.

> 그곳에서 제멜바이스는 이런저런 논쟁의 다양한 방법과 구체적 임상 질문에 대답하기 위해 통계를 활용하는 방법을 배웠다. 스코다 교수는 '배제 진단'이라는 논리적 접근법을 통해 진단 기법을 완성하려 했는데, 스승의 가르침을 따르는 과정에서 제멜바이스도 점점 새로운 과학적 사고와 배제를 통한 진단 방법에 의존하기 시작했다. 즉 산욕열에 대한 다양한 이론을 점검해가는 과정에 밀의 겉껍질에서 낱알을 분리하는 방식을 사용한 것이다.[2]

그때가 아마도 그의 생애 최고의 시기였을 것이다. 제멜바이스는 그의 친구이자 헝가리 출신의 동료 외과 의사인 러요시 머르쿠쇼브슈키Lajos Markusovsky와 함께 살았다. 그들은 강도 높은 노동환경에도 불구하고 빈의 밤 문화와 여가 생활을 즐기기에 충분한 젊은 에너지를 가지고 있었다. 무도장과 요한 슈트라우스 2세가 활발한 활동을 하고 있던 음악회, 와인 바와 사교 모임 곳곳에서 그를 볼 수 있었고 특히 여성들에게 인기가 많았다. 훗날 머르쿠쇼브슈키는 제멜바이스에 대해 이렇게 회상했다. "그는 믿을 수 없을 정도로 여자들에게 인기가 많았어요. 나보다 훨씬 인기가 있었지요. 그 친구 역시 여자들을 매우 좋아했어요. 한마디로 제멜바이스는 아주 멋진 동지였어요. 그보다 더 나은 동지를 얻을 순 없었을 거예요."[3]

이 화려한 사교 생활은 1846년 7월 제멜바이스가 클라인의 조수 자리로 들어가면서 끝났다. 단 한 번 중간에 잠시 쉬었을 뿐 그는 1849년 3월까지 그 자리를 지켰다. 업무량은 엄청났다. 아침의 부검 시간과 학생들과의 수업, 그리고 클라인 교수의 개인 병원에서의 업무, 주로 통계 자료를 통한 개인적 연구 활동, 그리고 무엇보다도 산부인과에서의 업무가 넘쳐났다. 미심쩍은 명성에도 불구하고 산부인과 병동은 대부분 만원이었다. 제멜바이스는 24시간 동안 거의 34건의 출산을 담당한 적도 있었다. 하지만 그 무엇보다도 제멜바이스는 새로운 생명이 시작되어야 하는 장소에서 매일 목격하는 죽음에 괴로움을 느꼈다. 산욕열은 그의 삶에서 열정의 대상이며 평생의 업적이자 악마이기도 했다.

산욕열은 보통 출산 후 첫 24시간 안에 시작되었다. 산모의 몸에 열이 오르고 복통을 호소할 때 제멜바이스가 배를 만져보면 복부의 벽이 딱딱했다. 고열에 빠져 점점 의식을 잃어가는 환자들에겐 아주 작은 손길도 고통스러웠고 산모 담요를 통해 느껴지는 어떤 손길에도 진저리 치는 통증을 호소했다. 열이 높아질수록 반응은 줄어들었고 그다음엔 혼수상태에 빠지다가 사망에 이르렀다. 부검을 해보면 항상 비슷한 양상이 나타났다. 복부에 심각한 염증이 퍼져 있었고 자궁과 복강에 고름과 종기가 엉켜 있는데, 간혹 가슴이나 뇌와 같이 멀리 있는 신체 기관에서 염증이 발견되는 경우도 보였다. 죽은 환자의 온몸에 고름이 퍼진 경우도 있었는데 수많은 부검을 통해 둔감해진 의사들도 고름에서 풍기는 악취로 인해 매스꺼움을 느낄 정도였다.

제멜바이스는 이 비극이 어떻게 시작되었는지 알아내기 위해 골몰했다. 공기나 지류, 우주의 영향이나 물결의 흐름 등과 관련이 있다는 설명은 제멜바이스에겐 터무니없는 것으로 여겨졌다. 실제로 그런 알 수 없는 공기의 흐름 같은 것이 있다면 빈 전체가 그에 노출될 것이고 빈 종합병원 전체도 똑같은 상황에 처해야 했다. 하지만 도시에서 가정 분만을 하는 산모들의 낮은 사망률은 어떻게 설명하겠는가? 게다가 하필 제1병동에서 왜 그렇게 많은 산모들이 사망하는가? 몇 달 동안 사망한 산모의 숫자는 단 몇 발자국 떨어진 제2병동보다 거의 다섯 배가 많았다. 게다가 제멜바이스가 머리를 싸매고 생각에 잠겨 있는 동안 비극을 알리는 소리가 서서히 들려오곤 했다. 병원의 다른 의사들은 그다지 관심도 없고 통제도 할 수 없는 소리였다.

가톨릭 사제들이 예복을 입고 병원을 들어서고 그 앞에 교회 종을 든 하인이 먼저 걸었다. 병든 환자가 죽음에 이르기 전 병자성사를 치르기 위한 일반적인 절차였다. 보통 병자성사는 죽기 24시간 전에 치러야 하지만 산욕열 환자에게 24시간은 너무 길었다. 때로 신부가 죽음의 성사를 위해 병원에 왔지만 환자의 상태가 너무 멀쩡해서 성사를 포기했다가 몇 시간 후에 급격히 나빠져서 다시 불려오는 일도 있었다. 낮이면 종종 들려오는 이 운명의 종소리가 출산 병동에 누워 있는 산모들에게 어떤 느낌을 주었을지 짐작할 수 있으리라. 나 또한 내 방 앞을 지나는 작은 종소리를 들으면 온몸이 오싹해지곤 했다. 알 수 없는 이유로 죽어간 불쌍한 희생자들이 떠오르며 한숨이 저절로 나왔다. 그리하여 이 작은 종소리는 알려지지 않은 병의 원인을 가능한 모든 수단을 동원하여 연구해야겠다는 결심을 굳히게 한 통

한의 소리이기도 했다.[4]

제멜바이스는 모든 가능성을 고려했는데 심지어 성직자가 질병이 퍼지는 데 어떤 역할을 하지 않았을까도 의심했다. 그래서 사제에게 병원으로 들어갈 때 다른 길을 통하도록 하거나 종을 울리지 말아달라고 부탁하기도 했다. 불길한 종소리가 막 출산한 산모 내면의 균형을 깨뜨려서 병에 걸리게 하는 건 아닐까 의심했기 때문이다. 사제는 제멜바이스의 요청을 받아들였지만 변한 것은 아무것도 없었다. 제멜바이스가 연구하고 실험하고 고심하는 동안 다른 여러 가지 가능성도 모두 제거되었다. 병원의 식단과 최근 출산한 여성들의 사회적 배경, 투약된 약 모두 두 병동이 다르지 않았다. 제1병동에서는 의사와 의대생이 임신부와 산모를 돌보았고 제2병동에서는 조산사와 그 조수가 산모를 돌본다는 것이 다를 뿐이었다.

지치고 자신의 손에서 죽어가는 산욕열 환자의 수가 줄지 않는다는 좌절감에 빠진 제멜바이스는 1847년 봄, 잠시 일을 쉬기로 했다. 가끔씩 같이 있는 자리에서 감히 자신의 의견에 반박하는 제멜바이스에게 갈수록 짜증이 난 클라인 교수는 전임자였던 구스타프 브라이트Gustav Breit에게 조수 자리를 내주었다. 브라이트는 그라츠로 갔으나 그곳에서 기반을 잡지 못했고 자신의 옛 자리로 돌아오기 위해 애를 쓰고 있었다. 제멜바이스에게 이 상황은 그다지 놀랍지 않았다.

대신 그에게는 좋은 충고를 해주는 친한 친구가 있었다. 제멜바이스보다 15살 많았던 야코프 콜레치카Jakob Kolletschka는 로키탄스키 교수 주위 인맥 중 하나였는데 법의학 교수이자 유명한 병리학자인 클라인의 부검 시연에 종종 참석한 적도 있다. 콜레치카는 제멜바이스에게 필요한 것이 바로 '휴가'임을 알고 있었다. 그 시대로서는 낯선 개념이었음에도 말이다. 게다가 역동적인 발전이 이루어지고 있던 1840년대에는 아득하기만 했던 거리감이 순식간에 사라지고 알 수 없었던 매혹적인 세계가 갑자기 손에 닿을 듯 가까워지는 일이 벌어지곤 했다. 새로운 철도가 빈과, 아드리아 해협 상단의 지중해로 이어지는 과거 오스트리아의 관문인 트리에스테를 연결한 것이다. 덕분에 합스부르크 왕정이 소유한 이탈리아의 보석, 베네치아라는 꿈의 세계로 가는 여정은 아주 짧았다.

제멜바이스는 머르쿠쇼브슈키와 또 다른 친구와 함께 여행을 떠났다. 당시에 안성맞춤인 선택이기도 했다. 친구들은 운하를 낀 도시의 박물관 속 예술 작품들과 독특한 건축물에 경탄했고 지중해식 생활방식을 즐겼다. 제멜바이스는 멋지게 회복했고 3주 후에는 친구들과 그전까지는 불가능하다고 여겨졌던 시속 50킬로미터의 속도로 빈에 돌아왔다. 돌아오니 좋은 소식이 그를 기다리고 있었다. 브라이트가 조수 자리로 돌아온 지 며칠 만에 뷔르템베르크 튀빙겐에 있는 산부인과에서 교수직을 제안받고 이를 수락한 것이다. 결국 그 자리는 제멜바이스에게 넘어왔다. 아마도 당시 클라인은 옆구리에 싸늘한 기운을 느꼈을 것이다.

1847년 3월 20일 제멜바이스가 일자리로 돌아간 첫날 부검실로 들어섰다. 환자들에겐 그다지 필요치 않은 존재였음에도 불구하고 일부 병원에 고용되어 있던 '간호 보조사'라고도 불리던 조수가 그를 이상한 눈길로 바라보았다. 뒤늦게 제멜바이스는 그토록 많은 날을 함께 일해왔던 친구 콜레치카가 부검실에 보이지 않는다는 사실을 알아차렸다. 하인은 그제야 콜레치카가 일주일 전에 세상을 떠났음을 알려주었다.

제멜바이스는 깊은 충격에 빠졌다. 그가 친구들과 베네치아로 떠나기 전인 3주 전만 해도 콜레치카는 여전히 활기차고 건강했다. 나중에서야 제멜바이스는 콜레치카에게 무슨 일이 일어났는지 알 수 있었다. 그가 여행을 떠나고 며칠 후 부검실에서 한 학생이 콜레치카의 검지를 베는 실수를 저질렀던 것이다. 사실 이는 부검실이나 수술실에서 흔히 일어날 수 있는 직업상의 실수였다. 콜레치카 역시 처음에는 상처를 대수롭지 않게 여겼다. 하지만 부상당한 손가락이 부어오르고 열이 나면서 메스꺼움이 일었다. 다음 날, 붉은 줄무늬가 어깨 쪽에서 팔을 타고 흘러내렸는데 이는 혈액과 림프관에 염증이 퍼지고 있다는 징후였다. 열이 무시무시하게 높아지자 그는 헛것을 보기 시작했고 혼수상태에 빠졌다. 그리고 3월 13일 그는 영원히 눈을 감았다.

결국 콜레치카의 육신은 그와 제멜바이스가 그토록 자주 함께 일했던 부검대에 올려졌다. 어느 정도 정신을 수습한 후 제멜바이스는 콜레치카의 부검 보고서를 요청했다. 너무나 슬픈 순간이지만 보고서를 읽는 바로 그때가 제멜바이스가 진실을 깨닫게 될 순간이기도 했다.

보고서에 따르면 콜레치카의 배와 가슴, 흉부에서 흰색의 삼출물이 발견되었다. 전문 용어로는 복막염과 가슴막염, 심장막염으로 항생제가 발명되기 전에는 누구나 이런 질병으로 목숨을 잃었다. 또 그의 혈관은 염증으로 막혀 있었고 거의 모든 장기에서 고름이 발견되었다. 하지만 생의 마지막 시간, 콜레치카의 가족을 경악케 한 최악의 모습은 단연 그의 눈이었다. 그의 한쪽 눈이 그야말로 눈두덩이 밖으로 튀어나와 있었다. 커다란 종기가 눈두덩이 아래에서 부풀어 올랐기 때문이었다.

콜레치카의 몸은 패혈증이 매우 심각했고 모든 필수 장기가 염증에 잠식된 상태였다. 이 모든 것이 시체 해부 작업에 사용된 칼로 입은 작은 상처에서 비롯된 것이었다. 제멜바이스는 이 모든 병리학적 변화와 몸을 뒤덮은 종기들을 보며 명확하게 이해할 수 있었다. 이것은 그가 수없이 보아왔던 그림이었다. 산욕열로 죽은 여자들의 몸 안에서.

친구의 불행한 운명은 역설적이게도 제멜바이스에게 빛이 되었다. 분명 시체에 뭔가 치명적인 물질이 있었을 테지만 제멜바이스는 감히 그것이 살아 있는 미생물일 것이라는 추측은 하지 못했다. 인간의 눈이 가진 한계로 인해 생명의 다양한 형태는 다음 세대 연구자들의 현미경 아래에서나 드러났기 때문이다. 따라서 제멜바이스는 부패한 물질이나 사체의 입자가 원인일 것이라 생각했다. 하지만 그 물질이 치명적인 길로 향하는 경로만큼은 분명해졌다.

실수로 해부용 칼이 피부에 상처를 입힐 때 치명적 물질이 불행한 콜레치카의 몸속으로 들어갔다. 그리고 그 물질은 분명 시체를 해부한 남자들, 즉 의사와 의대생의 손에도 있던 것이다. 이들은 부검실에서 곧장 산부인과 병동으로 가서 그 손을 사용해 막 출산한 산모들의 복부를 검진했다. 이는 분명 제멜바이스에게는 끔찍한 괴로움을 안겨준 깨달음이었다. 임신부와 산모에게 도움과 구원이 되어야 할 의료진이 알고 보니 산모와 신생아에겐 죽음의 사신이었다니! 간혹 산모와 신생아가 같이 사망하는 경우도 있었는데 부검을 해보면 신생아의 장기에서도 대부분 고

약한 염증이 그대로 퍼져 있곤 했다.

　제멜바이스는 클라인을 찾아가서 자신이 그동안 관찰한 내용과 이에 따른 유일한 논리적 결론을 이야기했다. 막 출산한 산모를 진단하기 위해 출산 병동으로 들어서기 전에 부패한 시신을 만졌거나 치명적인 물질이 묻은 손을 씻어야 한다! 상관과 조수로서 긴장 관계에 놓여 있었고 산욕열에 대해 별다른 관심이 없었음에도 불구하고 클라인은 제멜바이스의 말에 동의했고, 심지어 그는 제멜바이스가 스스로 정한 규칙을 공식화 했다. 손을 씻으시오.

　제멜바이스는 아마도 당시에 로버트 콜린스Robert Collins라는 이름을 들어본 적이 없을 것이다. 이 아일랜드 의사는 더블린에서 로툰다Rotunda 병원을 운영했는데 그가 이 병원에 처음 부임했을 때 산모 사망률이 엄청나게 높았다. 1829년 취임 직후 콜린스는 급진적인 조치를 시작했다. 그는 병원을 비우고 염소 가스를 건물 내부에 주입한 뒤 병원의 문과 창문을 48시간 동안 밀폐했다. 벽과 바닥을 염소 처리된 석회 반죽으로 칠했고 병원 안의 목재는 모두 석회 용액으로 씻었다. 침구를 비롯한 병원 자재는 모두 오븐 속 건조한 열을 쬐어 소독했다. 그 후 거의 5년 동안 로툰다 병원에서 '산욕열'이란 단어는 마치 외국어처럼 낯선 존재가 되었다. 콜린스는 흐뭇하게 병원을 둘러볼 수 있었다. "내가 원장직을 내려놓은 1833년까지 1만 785건의 출산이 있었지만 산욕열로 목숨을 잃은 환자는 한 명도 없었다."[5]

　자극적인 냄새에도 불구하고 세척과 표백 효과가 있다고 알려진 염소는 염화석회 용액의 형태로 쉽게 구할 수 있었다. 이는 출산 중 사망과 전투를 벌이는 제멜바이스에게 강력한 무기가 되었다. 1847년 5월 초부터 산부인과 제1병동 입구의 세면대 앞에는 다음과 같은 지시가 적힌 표지판이 세워졌다.

> 오늘부터 부검실에서 나오는 모든 의사나 학생은 산부인과에 들어가기 전 입구에 놓인 세면대에서 손을 제대로 씻어야 할 의무가 있다. 이 규칙은 한 사람의 예외도 없이 모든 이에게 적용된다.
>
> I. P. 제멜바이스[6]

제멜바이스는 매의 눈으로 오가는 모든 이들을 지켜보며 손 씻기를 귀찮아해 대충 손을 담그거나 염소 용액에 손 씻는 일을 기피하는 사람을 큰소리로 질책하곤 했다. 이런 행동은 동료들 사이에서 그의 인기를 떨어뜨리는 데 일조했고, 그러잖아도 이방인이었던 그는 이로 인해 점점 더 아웃사이더가 되었다. 하지만 그는 신경 쓰지 않았다. 왜냐하면 그가 스코다 교수와 함께 만들고 축적해온 자료와 사실, 통계가 명확한 언어로 말해주고 있었기 때문이다. 1847년 4월 기준으로 산욕열로 인한 산모의 사망률은 18.27퍼센트라는 믿기 어려운 수치를 기록하고 있었다. 이는 제1병동에서 출산한 여성 다섯 명 중 한 명이 목숨을 잃는다는 의미였다. 하지만 손 씻기가 도입된 5월에는 사망률이 12.24퍼센트까지 떨어졌다. 그 이후로 드러난 통계는 기적에 가까웠다. 특히 허약한 사람이 열이 날 경우 치명적인 위험이 찾아올 수 있는 여름철인 6월에는 2.2퍼센트, 7월에는 1.2퍼센트, 8월에는 1.9퍼센트까지 사망률이 떨어졌다.

처음으로 제2병동보다 제1병동에서 출산 중 사망한 여성의 숫자가 적어진 것이다.

그러다 이 기류에 차질이 생겼다. 10월에 환자 12명 중 11명이 같은 병실에서 사망했다. 마치 죽음이라는 존재가 침대를 옮겨가는 듯했다. 제멜바이스는 곧바로 하나의 요인을 의심했다. 병실 첫 번째 침대에 자궁암에 걸린 환자가 누워 있었던 것이다. 1847년에는 암 치료가 불가능했으므로 사형선고를 받은 것이나 다름없었는데, 이 치명적인 상피성 암은 만성적으로 감염을 야기했다. 당시 환자들이 줄지어 누워 있는 침대를 따라 병동으로 들어온 의사와 학생들은 일단 첫 번째 침대의 환자를 먼저 진찰했다. 제멜바이스는 시체뿐 아니라 살아 있는 사람도 불특정한 다량의 유해 물질을 분비할 수 있다는 결론을 내렸다.

그의 해결책은 급진적이었다. 산부인과 검사를 마친 후 매번 새로운 환자와 접촉하기 전에 염화석회 용액으로 손을 씻으라는 것이었다. 그 지시에 대한 저항은 격렬했고 클라인 역시 자신의 조수에 대한 미움을 더욱 키워나갔다. 제멜바이스는 자신의 이론을 실행에 옮기기 위해 마치 십자군 같은 광신적 열의로 사람들을 몰아붙였다. 덕분에 염화석회 용액에 담근 의사와 의대생들의 손은 항상 벌겋게 달아오르고 쓰리고 가려운 상태였다. 그만큼 그의 인기도 바닥을 치게 되었다. 하지만 제멜바이스는 멈추지 않았다. 1848년 3월과 연이어 8월에 그는 궁극적인 승리를 거두었다. 몇 달 동안 산욕열로 사망한 환자가 단 한 명도 발생하지 않은 것이다. 이 같은 상황과 더불어 이 돌파구를 마련한 의사에 대한 소식은 당연히 빈 신문의 헤드라인을 장식할 만했다.

하지만 3월 이후 오스트리아 언론은 단 하나의 주제가 휩쓸고 있었다. '1848년 혁명'이 일어난 것이다. 이 혁명으로 인해 빈은 다른 어느 도시보다 폭력과 억압의 절정을 겪어야 했다. 유럽의 많은 국가에도 정치적, 사회적 갈등이 누적되었다. 폴란드와 이탈리아 등 민족주의 성향이 강한 나라들은 외세의 지배를 벗어나 독립을 위해 싸우기 시작했다. 30년 전에 만들어졌으나 그에 못지않게 노쇠하고 반동적인 오스트리아의 재상 메테르니히Metternich가 대표로 있는 의회에서 무시당해온 부르주아 계급의 대표자들이 정치 참여를 위해 투쟁하던 시기이기도 했다.

급속히 성장하는 도시에서 생겨난 노동계급은 도시 곳곳에서 좁은 생활공간과 그보다 더 비위생적이며 배고픈 비참한 환경 속에서 살고 있었다. 1846년과 1847년의 흉작으로 상황은 더 악화되었고, 이는 유럽의 일부 지역 사람들을 더욱더 깊은 불행의 구렁텅이로 빠뜨렸다. 착취와 빈곤의 대표적인 예로는 1844년 초에 봉기를 과감히 감행한 슐레지엔의 직조공들이 있다. 파리로 이주했던 하인리히 하이네Heinrich Heine는 이들의 봉기를 기려 시를 바치기도 했다. 그의 작품 중 가장 유명한 작품이기도 한 이 시는 비통한 협박이기도 하다.

> 침침한 눈에는 눈물도 마르고
> 베틀에 앉아 이빨을 간다
> 독일이여, 우리는 짠다, 너의 수의를
> 세 겹의 저주를 거기에 짜넣는다
> 우리는 짠다, 우리는 짠다!

1848년의 소요는 새해 첫날 이탈리아에서 시작되었다. 점점 더 미움을 사고 있던 합스부르크 왕정의 영주와 주 당국에 바치는 세금을 내지 않기 위해 밀라노에서 담배 불매운동이 시작된 것이다. 영국의 역사학자 리처드 에번스^{Richard Evans}는 19세기에 관한 자신의 방대한 저서에서 이 소요를 미국 식민지 주민들이 주동한 '보스턴 차 사건'과 비교했는데, 아니나 다를까 이탈리아의 다른 지역에서도 소요가 급격히 퍼져나갔다.

프랑스에서 일어난 사건은 더욱 결정적이었다. 1830년 집권한 시민왕 루이 필리프 정권에 대한 오랜 반감이 쌓여 1848년 2월 23일과 24일 프랑스 전역에서 대규모 반정부 시위가 터졌다. 반군들은 순식간에 바리케이드를 쌓고 군과 충돌했다.

루이 필리프는 사흘 이상 견디지 못했다. 프랑스 역사상 마지막 왕은 퇴위한 뒤 '미스터 스미스^{Mr. Smith}'라는 이름으로 영국으로 망명했다. 며칠 후에 프랑스는 공화국이 되었다. 하지만 이 공화국은 매우 단명했다. 혁명의 끝에 위대한 나폴레옹 1세의 조카인 루이 나폴레옹이 권좌에 올랐기 때문이다. 나폴레옹 1세는 1840년에 죽은 몸이나마 세인트헬레나 섬에서 파리로 화려하게 귀환했고 이후 앵발리드의 호화로운 대리석 관대 아래서 영원한 휴식을 취했다. 루이 나폴레옹은 삼촌의 정치적 천재성에는 한참 못 미쳤지만 그럼에도 왕위에 올랐고 자신을 황제라 칭했다.

다른 나라의 왕과 대신들, 유럽 대륙의 도처에서 활발하게 정치에 참여하던 시민들은 1848년의 혁명 앞에서 온 유럽을 25년 동안 대혼란과 전시 상황으로 몰아넣었던 프랑스 대혁명을 떠올렸다. 역사학자 에번스는 초기 상황을 다음과 같이 묘사한다.

비록 많은 사건들이 1789년을 떠올리게 했지만 1848년의 혁명은 여러 면에서 이전의 혁명과는 달랐다. 가장 두드러진 차이는 유럽에 미친 영향의 정도였다. 1790년대에 프랑스 혁명가들은 자신들의 사상이 유럽 전역에 퍼지도록 많은 노력을 기울였다. 하지만 1848년에는 굳이 그것이 필요하지 않았다. 19세기 중반에 유럽 여러 나라에서 동시다발적으로 혁명이 일어났기 때문이다. 비록 철도망은 아직 초기 단계였지만 1790년대보다는 새로운 소식을 훨씬 더 잘 전달할 수 있도록 충분히 발달되어 있었고 도로포장이나 증기 동력 선박도 빠른 속도로 발전하고 있었다. 문맹률의 감소와 도시 산업 노동자의 엄청난 증가는 혁명 사상을 위한 비옥한 토대를 제공했다. 게다가 산업화와 자본주의 제도의 확산은 1840년대 말에 유럽 전 대륙을 강타한 경제 위기를 악화시켰고 상대적으로 고립된 지역뿐만 아니라 유럽 전역에 고통과 비참함이 퍼져나갔다. 그 결과 1848년 프랑스 혁명과 동시에 다른 여러 지역에서도 비슷한 격변이 일어났다.[7]

사실 그 시대를 돌아보면 오스트리아도, 최소한 독일어 사용 지역에서는 혁명적인 사건이 연이어 터져 나왔고, 특히 오스트리아 남서쪽에서 부르주아 자유주의 운동이 강하게 일어났다. 전통적 인습과 무너진 권력 구조와 사회적 불의에 대한 반란이 온 세상을 가득 채우고 있었던 셈이다. 역사가 골로 만Golo Mann은 이렇게 묘사했다.

의식 있는 사람들 사이에 예측하고 희망하고 걱정하는 풍조가 오랫동안 널리 퍼져 있었다. 의식적이든 아니든 간에 기대하는 바를 이루기 위해 행동하는 사람들이 있기에 상상은 현실이 될 수 있다. 독일 남부에서 자유주의자들이 선거에서 승리하면서 바람의 향방이 뚜렷이 보였다. 프로이센의 헌법도 제정되어야 했다. 오스트리아의 메테르니히 재상도 영원히 살 수는 없을 것이었다. 심지어 황제의 충신조차도 그의 '체제'가 시대착오적이며 죽은 체제라고 대놓고 얘기했다. 독일 전역에서 특히 서부와 남부를 중심으로 독일제국을 연방정부로 재편하라는 요구가 점점 거세지고 있었다. 게다가 처음에는 보이지 않았고 극소수였으나 점점 더 많이 논의 선상에 올랐으며 두려움의 대상이 되어가던 사회주의 운동 혹은 공산주의 운동이 있었다. …… 루마니아 지역의 국가들로부터 시작된 소요는 이제 독일에서도 슬슬 커졌고 곧이어 눈덩이처럼 세력을 불려나갔다. [8]

정말 빠른 진행이었다. 3월은 혁명의 달이었는데 어떤 지역에서는 마치 민속 축제처럼 흥겨웠지만 또 어떤 지역에서는 부르주아 계급과 국가권력 간에 유혈 충돌이 벌어지기도 했다. 그중에서도 가장 중요한 충돌은 3월 18일 베를린에서 시민들과 노동자, 학생들이 바리케이드를 세우고 프리드리히 빌헬름 4세의 군대에 대항한 것이다. 엄청난 희생을 치렀지만 황제는 이들을 굴복시켰고 저항군은 물러났다.

다음 날 그는 자신의 성 앞에서 전사한 사람들에게 고개 숙여 절하였다. 3월 21일에는 검은색과 붉은색, 금색 띠를 두르고 베를린 시내를 돌면서 프로이센 왕국이 자유주의적 분위기에서 독일을 통일시킬 것이라는 희망을 국민들에게 심어주었다. 다만 왕비만이 낙천적인 분위기에 휩쓸리지 않고 왕의 옆자리에 앉아 왕의 귀에 지금 필요한 것은 단두대라고 속삭였다. 오늘날까지도 뮌헨의 건축물 형성에 지대한 영향을 끼친, 바이에른의 왕이자 폭군이었던 루트비히 1세라면 어쩌면 저항군들 앞에서 단두대를 떠올렸을 것이다. 아일랜드 태생의 스페인 무용가 롤라 몬테즈^{Lola Montez}와 루트비히 1세의 관계는 특히 국민들의 분노를 불러일으켰는데, 결국 왕은 3월 11일에 롤라 몬테즈를 추방했고 계속되는 혁명의 불길에 못 이겨 며칠 뒤 퇴위했다.

얼마 지나지 않은 5월 18일 프랑크푸르트암마인의 파울 교회에서 독일 최초의 의회가 열렸다. 이로써 변화를 위한 투쟁의 주도권이 거리에서 회의장으로, 시민과 노동자, 투쟁 의지로 불타오르던 학생들에서 다소 웅변적이고 법 앞에서 고분고분한 고위 인사들로 넘어가게 되었다. 여름이 되자 여러 나라의 시계추가 되돌아오기 시작했고 반동적인 분위기가 거세졌다.

오스트리아에서도 처음에는 전환점이 온 것처럼 보였다. 여러 민족을 통합했던 제국은 보헤미아, 헝가리, 이탈리아뿐만 아니라 거의 모든 지역에서 터져나온 폭동에 의해 흔들렸다. 3월 13일 반란군들이 빈의 의사당을 습격했고 메테르니히는 그날 저녁 작별인사를 남긴 채 다른 나라로 도망쳤다. 영국의 빅토리아 여왕이 그에게 망명을 허락했다.

증오에 찬 반동 세력에 맞서 얻은 승리는 멈출 수 없는 혁명 운동의 선명한 상징처럼 여겨졌다. 빈에서는 자유주의적 부르주아 계급과 학생 단체의 주도하에 개혁이 시작되었으며 언론의 자유가 도입되고 새로운 헌법이 입안되었다. 근대 역사가들은 당시 상황을 이렇게 묘사한다.

> 독일 땅 어디에서도 1848년의 빈에 비견할 만한 역동적인 변화를 볼
> 수 없었다. 이곳은 인민 혹은 (정치적 관점에 따라) '폭도'들이 지배했
> 다. 의회는 남아 있었지만 일부 의원들이 마침내 도시를 떠났을 때도
> 좌파 의원들은 계속 잔부의회로 모였다. 이들은 정부를 대체하기 위
> 해 안보위원회를 구성했다. 시의회도 구성이 되었다. …… 이 기관들
> 은 법적 전통을 이어받으면서 혁명으로 세워진 빈 정부에 정통성을
> 부여했다. 또 혁명위원회와 학생위원회, 민주협회가 구성되어 지배권
> 을 행사했다.[9]

　대학은 일시 휴교했다. 거리를 순찰하는 국가 수비대는 학계 인사들로
구성되었는데 단 두 달 동안 활동했던 부대도 포함된다. 제멜바이스 역
시 이 부대 배지를 달았다. 하지만 당시 그가 발견한 예방책으로 의학계
의 돌파구가 마련되고 그의 주장이 로키탄스키나 스코다 같은 당대의 선
구적 인사들을 설득하는 데 성공하면서 그가 다시 부대에 참여하는 것은
불가능하게 되었을 것이다. 조심스럽게 말하건대 혁명에 대한 제멜바이
스의 이 같은 헌신이 기득권층의 대표자 혹은 최소한 기득권층의 무임승
차자라 할 수 있는 클라인 교수와의 관계를 산산조각 낸 원인이 아닐까
싶다.

　황제는 완전히 힘을 잃고 5월 17일 빈을 떠나 조용한 인스브루크로 이
동했다. 하지만 그는 여전히 가장 강력한 무기인 군대를 가지고 있었다.

요제프 벤첼 라데츠키 장군(이후 그의 이름을 딴 행진곡이 작곡되었다)의 지휘 아래 이탈리아 영토에서의 봉기가 진압되었고, 알프레트 퓌르스트 추 빈 디슈그레츠 장군의 지휘하에 보헤미아에서의 봉기 또한 진압되었다. 그 후 프라하에서 전투 중 유탄에 아내를 잃은 뒤 혁명가들에 대한 감정이 악화될 수밖에 없었던 빈디슈그레츠 장군은 빈을 향해 행진했다.

빈 시민들은 이들이 이끄는 반동 세력이 승리할 경우 자신들이 맞이할 상황을 직감했다. 혁명의 이상을 따르는 자는 누구든 무기를 들고 도시의 중요한 입구마다 철조망과 장벽을 세우는 대열에 합류했다. 소총을 집어 든 사람 중에는 프랑크푸르트에서 온 방문객도 있었는데, 그는 독일 국민의회의 좌파 자유주의자 운동가였던 로베르트 블룸Robert Blum이다. 그는 이들의 움직임에 희열을 느꼈고 대의에 대한 열정으로 인해 현실감각을 잃어버렸다. "우리는 더 이상의 지원군이 필요 없습니다. 우리만으로도 충분합니다!"[10]

물론 현실주의자라면 오합지졸로 구성된 군대가 빈디슈그레츠 같은 단호한 반동주의자가 전문적이고 엄격하게 관리하는 군대에 맞서기 힘들다는 사실쯤은 쉽게 깨달았을 것이다. 이 전투는 거의 일주일 동안 지속되었고 약 2,000명의 목숨을 앗아 갔다.

당시 빈의 지배자는 빈디슈그레츠와 그의 처남 펠릭스 추 슈바르첸베르크 신임 재상이었는데, 결국 혁명의 지도자들에게는 본보기로 사형이 내려졌다. 블룸은 자신의 상황과 승자들의 증오심을 아직 제대로 깨닫지 못하고 있었다. 바리케이드 투사로 체포된 블룸은 새로운 통치자들이 국민의회의 일원인 자신의 면책특권을 존중할 것으로 예상했다. 하지만

11월 8일 저녁, 군법회의에 회부되고 나서야 그는 꿈에서 깨어났다. 이튿날 아침 해가 돋을 무렵 그는 처형장으로 끌려가서 총살되었고 즉시 1848년 혁명의 순교자가 되었다. 11월 9일은 독일인들에게 처음이었지만 결코 마지막은 아닌 운명의 날이 되었다.

블룸을 죽인 총성은 어쩌면 1848년 빈 혁명의 마지막 노랫소리일지도 모른다. 독일을 비롯하여 다른 나라에서도 혁명의 진자가 되돌아왔고 오스트리아처럼 모든 것이 복귀된 것은 아니지만 일부는 과거 권력을 되찾았다. 오스트리아에서는 국민들 사이에서 멍청한 정신박약아로 불리던 (게다가 흉측한 '합스부르크가의 입술'을 가지고 있던) 황제 페르디난트 1세가 사임하고 18살이었던 조카 프란츠 요제프가 왕위에 올랐다. 하지만 대중의 정치 참여와 민주주의의 꿈은 잠재울 수 없었다. 그 꿈은 오스트리아와 1849년까지 무장 반란이 수구 질서를 위협했던 바덴, 그리고 바이에른과 프로이센에서 살아남았다. 그리고 새로운 세력을 등에 업고 다른 상황에서 되살아날 것을 기다리고 있었다.

제멜바이스 역시 혁명에 가담했으나 반동 세력의 끈질긴 버티기로 혁명은 패배한 듯 보였다. 계속되는 클라인 교수와 그 추종자들과의 다툼에 지친 그는 1850년에 고향인 부다페스트로 돌아왔다. 하지만 깨어난 민중의 주권 의식처럼 제멜바이스의 가르침은 더 이상 침묵 상태로 남아 있지 않았다. 그가 주창한 손 소독에 대한 가르침은 이제 누구도 부정할 수 없다. 1848년의 혁명가들처럼 제멜바이스도 시간이 흐를수록 더 많은 사람들이 그것의 정당성을 깨닫게 되는 용기 있는 길을 택했다.

**1840~1914
A GREAT
MEDICAL
EPOCH**

2장

인간의 초상

최초의 빛그림, 의학적 발전에 가속도를 붙이다

미국인들은 최초의 인물 혹은 위대한 사람이 되기를 좋아한다. 로버트 코닐리어스^{Robert Cornelius}도 예외는 아니었다. 승리의 순간에 그가 띤 자신감 넘치는 표정은 수 세대가 지난 지금까지 그대로 보존돼 있다. 대서양 건너편 아직 새파랗게 젊던 나라의 한 청년이 내보인 자신에 찬 모습은 오늘날 우리의 눈에도 여전히 신선하고 진실하게 보인다. 작업을 완성한 뒤 코닐리어스는 자랑스럽게 그 뒷면에다 다음과 같은 문장을 적어 넣었다. "최초로 찍은 빛그림^{light picture} 1839."[1]

하지만 코닐리어스는 잘못 알고 있었다. 구대륙의 소식이 (우편 상자가 실린) 범선의 속도로 신대륙에 전해지던 그 시대에, 비록 증기선이 점점 늘어나긴 했지만 최신 소식을 더 빠르게 들을 길은 없었던 것이다. 그래서 코닐리어스는 최초의 '빛그림^{Lichtbild}(사진을 일컫는 독일어 단어—옮긴이)'이 이미 얼마 전에 프랑스에서 찍혔다는 사실을 뒤늦게 알았다. 하지만 필라델피아에 살았던 기술자이자 발명가 코닐리어스는 여전히 선구자로서 자신의 조국에서 소중한 '최초의 인물' 칭호를 얻었다. 1839년 10월의 첫날에 사진 역사상 최초로 자신의 모습을 찍는 데 성공했기 때문이다.

요샛말로 치면 최초의 셀카라고 할 수 있다.

180년이 훨씬 지난 지금도 우리는, 어쩌면 의도적일 헝클어진 머리에 보는 사람을 살짝 비껴가는 듯한 날카로운 눈빛을 지닌 생동감 있는 코닐리어스의 모습에 매료된다. 그 모습은 마치 유령 같기도 하다. 은판의 얼룩이나 손상과 상관없이 이 사진을 보는 사람은 당장에라도 그가 움직이며 말을 걸어올 것 같은 느낌을 받는다. 19세기 후반에 찍힌 사진 속 등장인물은 찌푸린 표정이나 우스꽝스러운 머리 모양 때문인지 대부분 부자연스럽고 이미 지나버린 다른 시대에 속해 있는 듯한 인상을 준다. 하지만 위대한 작품 속의 코닐리어스는 마치 현재의 우리 중 누군가처럼 보인다. 오히려 더 활기차고 자신만만한 모습이다.

사진의 발명은 혁신의 전성기였던 그 시대 초기에 얼마나 새롭고 매혹적인 문물이 봇물 터지듯 등장했는지를 보여준다. 특히 의학의 발전은 열렬한 환영을 받으며 수천 킬로미터 떨어진 장소에 사는 다양한 개인에게 빠르게 전파되었고 동시에 새로운 전환기와 성취를 맞이하고 있었다.

수 세기 동안 초상화를 갖고자 하는 욕망은 특정 사회계층의 사람들만을 위한 것이었다. 초상화를 그리는 데는 기량이 뛰어난 화가와 그에게 비용을 지급할 수 있는 재력이 필요했다. 물론 주변의 재능 있는 친구나 가족의 연필 끝에서 초상화가 탄생하기도 했고 몇몇 그림은 이후에 아주 유명해지기도 했다. 그중 하나가 사진술이 발명되기 10년 전쯤 프란츠 테오도어 쿠글러가 그린 어린 하인리히 하이네의 초상이다.

궁정화가의 손에서 초상화가 탄생하려면 군주나 그의 후궁들은 며칠 동안 모델이 되어 화가 앞에 앉아 있어야 했다. 하지만 코닐리어스가 사용한 방법으로는 단지 15초에서 20초만 가만히 있으면 될 뿐이었다. 이와 더불어 은판이나 화학물질과 같은 재료를 쉽게 구할 수 있었던 환경에 힘입어 매우 짧은 시간 안에 인물 사진의 민주주의가 이루어졌다. 그리하여 1840년경부터 인물 사진이 보편화하기 시작했다. 유명한 사람이건 그렇지 않건, 젊었건 늙었건, 건강하건 병들었건 상관없었다.

코닐리어스보나 몇 주 혹은 심지어 몇 달 먼저 빛그림을 만들어내는 데 성공한 사람은, 아마도 1838년에 찍은 듯한 사진을 다음 해 8월 19일 파리에 전시했던 루이 자크 망데 다게르Louis Jacques Mandé Daguerre였을 것이다. 사진의 역사에서 이날은 사진 기술이 하나의 예술 형태로 탄생한 날로 기록되고 있다. 다게르는 또한 조제프 니세포르 니엡스가 최초의 사진을 만들어내는 데 간접적으로 관여하기도 했다. 최초의 사진은 1826년 또는 1827년 생루드바렌Saint-Loup-de-Varennes에 있는 니엡스의 서재에서 찍혔다. 빛에 민감한 아스팔트로 코팅된 판은 노출 시간이 8시간 필요했으나 그렇게 찍은 사진에는 건물들이 너무 흐릿하게 나타났다. 사진을 찍는 데 필요한 환경이나 그 결과로는 니엡스가 헬리오그래피라고 부른 이 방식이 광범위하게 쓰일 수 없었다. 장시간 강렬한 태양 빛이 필요하다는 점에서 태양이 그린 그림이라는 뜻의 헬리오그래피라는 이름은 너무나 적절했다.

은판의 가벼운 노출을 바탕으로 한 다게르의 기법은 이에 비해 더 실용적이었다(은판은 비용상의 이유로 구리 같은 다른 재료로 만들어진 은 코팅 판으로 곧 대체되었다). 몇 년 후에는 콜로디온 습판법이라고 불린 기법과 영국인 윌리엄 헨리 폭스 탤벗이 개발한 음화와 양화를 동시에 추출하는 기법이 발명되었다.

다게르 기법(다게레오타이프)은 19세기 중반 이후까지 미국에서 인기를 누렸다. 세계적으로 유명한 다게르의 사진 〈탕플 대로〉에는 처음으로 사진에 기록된 두 사람이 등장한다. 사진의 왼쪽에 포착된 구두닦이 소년과 손님의 이름은 남아 있지 않다. 다만 틀림없이 다게르는 카메라를 설치해둔 3층 방으로 돌아가기 전 이들에게 긴 노출 시간 동안 꼼짝하지 말고 머물러주기를 부탁했을 것이다. 그 시각 분명히 거리에 있었을 다른 보행자들은 긴 노출 시간 탓인지 사진에 등장하지 않으며 그들은 이 독특한 역사적 기록에 그림자도 남기지 못했다.

그 후로 상황은 숨 가쁘게 진행되었다. 1839년 8월에 다게르는 획기적 발명을 더 많은 대중에게 알렸고, 몇 주 후에는 코닐리어스가 자신의 모습을 찍은 사진을 만들었으며, 몇 달 후에는 뉴욕 브로드웨이에 최초로 상업 사진관이 문을 열어 수많은 고객을 불러 모았다. 코닐리어스도 이 사업에 뛰어들어 필라델피아와 워싱턴에 사진 스튜디오를 열었다. 새로운 기술에 대해 당대 사람들이 보인 열정은 적어도 중산층에서 점점 확산되던 삶의 스타일을 반영한다. 철도 개통으로 개인의 이동이 쉬워지고, 가족사진이나 개인사진을 찍는 즐거움이 생겼으며, 의학적 진보 역시 가속도가 붙으면서 1840년대에는 거의 무제한적인 기술과 과학의 발전을 지속해서 경험하게 되었다.[2]

자, 이제 내가 얘기하고 싶은 결론에 거의 도달했다. 1840년 3월 4일 알렉산더 울컷Alexander Wolcott과 존 존슨John Johnson은 맨해튼에 최초로 초상사진을 위한 다게레오타이프 사진관을 열었다. 두 사람은 오늘날 의료기술이라고 일컫는 분야에서 활동했던 이들로, 그 전까지는 치과 의사를 위한 장비를 제조했다. 실제로 의학 분야도 즉각적으로 사진을 이용했다. 프랑스 의사였던 알프레드 프랑수아 도네Alfred François Donné는 당대의 대표적인 현미경학자였는데 매독과 임질 환자의 비뇨 및 생식기에서 분비되는 물질을 연구함으로써 의학계에 그 명성을 떨쳤다. 물론 그것은 만천하에 공개되지 못하고 음지에서만 논의되던 주제였다. 이 은밀한 영역의 연구를 통해 도네는 1836년에 성병의 하나인 질편모충증의 원인 물질인 질편모충을 발견했다(이는 2016년 독일 의학 협회에서 여전히 '올해의 단일 세포'로 뽑힌 물질이기도 하다). 1840년대 현미경은 이후 로베르트 코흐나 루이 파스퇴르가 보여준 것처럼 새로운 세상을 밝혀내는 강력한 도구로 떠올랐다. 도네는 현미경의 세계에 너무나 매료된 나머지 현미경 20대를 사들여 파리의 대학 강당에 설치했다. 덕분에 꽤 많은 수의 학생들을 가르칠 수 있었다.

그에 비해 도네와 그의 학생들이 현미경으로 본 것을 기록한 방식은 상당히 허술했다. 인체의 조직이나 단세포 유기체, 세모편모충 등 이들이 발견한 것은 기껏해야 그림으로 기록되어 교재로 사용되거나 출간되었다. 따라서 도네가 자신이 살던 파리에서 단지 몇 블록 떨어진 곳에서 다게르의 발명이 이루어졌다는 소식을 듣고 전율을 느낀 것은 당연한 일이었다. 다게르를 비롯해 사진에 관심을 가졌던 동시대 다른 모든 사람과 마찬가지로 도네는 드디어 중립적이고 손상되지 않은 '객관적' 이미지를 보여줄 방법이 등장했다고 확신했다.

하지만 포토샵이 발명되기 훨씬 이전에 사람들은 이미지 또한 변형될 수 있으며 사진이 조작에 매우 적합한 매체라는 사실을 실망과 함께 깨달았다. 어떤 경우에는 심미적 이유로, 또 어떤 경우에는 정치적·경제적 이유로 이미지는 조작되었다. 첫 번째 범주에는 1850년대에 영국 사진작가 헨리 피치 로빈슨Henry Peach Robinson이 연출한 '죽음을 향해가는' 사진도 포함된다. 폐결핵에 걸려 가족들 앞에서 죽어가는 창백한 젊은 소녀를 보여주는 〈임종〉이라는 제목의 이 사진은 당시 빅토리아 여왕의 남편이었던 앨버트 공의 높은 평가를 받았다고 전해진다. 이 사진은 중산층 가정의 가치를 반영하는 한편 죽음에 대한 숭배 미학을 담아냄으로써 대중의 취향에 빈틈없이 부합했다. 하지만 이 사진을 위해 로빈슨은 다섯 개 이상의 원화를 사용해 장면을 연출했다.

반면 도네는 현미경 연구 결과의 현실적 복제에 관심이 컸고 이를 위한 지원을 확보하는 데 애썼다. 도네는 실험실에서 레옹 푸코Léon Foucault라는 젊은 조수와 함께 연구 활동을 계속했다. 푸코는 의학 공부를 시작했지만 해부학에서 통상적인 시체 해부 작업을 도저히 극복하지 못하고 중퇴했다. 대학 학위를 얻지 못했음에도 계속해서 과학자의 길을 간 그는 마침내 19세기의 가장 유명한 물리학자가 되었다. 1851년 푸코는 파리 판테온에서 진자를 이용한 실험을 감행했는데 지구의 자전을 증명한 그의 실험은 '푸코의 진자'라는 이름으로 역사에 길이 남았고, 그 시대는 과학의 전성기 중 하나로 기록되었다.

도네와 푸코는 빛의 강도와 현미경의 사진 품질을 향상시키고자 했다. 이를 위해 당시에는 아직 빛을 내는 데 사용되지 않았던 전기를 이용해 광전자 현미경으로 사용하는 방법을 연구했으며 다게르식으로 4초에서

20초의 노출 시간으로 사진을 찍을 수 있었다. 도네는 피와 타액을 비롯해 부끄럽게 여겨지는 배설물에 이르기까지 상상할 수 있는 모든 체액의 현미경 사진뿐만 아니라 다양한 인간과 동물 기관의 세포 또는 세포 구성 물질을 촬영했다. 인간 생식의 기본 성분인 난자와 정자도 기록했다. 물론 자신이 발견한 세모편모충의 사진을 찍는 것도 잊지 않았다. 이 사진집은 마침내 1844년 모든 학부 의대생들이 숙지해야만 하는 교과서의 선조 격인 《현미경 강의》라는 책으로 출간되었다. [3]

인체의 개별 조직을 사진으로 찍는 것부터 의사의 발언 증명, 육안 진단, 병든 사람의 외모를 고쳐주면서 의사나 의학생들의 관찰을 목적으로 사진을 찍는 일에 이르기까지 사진은 세월이 흐름에 따라 대중의 흥미를 충족시키기 위해 점점 더 괴이하고 무섭기까지 한 방향으로 뻗어갔다.

1843년 데이비드 옥타비우스 힐David Octavius Hill과 로버트 애덤슨Robert Adamson은 에든버러에서 사진 스튜디오를 설립했는데 이곳은 몇 년 안에 새로운 예술 형식의 초기 표현이라고 할 만한 진정한 보물들을 품은 창고가 되었다(오늘날 스코틀랜드 국립 미술관이다). 힐은 어떤 가치를 품은 주제를 예민하게 파악해내고 인물을 세심하고 솜씨 있게 배치할 줄 아는 저명한 화가였다. 힐과 애덤슨은 사진을 통해 풍경과 도시 경관을 표현했다. 이들이 찍은 에든버러 풍경은 간혹 마차가 지나갈 뿐 전체적으로 거리가 한산했던 과거의 한 시대를 엿보게 해준다. 무엇보다도 이들은 사진이 발명된 지 4~5년밖에 지나지 않은 시점에서 이후에도 극소수의 예술가만이 도달할 수 있는 높은 경지의 초상사진을 창조해냈다. 전 세계 사진작가들이 대부분 모델의 얼굴에 초점을 맞추고 있을 때, 힐과 애덤슨은 카메라에 등을 돌린 신비한 여성의 초상사진을 찍거나 반쯤 그늘에 누워 있는 젊은 남자의 누드를 포착하기도 했다.

그중에서도 오래전 역사 속으로 사라진 사람들을 생생하게 묘사한 것은 세심하게 기획해서 찍은 단체 사진이었다. 에든버러 에일을 가득 채운 맥주잔 앞에서 힐과 그의 두 친구는 마치 '인생은 멋지다!'라는 슬로건이 1840년대에 딱 걸맞기라도 하다는 듯이 장난스레 웃고 있다. 〈미스 엘런 밀른, 미스 메리 왓슨, 미스 왓슨, 미스 애그니스 밀른과 세라 윌슨〉이라는 긴 제목이 붙은 또 다른 작품에는 다섯 명의 젊은 여성이 카메라를 바라보고 있다. 이들이 카메라 밖으로 던지는 곧은 시선은 진지하지만 절대 오만하지 않으며 의례적이고 정숙한 여성상이라는 그 시대의 낡은 정의에도 어울리지 않는다. [4]

힐과 애덤슨은 또한 한 여성이 처한 개인적 상황을 통해 정상과 관습의 경계를 넘어선 주제 의식을 드러내고자 했다. 하지만 그 여성을 카메라 앞에 불러들이기 위해서는 아마도 엄청난 설득 작업이 필요했을 것이다. 그 여성은 당대의 의학으로는 치유할 수 없는 심각한 불치병을 앓고 있었기 때문이다. 〈갑상샘종을 앓는 여성〉이라는 제목의 이 사진에는 아이 머리 크기만 한 혹이 나 있는, 분명히 심각한 갑상샘 질환을 앓는 것으로 보이는 중년 여성이 담겨 있다. 이는 특정 질병을 앓고 있는 사람을 처음으로 찍은 사진으로도 알려졌다. 역설적이게도 당시는 물론 오늘날 사람들에게도 충격을 주는 이 사진의 주인공은 젊은 사진작가였던 애덤슨보다 오래 살았을 수도 있다. 종종 결핵의 징후라 볼 수 있는 허약한 건강 상태로 묘사되던 힐의 동업 작가 애덤슨은 1847년 겨우 26세의 나이로 사망했기 때문이다.

힐과 애덤슨 같은 사진작가들이 표현한 젊은 외과 의사 제임스 영 심슨 James Young Simpson의 초상에서 볼 수 있듯, 이 시대 중산층은 자신들이 거의 한계가 없는 진보의 시대에 살고 있다는 믿음과 자신감으로 가득 차 있었다. 때로 이 진보의 속도는 숨 막힐 정도였으며 미래에 대한 이러한 믿음은 철도의 개통으로 구체화되었다. 또한 시간에 대한 이해와 통신 기술이라는 새로운 차원의 발전으로 더욱 커져갔다.

문자의 전송을 시작으로 궁극적으로 원거리에 정보를 전달할 수 있게 되면서 문명은 돌파구를 경험했다. 1809년 독일의 해부학자 사무엘 토마스 폰 죄메링이 전기 전신기를 실험한 후 몇몇 발명가들이 1830년대에 전기 기호를 전달하는 데 성공했다. 유명한 수학자 카를 프리드리히 가우스는 물리학자 빌헬름 에두아르트 베버와 함께 전기 전신기로 괴팅겐의 천문대와 대학 도시의 중심가를 연결하는 데 성공했다. 전신기는 미국인 새뮤얼 모스 Samuel Morse가 이룬 혁신을 통해 진정으로 대중에게 다가갔다. 그는 단순히 문자 전신기를 개발한 것뿐 아니라 각각 특정한 문자를 나타내는 이른바 모스 부호를 전선을 통해 전송하는 방법을 개발해냈다. 1844년 5월 24일 워싱턴에서 볼티모어까지 약 60킬로미터 길이의 전신선을 통해 "하나님은 무엇을 만드셨는가? WHAT HATH GOD WROUGHT?"라는 짧은 성경 글귀를 전송하며 이 통신 기술은 그 탄생을 알렸고 이후 전 세계로 빠르게 퍼져나갔다.

전신선은 유럽 국가들을 신속히 관통해가며 종종 새로 깔린 철로 옆에 설치되었다. 이는 승객과 화물 운송과 데이터 흐름의 상호작용을 시사하는 것이기도 했는데 전신선의 설치는 대인관계와 국가 간 소통의 혁명을 불러왔기 때문이다. 구체적으로 말하자면 원거리에서 실시간으로 정보를 주고받을 수 있게 된 것이다. 이제 전통적인 방식으로 사용되던 외교 편지는 역사 속으로 사라졌다. 직접적이든 오스트리아 대사관을 통해 외교적 절차를 거친 것이든, 메테르니히 오스트리아 재상이 베를린에 있는 프로이센 수상에게 보낸 서한은 나폴레옹 시대 이후 복구된 호프부르크 궁의 관리가 전송한 지 단 몇 분 안에 도달했다.

정보 전송이 빠른 속도로 발전하게 된 데는 주로 일반 대중, 그중에서도 고등교육을 받았거나 정치에 관심이 많은 사람들의 역할이 컸다. 당시는 서점이 성장하고 도서관이 번창하는 '독서 시대'였는데 거기에 더해 커피하우스를 비롯한 사교 장소에서 각자 혹은 여럿이 모여 잡지나 신문을 읽는 모습을 흔히 볼 수 있었다. 가령 라이프치히의 오래된 커피하우스인 '아라비아 커피나무'에서 일간신문을 펼치면 누구든 파리와 빈, 런던 혹은 드레스덴의 최근 몇 주간 소식을 알 수 있었다. 전신기가 보급되면서 '최신'이라는 새로운 용어가 생기기도 했다. 매일 발생하는 여러 사건을 전하는 신문의 편집부에는 다른 도시나 멀리 떨어진 지역의 소식이 단 하루 만에 도착하기도 했다. 지면에 묘사된 사건들은 인쇄 몇 시간 전에 벌어진 일이기도 했다. 그리하여 과거에는 종종 먼 수평선 너머에 존재하는 것 같던 사건에도 독자들이 가까이 다가갈 수 있게 되었다.

30년 이상의 보수적인 복구 작업과 억압의 시대가 지난 후 다가온 이 새로운 정보화 물결 속에서 정부가 대중을 비더마이어^{Biedermeier} 시대(소시민적 자족의 삶을 추구하고 내면의 평화를 중시하는 풍조가 유행했던 시기인 1815~

1848년 — 옮긴이)로 밀어 넣고 있던 때에 엄청난 사회적·정치적 폭발력이 축적되고 있었다. 전신을 통해서 전달되는 새로운 소식과 우편 혼잡에 의해 지연된 정보, 그리고 파리에서 들어오는 추가 정보 등이 뒤엉켜 여론은 마치 화약고에 불을 붙인 것과 같았다. 그리하여 1848년 2월에 다시 혁명이 시작되었다. 1789년의 프랑스 혁명보다 훨씬 덜 폭력적인 봉기였시만 프랑스인들은 왕올 국외로 추방하는 데 성공했다(루이 필리프는 그 선대인 루이 16세와 달리 목숨을 유지할 수 있었다). 이 혁명의 불은 곧 수많은 유럽의 수도와 대도시로 번져나갔다.

그런데 유럽과 북아메리카를 연결하는 해저케이블이 설치된 것은 1850년대 이후였다. 따라서 1848년이라는 운명적 해에 일어난, 유럽의 온갖 혁명보다 훨씬 더 지속적이고 더 유익하며 특히 의학 분야에 있어서 근대의 시작을 의미하는 이 혁명에 대한 소식은 1~2년 전이라면 더더욱 증기선의 속도에 맞추어 전달되었을 것이다.

1840~1914
A GREAT
MEDICAL
EPOCH

3장

침묵 속의 보스턴

월리엄 모턴, 에테르 증기로 통증과 공포에서 인류를 구원하다

그날 아침 강의실을 가득 메운 관중은 그 누구도 인류에게 더없이 유익한 발명품 중 하나가 전시되는 역사적 순간을 목격할 것이라고 예상치 못했다. 당시 의학계에는 여성을 위한 자리가 없었으므로 오로지 남성으로만 이루어진 한 무리의 사람들이 흰 셔츠 위에 현대식으로 깃을 빳빳이 세운 조끼를 입고 그 위에 기다란 프록코트를 걸친 채 강당에 들어섰다. 한 손에는 지팡이를, 다른 한 손에는 뒷자리에 앉은 이의 시선을 가리지 않으려 높이 솟은 모자를 벗어 든 상태였다.

금요일 아침, 보스턴의 의사들과 인근 하버드 대학교 의대생들이 의학적 수련에 더해 약간의 관음증적 호기심을 만족시키려는 목적으로 모여들었다. 강의실로 쓰이기도 했던 매사추세츠 종합병원 수술실 내부가 관중으로 가득 찬 이유는 환자가 고통을 느끼지 않고도 수술할 수 있다는 소문에 그 특별한 광경을 보려는 이들이 몰려왔기 때문이다. 하지만 이전에 수없이 경험한, 이른바 기적의 약장수가 마법의 약효를 증명하려던 의식이 눈앞에서 실패로 돌아가는 황당한 광경을 기대했던 관객들은 너무나 유쾌하고 신선한 방식으로 배신을 맛보았다.

그날의 관객들이 남긴 편지와 회고록, 일기에는 자신이 맞닥뜨린 광경에 대한 황당함과 놀라움 그리고 그것을 목격했다는 감격의 감정이 고스란히 담겨 있다. 태곳적부터 고뇌와 고통과 괴로움, 절망이 지배했던 곳에 침묵과 희망이 느닷없이 태동했기 때문이었다. 그날은 1846년 10월 16일 금요일이었다. 육체적 질병과 인간이 맺어왔던 관계는 그날 이후로 전과는 영원히 다른 방식으로 바뀌었다.

오전 10시쯤, 오만하게 보일 만큼 자신감 넘치고 냉소적으로 보일 만큼 침착한 모습의 유명한 외과 의사 존 콜린스 워런^{John Collins Warren}이 강의실로 들어왔다. 그는 건조하기 짝이 없는 목소리로 '환자에게 고통을 주지 않고 수술할 수 있다는 놀라운 주장'을 하는 한 신사분이 자신을 찾아왔다고 공표했다. 고통 없는 수술이라니, 이 무슨 헛소리인가! 그날 아침의 사건을 자세히 묘사한 젊고 재능 있는 보스턴 의사 헨리 J. 비글로^{Henry J. Bigelow}는 3,000~4,000년을 거슬러 올라가 치유 의학의 역사를 돌아보았다. 의사 가문의 자손이었던 비글로는 메소포타미아나 아프리카 또는 콜럼버스가 도착하기 전 아메리카 대륙에서 치료사들이 처음으로 수술을 위해 칼을 사용한 이래로 세상이 별로 변한 것이 없다는 사실을 잘 알고 있었다. 수술이라고 하면 그 종류가 무엇이건 환자로서는 감당할 수 없는 고통을 의미했다.

의사들은 수술 중 고통을 줄이기 위해 고대부터 허브 추출물, 알코올에 적신 수면 유도용 스펀지, 아편 등의 방법을 시도해왔다. 독일 의사 프란츠 안톤 메스머가 개발한 일종의 최면술인 '동물 자기론'도 그중 하나였다. 하지만 이 모든 도전은 허사였다. 의사가 절개를 시작하고 겸자를 들이대는 순간 어느 병원이건 할 것 없이 고문당하는 환자들의 울부 짖음으로 가득 찼다. 고통은 수술 의학의 운명적인 동반자였던 셈이다.

비글로는 수술의 고통이 환자들에게 상상할 수 없는 괴로움을 안겨다 줄 뿐 아니라 치료의 범위도 제한한다는 사실을 잘 알고 있었다. 수술할 수 있는 질병도 몇 되지 않았으며 아무리 힘센 '간호사'들이 환자를 붙들 어도 수술대에서 날뛰고 소리 지르는 환자의 복부나 흉부를 절개하는 일 은 불가능한 일이었다. 심지어 매사추세츠 종합병원 같은 큰 병원에서도 대체로 일주일에 두 번 이상의 수술은 진행되지 않았으며 불가피한 경우 에만 수행되었다.

그러므로 빠른 속도야말로 모든 외과 의사의 최우선 과제였다. 환자가 고통의 충격으로 사망하기 전에 수술이 끝나야 했다. 그 시대의 가장 유 능한 외과 의사란 가장 수술 속도가 빠른 의사였다. 나폴레옹의 개인 외 과 의사였던 장 도미니크 라레는 2분 만에 어깨 관절에서 팔을 절단할 수 있었다. 1846년에 유럽에서 가장 유명한 외과 의사였던 런던의 로버트 리스턴Robert Liston은 상상할 수 없을 정도로 빠르고 민첩한 수술 속도를 자 랑했는데 한번은 환자의 허벅지를 절단하는 과정에서 실수로 환자의 고 환과 조수의 손가락 두 개를 절단하기도 했다.

그날 아침 강의실이 긴장된 공기로 가득 찬 또 다른 이유도 있었다. 강 당에 있는 많은 의사와 의대생들은 정확히 1년 전, 이웃한 코네티컷주 하 트퍼드에서 온 젊은 치과 의사 호러스 웰스Horace Wells가 워런의 허락하에 외과 수술의 고통을 없애는 방법을 증명하려는 시도를 바로 이 강의실에 서 진행했다는 사실을 기억하고 있었다. 그 당시 환자는 웰스가 공급한 가스를 들이마신 후 숨을 몇 번 쉬다 기절한 듯 보였다. 하지만 워런이 피부를 절개하자 이전의 고통받던 수백만 환자들과 마찬가지로 그 역시 울부짖기 시작했다. 웰스는 야유와 함께 "사기꾼! 사기꾼!"이라는 외침을 들으며 강연장에서 쫓겨났다.

위대한 약속은 이번에도 어긋난 듯 보였다. "모턴 박사가 도착하지 않는 걸 보니 다른 바쁜 일이 있나 보네요." 워런이 시계를 들여다보며 말하자 강당에서 웃음소리가 와자하게 터져 나왔다. 이번에도 허풍쟁이에게 속았다는 의미의 웃음이었다. 하지만 비글로의 생각은 달랐다. 그는 27세의 치과 의사 윌리엄 토머스 그린 모턴William Thomas Green Morton이 양심적인 의사로 명성이 높다는 것을 잘 알고 있었고 며칠 전 보스턴에 있는 그의 병원에서 놀라운 일이 있었다는 사실도 알았다.

1819년 8월 9일 매사추세츠주의 소박한 시골 농가에서 태어난 모턴은 기본적인 교육밖에 받지 못했다. 또한 가족을 부양하기 위해 일찍부터 일을 시작했다. 모턴은 자주 직업을 바꾸었고 떳떳하지 못하거나 어쩌면 범죄에 연루되었을 일에도 관여했다. 당시 미국 사회에는 지옥살이의 대가로 큰돈을 벌 수 있는 지하 세계가 번창하던 시기였다. 다행히도 그는 치의학으로 삶의 방향을 돌렸다. 모턴의 전기 작가들 사이에서는 모턴이 볼티모어 치과대학에서 치의학을 정말 전공한 것인지, 아니면 그 당시 흔히 그랬듯 치과 조교 생활을 하면서 치의학술을 익혔는지에 대한 의견이 분분하다. 분명한 것은 모턴의 스승이 다름 아닌 호러스 웰스였다는 점이다.

모턴은 마침내 코네티컷주의 주도 하트퍼드에서 멀지 않은 파밍턴에서 치과를 개업했다. 파밍턴에 도착한 지 얼마 되지 않아 그는 파밍턴의 유서 깊은 가문의 딸이었던 15세의 엘리자베스 휘트먼Elizabeth Whitman을 만났다. 그야말로 첫눈에 반한 사랑이었다. 1844년 5월 모턴과 결혼한 엘리자베스는 그의 파란만장한 삶에서 변치 않은 지지자이자 반려자가 되었고 모든 사람이 그를 향해 수군거릴 때도 남편을 굳게 믿어주었다. 모턴은 재능 있고 숙련된 치과 의사였기 때문에 곧 뉴잉글랜드의 대도시 보스턴에서 개업할 수 있었다. 여기서 그는 오랫동안 자신을 괴롭히던 고민을 계속해나갔다.

  9월 30일 저녁, 매사추세츠 종합병원에서의 일이 있기 2주 전 늦은 밤에 한 환자가 모턴의 병원 문을 두드렸다. 음악가였던 이벤 프로스트는 극심한 치통으로 괴로웠지만 동시에 발치의 고통에 대한 두려움으로 가득 차 있었다. 모턴은 앞서 언급한 호러스 웰스의 불행한 실패를 계속해서 곱씹었는데, 무엇보다 마약성 가스를 들이마시면 그것에 중독되어 일종의 수면 상태에 빠져 외부 자극, 특히 고통에 무감각하게 된다는 점에 매료되었다. 웰스는 웃음 가스라고도 알려진 아산화질소로 실험했지만 모턴의 실험은 에틸에테르에 점점 더 집중되었다. 결국 그는 에테르의 증기가 감각을 마비시키는 데 분명 효과가 있음을 확인할 수 있었다. 그래서 그날 저녁 그는 치통으로 힘들어하는 프로스트에게 에테르 연기를 들이마시게 하고는 아픈 이를 재빨리 제거했다. 의식을 되찾은 프로스트가 언제 수술을 시작하느냐고 묻자 모턴은 바닥에 놓인 치아를 가리켰다. 모턴이 모든 인류에게 혜택을 가져다줄 수 있는 역사상 몇 안 되는 발명을 눈앞에 맞이한 순간이었다. 그는 워런에게 편지를 썼고 워런으로부터 금요일 아침에 '준비'한 것을 발표하라는 허락의 답장을 받았다.

이제 시간은 수술이 예정되었던 10시를 넘어서 10시 20분이 되었다. 워런이 턱 아래에 양성 종양이 나 있던 길버트 애벗Gilbert Abbott이라는 젊은 환자 쪽으로 몸을 돌리려던 순간 강당의 문이 열리고 모턴이 숨을 헐떡이며 들어왔다. 그는 들어오기 직전까지도 겨드랑이에 끼고 있는 증류기처럼 보이는 액체 용기를 만들기 위해 기구 제조자와 함께 작업을 하던 참이었다.

관객석에 앉아 있는 몇몇 사람들의 얼굴에 조롱의 표정이 떠오른 것을 모턴도 눈치챘을 것이다. 하지만 그는 침착한 표정으로 애벗에게 다가가 자신이 할 일을 조용히 설명했다. 애벗은 모턴을 신뢰했고 아마도 다가올 고통을 최소한이라도 완화시킬 수 있다면 어떤 처치이건 기꺼이 받아들였을 것이다. 모턴은 수상하게 보이는 액체가 들어 있는 큰 유리 플라스크를 기울여 환자에게 숨을 들이마시도록 했다. 몇 번 숨을 들이쉰 후 애벗의 눈알이 뒤로 돌아갔고 머리가 수술 의자 뒤로 넘어가면서 목 위에 난 커다란 혹이 드러났다. 모턴은 워런에게 고개를 돌려 침착한 목소리로 말했다. "이제 환자는 준비되었습니다, 선생님."

워런은 애벗 위에 몸을 굽히고는 살균은 말할 것도 없고 깨끗이 씻지도 않은 헝겊으로 한번 닦아내기만 한 칼로 피부를 절개했다. 워런은 잠깐 멈췄다. 외과 의사로 오랜 경력을 가진 그가 그동안 무수히 많은 수술에서 항상 들어왔던 환자의 비명 소리가 터지지 않았기 때문이다. 애벗은 미동도 없었다. 갑자기 강의실 안이 조용해졌다. 워런은 살짝 꿈틀거리는 혈관을 묶고 가볍게 종양을 제거했다. 그리고 빠르고 능숙한 동작으로 상처를 봉합했다. 그 모든 수술 과정은 5분밖에 걸리지 않았다.

애벗은 여전히 아무런 움직임도 보이지 않았다. 워런은 자세를 바로 하고 숨 쉴 엄두를 내지 못하는 청중을 향해 천천히 몸을 돌렸다. 청중 모두 외과 의사의 표정이 변한 것을 알아차렸다. 그는 더 이상 오만함도, 빈정거림도 없이 그저 무한한 놀라움만을 표할 뿐이었다. 평소 얼음처럼 차가워 보였던 이 의사는 떨리는 목소리로 의학 역사상 가장 의미심장한 문장을 내뱉었다.

"신사 여러분, 이건 사기가 아닙니다!"

그렇다, 그건 사기가 아니었다. 그것은 혁명이었고 축복이자 기적이었다. 당시에는 어떤 의사도 감히 시도하지 못했던, 사형선고처럼 여겨지던 단순한 맹장 제거 수술 같은 영역에 새로운 가능성을 열어주었다. 애벗은 막 마취에서 깨어나 모든 것이 끝났다는 사실을 이해하지 못한 채 어리둥절해했다. 하지만 강의실의 모든 의사와 학생들은 갑작스럽게 새로운 시대를 맞이했으며 그들 모두 그 자리에 참석한 영광을 누릴 것이라는 사실을 분명히 깨달았다.

며칠 후 모턴이 당시 의사에게 최첨단 수술의 절정이자 환자에게는 최악의 고문이었던 다리 절단 수술에 같은 방법을 사용했다. 그 결과 한 조각 남아 있던 그에 대한 의심이 감쪽같이 해소되었다. 수술톱이 극도로 민감한 근막에 닿았음에도 환자는 여전히 조용했던 것이다.

1846년 10월 16일, 환자에 대한 모턴의 염려는 수술 성공에 대한 안도감보다 더 컸다. 모턴의 아내 엘리자베스는 남편이 애벗을 관찰하며 마취의 결과를 걱정해 늦은 시간까지 집에 돌아오지 않았던 저녁을 일기에 기록해두었다.

> 2시가 되고 어느새 3시가 지났다. 모턴 박사가 집에 도착했을 때는 4시가 지나 있었다. 그의 다정한 얼굴이 너무나 긴장에 차 있어서 나는 그가 실패한 것이 아닐까 걱정되었다. 남편이 나를 너무나 꼭 껴안아서 나는 숨이 막혀 기절하는 줄 알았다. "여보, 드디어 성공했다오."[1]

이 시술이 이루어진 3주 후에 비글로는 보스턴 의료개선협회에 이 믿을 수 없는 사건을 알렸고 이후 뉴잉글랜드 지역사회로 이 소식이 퍼져나갔다. 이후 뉴스는 편지와 과학계 단신 등을 통해 신대륙에서 전 세계로 전파되었다. 대서양을 횡단하는 항로를 최초로 이용한 기선 중 하나인 어케이디아Acadia는 1846년 12월 3일 보스턴 항구를 출발해 대영제국의 식민지였던 핼리팩스(1876년에 캐나다로 독립했다)에서 예정대로 잠시 정박한 뒤 폭풍우가 치는 바다를 건너 12월 16일에 리버풀에 도착했다. 우편 상자는 비글로가 런던에 사는 미국 식물학자 프랜시스 부트에게 쓴 장문의 편지를 포함해 보스턴 시연의 목격자들이 영국 동료들에게 보내는 편지로 가득 차 있었다. 첫 번째 무통 수술 소식은 증기선에서 가장 뜨거운 대화의 주제이기도 했기 때문에 그 배를 탔던 한 외과 의사는 에테르와 그 효과에 대해 얼마나 많이 들었던지 리버풀에 도착하자마자 동료 의사들에게 이 사실을 보고했다. 리버풀의 한 신문도 12월 18일에 이에 대한 보도를 처음 게재했다.

비글로의 열광적인 편지는 당연히 부트를 흥분시켰고 그는 이 소식을 평소에 알고 지내던 리스턴에게 전했다. 런던의 스타 외과 의사는 한 치의 망설임도 없이 즉시 이 새로운 방법을 시도하기로 결심했다. 에틸에테르는 이미 널리 알려져 있고 쉽게 사용할 수 있는 물질이었다. 1846년 12월 21일, 리스턴은 런던의 수술실에서 처음으로 에테르 마취제를 사용했다. 그는 사고로 다리가 망가지고 당시 병원의 위생 상태로는 이상할 것도 없이 상처 부위가 심하게 감염된 프레더릭 처칠이라는 집사의 다리를 25초라는 기록적인 시간 안에 절단하는 데 성공했다. 겸손과는 그다지 인연이 없었던 이 외과 의사는 보통 수술을 할 때 시간을 재는 보조 의사를 곁에 두곤 했다.

심지어 환자인 처칠도 그 무서운 수술이 이미 끝났다는 것을 피투성이로 절단되어 있는 다리를 보고서야 확신했으며 그 광경을 보고 두 번째로 기절하고 말았다. 이 새로운 발명에 대한 리스턴의 평가는 마치 유령이라도 본 듯이 솔직하고 자유로웠다. "신사 여러분, 이 양키의 기술은 공허한 최면술을 능가하는군요!"

보스턴의 의사이자 작가인 올리버 웬들 홈스가 '마취anesthesia'라는 용어를 쓸 것을 추천한 이 양키 기술은 마치 폭탄처럼 독일 의학계를 강타했다. 1847년 1월 24일, 에를랑겐의 외과 의사 요한 페르디난트 헤이펠더Johann Ferdinand Heyfelder는 독일에서 첫 번째로 에테르 마취술을 시행했다.

미하엘 게그너, 26세이며 제화공이 되기 위한 수련 과정에 있는 청년. 창백하고 수척하고 허약하며 왼쪽 엉덩이의 저온고름집에 오랫동안 시달렸다. 1월 24일, 아침 식사로 수프 한 그릇을 먹고 3시간 30분 후에 수술이 시작되었는데 먼저 콧구멍을 닫은 채 입을 통해 에테르 흡입이 이루어졌다. 흡입 장치는 돼지의 방광과 유리 튜브로 만들어진 것이었다. **2**

그 수술은 매우 성공적이어서 헤이펠더는 3월에 100건의 마취를 해냈다. 이 새로운 방식으로 인해 외과 수술은 훨씬 더 쉽게 진행되었고 헤이펠더는 수술을 '시체에게도 행할 수 있다'는 그다지 경건하지 않은 찬사를 받으며 명성을 얻었다. 에테르 흡입을 통한 마취는 외과 의사와 치과 의사의 수술 기법으로 빠르게 보편화되었고, 그 기적의 효과는 도시뿐 아니라 산업화가 아직 안 된 지역 신문의 지면을 가득 채웠다.

하지만 이 획기적인 발전에도 대가는 있었다. 의학 잡지 기자가 쓴 것처럼 마약성 마취제에는 항상 위험이 수반된다는 사실이 분명해진 것이다. "선물로 받은 말의 입 안을 들여다보면 그 안에는 좋은 점뿐 아니라 나쁜 점도 있다는 것을 알 수 있다."**3**

1847년 2월, 마취로 인한 첫 번째 사망이 발생했고 뒤이어 다른 사망자들이 발생했다는 사실이 의학 잡지에 상세하게 묘사되었다. 흡입된 가스가 심장과 순환계에 어떤 영향을 미치는지에 대한 기초 지식이 전혀 없었던 당시 의사들의 무지와, 순전히 '감'에 의지해 마취약을 손수건에 묻힌 후 환자의 얼굴에 덮는 조잡한 용량 결정 방식을 생각해보면 더 치명적인 사망 사고가 없었다는 것이 놀라울 정도다.

부작용에 대한 연구가 거의 이루어지지 않았으므로 에테르는 마취제로 처음 사용된 획기적인 그날 이후 1년이 지나서야 겨우 과거의 유산으로 남았다. 의사들은 점점 클로로폼을 더 나은 마취제로 신뢰하기 시작했는데 에든버러의 의사 제임스 영 심슨은 어느 날 저녁 식사 후 두 손님과 함께 마취 효과를 스스로 검증하기로 했다.

보스턴의 발명은 전 세계에서 열광적인 환영을 받았으나 동시에 현대 과학 역사상 가장 추하고 비극적인 진흙탕 싸움의 중심에 놓이기도 했다. 초기 미국의 성공 스토리는 증오와 불행의 상징으로 변했다. 모턴은 처음 마취제를 발명했을 당시 그것이 인류에 도움이 되고 자신에게도 이익이 되기를 희망했다. 사실 발명으로 가능한 많은 돈을 쓸어 담겠다는 생각은 당시의 진정한 '양키'나 확장 일로였던 미국 사회에서 부끄러워할 일이 아니었다. 모턴은 처음에 이 기적의 물질의 정체를 비밀로 하려 했다. 에테르 특유의 냄새를 매사추세츠 종합병원 강당의 관중들이 알아채는 것을 막기 위해 오렌지의 오일 향을 에테르에 더하기도 했다. 하지만 특허를 얻으려던 그의 노력은 실패했는데 이는 그의 발명이 허술한 아류여서는 전혀 아니었다. 병원 의사들이 모턴에게 마취제의 성분을 말해주지 않으면 이를 사용한 마취를 금지하겠다고 위협했기 때문에 손을 들고 만 것이다. 모턴은 또다시 무의미한 고문이 창궐하는 상황을 책임지고 싶지 않았다.

하지만 모턴은 마취제의 발명자라는 명예조차 쉽게 얻지 못했다. 마치 악마의 손에 조종당하기라도 하듯 모턴의 전 스승이기도 했던 의사이자 화학자 찰스 잭슨Charles Jackson이 악몽처럼 등장한 것이다. 실험의 초기 단계에서 모턴은 에테르와 마취제의 특성에 대해 누구보다도 잭슨과 많이 논의했다. 그런데 잭슨은 이를 빌미로 마치 자신이 발명가인 양 모턴에게 돈을 내놓으라며 계속 협박했다. 모턴은 끝없는 논쟁과 탄원서, 반론으로 심신이 황폐해졌다. 그가 모르고 있었던 사실 중 하나는 잭슨이 정신병에 가까운 집착증을 가진 도용 전문가였다는 것이다. 수년 전 잭슨은 발명가 새뮤얼 모스를 대서양을 가로지르는 선상에서 만났는데 그때 모스는 자신의 전기 전신기에 대해 농담처럼 이야기했다. 그런데 배가 육지에 채 닿기도 전에 잭슨은 자신이 '모스 암호'를 발명했다고 주장하기 시작했고 모스를 1년에 걸친 법정 공방으로 몰아넣었다.

유럽의 과학계에 인맥이 아주 많았던 잭슨은 모턴이 처음으로 성공적인 시술을 해낸 직후 프랑스 과학 아카데미에 이 소식을 알렸고 스스로 마취제의 아버지이자 인류의 은인임을 선포했다. 그의 정신분열적인 대담함의 흔적은 아직도 남아 있는데 여전히 몇몇 백과사전에는 잭슨이 마취제를 발명한 선구자 중 한 사람으로 기록되어 있다.

그에 비하면 워런의 눈앞에서 거창한 의학적 공연을 망쳤던 과거의 경험에 대해 모턴과 대중들에게 하소연을 늘어놓았던 불쌍한 웰스가 그나마 명예의 전당에 오를 자격이 더 크다고 볼 수 있다. 이 이야기에는 뒤늦은 정당성과 씁쓸한 아이러니가 가득하다. 웰스가 사용한 웃음 가스는 오래전부터 현대 마취학에서 확고한 위치를 되찾은 반면 에테르와 클로로폼은 쓸모없어진 지 이미 한참이나 지났기 때문이다. 당시 웰스의 영혼은 우선권에 대한 주장으로 완전히 잠식되고 있었다. "내 머리가 불타고 있어!"라며 그는 영혼으로부터의 울부짖음을 토했고 1848년 1월 마침내 신문의 헤드라인을 장식했다. 여러 명의 매춘부에게 염산을 뿌린

죄로 뉴욕에서 체포된 것이다. 감방에 갇힌 그는 클로로폼을 들이마시고 난 뒤 의식이 희미해질 때쯤 스스로 손목을 그었다.

하지만 잭슨과 웰스만으로는 모턴의 경쟁자가 충분치 않기라도 한 듯 이번에는 네 번째 발명가가 나타났다. 시골 의사 윌리엄 크로퍼드 롱 William Crawford Long이 남북전쟁 이전 노예제가 여전히 남아 있던 남부 조지아주의 외딴 마을 제퍼슨에서 그에게 대응한 것이다. 오늘날에는 그가 보스턴의 그날보다 4년 반 전인 1842년 3월 30일에 에테르 마취 실습을 통해 수술을 했고 이후에도 이러한 수술을 여러 번 했다는 것이 기정사실로 받아들여진다. 하지만 당시 그는 마치 고통으로부터 인류를 해방시키는 일에는 별 관심이 없다는 듯 혼자 그 비법을 간직했다.

롱에게는 점점 전문성을 잃어가는 세미나에서 온갖 연구 주제를 발표하려는 미래 의사 세대의 정신세계만큼이나 현대 과학의 기본 전제가 낯설었다. '출판하지 않으면 소멸한다.' 어떤 결과이건 출판하지 않으면 경력으로 인정되지 않았다. 단지 시골 의사로 남고 싶어 했던 롱의 실수는 그가 에테르를 통해 수술한 사실을 세상이 알지 못해서 그에게 불이익이 초래되었다는 점이 아니다. 그의 최대 실수는 1842년에서 1846년 사이, 마취 없이 수술을 받아야 했던 많은 환자들에게 그의 발명 소식이 전해지지 못했다는 점에 있다.

모턴은 성인聖人이라기보다는 의학의 황금기에 다른 이보다 은폐 기술에 능하지 못했던 심약한 사람에 가까울지 모른다. 그렇지만 대중 앞에서 처음으로 마취술을 선보이고 그에 대한 관심을 불러일으켰으며 인류가 더 건강하고 안전한 삶을 살아갈 수 있도록 디딤돌을 마련한 것은 오롯이 모턴의 공이라고 할 수 있다. 선구적 행위에도 불구하고 그것으로 행운을 누리지 못했다는 사실은 모턴이 구대륙의 선구자들과 공유했던 운명이다. 그중 한 사람은 의학에서 통증과 함께 도무지 극복하기 어려운 두 번째 난제였던 감염이라는 문제를 해결한 빈의 의사였다.

4장

만국박람회

조화로운 공존의 시대 문을 열다

빅토리아 여왕은 흥분으로 제정신이 아니었다. 이 희열감은 7월 18일 영국 여왕의 일기에 잘 나타나 있다.

> 오늘이야말로 지극한 행복과 자부심, 충족감 그리고 깊은 감사가 우러나오는 시간이다. 문화와 무역, 내 사랑하는 남편과 조국의 승리이자 만민에 대한 평화와 호의의 승리다. [1]

1851년 7월 18일 자 영국 여왕의 일기에서 드러나는 이 같은 감정을 같은 공간을 거쳐 간 606만 3,986명의 대중도 똑같이 경험했다. 물론 대부분의 사람은 세간에서 말하는 여왕이 느낀 41배의 기쁨을 누리지는 못했을 것이다. 역사상 5개월이라는 짧은 기간 동안 이렇게 많은 사람이 한 장소에 모인 적은 없었다. 비록 대부분 영국령에 속하기는 했지만 출신 고장과 국가가 각기 다른 수많은 사람이 한 장소에 모였다. 그 숫자는 나폴레옹 대군처럼 전쟁을 목적으로 집결된 군인의 수를 10배 이상 넘어선 것이었다.

다만 이 놀라운 사람들의 물결은 이보다 더 평화로울 수가 없을 정도였다. 근대 최초의 대중 행사에 참석하기 위해 몇 분간 마차를 타고 도착한 여왕을 비롯해 그곳에 있던 모든 사람들은 숨 쉴 때마다 진보와 낙천주의로 가득 찬 시대정신을 호흡했다. 이들은 런던의 하이드파크에서 세상의 다양성에 경탄한 후 자신이 의심할 여지없이 위대한 시대에 살고 있다는 확신을 갖고 집으로 돌아갔다. 이들이 본 것은 1851년에 개최된 만국박람회였다.

1848년 유럽 대륙의 여러 정권을 강타하여 그들을 마구 흔들어놓고 심지어 뿌리째 뒤집어놓기도 했던 혁명의 폭풍은 영국에서만은 어떠한 지속적인 사회적·정치적 격변도 일으키지 않는, 그저 지나가는 강한 돌풍쯤으로 여겨졌다. 파리와 빈을 비롯한 여타 도시에서의 분란에 비해 차티스트 운동 Chartist Movement (1830~1840년대 걸쳐 계속되었던 영국 노동자들의 정치적 개혁 운동 — 옮긴이) 같은 온건한 반대 집회는 정치체제나 심지어 군주제에 대한 의문도 없이 사회적 개선을 추구했다. 1848년 4월 10일에 벌어진 차티스트 운동가들의 대집회는 본질적으로 평화로운 시민권 시위였다. 런던과 리버풀 그리고 에든버러의 주민들에게는 프랑스와 이탈리아, 프로이센과 오스트리아 등 격랑에 빠진 국가들에서 들려오는 바리케이드 시가전이 그저 먼 나라의 소식이었을 뿐이다.

상하원을 장악한 영국의 정치계급이었던 귀족계급으로서는 유럽 본토와의 이 같은 극명한 차이가 영국인들이 소위 말하는 자유 체제로 인해 얼마나 축복받았는지를 느낄 수 있는 증거였다. 이들에게는 분명 다른 유럽 나라, 아니 전 세계의 다른 나라들보다 자신들이 진보적이며 '깨어 있다'고 느낄 만한 이유가 있었다. 긴 역사를 통해 스페인의 펠리페 2세나 나폴레옹 같은, 대륙에서 온 폭군에 맞서 스스로 방어해낸 경험을 축적했기 때문이다. 또 자유의 보루 역할을 해왔다는 영국인 특유의 자긍심으로 외부 망명자를 상당히 관대하게 품기도 했다. 프랑스 루이 필리프 왕처럼 쫓겨난 통치자만 이 섬나라에서 피난처를 찾은 것이 아니었다. 정치적 반대편에 서 있던 카를 마르크스 같은 좌파 정치 선동가도 1849년 6월 이후에 런던에 망명해 살았다.

문명과 기술, 과학과 정치의 진보는 여왕의 곁에 있던 앨버트 공에게는 거듭 중요한 주제였다. 독일 출신 외국인으로 1840년 2월 젊은 여왕과 결혼한 후 몇 년 동안 앨버트는 영국 상류층에서 제대로 된 위치를 차지하지 못했다. 명목상이나마 강력한 전제군주였던 여왕의 배우자라는 위치는 그에게는 또 다른 좌절의 원천이었다. 그러던 중 공무원이자 발명가였던 헨리 콜^{Henry Cole}이 앨버트와 함께 규모와 국제성 면에서 이전의 전시를 무색하게 만들 진정한 국제적 경제·기술·문화 박람회의 개념을 발전시켰다. 콜과 앨버트는 힘들게 정부 관료와 국회의원, 산업계 인사를 설득하는 일에 나섰으며 1850년 1월 왕립위원회가 프로젝트를 실행에 옮기기 위해 설치되었다. 불과 16개월 뒤인 1851년 5월, 만국박람회가 납세 부담을 가중시키지 않고 개막되었다. 이는 위원회가 그만큼 일을 잘했다는 방증이기도 하다.

새로운 차원의 세계를 보여준 수천 점의 전시물뿐 아니라 박람회가 열리는 공간 또한 가히 혁명적이었다. 데번셔 공작의 정원사이기도 했던 건축가 조지프 팩스턴^{Joseph Paxton}은 박람회 주최를 위해 유리 온실을 지어

두 가지 전문 분야를 결합시켰다. 이 건축물에서 팩스턴은 미래지향적이고 거대한 이상을 구현했는데 왕립위원회 회원들 대부분 이에 환호했다. 특히 앨버트가 열렬한 지지를 보냈다. 팩스턴은 29만 3,655개의 유리판과 330개의 지지대 그리고 2,300개의 철골을 사용하여 런던에서 멀리 떨어진 곳에서도 볼 수 있는 건물을 지었다. 그 모습은 입이 떡 벌어지는 경이로움과 동시에 표면에서 눈부시게 반사되는 빛으로 인한 공포감을 유발했다. 이 건축물은 약 600미터 폭에 150미터 길이로 지어진 유리 궁전, 수정궁이었다. 연면적은 약 8만 4,000제곱미터나 되었다. 이 건축물을 짓기 위해 하이드파크에 있는 나무들 중 일부를 베어내야 했지만 어떤 나무들은 그대로 건물 안에 배치되어 진정한 자연의 일부로 살아 있게 했다.

전례를 볼 수 없는 박람회 내용과 거대한 규모의 수정궁, 이 둘 모두는 비평가들에게 엄청난 화젯거리가 되었다. 만약 런던에 폭풍이 일어 수정궁을 휩쓸고 유리를 산산조각 낸다면 그 때문에 얼마나 많은 사람이 목숨을 잃을까? 또 수천 명의 관람객이 동시에 박람회장을 돌아다니면 산소가 모자라 질식사하는 사태가 벌어지지 않을까? 혹은 여름날 유리 지붕으로 쏟아지는 태양열로 인해 수많은 사람이 열기로 쓰러지지 않을까? 1851년의 여름은 상당히 더웠고 빅토리아 시대에는 여러 겹으로 겹쳐 입는 패션이 유행했으므로 아주 공연한 기우는 아니었다.

물론 이 같은 걱정은 슈웨프라는 상인이 5,000파운드를 내고 독점 면허권을 구입한 후 방문객에게 판매한 시원한 탄산음료로 어느 정도 해소되었다. 그런데 음료를 비롯한 음식물 섭취 후 뒤처리가 골칫거리로 떠올랐다. 돌이켜 보면 전시 기획자들은 하이드파크에 더 많은 화장실을 설치했어야 했다. 한편 근대의 혁신이 여기서도 이루어졌다는 점에 주목해야 한다. 조지 헤닝스라는 이름의 제조업자가 만든 화장실 시설이 1820년대 이후 영국에서 확립된 진보적 기술의 전환점을 여는 데 마침내 기여하게 된 것이다. 그것은 수정궁에서 멀리 떨어진 공원에 세워진 수세식 화장실이었다. 위원회 소속 부지런한 통계학자들의 추산에 따르면 이 혁신적인 시설을 찾은 관람객은 전시 기간 동안 82만 7,000명이나 되었다. 하지만 런던이라는 대도시에 아직 제대로 기능하는 하수 체제가 자리 잡지 못했던 것도 사실이다. 어쩌면 박람회가 끝난 지 불과 몇 년 만에 콜레라가 재발하는 데 이 화장실도 상당히 기여했을 수 있다.

만국박람회를 중심으로 생겨날 수 있는 미지의 부작용에 대한 우려도 곳곳에서 표출되었다. 이렇게 많은 외국인들이 동시에 런던에 모인 적은 전례가 없었다. 이방인들이 콜레라나 페스트 같은 전염병을 가져오지 않을까? 예전에도 대규모 행사마다 유럽 각지에서 소매치기와 강도, 극악한 범죄자가 모여들지 않았는가?

다행히 유럽의 여러 나라들은 런던에 범죄자 대신 자신들의 다양한 상품과 문화를 보냈다. 특히 프랑스는 박람회에 매우 협조적이었다. 해협을 사이에 두고 양국의 국민이 여전히 적대적인 감정을 품고 있는 것과는 상관없이 일찌감치 다양한 전시품을 박람회에 보내왔다. 독일 연방에서 온 여러 주도 훌륭한 전시품을 전시했다. 다만 러시아의 전시품들은 매우 늦게 도착했는데, 발트해의 얼음이 예상보다 빨리 녹지 않아서 상트페테르부르크나 탈린 같은 항구에서 배가 오랫동안 묶여 있었기 때문이다. 전체적으로 거의 10만 점의 전시품이 런던으로 속속 도착했고 4월 말부터 영국 제도를 비롯해 영국의 식민지들, 그리고 셀 수 없이 많은 나라에서 온 방문객들이 대도시로 몰려들었다. 우려했던 혼잡함은 일어나지 않았다. 왕립위원회의 계획은 완벽했고 철도는 대중교통 수단으로서의 기능을 처음으로 증명해 보였다.

1851년 5월 1일은 박람회 개최일이었다. 빅토리아 여왕이 개막식장으로 차를 몰고 가는 동안 수천 명 시민이 거리에 줄지어 서서 환호했고 그날 수정궁에는 2만 명이 넘는 방문객이 몰려들었다. 거리는 끔찍한 교통 체증에 시달렸고 하이드파크로 몰려드는 마차가 3,000대가 넘었다. 다음 날 〈타임스The Times〉는 이 행사를 시대의 한 획을 그은 사건으로 부각하며 기념비적인 날로 칭했다. 이날은 "세계 창조 이래로 세계 각지에서 온 사람들이 한자리에 모여 다 같이 행동에 나선 첫 아침"[2]이었다. 민족주의가 서서히 깨어나던 그 시대에 이 행사에는 국경과 언어, 인종의 장벽을 넘어서려는 국제적 연대의 공감대가 자리 잡고 있었다.

남편 앨버트와 두 자녀를 대동하고 나선 여왕은 600만 명 이상이 관람한 박람회 규모에 놀라움을 금치 못했다. 그곳에는 지름이 2미터가 넘는 커다란 바퀴가 달린 거대 증기 기관차나 전기 동력 기관차, 박제된 호랑이나 사자와 함께 북미 인디언들의 생활 모습이 재현되어 있었다. 또한 무한한 우주 공간에 대한 찬란한 전망을 제시하는 천문학자들이 개발한 거의 5미터가 넘는 망원경과, 아무리 옆에 마음을 진정시키는 클로로폼이 놓여 있다 하더라도 여전히 보통 사람들에겐 무시무시하게 느껴지는 각종 수술 도구도 있었다. 아마 빅토리아 여왕의 눈이 가장 빛난 때는 세계에서 가장 큰 다이아몬드인 코이누르에 시선이 닿았을 때가 아닐까 싶다. 이것은 영국 여왕의 왕관에 박혀 있는 다이아몬드로 현재 런던탑에 보관되어 있다. 여왕은 이 모든 것에 압도당했다.

이야말로 위대한 사건이 아닐 수 없다. 완전하고 멋진 승리. 나는 눈이 닿는 곳까지 사람들로 가득 찬 하이드파크의 모습을 생전 처음 보았다. 철제 아치 아래로 자리 잡은 거대한 홀과 흔들리는 야자수, 꽃의 바다와 기념비들, 전시장과 우리 주변을 가득 채운 사람들의 물결과 우리가 들어서자마자 울리던 트럼펫 소리, 이 모든 것이 절대 잊을 수 없는 깊은 감동을 주었다. [3]

거의 모든 방문객들이 같은 생각을 했다. 시인 앨프리드 테니슨은 다음과 같은 시를 지었다. "하나의 축제가 만들어낼 수 있는 / 이 모든 아름다움과 모든 유용함." 또 다른 방문객은 거대한 부와 현란한 볼거리 앞에서 "정신적 무력함"을 느꼈다고 썼다. [4]

박람회는 그것을 기획한 낙관론자들조차 예상하지 못할 만큼 첫날부터 성황을 이뤘다. 사실 박람회를 방문하는 즐거움에 대한 대가는 결코 싸지 않았다. 입장료가 오늘날의 가치로 거의 400유로에 달했기 때문에 시민들이 방문할 수 있는 가능성을 차단했다. 하지만 여름날인 데다 국회 휴원이 시작되면서 결국 나중에는 단 1실링의 입장료로도 박람회 구경이 가능해지기도 했다.

위풍당당한 수염을 기른 32세의 잘 차려입은 남자에겐 아무리 비싼

입장료라도 그 값을 치르는 데 문제 없었다. 그의 이름은 로저 펜턴^{Roger}
^{Fenton}이며 랭커셔주 로치데일 출신이었다. 호황을 맞이한 산업도시 맨체
스터에서 북쪽으로 15킬로미터 정도 떨어진 그의 고장은 산업화로 꾸준
히 성장해왔다. 로치데일은 영국 수출 경제의 기둥인 섬유산업의 거점이
기도 했다. 펜턴의 할아버지는 섬유산업의 창업자이자 부유한 가문을 위
한 초석을 놓은 인물이었다. 아버지는 은행가였고 1832년부터 하원의원
으로 재임했다. 따라서 펜턴에게는 생계를 위해 돈을 벌어야 한다는 큰
압박 없이 자신의 관심사를 좇을 여유가 있었다. 그는 런던에서 법률 공
부를 시작했으나 곧 그림에 대한 열정과 재능을 발견하고 빠져들었다.
그 후 갓 결혼한 아내와 함께 그는 파리에 갔고 유명한 프랑스 화가 폴 들
라로슈와 함께 공부하며 루브르 박물관 전시 작품의 복제화를 그렸다.

이 시기에 펜턴이 파리 미술 아카데미에서 공부했는지는 알려지지 않
았다. 런던으로 돌아온 그는 화가 찰스 루시와 함께 그림 기술에 대한 연
구를 계속했다. 곧 펜턴은 독립적으로 일하게 되었고 고위층 인물들의
초상화를 그리는 일을 하며 1849년부터는 정기적으로 전시회를 열곤 했
다. 박람회에 들어선 펜턴은 수정궁에 전시된 카메라를 보고 놀라움을
금치 못했다. 그것은 발전하는 사진술의 도구이자 새롭게 각광받는 예술
작업의 선도적 도구이기도 했다. 펜턴은 깊은 감명을 받은 채 하이드파
크를 떠나면서 사진이라는 새로운 매체로 작업하겠다는 결심을 했다.

여왕에게는 1851년 10월 15일 박람회 폐막이 슬픈 사건이었을지 모
른다. 하지만 지정학적인 관점에서 보더라도 주최 측 입장에서는 박람회
가 매우 긍정적인 역할을 했다. 박람회의 국제적 성격으로 인해 영국은

제국을 지배하는 나라가 되었다. 이들의 생산품은 가장 견고하고 가장 진보적이었으며, 무역과 경제, 권력 정치와 국제 관계에서 제국의 철학은 가장 계몽적으로 보였다. 또한 수많은 나라 사람들의 조화로운 공존이 이루어지는 희망을 목격한 곳이기도 했다. 그간 유럽의 강대국들 사이에는 한 세대 이상 이어진 36년 동안의 평화가 있었다. 어쩌면 박람회의 정신은 국가 간의 경쟁이 오롯이 무역과 경제, 예술과 과학의 테두리에서만 이루어져야 한다는 새로운 시대의 요구와 맞닿아 있는 것이었을지도 모른다.

1840~1914
A GREAT
MEDICAL
EPOCH

5장

클로로폼

제임스 심슨의 기적의 마취제,
여왕의 우아한 출산을 도운 존 스노

빅토리아 여왕이 1851년 5월 1일 대박람회 개막식에서 그토록 황홀한 기분에 휩싸였던 것은 전시회의 압도적인 경험과 정신적 지도자인 그녀의 남편 앨버트에 대한 자부심 외에 또 다른 이유가 있었다. 그 당시 여왕은 임신 상태가 아니었는데, 이는 예외적인 상황이었다. 평생의 연인이자 소중한 반려자 앨버트와 결혼한 후 11년 동안 여왕은 일곱 명의 아이를 낳았다. 그 시대의 유아 사망률을 볼 때 이는 주목할 만한 숫자인데 일곱 명 모두 성인이 될 때까지 별문제 없이 성장했다. 빅토리아와 앨버트는 죽은 아이를 무덤으로 안고 가야만 했던 20세기 이전 수많은 부모들의 공통된 운명을 피해 갔다. 확실히 여왕은 버킹엄 궁전이나 와이트 섬의 오즈번 하우스에 사는 수많은 하인을 비롯하여 '서민 계층'에 속한 젊은 엄마가 겪어야 하는 온갖 불편과 부담에 시달리지 않았다. 그럼에도 불구하고 그녀는 임신 상태를 싫어했다. 또한 태어난 아이들을 보면서 별다른 충족감을 얻지도 못했다.

앨버트나 빅토리아 여왕처럼 비교적 교육 수준이 높은 사람들도 연달아 짧은 시간 안에 일어나는 임신과 출산을 하늘이 주관하는 일이라 여겼고 가족의 규모가 커지는 것을 운명적인 현상으로만 받아들일 뿐 다른 가능성은 생각하지 못했다. 가족계획이나 피임은 생각하는 것조차 불가능했다. 19세기에는 인간 생식의 법칙에 대한 이해가 거의 없었기 때문이다. 여성의 생리 주기에 따라 생식 활동이 활성화되거나 매우 희박해지는 날이 있다는 사실도 알려지지 않았다.

마찬가지로 콘돔 같은 피임법은 있다고 해도 구할 수가 없거나 너무 비쌌다. 게다가 이 방법은 교회에서도 비난을 받았다. 또 오늘날의 콘돔보다 훨씬 두꺼웠기 때문에 인기도 없었다. 1839년이 되어서야 찰스 굿이어가 말랑말랑한 고무를 개발해 콘돔을 대량 생산하는 첫걸음이 이루어졌는데, 이로써 19세기 마지막 30년 동안 상당히 안전한 피임법이 도입되었다. 물론 사람들이 그것을 사용한다는 전제가 있어야 가능한 이야기긴 하지만 말이다. 사실 빅토리아 여왕과 앨버트 공의 경우 교회가 선호하는 궁극적인 피임법을 따르는 편이었다. 1857년 막내딸 비어트리스가 태어난 후 윈저 하우스에는 금욕이라는 피임법이 자리 잡았다.

왕이나 여왕의 이름을 따서 거리 명칭을 정하는 전통에 따라 퀸이라는 이름이 붙은 에든버러의 거리가 있었으니, 이는 버킹엄 궁전에서 530킬로미터나 멀리 떨어진 곳이었다. 제임스 영 심슨은 퀸가 52번지에 살았다. 1847년 가을, 그는 36세의 나이로 이미 의료인으로서 상당한 경력을 자랑하고 있었다. 처음에는 일반 진료의로서 활동했지만 이후 28세에 에든버러 대학의 의대 산부인과 교수로 임명되었다. 심슨은 전문의가 되면서 의료 혁신을 위해 열광적으로 노력했다. 우둔한 자신감에 차 자기 홍보에 열을 올리는 의사가 아니라 환자에 대한 헌신적인 태도를 지니고 있었던 심슨은 산부인과의 환경을 개선할 수 있는 방법을 끊임없이 탐구했다. 그는 산부인과 의사가 어려운 출산 상황에서 사용하는 재래식 겸자를 현대식으로 개조해 출산이 지연될 때 사용했다. 그가 개발한 이 모델은 170년이 지난 오늘날에도 심슨 겸자Simpson Forceps라는 이름으로 여전히 사용되고 있다.

심슨의 또 다른 발명품은 완전히 미래지향적인 데다 시대를 훨씬 앞선 것이었다. 그것은 에어 트랙터Air Tractor(진공 당김기)라고 부르는 장치였다. 아기 머리에 흡착판을 부착해 진공 상태를 만드는 도구인데, 출산 과정이 지연되거나 치명적인 위험이 발생한 상황에서 이 기구의 도움을 받아 신생아는 더 빨리 산도를 빠져나올 수 있었다. 하지만 당시 기구 제작자들이 사용했던 흡착판과 펌프가 요구 조건을 충족하지 못했기 때문에 그 기구는 그다지 인기를 끌지 못했다. 1954년에 이르러서야 스웨덴의 의사인 타예 말름스트룀이 진공 당김기를 산부인과에 성공적으로 도입할 수 있었다.

스코틀랜드 훨씬 너머에까지 닿은 심슨의 명성은 한때 유럽 유수의 의과대학이었던 에든버러의 명성을 회복하는 데 기여했다. 1840년대 영국을 비롯한 여러 나라에 충격과 공포를 안겨준 끔찍한 사건이 여전히 에든버러에 대한 대중의 기억 속에 뚜렷이 각인되어 있었음에도 말이다. 에든버러 의과대학에서 의대생들을 대상으로 강의해온 해부학자 로버트 녹스에게는 합당한 시각적 재료, 즉 해부용 시체가 충분하지 않았다. 그때 두 명의 범죄자 윌리엄 버크William Burke와 윌리엄 헤어William Hare가 해결사로 나섰다. 처음에 그들은 시체를 훔치는 일을 했다. 무덤 앞 꽃이 채

마르기도 전에 시체를 파내는 범죄를 저지른 것이다. 이 때문에 에든버러에서뿐만 아니라 영국의 일부 지역에서는 무덤에 철제 케이지로 만든 소위 인간 금고를 설치함으로써 고인을 위한 영원한 평화를 확보했다.

하지만 시체를 훔치는 방식으로는 밀려드는 수요를 더는 감당할 수 없었다. 그러자 이들은 사업 방식을 바꾸었다. 살인을 시작한 것이다. 두 사람은 16명의 목숨을 앗아간 것으로 알려졌다. 이들이 살해한 육신은 8파운드에서 15파운드에 이르는 금액에 팔려 로버트 녹스의 해부용 탁자에 올랐다. 결국 법 집행관들이 두 범인을 추적했다. 헤어는 1829년 1월 28일 공개적으로 교수형에 처해진 버크에 대해 핵심 증인으로 나섬으로써 자신의 목숨을 구했다. 그 후로 버크는 본인이 의도하지도 않았고 대가를 받지도 않은 채 과학계에 봉사해오고 있다. 그의 골격이 수 세대에 걸친 해부학 수업에서 수많은 의대생의 자료로 활용된 것이다. 에든버러 대학 박물관에 놓인 그는 오늘날까지 관람객에게 감탄의 대상이 되고 있다.

심슨은 스코틀랜드 수도인 에든버러의 한층 진보한 새로운 과학 시대를 대표하는 인물이다. 그 무엇보다 그는 환자의 고통을 완화하거나 덜어주는 데 마음을 쏟았다. 최초의 에테르 마취 소식이 전해진 직후 그는 적극적으로 이 물질을 사용했지만 곧 그것이 환자들에게 미치는 부작용에 대해서도 알아차렸다. 특히 에테르의 강한 냄새와 기도를 자극하는 역효과를 깨달았다. 심슨은 이에 대한 대안을 찾으며 에든버러에서 일하는 화학자들에게 조언을 구했다. 여러 화학자가 그에게 다양한 냄새의 액체를 보내주었다. 그리고 심슨은 그 액체들을 직접 실험해볼 만큼 용감한 의사이기도 했다.

심슨의 두 조수인 제임스 덩컨James Duncan 박사와 토머스 키스Thomas Keith 박사도 자발적으로 그를 도왔다. 그들은 흥미로운 실험을 위해 종종 심슨의 집에서 같이 저녁을 먹었고 식사를 끝낸 뒤 부인인 제시 심슨Jessie Simpson의 지시하에 실험을 하곤 했다. 1847년 11월 4일 아침, 덩컨은 몇 가지 물질을 시험해보았는데 액체가 든 병들 중 하나에서 나온 증기를 마신 뒤 그가 겪은 경험을 자신의 여동생에게 이렇게 묘사했다. "마치 무의식의 잠에서 서서히 기분 좋게 깨어나는 느낌이었어." 정신을 차린 그가 시계를 확인하니 15분이 지나 있었다.[1]

이 액체는 클로로폼으로 1830년대 초에 독일 유스투스 폰 리비히를 비롯한 몇몇 화학자들에 의해 독립적으로 생산되었다. 처음에 에든버러에서 일했던 외과 의사 로버트 모티머 글러버는 1842년 충분한 임상 사용을 거치지 않아 보이는 상태에서 이 물질의 잠재적 마약성 성질을 묘사하기도 했다. 아무튼 그해 가을 덩컨이 심슨 가족의 저녁 식사 자리, 아니 어쩌면 과학적 실험장에 클로로폼이 담긴 병을 가지고 왔다. 이 자리에는 제시 심슨과 그녀의 조카, 심슨의 처남도 약간의 걱정과 함께 관찰자로 참석했다. 심슨, 덩컨, 키스 박사가 차례로 병에 코를 대고 깊이 흡입했다. 얼마 후 이들은 마치 근사한 샴페인에 취하기라도 한 듯 활발하게 대화를 하기 시작했다.

그러다 곧 조용해졌다. 키스는 바닥에 주저앉았고 덩컨은 의자 밑으로 미끄러져 들어가더니 곧 코를 골기 시작했다. 심슨 역시 주방 카펫에 주저앉았고 일시적으로 어떤 반응도 보이지 않았다. 다시 의식을 찾은 그는 즉시 약리학적 평가를 내렸다. "이건 에테르보다 훨씬 강하고 더 좋군요!" 제시의 조카도 병 속의 물질을 들이마시길 원했고 몇 번 흡입한 후에 흥분한 목소리로 외쳤다. "나는 천사다, 나는 천사다!"[2] 마취에 도달할 정도는 아니지만 행복감을 느낄 만큼은 충분히 클로로폼을 들이마신 (잠재적 위험을 생각하자면 운이 좋은) 젊은 여성이 소리쳤다.

심슨은 적극적인 의사였으므로 즉시 이 경험을 임상적으로 응용하는 단계로 옮겼다. 그가 지역 화학 공장에 클로로폼을 너무 많이 주문해서 공장 사람들이 야간 교대 근무를 해야 한다는 소문이 돌 정도였다. 열흘 안에 그는 50명 이상의 환자에게 클로로폼을 투여했다. 자체 실험이 성공한 지 불과 엿새 만인 11월 10일, 심슨은 에든버러 의학 및 외과 협회에서 이에 대한 강연을 했고 11월 15일에는 그의 논문 〈에틸에테르보다 더 효율적인 새로운 마취제에 대하여〉가 발간되었다. 과학계의 각종 규정을 생각해보면 이 같은 발견과 출판물의 전파 속도는 21세기에서조차도 상상할 수 없는 것이다. 출간된 그의 논문은 초판이 4,000부였는데 단 며칠 후에 다시 인쇄해야 했다. 서덜랜드 공작부인은 즉시 이 복사본 중 하나를 자신의 친구였던 빅토리아 여왕에게 보냈다. 여왕은 논문을 흥미롭게 읽었고 자신의 출산 경험에 비추어 다가올 그날을 위해 출간물을 보관해두었다.

몇 주 안에 클로로폼은 에든버러의 일반 시민들에게도 익숙한 이름이 되었다. 왕립극장의 크리스마스 프로그램 중 하나로 아이들이 팬터마임에 참여하는 행사가 있었는데, 이 환상의 세계로 가는 여정의 마술적 단계 중 하나는 닥터 클로로폼의 세계를 방문하는 것이었다. 또한 에든버러에 위치한 심슨의 산부인과가 아닌 외부에서 클로로폼 마취하에 수술을 받은 첫 번째 환자 역시 어린이였다. 이와 관련해 독일 학술지에 에든버러 특파원의 보도가 실리기도 했다.

> 첫 번째 실험은 팔뚝 한쪽이 괴사로 썩어가는 아이를 대상으로 한 것이었다. 밀러 교수는 아이가 하나도 아프지 않게 괴사된 요골을 제거했다. 아주 간단하게 클로로폼을 들이마신 후 곧 몇 번의 수술이 뒤따랐고, 그 결과는 모두 매우 만족스러웠다. 무통 효과를 위해서 필요한 클로로폼의 양은 에테르보다 훨씬 적다. 100방울에서 120방울, 때로는 더 적은 양으로도 충분하다. 그 효과는 훨씬 더 빠르고 깔끔하며 대체로 더 지속적이다. 10회에서 20회 정도만 호흡을 들이쉬는 것으로 충분하다. 따라서 외과 의사는 많은 시간을 절약할 수 있으며 다른 많은 마약류에서 볼 수 있는 것과 같은 성가신 흥분의 시간이 훨씬 짧다고 볼 수 있다. 실제로 환자는 흥분이나 수다스러움 없이 훨씬 더 차분하게 마취에 빠져들었다.[3]

하지만 복용량의 부정확성이나 클로로폼의 부작용에 대한 무지로 인해 이러한 마취 행위가 비극적인 결과로 이어지는 것은 시간문제였다. 첫 번째 사망자는 1848년 2월 영국 북부 뉴캐슬어폰타인에 살았던, 발톱에 심한 염증을 앓아서 발톱 제거 수술을 하려던 15세의 해나 그리너였을 것이다. 사생아로 태어나 힘든 삶을 살았던 이 소녀가 클로로폼을 처음 흡입했을 때에는 모두가 원하는 마취 상태에 들어간 듯 보였다. 외과 의사가 막 상처 부분을 절개하려 했을 때 그리너는 몸을 움찔했고 호흡이 거칠어졌다. 그 모습을 보고 불안해진 의사와 조수가 환자의 얼굴에 찬물을 뿌리고 약간의 브랜디를 몸속으로 흘려 넣었다. 하지만 여전히 환자가 반응이 없자 이들은 그녀를 바닥에 눕히고 지난 시기 동안 만병통치 요법으로 사용되던 피 뽑기를 했다. 하지만 결국 그들은 소녀의 죽음을 인정해야 했다. 부검에는 6년 전 당시 스코틀랜드에서 의사로 일하며 클로로폼의 마취 가능성에 대해 발표했던 글러버가 참여했다. 의사들은 클로로폼의 영향으로 폐가 막힌 것이 죽음의 원인이라 진단했다. 심슨은 에든버러에서 이 같은 진단을 듣고 펜을 들어 뉴캐슬의 동료들을 비난했다. 그 소녀가 숨이 막힌 것은 물과 브랜디 때문이며 클로로폼이 사람에게 그렇게 치명적일 수는 없다는 요점이었다.

소녀에게 일어난 비극적인 마취 결과와 비슷한 보고가 점점 늘어남에도 불구하고 클로로폼은 여전히 의학적으로 가장 각광받는 물질로 남았다. 1848년 유럽에서 처음으로 전쟁 중에 병원에서 마취를 통한 수술이 진행되었다. 프로이센과 덴마크의 짧은 분쟁 기간 동안, 베를린의 유명한 외과 의사이자 전쟁이 끝난 뒤 1864년에 작위를 받은 베른하르트 랑겐베크는 슐레스비히의 군 병원에서 의료 활동에 매진했다. 랑겐베크의 조수에 따르면 그는 61건의 중요한 수술을 했는데 그중 15명의 환자가 사망했으나 대부분은 클로로폼 때문이 아니라 심각한 부상 때문이었다.

> 상황에 따라 몇 가지 예외가 있었지만 대부분의 수술은 클로로폼을 이용하여 수행되었다. 또한 환자가 마취 상태일 때 더 고통이 큰 수술이 이루어졌다. 본인으로서는 클로로폼의 사용에 오로지 이점만

있는 것 같다. 근대 의학사에서 본인이 관찰한바 피하근과 힘줄 절개, 그리고 클로로폼의 사용이 가장 중요하고 유익한 두 가지 발명이다. 조심해서 사용하기만 하면 클로로폼은 어떠한 단점도 없다. 반면 그것을 사용하지 않을 경우 지속적이고 고통스러운 수술 과정에서 신경계가 깊은 쇼크를 이겨낼 수 없다는 점을 고려한다면 장점이 더욱 확실해진다.[4]

현대에서 가장 위대한 발명품 중 하나인 마취제에 대한 평가는 보통 사람들뿐 아니라 작가들에 의해서도 이루어졌다. 샬럿 브론테, 앤 브론테, 에밀리 브론테라는 뛰어난 작가들의 아버지로 더 잘 알려진 작가 패트릭 브론테도 마취제 발명 소식에 열광적인 반응을 보였다.

이 훌륭한 소식을 들은 인류의 모든 동지들은 몰려나와 '야호!'라고 외쳐야 할 것이다. 위대하고 쓸모 있으며 소중한 발견이 이루어졌으니![5]

어린 시절 전염병의 시대를 경험했으며 런던에서 이 새로운 방식을 전문적으로 사용하기 시작한 영국 북부 출신의 한 의사도 위의 관점에 동의를 표했다.

존 스노John Snow는 숨 가쁘게 빠른 사회 발전이 낳은 대표적 인물이다. 노동자 계급의 가정에서 태어난 그는 왕의 주치의가 되었으며 전염병학 및 질병 통제의 선구자가 되었다. 그는 19세기에 머나먼 땅 미국에서 자수성가를 이룬 존 록펠러나 코닐리어스 밴더빌트처럼 거의 신화적으로 회자되는 신분 상승의 예이기도 하다. 영국 또는 프로이센 같은 독일 국가처럼 전통적으로 계급 장벽이 단단했던 사회에서도 재능 있는 이들이 자수성가하는 것이 가능하다는 방증이기도 했다.

존 스노는 1813년 3월 15일, 요크^{York} 지역 탄광에서 일했던 윌리엄 스노와 그의 아내 프랜시스 사이에서 아홉 자녀 중 첫째로 태어났다. 그곳은 한때 요르비크^{Jorvik}라는 이름의 바이킹들이 사는 도시였지만 이후 요크라는 이름으로 바뀌었고 광산과 급속한 산업화의 특징을 품은 도시가 되었다. 스노 가족은 도시에서도 가난한 지역인 올 세인츠 교회 근처에서 살았고 그곳에서 존 스노도 세례를 받았다.

비록 평민 출신이었지만 존 스노의 한 남동생은 목사가 되고 또 다른 남동생은 호텔 창업자가 되었으며 두 여동생은 학교 창업자가 되었을 만큼 그의 가정에는 근면함과 야망 그리고 낙천적인 유전자가 요람에서부터 넘쳤다. 존 스노는 초등학교에 다녔고 수학에 비범한 재능을 보였다. 어려서 의사가 되려는 꿈을 품었던 그는 14세에 외과 수련의가 되고자 했다. 중세 때부터 수술의는 길드에 속해 있었다. 이발사 겸 외과 의사barber-surgeon라는 영어 용어는 직업의 초기에는 이발사 또는 미용사가 외과 의사와 연관이 있었음을 보여준다. 반면 12~13세기에 처음으로 대학이 등장한 이래 의사들은 훨씬 보수적이고 손가락에 피를 묻히지 않는 남성들로 이루어졌다. 사람들의 존경을 한몸에 받던 이 직업 치료사들의 직업윤리는 '교회는 피를 보고 놀라서 물러선다^{Ecclesia abhorret a sanguine}'라는 가톨릭 교회의 원칙과 일맥상통했다. 하지만 기억해보라. 피에 대한 이 같은 기피는 오직 의학에만 적용되었을 뿐 교회가 수 세기에 걸쳐 자행하거나 지지해온 불신자와 이단자, 교회 이탈자와의 전쟁에는 적용되지 않았다.

스노는 수련의 과정을 위해 뉴캐슬어폰타인에 있는 외과 의사 윌리엄 하드캐슬에게 갔는데 이 도시는 20년 후 어린 해나가 클로로폼 마취로 죽음을 맞이할 곳이기도 했다. 당시 영국의 수술의는 대부분 '미스터'라고 불렸다. 이 같은 관습은 오늘날까지 이어져오고 있어서 지금도 외과의를 '닥터'라고 부르는 경우는 드물다. 아무튼 존 스노는 자유 시간도 얼마 없는 환경이었음에도 자신의 날씬한 몸매를 유지하기 위해 온갖 노력을 기울였다. 긴 시간 동안 등산을 하거나 이 지역의 그리 따뜻하지 않은 물에서 수영을 하는 등 건강한 삶을 살았다. 이런 습관이 어떤 면에서는 별로 청결하지 않다는 것이 어쩌면 이후 그의 의학적 본능에 영향을 미쳤을 수도 있다. 활력 넘치는 사람에게서는 드문 청교도적 생활 방식이 다소 특이하게 여겨지기도 하지만, 스노는 그 당시 점점 세력이 커지고 있던 금주운동에 동참했다. 또한 젊은 시절 스노의 여성과의 염문은 더 나이 들고 유명해진 이후만큼이나 거의 알려진 바가 없다.

존 스노의 수련의 과정은 하드캐슬의 수술 실습으로만 이루어진 것이 아니었다. 스노는 또한 뉴캐슬 병원에서의 외과 의사 수업과는 대조적으로 의사들의 학술 세미나에도 참석할 수 있었다. 심지어는 외과 의사 견습생으로서는 매우 드물게 뉴캐슬 의과대학 강의에도 참석했다. 외과 의사 밑에서 일하는 견습의 과정은 보통 5~6년 정도인데 실질적 의술을 배우는 것 외에 해부학과 생리학, 화학과 식물학 분야의 지식을 습득하는 것도 필요했다. 수술의와 약제사 양성이라는 하드캐슬의 분명한 기술적 목적은 스노 역시 보수적 치료 방식인 약학을 전문적으로 습득했으리라는 것을 분명히 보여준다.

아마도 스노의 견습의 과정에서 가장 많은 영향을 끼친 경험은 영국에 새롭게 출현한 전염병일 것이다. 1831년, 유럽을 휩쓸었던 콜레라가 결국 영국에도 도달했다. 스노는 광부들 사이에서 전염병이 맹위를 떨치고 있던 킬링워스의 광산 마을로 들어갔다. 킬링워스에는 특히 탄광 산업에 중요한 수단이기도 했던 철도 건설의 선구자이자 상업적 목적의 여객 수송에 최초로 사용된 기관차를 설계해 유명세를 얻은 조지 스티븐슨George Stephenson과 그의 아들 로버트 스티븐슨Robert Stephenson이 살고 있었다.

스노는 아픈 사람들과 그들의 가족을 능력 닿는 한에서 도우려 노력했다. 하지만 콜레라의 역겨운 증상뿐 아니라 최하위층 사람들이 처한 비인간적인 생활과 노동 조건을 마주하고 커다란 충격을 받았다. 사방을 가득 덮은 오물과 악취, 혼탁한 식수, 그중에서도 남자들이 공동으로 사용하는 배설물이 넘치는 구덩이는 사람이 견딜 수 있는 수준을 넘어섰다. 그는 의학의 무력함과 자신의 무력함에 크게 상심했다. 이웃 마을 롱벤턴에 있는 작은 교회의 공동묘지는 곧 콜레라 희생자들로 가득 채워졌는데, 보통 1년 사망자가 100명이 채 되지 않던 지역 공동체가 1832년에는 235명의 죽음을 애도했다.

하드캐슬 곁에서 수련의 생활을 마친 후 스노는 영국 북부에서 다른 두 명의 외과 의사 밑에서 3년을 더 일했다. 하지만 그는 존경받는 의사가 되려면 제국의 중심인 런던에서 제대로 된 학문적 배경을 가져야만

한다는 사실을 깨닫고, 1836년 가을에 길을 나섰다. 자연과 가까운 소박한 생활을 해온 사람답게 스노는 짐을 가득 실은 마차를 타지 않고 거의 영국 전역을 하이킹으로 가로질렀다. 삼촌을 방문하기 위해 잠시 배스에 머문 후 10월에 런던에 도착했고 곧 유명한 스코틀랜드 해부학자 존 헌터가 설립한 헌터 의과대학에 학생으로 등록했다. 이듬해 그는 웨스트민스터 병원에서 임상 훈련을 시작했다.

그보다 몇 년 전 한 외과 의사가 동료로부터 결투 요청을 받았는데 그 의사는 이를 거절했고 지나치게 열성적인 조수가 그를 위해 대신 결투에 나선 일이 있었다. 두 사람이 교환한 총성은 뚜렷한 결과를 내지 못했지만 그 일은 병원의 분위기를 대변해준다. 스노의 전기 작가인 샌드라 헴펠은 새 동료들의 거친 라이프 스타일에 대해 이렇게 말했다.

> 그 분위기는 타인강을 느긋하게 헤엄치거나 요크셔 늪지 주위를 하염없이 걷는 데서 삶의 즐거움을 찾던 진지한 금욕가인 스노에게는 그다지 매력적일 수 없었다. 그럼에도 병원은 훌륭한 명성을 자랑하고 있었고 교육의 일환으로 병동에서 근무하는 경험도 높이 평가되었다.[6]

1838년 5월, 스노는 왕립 외과대학에 합격하여 런던에 제대로 정착했다. 그는 프리스가 54번지에 개업했고 자신의 일에 흠뻑 빠져서 사생활이라고는 거의 없이 살았다. 환자들과 함께 있지 않는 시간에는 의학적 문제에 대해 곰곰이 생각하거나 연구에 몰두하곤 했다. 그가 관심을 둔 분야에는 '휘발성 가스'와 그것이 폐 기능에 미치는 영향도 포함되었다. 분명 에테르 실험도 했을 것이라고 추정된다. 스노의 지식욕은 그의 야망만큼이나 만족을 몰랐다. 그는 런던 대학에 입학하여 1843년에 학사 학위를 받았다. 이듬해 의학박사 학위를 취득한 그는 이제 '단순한' 외과의가 아니라 진정한 의사가 되었다. 그런데 왕립 의과대학에 입학한 것은 결국 존 스노가 엄청난 출세를 하는 데 장애가 되었다.

스노도 1846년 12월 런던에 도달한 보스턴의 뉴스에 전율을 느낀 의사 중 하나였다. 그날 이후 그의 모든 생각은 에테르를 중심으로 이루어졌고 환자를 위해 어떻게 하면 가장 나은 방법으로 안전하게 그것을 사용할지 밤낮없이 궁리했다. 크리스마스 직후인 12월 28일 월요일 아침, 스노는 가워가에 위치한 친구이자 치과 의사 제임스 로빈슨James Robinson의 병원에 다른 동료 몇 명과 함께 둘러앉았다. 로빈슨은 에테르에 적신 두 개의 스펀지가 놓인, 흡입기라 불리는 용기를 사용해 마취를 시작했다. 환자는 입에 문 흡입기를 통해 에테르 연기를 들이마셨다. 로빈슨은 기록했다.

> 20세 정도 된 건장한 체질의 젊은이는 2분가량 에테르를 들이마시더니 기절했고 그 후 의사가 그의 치아를 뽑았다. 의식을 되찾은 후 그 환자는 자신이 무엇을 느꼈는지에 대해 질문을 받았다. 하지만 그는 치아가 제거되던 순간을 포함하여 아무것도 기억하지 못했다. 수술 후 그는 완전히 건강한 모습으로 걸어 나갔다.[7]

그 후 스노는 거의 밤낮없이 흡입기를 작동했고 1847년 1월 16일 웨스트민스터 의학 협회에 그것을 보여주었다. 스노는 또한 에테르를 안전하게 투여할 방법도 찾아냈다. 그는 1월 말에 〈에테르 증기의 강도 계산표〉라는 표를 만들어 〈메디컬 타임스Medical Times〉에 게재하기도 했다. 그때부터 마취라는 주제는 스노의 마음속을 떠나지 않았다.

또한 그는 스스로 에테르에 대한 실험을 했는데 그 실험은 현대의 여러 논문에서 기술한 대로 어느 정도 상상력을 보태자면 다음과 같았다.

> 거기에는 단순한 아이러니를 넘어서는 매혹적인 부분이 있었다. 당대에 가장 유능한 의학자이자 금욕주의자인 스노가 실험하는 장면을 상상해보라. 잡동사니로 가득 찬 아파트에 실험용 개구리 소리가 개굴개굴 울리는 가운데 오로지 양초로 주위를 밝히고 혼자 앉아 있는 모습을. 최신 버전의 흡입기를 몇 분간 만지작거린 후 그것을 머리에 올려놓고 가스 공급 장치를 연다. 몇 초 후 그의 머리가 탁자 위로 스르르 내려온다. 몇 분 후 다시 고개를 든 그는 흐릿한 눈으로 시계를 본다. 그리고 펜을 잡으려 손을 뻗더니 실험한 내용을 기록하기 시작한다.[8]

그는 의학 협회에서 강연하면서 자신의 실험 결과와 권고 사항을 담아 《에테르 증기의 흡입에 관하여》라는 책을 썼고 1847년 소호에서 서점과 출판사를 운영하던 존 처칠이 이를 발간했다.[9] 런던의 한 지역인 소호는 이후에 마취제와는 다른 이유에서 스노의 의학적 삶에 커다란 중요성을 갖게 되었다. 스노는 에테르를 안전하게 다루었고 이를 알게 된 외과 의사나 치과 의사들이 점점 더 자주 수술과 발치를 위해 스노에게 도움을 요청했다. 그리하여 그는 말 그대로 진정한 의미에서 최초의 마취 전문의가 되었다. 새로운 약품인 클로로폼도 나오는 즉시 그의 관심을 끌었다. 스노는 마취제를 발견한 후 12년 동안 약 5,000여 건의 에테르와 클로로폼을 이용한 마취 작업을 수행했다. 당시의 상황을 보자면 방광결석 제거나 구순구개열 성형수술, 종양성 유방암 수술 등 마취제가 개발되기 이전에는 환자가 고통을 견뎌내지 못했던 상당히 복잡한 과정을 필요로 하는 여러 수술에 마취제가 사용되었다.[10]

에든버러의 심슨처럼 스노는 출산하는 임산부의 통증을 완화하기 위해 클로로폼과 함께 마취제를 사용했다. 예상대로, 클로로폼을 사용했던 의사들은 여성이 고통 속에서 아이를 낳아야 한다며 성경을 들먹이는 성직자와 동료 의사들의 저항에 부딪혔다(히브리어에서 번역한 성경에는 분명 다양한 해석이 존재한다). 한 성난 성직자는 심슨에게 편지를 썼다.

> 클로로폼은 여성에게 축복을 내린다는 미명하에 만들어진 악마의 도구입니다. 하지만 결국에는 우리 사회를 냉담하게 만들 것이며 괴로운 순간에 신을 향해 외치는 가장 깊은 절규를 강탈하는 것이나 다름없습니다.[11]

그러나 대다수 성직자들과 달리 예민한 남성들은 아내가 출산의 순간에 고통으로 내지르는 절규를 차마 견디기 힘들어했고 절규의 행동이 신성하다는 생각을 조금도 하지 않았다. 자연학자 찰스 다윈^{Charles Darwin}도 첫 아이를 낳은 뒤 "정말로 괴로운 일이었다. 그것은 아내 에마보다 내 혼을 더 빼놓았다."라고 기록했다.[12] 에든버러의 의사 제임스 모펏은 남편들의 감정을 겨냥하여 이렇게 말하기도 했다. "아내들의 울부짖음이 계속되는 것을 남편이 허용하지 않을뿐더러 마취제로 인한 진정 상태가 의학적 권위를 무례하게 방해하는 것도 아니다. 오히려 환자들을 괴로운 고통 속에 내버려두는 것이 야만적인 일이다."[13] 이 토론에서 독일의 한 의사도 종교적 이유로 출산 시 마취제 사용을 꺼리는 동료들에게 다음과 같이 호소했다. "우리가 마취제를 사용할 자격이 있는지 묻지 말고 반대로 의사가 도덕적·의료적 고려 사항 때문에 이토록 자비로운 수단을 사용하지 않을 자격이 과연 있는지를 고민해야 합니다."[14]

몇 명의 예외를 제외하고 여성들은 최근에 등장한 산통 완화 수단을 사용하는 데 주저함이 없었다. 미국에서는 시인 헨리 워즈워스 롱펠로의 아내 패니 롱펠로가 1847년 4월 7일 하버드 대학에서 치과 의사의 도움을 받아 처음으로 에테르를 흡입한 후 딸을 출산했다. 그녀는 이것을 자신과 여성에 대한 종교적 축복으로 돌렸다.

> 나는 그처럼 편안한 방식으로 임신의 끝을 맞이한 적이 결코 없었다. 이로써 고통받는 약자인 여성의 선구자가 된 것이 나는 너무 자랑스럽다! …… 그야말로 우리 시대의 가장 큰 은총이며, 이 은총이 세상에 발견된 시기에 살고 있다는 것이 나는 너무나 행복하다. 에테르는 하나님이 주신 선물이며 그런 축복을 받은 자는 영적·육체적 고통

에 대한 신의 승리자인 그리스도와 같이 위대하고 고매한 인물이 되기를 우리는 소망하게 된다.[15]

깊은 마취 상태보다는 통증 감각이 감소된 몽롱한 상태를 불러오는 산부인과 마취에 대한 저항감은 산모가 유명 인사이거나 유명 인사의 아내이면 결정적으로 약화되었다. 빅토리아 여왕은 1853년 봄에 여덟 번째로 임신했다. 그녀는 마취 문제를 두고 남편 앨버트 공과 논의했는데, 앨버트 공은 일반적으로 기술과 과학의 혁신에 열광하는 인물이었다. 게다가 출산이 다가오고 있는 상황에서 누가 마취를 맡을 것인가에 대한 문제는 사실상 제기되지도 않았다. 영국에서 비할 데 없는 마취 전문가로서 존 스노의 명성은 버킹엄 궁전에서도 이미 자자하게 퍼져 있었기 때문이다. 출산 예상일을 몇 주 앞두고 앨버트 공은 스노에게 왕궁으로 와서 클로로폼에 대한 자세한 정보와 함께 스노가 집도한 출산들에 대해 보고해달라고 요청했다. 1850년 여왕 부부의 일곱 번째 아이인 아서 왕자가 태어났을 때 왕실 고문이었던 세 명의 의사는 여왕의 마취에 강경한 반대 목소리를 냈지만 이번에는 빅토리아와 그녀의 남편을 막을 수 없었다.

1853년 4월 7일 아침, 스노는 버킹엄 궁전으로 불려갔다. 사무적이고 꾸밈없는 태도의 스노는 그동안 상당히 보수적인 성향의 왕실 산부인과 의사인 찰스 로콕과 여왕의 개인 의사인 제임스 클라크를 설득해놓은 상태였다. 너무나 적은 용량으로 클로로폼을 투여해서 마취 중에도 여왕은 반응을 보일 정도였지만 분명 진통과 통증 완화의 효과는 있었다. 의사로서 그가 맡았던 최고위급 환자에 대한 그의 보고서는 그 내용이 매우 건조하고 사실적으로 묘사되어 있다. 스노는 그 자리에서건 그 후에건 단 한 번도 왕실에서의 성공에 도취된 모습을 보이지 않았다. 스노는 여왕에게 두려움을 주지 않으려 마취에 보통 사용하던 흡입기 대신 클로로폼을 묻힌 손수건을 살포시 여왕의 얼굴에 덮었다. 모든 것이 복잡하지 않게 진행되었다.

> 아기는 1시 13분에 그 방에서 태어났다. 결과적으로 클로로폼의 마취 효과는 53분 동안 지속되었다. 태반은 몇 분 안에 나왔고 여왕은 멀쩡하고 기분이 좋아 보였다. 그녀는 클로로폼의 효과에 매우 고마워했다.[16]

새로 태어난 왕자는 빅토리아의 삼촌이었던 벨기에 국왕의 이름을 따서 레오폴드라는 이름으로 세례를 받았다. 여왕은 일기에 왕자가 태어나던 순간을 이렇게 기록했다. "소중한 왕자는 아름답고 건강한 아이로 태어났다."[17] 하지만 이 기록에는 비극적인 오류가 숨어 있었다. 이후에 레오폴드 왕자는 혈우병을 진단 받았다. 그리하여 그가 30세가 되던 해 낙상 사고 후 당시로는 치료될 수 없었던 내출혈로 인해 죽음을 맞이해야 했다. 오늘의 스웨덴 국왕인 칼 16세 구스타프는 레오폴드 왕자의 증손자다.

스노는 4년 후 빅토리아와 앨버트 공 사이의 막내인 비어트리스 공주가 태어나면서 다시 한번 의사의 임무를 성공적으로 수행했다. 산모와 아이 모두 건강했다. 당시 38세였던 여왕은 마지막 출산 시 통증이 거의 없었다는 점과 이후 다시는 임신을 하지 않았다는 점 모두 이중으로 안심되는 일이었다.

6장

등불을 든 여인

플로렌스 나이팅게일,
진보한 위생 관념으로 수많은 장병의 목숨을 구하다

〈이성이 잠들면 괴물이 깨어난다〉라는 유명한 에칭은 스페인 화가 프란시스코 데 고야가 1799년 무렵에 그린 것으로 나폴레옹이 등극하고 1815년까지 거의 끊임없는 전쟁이 이어지던 시대의 작품이다.

　더 큰 아이러니가 있을 수 있을까? 유럽이 합리성에 많은 공을 들인 시대이자 하루가 다르게 인류의 발전이 이루어지며 엘리트와 지식인, 상류층이 성장하는 반면 산업화가 확장되면서 생긴 노동계급은 그 성과에서 소외되고 있던 시대에, 두 강대국 사이에서 40년 만에 전쟁이 벌어졌다. 이 전쟁은 누가 예루살렘 성묘 교회의 열쇠를 쥘 것인가에 대한 질문에서 시작된 것이었다. 프랑스 영향 아래 있던 가톨릭 공동체인가, 아니면 러시아 정교회 공동체인가? 그것도 아니면 예루살렘이 오스만 제국의 일부였으니 이슬람교도인가? 이 같은 갈등의 이면에는 동유럽과 중동의 변화하는 정치적 지형이 놓여 있었다. 오스만 제국은 오랫동안 약화되고 서서히 붕괴되는 모습을 보였고 유럽인들은 터키를 '보스포루스의 병자'라며 조롱하기를 즐겼다. 1683년에 함락되기 직전의 합스부르크 왕국 도시를 유럽 연합군이 드물게 힘을 합쳐 겨우 지켜낸 유명한 빈 전투에서 볼 수 있듯, 한때 가톨릭 유럽을 위협하고 그것의 존립을 위태롭게 하는 것처럼 보였던 오스만 제국은 영구적인 위기와 부패 그리고 기반 시설 부족에 시달리고 있었다. 한편 유럽 국가 간의 연합은 갈수록 어려워졌고 일시적인 상황에서만 가까스로 국가 이기주의를 극복할 수 있었다.

유럽 각료들이 만장일치로 동의한 바에 따르면 오스만 제국의 쇠퇴 혹은 몰락의 수혜자는 분명 제정러시아일 것이다. 당시에 상트페테르부르크의 제국만큼 제국의 발전을 자연법칙처럼 믿어 의심치 않은 정부는 그 어디에도 없었다. 80년 전 예카테리나를 비롯하여 대부분의 이전 지배자들과 각료들이 공유했던 관점, 즉 흑해 너머로 세력을 확장하는 데 보스포루스와 다르다넬스 해협을 가장 큰 두 가지 장애물로 보았던 관점을 넘어서는 날이 온 것이다. 러시아에서 볼 때 극히 매력적인 또 다른 요소는 발칸반도의 많은 지역이 여전히 오스만 왕조의 지배하에 있다는 사실이었다. 만약 슬라브족과 가톨릭 정통주의 민족이 오스만 지배로부터 '해방'을 맞이한다면 러시아는 자동적으로 이들의 보호 세력이 될 수 있었다. 이것은 차르 제국에 의해 전파된 범슬라브주의로 1914년 여름에 파괴의 연쇄반응을 불러일으키는 데 크게 기여했다.

막을 수도 있었던 위기가 거의 한 세대 가까이 이어지는 동안 프랑스가 품었던 야망도 공공연한 비밀이었다. 나폴레옹 3세 정권은 언뜻 보기에는 확고히 자리 잡았지만 다른 모든 권력 침탈자들과 마찬가지로 황제와 그 주변은 가시지 않는 불안감에 시달렸다. 이는 유럽의 오래된 왕가가 자신에 의해 확고하게 자리 잡았다며 세력을 과시한 그의 삼촌의 영향일 수도 있지만, 한편으로는 신흥 권력자로서 자신의 지배력과 권위를 증명해야 하기 때문이기도 했다. 새롭게 등극했지만 그리 젊지도 전략적 재능을 타고나지도 않은 나폴레옹 3세는 대부분의 유럽 궁정에서 벼락 부자 취급을 받았다. 그중에서도 네바강 유역의 겨울 궁전에서는 그를 향한 경멸의 불꽃이 거셌고, 오스트리아 귀족 출신의 지배자와 장관, 외교관들 역시 그 뒤를 이어 반감을 드러냈다.

반면 나폴레옹 3세는 영국에서는 조금 더 나은 이미지를 얻었다. 당시 비교적 신속하게 움직이던 영국의 수상들은 비록 제국이긴 해도 운하 건너편의, 혁명으로 부글부글 끓어 넘치는 다른 이웃 국가들에 비해 훨씬 조용한 분위기의 프랑스를 선호했다. 빅토리아 여왕 역시 새로운 프랑스 황제가 오랫동안 망명 생활을 했던 런던을 처음 방문했을 때 느꼈던 예전의 혐오감을 재빨리 떨쳐버렸다. 심지어는 훗날 그를 특별히 매력적이라고 느끼기까지 했다.

물론 나폴레옹 3세는 근본적인 목표를 가지고 있었다. 1815년 빈 회의에서 결의된 나라를 옥죄는 코르셋을 부수고 워털루 전투의 치욕을 역사책에서 지움으로써 프랑스의 위대한 부활을 꿈꾸며 과거의 영광을 되찾아 세계를 지배하려는 목표를 가지고 있었다. 하지만 영국에서는 이 역사적 전환점의 기억이 여전히 살아 있었다. 다만 1820년대와 1830년대 두 차례 수상을 지낸 웰링턴 공작이 1852년 9월에 사망함으로써 누구도 넘볼 수 없었던 세계 지배자로서의 영국에게 새로운 시대가 열렸고, 국제적 지도 국가로서 영국의 위상 역시 새로운 도전을 맞게 되었다.

이러한 배경에서, 성지를 둘러싼 가톨릭 소수민족의 권리와 성지 관리권에 관한 논쟁은 말 그대로 화약고 같았다. 지역 교회들은 합의에 이르렀지만 정치인들, 그중에서도 러시아 황제 니콜라이 1세와 나폴레옹 3세 황제는 합의를 원하지 않았다. 러시아가 1853년 7월에 오스만 제국에 속한 다뉴브강 유역의 몰다비아공국과 왈라키아공국을 점령하고 러시아 군대가 터키군과 싸우기 위해 다뉴브강을 건넌 것을 기점으로 러시아·튀르크 전쟁이 발발했다. 하지만 이는 사실 두 나라의 운명에서 불가피한 갈등 가능성을 드러내는 것일 뿐, 양측 사이에서 벌어진 아홉 번째 전쟁이기도 했다. 무력 충돌의 대명사와도 같았던 크림반도는 유럽인들에게는 충분히 멀리 떨어져 있었고, 특히 이 전쟁에 개입한 영국과 프랑스 같은 '서구 열강'(이 용어는 후반기로 갈수록 더 어울린다)은 사건 전개에 당황하긴 했지만 동시에 그 전쟁이 먼 경기장에 국한되므로 두려워할 것이 없다는 자신에 차 있었다. 이는 1960년대 '베트남'을 연상시킨다. 그곳은 미국인들에게는 한없이 멀리 떨어진 곳이지만 매일 거실에서 생생하게 경험하는 공간이기도 했다.

그런데 문제는 크림전쟁이라는 이름 속에 발트해와 러시아 태평양 연안에서의 전투도 웅크리고 있었다는 점이다. 핀란드 해안 지역 주민들(핀란드도 차르 제국에 속해 있었지만 제한적이나마 자치권을 가지고 있었다)은 연합군의 포격 소리에 해군의 발포 소리를 듣고 공포를 느끼는 러시아나 발트해 연안의 주민들만큼이나 불안에 떨었다. 간혹 백해의 솔로베츠키 수도원에 공포에 질린 수도사들이 피란을 오기도 했다. 영국 호위함 두 척에 의해 폭격당한 수도원은 신앙을 위한 장소라기보다는 마치 요새처럼 보였는데, 수도원의 강한 성벽은 바다를 누비던 영국 왕립 해군의 총알을 물리치고 그 안의 주민들을 역경으로부터 보호했다.

크림전쟁은 1861년부터 1865년까지 계속된 미국 남북전쟁만큼은 아니지만 일부 역사가들에 의해 얼마간은 '최초의 현대전'으로 여겨지곤 한다. 오늘날의 관점에서 볼 때 이 전쟁에는 너무나 기이한 형태의 무력 충돌이 종종 발생했는데 이는 조금은 긍정적인 요소이기도 하다. 20세기의 대다수 전쟁과 달리 크림전쟁에서는 민간인들이 큰 피해를 당하지 않았다. 하지만 다른 무엇보다 인상적이고 확실하게 현대적인 부분은 연합군의 수송 능력이었다(이후 전쟁 말기에 사르디니아공국이 영국과 프랑스 연합군에 합류했다). 해양 강대국 대영제국이 발전된 산업화를 배경으로 거대한 선박 건설을 통한 수송 능력의 가능성을 입증하면서 엄청난 양의 물자가 크림반도로 보내졌다. 게다가 수백 척의 전투선과 수송선을 타고 거의 50만 명의 사람들이 전쟁터로 이송되거나 전선에 투입되었다. 또한 브르타뉴와 랑그도크에서 온 중기병뿐만 아니라 스코틀랜드 고지대와 존스노의 고향인 요크서에서 온 경비병들도 점점 늘어나는 금속 증기선에 가득 실려 전장에 투입되었다. 물론 이 수천 수만 명의 전사들은 자신들이 기억할 수 없는 오래전부터 왜 고통받고 피를 흘리는지, 종교와 왕국, 혹은 이데올로기 등 그 무엇을 위해서 싸우는지 한 번도 제대로 질문할 수 없었다.

두 서구 열강의 국민들에게 충격을 불러일으킴과 동시에 표현의 자유에 익숙한 영국과 같은 사회를 분노로 불타오르게 한 전시 물품 부족과 크림반도의 혹독한 겨울에 대한 묘사와는 별도로, 그 먼 지역까지 수송해야 할 어마어마한 기반 물자에 대해서는 사람들이 그리 주목하지 않았다. 물론 겨울 장화나 우비 같은 물자가 부족한 것은 사실이었다. 하지만 탄약이나 그와 관련된 수송 물자를 비롯하여 연합군이 사용하는 총의 종류만 해도 1,000가지나 되었다. 그중에서도 영국군이 전례 없이 한 일이 있었으니 바로 발라클라바(흑해 연안에 있는 우크라이나의 항구이자 크림전쟁의 싸움터 — 옮긴이)에서부터 전장까지 선로를 개설하여 배에서 내린 보급품을 가능한 신속하게 수송하는 것이었다. 자부심에 찬 건설업자들은 7주 내에 건설된 이 11킬로미터 노선을 '위대한 크림 중부 철도'라고 이름 붙였다.

그런데 여기서 1,648파운드라는 언급할 만한 가치가 있는 숫자가 등장한다. 보급선의 화물 장부에서도 알 수 있듯이 이것은 불과 2년 동안에 먼 전쟁터에 납품된 특정한 물품의 공급량이었다. 이 화물은 그때까지 전쟁터에서 사용된 다른 모든 전쟁 물자와는 현저하게 달랐다. 탄약이 아니었다. 발라클라바라 항구에서 하역된 1,648파운드에 달하는 물자의 정체는 바로 클로로폼이었다. 이 마취제는 전시의 병원에서 부상에 신음하는 수많은 병사들에게 축복을 내려주었다. 크림전쟁에서 발생한 부상자 수는 1848년에 발생한 짧은 독일·덴마크 분쟁과 처음으로 군의관들이 마취제를 사용하여 부상자들의 사지를 절단하는 수술을 시행했던 전년도의 미국과 멕시코 간 전쟁 시에 발생한 부상자보다 더 많았다. 반면에 지금까지 결핍되었던 의료 기반 시설은 여전히 부족했다. 하지만 이와는 별개로 간호 인력의 재구성이야말로 크림전쟁에서 얻은 만족할 만한 성과라고 볼 수 있다. 살아 있는 인간으로서 등불을 든 천사로 변모한 이도 이 시기에 등장했다.

사실 크림전쟁은 또 다른 혁신의 상징이기도 하다. 이 전쟁은 오늘날 우리 삶을 결정짓는 현대화의 탄생지이기도 하기 때문이다. 처음으로 언론이 대중에게 전쟁을 알리는 중심 역할을 하기 시작했으며, 전쟁의 실상을 보여주는 데서 그치지 않고 언론인이나 편집국과 같은 뉴스 전달자들의 주관적 해석을 전달하는 역할을 수행하기도 했다. 게다가 해저에 깔린 전신 기술 덕분에 전쟁 장면을 직업인으로서 목격한 전쟁 특파원들은 거의 실시간으로 본국에 보고서를 보내거나 더 정확하게 전보를 칠 수 있었다. 전투 현장에서 유럽의 전신망으로 직접 연결이 가능해지면서 전쟁 저널리즘이 번성하게 된 것이다. 흑해를 가로질러 바르나에서 발라클라바까지 연결된 해저케이블은 단 18일 만에 깔렸다. 이를 통해 전달되는 뉴스를 본 많은 사람들이 온갖 희로애락을 경험했다.

신문에 실린 내용은 궁극적으로 정부조차 전복시킬 수 있는 힘이 있었는데 실제로 전쟁의 절정기에 영국에서는 이런 일이 처음으로 발생했다. 보도하고 논평하고, 광범위한 정치적·사회적 결과로 사람들의 의식을 깨우는 연쇄반응은 적어도 서구 민주주의 국가에 엄청난 영향을 미쳤다. 이는 워터게이트부터 기후 변화 그리고 코로나 위기에 이르기까지 그 예가 무수하다. 이러한 언론의 힘이 1854~1856년의 크림전쟁에 가장 중요한 뿌리를 두고 있는 것이다.

전쟁 중 첫 번째 주요 전투에 대한 소식이 화려하게 헤드라인을 장식했다. 1853년 11월 30일, 러시아 흑해 함대는 시노페항에 있는 터키 해군을 공격했다. 이 전투는 범선끼리 벌인 역대 마지막 해상 전투일 뿐 아니라 매우 일방적인 전투이기도 했다. 1시간 남짓의 시간 동안 터키 함대는 대부분 파괴되었고 그중 오직 한 척만이 겨우 탈출에 성공했다. 러시아 군대의 사망자가 37명인 데 비해 터키 측 사망자는 거의 3,000명이었다. 러시아의 승리 소식이 서유럽에 전해지자 '학살', '매복 공격' 같은 단어가 굵은 글씨로 등장했다. 어느 정도 냉정한 입장을 취했던 신문 중 하나인 〈타임스〉 역시 이 소식에 한결 분명한 어조로 (별다른 증거 없이) "영웅적인 터키군의 용기"를 칭송했다. 또 다른 언론들은 독자를 겨냥한 듯 분명한 행동을 취할 것을 촉구했지만 사실 이는 정부에 보내는 직접적인 메시지였다. 가령 〈모닝 애드버타이저Morning Advertiser〉는 완전히 감상적인 태도를 취했다.

> 영국인의 가슴은 인류의 요구에 부응해 떨리기를 멈추었는가? 더 이상 영국인의 마음속 왕좌에는 정의감이 자리 잡지 않은 것일까? 전 세계 그 누구보다 드높았던 영국인의 애국심이 이제 이 제국 국민들의 의식 속에서 그 자리를 잃어버렸다는 말인가? 있을 수 없는 일이다.[1]

영국과 프랑스 정부도 이러한 분위기를 무시할 수 없었다. 터키가 유럽 동남부 전쟁의 무대에서 점점 밀려나고 러시아인들이 콘스탄티노플로 입성하는 것이 시간문제처럼 보였기 때문이다. 1854년 3월 28일 영국과 프랑스는 차르 제국과의 전쟁을 선포했다. 연합군은 동맹이 된 터키군을 지원하기 위해 흑해 연안의 바르나(오늘날 불가리아에 속한 영토)로 병력과 물자를 보내고, 전략적으로 중요한 다르다넬스해협을 지키기 위해 갈리폴리에도 병력과 물자를 보냈다. 이곳은 영국의 왕립 해군 장관이기도 했던 정치인 윈스턴 처칠^{Winston Churchill}이 제1차 세계대전에서 큰 패배를 당한 곳이기도 하다. 그러나 1854년에는 저항이 거의 없었다. 영국 해군의 우위가 너무 압도적이어서 흑해는 영국인들에겐 우리의 바다 Mare Nostrum(라틴어로 로마인들이 지중해를 부르던 이름이다. — 옮긴이)로 통했다. 영국 해군은 사실상 적의 방해를 받지 않고 영국 함정에서 항구도시 오데사를 향해 포탄을 발사하여 파괴하는 등 마음대로 해안 목표물을 공격할 수 있었다.

이러한 해상 패권 덕에 연합군은 매우 손쉽게 크림반도에 상륙할 수 있었고 큰 차질 없이 막대한 물자를 그곳으로 수송할 수 있었다. 처음부터 적수가 되지 못했던 러시아 흑해 함대는 세바스토폴항으로 도망쳤다. 이 요새는 크림반도에서 전투가 시작된 이래로 모든 군사 계획과 행동의 요충지이기도 했다. 연합군의 전쟁 목표는 곧바로 세바스토폴 정복으로 설정되었다. 이는 곧 크림전쟁의 승리를 의미했다.

하지만 승리로 이르는 길이 쉽지만은 않았다. 길고 고통스러운 여정이 놓여 있었다. 처음에는 연합군의 계획에 따라 일이 진행되는 듯했다. 1854년 9월 20일, 연합군은 상당한 손실을 입긴 했으나 알마강 전투에서 승리했고 러시아군은 영국과 프랑스가 포위망을 형성한 세바스토폴 요새 뒤로 철수했다. 10월 25일 아마도 발라클라바 전투에서 가장 유명한 전투라 할 만한 일이 일어났다. 불충분한 정찰과 군사적 무능, 무엇보다도 의사소통의 오해가 뒤섞여 영국 기병여단이 러시아 기병대를 공격한 것이다. 영국 기병여단 일부가 계곡 위쪽 언덕에 배치되었는데 이들은 사방에서 포화가 쏟아짐에도 불구하고 러시아 진영으로 돌격했고 결국 다시 도망칠 수밖에 없었다. 그 전투는 국가적 의문으로 남은 무의미한 희생이었다. 멀리서 그 공격을 지켜본 프랑스 군사령관 피에르 보스케는 열광과 공포감이 섞인 감정을 내뱉었다. "대단하지만 이건 전쟁이 아니라 광기다."

추정하건대 이 전투로 영국군 기병 160명이 사망하고 120명이 부상한 것으로 알려졌다. 이 전투 소식이 알려지면서 영국 국민들은 경악했다. 〈타임스〉는 '명백한 실수'가 있었다고 논평했다. 시인 앨프리드 테니슨은 〈경기병 여단의 돌격〉이라는 시를 썼는데, 이 시는 큰 성공을 거두었고 그 이후 모든 영국 학교의 교과서에 실려 여러 세대를 거치며 학생들에게 소개되었다. 테오도어 폰타네는 '발라클라바'라는 제목으로 이 시를 독일어로 번역했다.

> 죽음의 발걸음이 점점 빨라지는데
> 경기병 여단이여, 더 이상 무엇을 가져가려 하는가
> 그대들의 승리에 찬 행진은 죽음의 행진
> 600명 승리의 행진

크림전쟁에서 그토록 많은 사상자가 빠른 속도로 발생한 또 다른 이유는 그동안 무기 기술이 효율적으로 발달했기 때문이었다. 크림전쟁이 발발하기 직전인 1849년에 프랑스 장교 클로드 에티엔 미니에^{Claude Étienne Minié}는 권총과 소총에 사용하는 새로운 형태의 장치를 개발했다. '발사체' 또는 비기술적인 용어로 '공'과 같은 단어만 있던 독일어와 대조적으로 영어에서는 '둥근 발사체'와 미니에가 발명한 '원뿔형 발사체'를 구분했다. 총신의 나선형 스프링은 총알의 회전과 속도를 가속화했고 이는 목표를 더 정확하게 파고듦과 동시에 인체에 들어가서 더 많은 침투와 파괴를 일으켰다.

미니에가 개발한 이 새로운 무기는 폭발력을 가진 새로운 수류탄처럼 공포와 두려움을 확산시켰다. 양측의 군의관들은 1854년 11월 5일 잉케르만에서 벌어진 전투나 그 후 몇 달 동안 세바스토폴 외곽에서 벌어진 참호전 이후에 끔찍한 부상을 당한 군인들을 치료해야 했다. 다른 의료인들과 마찬가지로 젊은 외과 의사 아서 엘킹턴도 최전선에서 일했다.

> 나는 온몸이 진흙으로 뒤덮여 총알을 피해 도망친 적이 수백 번도 더 되었지만 아무런 부상도 입지 않고 살아남았다. 어느 날 21연대와 선두에 있을 때 총알 세 발이 연달아 내 옆을 스쳐 날아가더니 대열 속의 병사들에게 박혔다. 총알은 각각 다른 사람의 몸을 뚫었다. 두 명은 즉사했고 나머지 한 사람은 팔이 끔찍한 모양으로 잘려나갔다. 총알이 병사들을 향해 날아가면서 내는 굉음은 내가 들어본 소리 중 가장 소름 끼쳤다.[2]

그러나 사상자 대부분은 총알과 포격이 아니라 전염병과 감염으로 인해 발생했다. 크림반도에서 영국 원정군이 기록한 공식 사망자 1만 9,584명 중 실제 전투 작전에서 사망한 사람은 10퍼센트에 불과하다. 콜레라와 이질 같은 전염병은 지속적으로 발생했으며 열악한 위생 상태의 부상병을 비롯한 전시의 병사들을 위협했다. 콜레라는 바르나에 있는 연합군 진영뿐 아니라 세바스토폴이 봉쇄되어 수개월간 해안에 묶여 있던 선박들 사이에서 크게 번졌다. 누구도 다양한 전염병균으로부터 자유로울 수 없었고 이는 높은 신분의 군인들도 마찬가지였다. 크림반도의 영국군 사령관이자 워털루 전투 참전 용사였던 래글런 남작은 부상을 당한 후 오른쪽 팔을 절단해야 했는데 이후 1855년 6월에 이질로 사망했다.

특히 아시아 쪽의 콘스탄티노플(현 이스탄불)인 스쿠타리에 위치한 가장 큰 규모의 연합군 병원에는 이 같은 감염병이 만연했다. 고통에 울부짖는 부상병들은 크림반도에서 흑해를 가로지르는 해상 수송을 통해 한때 터키 기병 막사였던 병원으로 이동했는데 이곳은 순식간에 부상병으로 초만원이 되었고 제대로 된 의료진도 위생시설도 없어서 끔찍한 상태가 되었다. 제8기병여단 급여 담당자의 젊은 부인이자 당시 병원을 방문했던 패니 더벌리는 너무나 충격을 받았다. "이렇게 끔찍하게 방치되어 있다니! 쥐와 벼룩은 또 어쩌고!"[3]

영국 대중들은 크림반도에서도 멀리 떨어진 스쿠타리라는 전쟁터에서 병사들이 고통받고 있다는 소식을 듣고 충격을 받았다. 1854년 10월 12일, 〈타임스〉는 토머스 체너리의 기사를 실었는데 이 충격적인 소식은 알마 승리 이후 고양되었던 영국민들의 애국심을 쇠퇴시키기에 충분했다.

외과 의사가 부족하다 못해 간절하게 필요한 상황이다. 간호사도 없는 데다가 그 누구에게도 책임을 물을 수 없을 정도로 시스템의 결함이 심각하다. 게다가 부상자를 위한 붕대로 쓸 천조차 부족한 형편을 말해서 뭣하겠는가? 스쿠타리의 불행한 부상자들에게 최대한 자비를 베풀어야 하고 당장 고국의 가족들은 옷이나 천을 보내야 한다. 그런데 어째서 이런 상황을 아무도 예측하고 준비하지 못했을까?[4]

이후 전쟁에 대한 보도가 증가했다. 이를 통해 영국 내중은 동맹국인 프랑스가 훨씬 나은 의료진을 동반하여 크림반도로 이동했다는 것을 알게 되었다. 프랑스에는 훨씬 더 많은 수의 군의관이 있었을 뿐만 아니라 병든 사람들을 돌보는 데 헌신하는 수녀들도 있었다. 체너리의 기사가 나가고 이틀 후 〈타임스〉는 "현재의 전쟁으로 인해 고통받는 사람"이라고 자신을 밝힌 한 군인의 편지를 게재했다. 편지의 저자는 어째서 영국에는 프랑스인처럼 자선을 베풀기 위해 나서는 자매가 없느냐고 물었다. 이 글을 읽고 곧바로 행동에 나서기로 한 독자가 있었으니 그녀의 이름은 플로렌스 나이팅게일Florence Nightingale이다.

나이팅게일은 해외에서 장기 체류할 여유가 있는 부유한 영국 가정의 딸이었다. 그녀의 이름은 출생지에서 따온 것으로, 그녀는 1820년 5월 12일 토스카나주 피렌체의 귀족 영지에서 태어났다. 가정의 유복함과 사회적 지위에 비추어 볼 때 24세 젊은 여성 나이팅게일이 간호사라는 직업을 선택한 것에 세상이 경악한 것은 그다지 놀라운 일도 아니다. 예전부터 그녀가 즐기던 말타기나 수학 같은, 젊은 귀족 처녀에게 어울리지 않던 불쾌한 취미 생활에서도 한참 더 나아간 듯이 보였기 때문이다. 당시 간호사라는 직업의 평판은 매우 나빴다. 게다가 병원에서 치료받는 환자들 역시 보잘것없는 배경의 사람들이었는데, 좋은 계급과 혈통의 신사 숙녀는 질병에 걸리면 병원이 아닌 집에서 보살핌을 받았기 때문이다. 나이팅게일이 직업에 대한 영감을 받은 것은 아마도 런던 해크니 자치구에 있는 독일 병원을 방문했을 때로 보인다. 그곳에서 일하는 간호사들은 1840년대와 1850년대에 라인란트 카이저스베르트의 프로테스탄스 학교 출신이었다. 바로 이 자그마한 장소에서(오늘날에는 뒤셀도르프의 한 구역) 나이팅게일도 1851년부터 간호사로서의 수련을 시작했다.

이후 나이팅게일이 런던에서 양로원을 운영하는 중에도 스쿠타리나 크림반도에서 들려오는 부상자와 병자에 대한 고통스러운 보고서가 그녀를 괴롭혔다. 그녀는 정치가들이나 빅토리아 여왕과도 좋은 관계를 맺고 있었다. 나이팅게일은 1839년에 처음으로 여왕에게 소개되었다. 나이팅게일보다 겨우 한 살 위였던 여왕은 그녀가 하는 일에 관심이 많았고, 그 후 몇 년 동안 발전해가는 간호 환경에 대한 소식을 그녀가 직접 여왕에게 전해주었다. 나이팅게일은 또한 미래에 국무장관이 된 시드니 허버트의 좋은 친구이기도 했다. 그의 지원을 통해 그녀는 약 30명의 간호사와 함께 전쟁터로 떠나려는 자신의 계획을 실현할 수 있었다.

나이팅게일과 다른 간호사들은 대부분 스쿠타리 군병원에 투입되었다. 이들이 병원에 들어서는 순간부터 그곳의 환경은 너무나 충격적이었다. 하지만 나이팅게일은 쉽게 낙담하는 성격이 아니었다. 에너지와 간호 기술, 무엇보다도 인내심을 가지고 상황을 점차 개선해 나갔으며 몇몇 수술 작업에 참여하기도 했다. 그중에서도 나이팅게일이 더 중점을 둔 것은 간호 조직의 정비였다.

물론 발라클라바의 전장에는 부상자들을 돌보던 다른 여인들도 있었다. 그러나 대중의 눈에 이들은 일종의 나이팅게일의 그림자로 보였을 수 있다. 자메이카 출신 영국인 기업가 메리 시콜Mary Seacole도 그중 하나다. 그녀는 세비스토폴에서 운영 중이던 자신의 호텔을 부상자와 병자를 돌보는 간호 병원으로 바꾸고 카리브해의 자연의학에 대한 풍부한 지식을 활용해 헌신적으로 환자들을 돌보았다. 사실 시콜과 나이팅게일 사이가 경쟁 관계였으며 특히 후자 쪽에서 날을 세웠다는 소문이 돌기도 했다. 실제로 시콜이 피부색으로 인해 차별받았을 가능성을 배제하기 어렵다. 다행히도 근래에는 상황이 달라져 시콜의 명예를 기리는 여러 움직임이 있었는데 성 토마스 병원 앞에 그녀의 동상이 세워지기도 했다.

나이팅게일은 제멜바이스의 논문을 통해 당시 영국에서도 널리 논의되고 있던 최소한의 청결이라는 개념을 알게 되었다. 그녀는 이 개념을 받아들여서 병자들에게 새로 빤 깨끗한 침구를 제공했고 더 나은 음식을 먹였다. 괴혈병(오랫동안 신선 식품 없이 지내야 하는 선원들에게 주로 알려져 있던 비타민 C 결핍으로 인한 질병)과 식중독은 병원의 병자나 부상자들을 괴롭히던 또 다른 골칫거리였기 때문이다. 그 외에도 나이팅게일이 행한 또 다른 특별한 조치가 있었다. 스쿠타리에서 사망한 군인들의 가족들에게 동정심을 담은 편지를 직접 써서 보낸 것이다. 이는 군 당국이 절대 제공할 수 없는 연민의 행동이었다.

그러니 환자들이 나이팅게일과 간호사들을 거의 천사의 반열에 올려놓은 것은 당연했다. 이 '이미지'는 다른 많은 뉴스 소재들과 마찬가지로 발달된 기술 통신 수단을 통해 현지 언론에 전달되었다. 얼마 지나지 않아 대중의 머릿속에는 나이팅게일의 이상적인 모습이 각인되었다. 밤이 되면 등불을 손에 들고 병동을 천천히 거닐며 모든 환자가 잘 보살핌을 받고 있는지 확인하고, 모두에게 친절한 말을 건네는 모습 말이다. 〈일러스트레이티드 런던 뉴스Illustrated London News〉는 이러한 모습이 담긴 인쇄물을 발행했는데, 이 석판 인쇄물은 이후 거듭 복제되고 차용되었다.

나이팅게일은 이제 '등불을 든 여인'이 되었다. 이를 비판하는 이들도 있었고, 또 일부 목격자들이 스쿠타리의 상황이 호전된 것은 크림반도에서의 초기 전투 이후 참호 전투가 주를 이루어 병원에 도착하는 부상자가 줄어들었기 때문이라 증언하기도 했다. 덕분에 향상된 병원의 이미지를 손상시키는 일이 거의 없었기 때문이다. 그렇지만 나이팅게일이 이후 의료 전문 인력을 향상시키는 데 가장 지속적인 영향을 미친 것은 사실이다. 크림전쟁 이후 포괄적이고 전문적인 훈련을 받은 간호사들이 당대의 의학 발전을 위해 필수 불가결한 존재라는 것이 다시 한번 부각된 것이다.

여러 특파원이 연합군 병사들에게는 적과의 전투보다 병과 전염병이 더 치명적이라는 사실을 세상에 알리기 시작했다. 그중 가장 선두에 선 것은 영국 신문인 〈타임스〉로, 이들은 윌리엄 하워드 러셀William Howard Russell을 크림반도의 첫 전문 전쟁 특파원으로 파견했다. 아일랜드 출신의 러셀은 크림전쟁이 발발했을 때 34세였다. 그는 원래 의사가 되기를 희망했으나 시체를 다뤄야 한다는 사실을 감당할 수 없어서 그 꿈을 단념했다. 하지만 크림반도에서 그 광경을 수없이 목격해야 했다.

〈타임스〉의 편집국장인 존 딜레인은 1854년 2월, 연합군의 선전포고

한 달 전에 러셀에게 영국군과 함께 멀리 떨어진 전쟁터로 입성하라는 지시를 내렸다. 바로 그 순간 러셀은 이미 언론인으로서 명성을 확보한 것이나 마찬가지였다. 이는 그에게 더할 나위 없는 기회이자 선택이었다. 러셀은 뛰어난 이야기꾼이었고 동시에 훌륭한 관찰자였다. 그가 쓴 전쟁 보도는 전쟁에 참가한 이들의 희열과 자기희생, 실망과 괴로움 같은 감정을 생생하게 대변했다. 러셀은 종군기자로서 중요한 또 다른 자질을 갖추고 있었는데 바로 대화를 통해서 정보를 얻는 능력이었다. 러셀은 사교성이 좋았고 특히 젊은 병사들과 편하게 어울렸다. 술을 잘 마신다는 점도 병영 내에서 그의 명성을 높이는 데 기여했다. 하지만 전쟁이 계속되면서 그보다 덜 유명한 특파원 동료들과 마찬가지로 그의 인기역시 점점 떨어졌고 일반 국민과 정치인들도 점점 비관적이게 되었다. 클래런던 영국 외무장관은 체념의 어조로 언론을 비판했다. "언론과 통신 수단은 우리가 생각해보지 못했던 새로운 적이다. 하지만 그들은 천하무적이기 때문에 우리가 불평해봐야 소용없다."[5]

최초의 연합군 병사들이 흑해에 도착한 직후, 러셀은 프랑스 군단을 강타했던 콜레라의 비참함에 대해 보도했다. 프랑스 부대는 1854년 7월 불가리아에서 러시아군과 싸울 예정이었으나 적의 부대를 찾지 못했다. 불볕더위 아래 계속되는 행군은 상상할 수 없는 재앙으로 변했다. 러셀은 그 상황을 다음과 같은 언어로 정확히 묘사했다.

이 원정은 전쟁 역사상 가장 성과 없고 한심스러운 결과를 낳았다. 7,000명 이상의 프랑스군을 희생시킨 이 원정이야말로 이 전쟁을 통

틀어 가장 끔찍하고 비참한 출정이라고 할 수 있겠다.[6]

병에 걸리거나 부상당한 불쌍한 병사들의 모습도 크림반도에 도착한 그에게 큰 충격을 주었다.

> 병원 조직은 끔찍하고 우리의 대처 방식은 프랑스군과 비교하는 것조차 고통스러울 지경이다. 독자 여러분은 믿을 수 있겠는가, 아픈 병사가 몸을 누일 수 있는 침대조차 없다는 사실을? 병사들은 도착하자마자 의자도 병상도 없고 벌레가 들끓는 병실에 내던져진다. 구급차와 훌륭한 간호 인력, 제빵소 등을 갖춘 프랑스군은 우리보다는 훨씬 사정이 낫다. 그런 상황에서 경기병 사령관인 조지 브라운은 병사들에게 깨끗이 면도하고, 자세를 바로 하고, 허리띠를 단단히 매는 것이 얼마나 중요한지에 대해서만 입에 거품을 물고 있다.[7]

러셀은 자신의 상사 딜레인에게 이 같은 내용의 기사를 전송할지 아니면 입을 꾹 다물고 있을지 조언을 구했다. 편집장은 그에게 진실과 독자 중심주의에 입각하여 보도할 것을 주문했다.

러셀을 비롯하여 특파원들이 감지한 문제점은 의료 체제뿐 아니라 무엇보다도 영국과 프랑스 지휘부의 전략에 관한 것이었다. 완벽한 승리와 세바스토폴항 점령에 대한 꿈이 수포로 돌아가면서 크림반도 전쟁에 관한 신문 기사에는 점점 초기의 애국심이 줄고 좌절감이 팽배해졌다. 이는 프랑스와 영국 국민의 분위기에도 영향을 미쳤다(러시아군이 점령한 터키에서는 그러한 현실주의적 보도는 검열로 인해 허용되지 않았다).

이 험악한 분위기는 1855년 런던에서 최초로 크림전쟁에 대한 항의 시위를 불러왔는데 시위대가 경찰은 물론, 전장에서 돌아온 군대에 눈덩이를 던진 이른바 '눈덩이 폭동'이 바로 그것이다. 며칠 후 1855년 1월 30일에 수상 애버딘이 하원 투표에서 패배한 후 사임했다. 그해 말 뉴캐슬 공작 애버딘의 뒤를 이어 새롭게 수상 자리에 오른 파미스턴이 크림반도를 방문한 후 러셀에게 이렇게 말했다고 한다. "내각을 전복시킨 것은 바로 당신이오."[8]

크림전쟁은 현대적 의미의 여론 형성을 가능케 한 폭넓은 독자층을 탄생시켰다. 오늘날 TV나 온라인 비디오 같은 또 다른 시각 자료의 형태로 미디어 소비의 큰 부분을 차지하는 전쟁, 위기, 재난 저널리즘은 인쇄물 뿐 아니라 사진에서도 그 첫 모습을 드러냈다. 앞 장에서 언급했던 로저 펜턴 역시 영국 만국박람회에서 열린 사진 전시회를 관람한 뒤 그 엄청난 경험으로 박람회가 끝난 직후 자신의 진로를 바꾼 인물이다. 더 정확히 말하자면 회화에서 사진으로 상을 재현하는 방식을 바꿨다.

펜턴은 1851년 만국박람회가 채 끝나기도 전에 첫 번째 카메라와 여러 필요한 장비들을 손에 넣었다. 그리고 파리로 가서 현지 사진작가들에게 사진을 배웠고 박람회가 끝난 지 불과 1년 만에 사진 전시회를 개최했다. 그는 또 1852년에 장비를 챙겨서 러시아로 여행을 떠난 뒤 상트페테르부르크와 모스크바를 비롯한 여러 곳을 방문했다. 그가 찍은 사진들은 두 대도시의 랜드마크를 담은 최초의 사진 기록물이 되었고 이후 영국 대중에게 널리 알려졌다. 1853년 펜턴은 사진 협회를 설립했는데, 이

협회는 이 같은 혁신과 사진을 열렬하게 환영했던 빅토리아 여왕과 앨버트 공의 지원에 힘입어 곧 왕립 사진 협회로 이름을 바꾸었다.

앨버트 공은 뉴캐슬 왕족 출신인 수상과 마찬가지로 출판사 사장인 토머스 애그뉴와 함께 펜턴이 전쟁터로 장비를 싣고 탐사를 떠나는 데 후원한 세력 중 하나였다. 이들의 탐사 결과는 〈일러스트레이티드 런던 뉴스〉에 크게 실렸다. 이 프로젝트를 정부가 후원한 이면에는 크림반도에서 군인들의 삶을 담아낸 펜턴의 사진이 러셀과 그의 동료 기자들이 송부하는 우울한 기사들에 대응하는, 대중을 진정시키는 역할을 해줄 것이라는 기대가 있었다.

펜턴은 크림반도를 여행했고 1855년 3월부터 6월까지 발라클라바 지역에 머물렀다. 그는 종종 마차 한 대를 타고 황량한 풍경을 누비며 마차에 싣고 온 휴대용 작업실에서 사진들을 인화하곤 했다. 전투 현장 가까이에 다가가지는 않았음에도 펜턴의 활동은 예상보다 훨씬 위험했다. 말에서 떨어져 갈비뼈 몇 대가 부러지기도 했고 콜레라에 걸리기도 했다. 그는 귀국한 후 영국에서 전시회를 개최하여 360여 장의 대형 사진들을 전시했고 약 200만 명의 사람들이 전시회를 다녀갔다.

그가 찍은 사진들 대부분은 전쟁의 냄새가 전혀 느껴지지 않고 오히려 느긋한 의뢰인의 정신세계를 보여주는 듯 목가적인 분위기를 풍기고 있다. 단정한 제복을 입고 말 위에 앉아 있는 장교들과 차를 마시거나 개와 놀고 있는 군인들의 모습이었다. 사진을 찍기 위해 긴 노출 시간이 필요했기 때문에 촬영 전 현장 담당자와 충분한 협의가 필요했다. 따라서 이 기술로는 러시아 진지를 공격하는 장면이나 전투 행위를 찍는 것이 불가능했다. 전투 중인 병사들을 사진으로 찍었다면 마치 접시 위의 지저분한 흔적처럼 보였을 것이다. 또한 펜턴은 사망자나 부상자의 사진을 찍는 것은 비윤리적이라고 생각해서 찍지 않았다. 하지만 이러한 조심스러움과 공포감의 부재에도 불구하고 그의 어떤 사진은 고국에 있는 관객들에게 일종의 억압과 고뇌를 불러일으켰다. 세바스토폴시에서 멀지 않은 곳에서 찍은 야전 풍경은 전투가 벌어지고 생사가 갈리는 공간이라기보다는 오히려 그 적막함이 마치 달의 표면 같다.

1855년 9월 8일 세바스토폴이 마침내 습격당했을 때 엄청난 사상자가 발생했다. 러시아군은 약 1만 3,000명을 잃었고 연합군은 약 1만 명을 잃었다. 군인들은 크림반도에서 두 번째 비참한 겨울을 보내야 했고 다시 콜레라가 무자비하게 엄습했다. 2만 5,000에서 4만 명에 가까운 프랑스 군인이 이 전염병에 희생되었는데 이는 전쟁 2년 동안 전사한 병사의 수보다 많은 숫자다. 러시아인들 또한 엄청난 고통을 겪었는데, 새로운 전제군주인 알렉산드르 2세가 크림반도를 방문했을 때 그는 그 참상을 눈으로 직접 볼 수 있었다.

1856년 3월 30일 전쟁에 참여한 국가들의 외교관들이 파리에서 만나 평화조약을 맺었다. 터키는 구제되었고 러시아의 팽창주의는 일단 차단되었다. 하지만 장기적인 관점에서는 참전하지 않은 나라가 권력 지형에서 가장 큰 피해를 입었다고 볼 수 있다. 러시아는 크림전쟁 중 오스트리아의 중립주의 정책에 분노했다. 또한 상당한 규모의 러시아제국 군대를 서쪽 국경에 묶어두는 오스트리아 군대 이전 정책을 위협으로 받아들였다. 1815년 빈 회의 이후, 합스부르크 왕정은 강대국들 사이에서 가장 보수적인 정권으로서 러시아 독재 정권의 자연스러운 동맹국이었고, 1848년 헝가리 혁명을 탄압하는 데 러시아의 도움을 크게 받았다. 더 진보적인 성향의 서구 열강들과의 전쟁에서 보인 오스트리아의 배은망덕한 태도는 러시아 정부를 불쾌하게 했다. 이 모든 것이 1914년에 벌어진 유럽의 대참사로 이어지는 동기라고 볼 수 있다.

반동적이라고도 할 만한 두 보수주의 국가의 반목은 오스트리아에 훨씬 더 빠른 결과를 불러왔다. 파리 평화협정 이후 불과 3년 만에 나폴레옹 3세는 다시 전쟁을 주도했는데, 이번에는 합스부르크 왕정에 대항하는 이탈리아 독립 운동을 지원하는 방식이었다. 그리하여 오스트리아는 고립되었고 도와줄 친구 역시 없었다.

크림전쟁은 로저 펜턴의 사진 외에도 많은 회화 작품을 남겼고, 예술가들은 이 전쟁의 양면성을 표현하려 애썼다. 그중 가장 강렬하게 기억에 남을 작품은 조지프 노엘 패턴의 그림일 것이다. 앨버트 공은 1859년 크리스마스에 자신의 아내에게 이 작품을 선물했다. 이 작품은 오늘날까지도 여왕이 가지고 있으며 왕실 재단의 소유로 되어 있다. 패턴의 유화인 〈집 — 크림전쟁으로부터의 귀환〉은 비현실적인 전쟁터의 공포에서 벗어나 막 집으로 돌아온 스코틀랜드인 수발총병대 상병의 모습을 담고 있다. 그 그림은 그토록 그리워하던 소중하고 진정한 평화를 찾은 장면을 묘사했다. 단순하지만 깨끗한 가정의 평화, 펼쳐진 성경책과 열린 창을 통해 보이는 이글거리는 노을과 그 속에 우뚝 서 있는 교회, 느긋하고 여유로운 시간을 상징하는 집 안의 낚싯대와 바이올린. 머리 붕대를 감은 모습으로 완전히 지쳐 집에 돌아온 남자를 아내와 딸이 포옹한다. 그의 제복에는 훈장이 매달려 있고 잔인한 딴 세상에서 가져온 기념품인 러시아 보병의 헬멧이 바닥에 놓여 있다. 하지만 이런 기념품 없이도 크림전쟁은 이제 영원히 이 가족과 함께 살아갈 것이다. 돌아온 아비의 제복 왼쪽 소매가 비어 있는 채로.

1840~1914
A GREAT
MEDICAL
EPOCH

7장

강철로 만든 바퀴

세기의 발명, 혹은 인류 트라우마의 시작

자신이 굳게 믿는 대의명분을 위해 필요하다면 목숨까지 바치겠다는 마음가짐은 아마도 크림반도 전투에 참가한 애국심에 불타는 병사들의 태도였을 것이다. 윌리엄 허스키슨William Huskisson도 자신의 생애 마지막 시간을 그와 같은 희생의 순간으로 여겼을 수 있다.

영국 하원의원이자 전 국무장관으로 유명한 정치인이었던 그는 영국 중심부에서 산업화의 두 거점을 연결하는 세계 최초의 주요 철도 노선인 리버풀과 맨체스터 철도의 건설을 강력히 주장했었다. 1830년 9월 15일 이 노선의 개통 행사에서 수상이었던 웰링턴 공작의 마차를 기차에 실으려던 순간 허스키슨은 로켓이라고 불리던 다가오는 열차에 부딪혔다. 몇 시간 후 결국 허스키슨은 사망했는데, 신기술의 최초 주요 희생자라 할 수 있다. 수십 년 후, 1896년 8월 베를린에서는 완전히 다른 형태의 여행 방식을 개척한 선구자라 할 수 있는 오토 릴리엔탈이 글라이더를 타다가 추락해 치명상을 입었다. 어쩌면 이는 치를 수밖에 없는 희생이었을지도 모르겠다. 아마 허스키슨도 자신의 운명을 그렇게 받아들였을 것이다. 실제로 그가 그토록 헌신했던 혁신은 한 시대를 넘어선 것이기도 하다.

철도의 확대가 일상생활에 가져온 변화는 아무리 과대평가해도 지나치지 않다. 19세기의 가장 상징적인 이 기술은 그때까지 대부분의 유럽인이 상상할 수 없었던 이동의 자유를 선사했다. 가령 독일이나 스위스 또는 프랑스에 사는 사람들 대다수가 1840년이나 1850년경까지도 자신이 태어난 마을의 교회 꼭대기가 보이지 않는 곳에 간다는 것을 생각조차 할 수 없었다. 거의 모든 사람이 오로지 걸어서 이동했으며 좀 더 부유한 계층은 말을 타고 이동하기도 했고, 먼 거리를 가기 위해서는 불편하기 짝이 없는 딱딱한 좌석에 앉아 덜컹거리는 마차를 타고 가야 했다. 독일어로 우편 마차Postkutsche라고 불리던 마차와 도로 상태의 개선, 그리고 마차 내에 어느 정도의 안락함이 추가되면서 19세기 전반에는 시속 10킬로미터 정도의 속도를 내는 것이 가능해졌다. 하지만 여행을 할 수 있었던 사람은 타당한 이유와 필요한 자금을 갖춘 사람들뿐이었다. 그들을 제외하고는 2,000년 동안 여행의 최고 속도가 거의 변하지 않은 것이나 다름없었다.

탐험가 알렉산더 폰 훔볼트가 여행하는 속도도 그 빠름과 느림이 로마의 왕 카이사르와 동일했고, 베토벤이 여행하는 속도가 서정시인 발터 폰데어포겔바이데가 생각에 잠겨 움직이는 속도와 다르지 않았다. 말을 타고 가든, 여러 말이 끄는 마차를 타고 가든 통신의 속도 역시 여행의 속도와 동일하게 결정되었다. 쾨니히스베르크에서 아헨으로 전해지는 뉴스나 편지, 신문은 옥스퍼드에서 소르본으로 전해지는 과학적 지식과 마찬가지로 빠르건 느리건 마차의 속도에 따라 전달되었다. 오늘날 서구 선진국에서 개인 자유의 상징이며 적어도 2020년 봄까지는 국가가 간섭할 수 없고 양도될 수 없는 인권으로 여겨진 '여행'은 우리가 돌아볼 수 있는 시대의 초창기까지만 해도 아주 소수의 부유층이나 누릴 수 있었던 것이었다.

허스키슨의 치명적 사고를 목격한 웰링턴 공작은 나름의 예언을 했다. "철도야말로 하층민들도 여행할 수 있는 힘을 줄 것이다."[1] 과연 워털루 전투를 승리로 이끌었던 주인공의 기막힌 예언이었다. 철도는 상황을 바꾸어놓았다. 대중 여행의 시작과 함께 철도는 계급의 장벽을 허물었고 평등주의를 실현한 역사상 가장 위대한 도구 중 하나가 되었다. 이제 하층계급의 사람들도 이동성을 갖게 되었다. 물론 부르주아 계급과 귀족이 일등칸에 앉은 반면 농민들은 사등칸에서 여행해야 했다. 그런데 초기의 기차 중 일부는 여전히 지붕이나 덮개가 없는 경우도 있어서 겨울이나 눈, 비가 올 때는 그다지 편하지 않았다. 이러한 단점에도 불구하고 다양한 계층의 모든 여행자는 같은 시간, 같은 목적지에 도착할 수 있었다. 특히 기차 앞부분에 탄 상류층은 창문을 열 때 자칫 실수라도 하면 쏟아지는 그을음을 온몸으로 덮어쓰기 마련이었던 터라 영국에서 출간된 한 익명의 팸플릿은 다음과 같이 보도하기도 했다.

철도는 귀족들에게는 매우 인기가 없다. 왜냐하면 이 교통수단은 편하기는 하지만 충분히 배타적이지 않고 가난하건 부유하건 모두를 같은 속도로 목적지에 데려다주기 때문이다.[2]

레일 위를 굴러가는 차량은 수 세기 전부터 존재해왔다. 이는 주로 광산에서 사용되었으며 말이나 사람의 힘으로 움직였다. 17세기에 에너지 연료로 인기가 높았던 증기력을 이용해 차량을 움직인다는 아이디어는, 적어도 19세기 중반까지는 철도 기술의 선두주자였던 영국에서 처음으로 생겨났다. 독자들도 아마 이 책에서 눈치챘겠지만 영국은 이 시대에 매우 두드러지게 활약했다. 실제로 영국은 식민지를 보유한 세계적 강국일 뿐만 아니라 경제와 정치, 기술과 과학에서 진보와 창의력을 발휘하는 원동력이기도 했다. 어쩌면 대영제국이 세계의 대양뿐 아니라 전 세계의 의료실과 공학자의 실험실을 지배하던 위대한 과거로 되돌아가고자 하는 망상이 2016년에 수많은 영국 유권자들이 브렉시트에 지지하는 표를 던지도록 하지 않았을까 추측한다. 하지만 모두가 알다시피 그 결과는 혼란스럽기 짝이 없다.

최초의 실제 기관차는 1804년 코니시 태생의 리처드 트레비식Richard Trevithick이 웨일스의 철공소를 위해 만든 차량이라 추정된다. 이 기계는 시속 8킬로미터 안팎까지 속도를 낼 수 있었지만, 무게가 거의 7톤에 달했기 때문에 차량이 달리고 나면 선로가 자주 망가졌다. 따라서 1781년 노섬벌랜드의 와일럼 광산에서 태어난 조지 스티븐슨이 만든 기관차가 장기적인 관점에서 보면 더 큰 성공을 거두었다고 할 수 있다.

스티븐슨은 제임스 와트James Watt가 만든 증기 기관이 있는 스코틀랜드 광산 중 하나에서 일을 시작했다. 그는 1809년경 미국으로의 이민을 고민했지만 대서양을 횡단하는 데 드는 비용을 감당하기엔 너무나 가난했다. 이제 와 생각해보면 그 자신뿐 아니라 영국에게도 다행인 일이었지만. 그는 엄청난 재능을 가진 독학 발명가였다. 증기 기관을 이용한 실험을 했을 뿐 아니라 치명적인 갱도 내 메탄 폭발을 막는 광부 램프를 아주 간단히 발명하기도 했다.

스티븐슨은 1814년 7월 25일 자신이 개발한 첫 기관차를 선보였다. 그 기관차는 여덟 개의 화차로 이루어졌으며 약 200미터 길이의 철도 위를 총 30톤의 석탄을 싣고 움직이는 원리로서 이는 그 자리에 참석한 모든 광산 감독관과 기술자들의 입을 떡 벌어지게 한 놀라운 성과였다. 그 기관차에는 블뤼허^{Blücher}라는 아름다운 이름이 붙여졌다. 당시는 나폴레옹 전쟁의 마지막 단계였고, 연합군 프로이센의 야전 원수였던 블뤼허는 영국인들에게 희망의 상징으로 여겨졌다. 이는 그가 다음 해 일어난 워털루 전투에서 제대로 역할을 함으로써 확실하게 증명되었다.

스티븐슨은 이후 10년 동안 무려 16대의 기관차를 만들었다. 그가 만든 기관차의 정교함은 세계적으로 타의 추종을 불허했기에 독일의 여러 지역과 미국을 비롯한 여러 나라에서 스티븐슨의 공장에서 생산되는 기관차를 수입하고자 했다. 그 공장에서는 1930년대까지 거의 3,000여 대의 기관차를 생산했고 훗날 다른 회사에 팔렸다. 이후 프로이센에서 가장 유명한 회사인 보르지히^{Borsig}를 비롯하여 기관차 생산을 전문으로 하는 산업이 탄생했다.

1825년 9월 27일에 달링턴에서 스톡턴까지 약 60킬로미터의 노선이 개통되었는데 이는 최초로 여객을 수송하는 철도의 탄생으로 여겨진다. 스티븐슨의 새로운 창작물인 로코모션 1호는 약 600명의 승객을 태우는 34량 정도의 기관차로 구성되어 있었다. 일부 기관차에는 석탄이 실려 있었으며, 이 노선은 화물차와 여객차의 조합으로 운행되었다. 최초의 여행에서 아무 문제가 발생하지 않은 것은 아니다. 마차 한 대가 바퀴를 잃어버리는 바람에 차량 연결을 풀어야 했고, 로코모션 1호가 달리는 도중 약간의 수리가 필요해 35분간 지체가 발생하기도 했다. 하지만 그 정도는 들뜬 승객들의 기분에 찬물을 끼얹지도, 그날을 축하하는 의미에서 목적지의 주민들에게 난방용 석탄을 나눠주는 행사를 위해 줄을 선 가난한 주민들의 즐거운 분위기에 영향을 주지도 않았다.

1830년 허스키슨의 사고로 얼룩진 맨체스터-리버풀 노선이 개통되면서 이 지역에서 많은 주민이 철도 여행을 할 수 있게 되었다. 곧 런던에서 버밍엄까지 가는 첫 번째 노선이 추가되었고, 1840년이 되자 영국에는 이미 3,200킬로미터의 철도가 완성되었다. 당시 프랑스에 놓인 선로는 겨우 550킬로미터에 불과했다. 이러한 프랑스의 기관차 개발과 노선망 확장에서 매우 중요한 원동력을 제공한 인물이 있으니 바로 엔지니어이자 발명가인 마르크 스갱Marc Seguin이다. 그의 핏속에는 개척 정신이 흐르고 있었는지도 모른다. 스갱은 1783년에 열기구를 탄 최초의 사람이자 항공사의 선구자라고 볼 수 있는 몽골피에 형제의 조카였다. 스갱은 영국에 몇 달 머무르는 동안 스티븐슨과 함께 일하면서 자신의 아이디어를 프랑스에서 실현하고자 노력했다. 그는 생에티엔에서 리옹에 이르는 철도 노선을 건설하도록 허가를 받고 1832년까지 철로를 완성했으며, 이는 유럽 대륙에 건설된 최초의 철로가 되었다.

최초의 독일 철도 노선은 1835년 12월 7일 월요일 아침에 개통된 뉘른베르크에서 퓌르트로 가는 짧지만 유명한 노선인데 이 철로는 수천 명의 구경꾼과 약 200명의 승객 앞에서 개통되었다. 엔지니어이자 기관차 조종사인 윌리엄 윌슨이 운전한, 영국에서 수입한 독수리라는 별명이 붙은 기관차 덕분에 6킬로미터라는 긴 거리를 불과 25분 만에 달리는 굉장한 일이 벌어졌다. 윌슨은 뉘른베르크에서 유명 인사가 되었고 1862년에 사망한 이후에도 마지막 안식처를 이 도시에서 얻었다. 하지만 놀랍게도 이 새로운 교통수단은 지역 의사들로부터는 거의 환영받지 못했다. 최초로 기관차가 운행하기 2년 전 바이에른 의학 협회는 다음과 같은 의견을 제시했다.

> 빠른 움직임은 필연적으로 여행자들에게 일종의 정신착란 같은 특이한 뇌 질환을 일으킬 것이다. 이 끔찍한 위험에도 불구하고 여행자들이 굳이 여행을 선택한다면 국가는 적어도 지나가는 기차를 바라보아야 하는 관중을 보호할 의무가 있다. 고속으로 달리는 증기 자동차를 보고 승객들이 똑같은 뇌 질환에 걸릴 수 있기 때문이다. 그러므로 철도역 양쪽을 높은 나무 울타리로 둘러싸서 바깥에서 기차를 볼 수 없도록 해야 한다. [3]

독일인의 유전자에 깊게 뿌리내리고 있는 듯한, 문제 해결에 능한 국가에 대한 열망에서 비롯된 이 같은 주장은 결국 허공에 흩어졌다. 나무 울타리로 인해 풍경이 훼손되는 일이 일어나지 않았을 뿐만 아니라 새로운 교통수단에 대한 수요도 끊임없이 증가했다. 3년이 채 지나지 않아 베를린에서 포츠담까지, 브라운슈바이크에서 볼펜뷔텔까지, 뒤셀도르프에서 에르크라트까지 철도 노선이 개통되었다. 19세기 중반이 되자 독일은 철도 노선과 철도역 건설 분야에서 진정한 호황기를 맞이했다. 1876년 독일 철도 회사들이 보유한 노선의 총 승객 수는 이미 2억 5,500만 명 이상이었다.

철도 교통의 확대는 보통 사람의 일상에까지 영향을 미치지는 않았다. 하지만 장거리 여행에는 분명 커다란 영향을 미쳤다. 여러 유럽 국가에서는 표준 시간이 설정되었다. 그전까지는 정오 태양의 최고점이 언제인가에 따라 현지 시각이 각기 다르게 존재했다. 당시만 해도 베스트팔렌 동쪽 헤르포르트 근교의 농부가 라인강 하류의 클레베 지역에 사는 농부보다 몇 분 일찍 일어난다는 사실은 아무런 문제가 되지 않았다. 심지어 출발지인 드레스덴과 도착지인 라이프치히의 시간대가 서로 다르더라도 역마차 수송에는 아무런 문제가 없었다. 하지만 철도 시대에는 이 또한 바뀌어야 했다. 시간표와 철로 연결이 서로 맞아야 했기 때문이다. 하나의 철로를 사용하므로 정확한 시간 관리는 필수 요소였다. 특히 철로를 따라 움직이는 통신 연결에 있어서 시간 조절 실패는 더 큰 위험의 원인이었다. 표준시간대라는 기술을 통해 기차역끼리 어떤 기차가 기다리고 또 어떤 기차가 선로를 이용할지를 '합의'할 수 있었다. 지금까지도 수많은 노선에서 여전히 중요한 표준이 되는, 철도와 전신선의 밀접한 공간적 공존은 동시대인들에게 생물의 이치를 일깨워주었다. 볼프강 쉬벨부시는 철도 시대에 관한 자신의 책에서 다음과 같이 묘사했다.

전신은 기계로 조립된 철도를 통합하는 요소로서 그것이 없다면 철도는 작곡가의 아들이자 철도 철학의 전문가인 막스 마리아 폰 베버의 말처럼 신경계 없는 생명체와 같을 것이다. "신경의 떨림이 없는 인체의 근육은 생명이 없는 살덩어리와 같으므로 와츠와 스티븐슨이 인류에게 준 발명품인 이 비상하는 근육이 전선과 연결되지 않았다면 아무리 번쩍거리며 기차가 지나간다 해도 그 효력은 절반에도 미치지 못할 것이다."[4]

영국에서는 처음에 17세기 세계 대양을 순항하는 영국 선박의 해상 운항을 위해 만들어진 그리니치시가 철도 교통의 표준으로 도입되었다. 이는 영국 선박에서 사용되는 정밀 시계가 전 세계의 바다를 장악하는 결과를 불러왔다. 1893년 독일에서는 획일적인 시간 체계를 도입하는 법률 제정으로 엠덴에서 브레슬라우까지, 자르브뤼켄에서 쾨니히스베르크까지 독일제국 전역에 획일화된 시간이 사용되기에 이르렀다. 독일의 시간은 그리니치시보다 1시간 빠르게 설정되었다. 이는 오늘날까지 이어지고 있으며 비행기를 타고 여행하는 이들에게 지속적인 활력을 주는 동력이 되고 있다. 가령 당신이 오전 11시 50분에 뒤셀도르프 공항에서 이륙한다고 치자. 비행이 순조롭게 진행된다면 아마 오전 11시 40분이면 히드로 공항 주변의 착륙 지점에 있을 것이다. 전 세계에서는 획일적인 시간을 결정한 독일법 이전인 1884년 워싱턴 회의를 통해서 지금까지도 사용하고 있는 기본적인 시간대가 결정되었다.

순식간에 지평선에 도달할 수 있는 기술에 대한 유럽인의 벅찬 감정을 수많은 동시대인들이 종이에 기록했다. 그런데 파리에서 활동하던 시인

하인리히 하이네만큼 이를 유려하게 표현한 사람은 없을 것이다.

하나는 오를레앙으로, 다른 하나는 루앙으로 향하는 두 철도의 개
통은 모든 이들에게 사회적 고립의 섬으로부터 마침내 벗어난 듯한
감정과 함께 전율을 던져준다. 지금 이 순간 파리 전체 시민이 마치
전기 충격의 사슬 속에 갇힌 듯한 전율을 느끼고 있다. 엄청난 수의
군중이 놀라움과 망연자실함 속에서 거대한 움직임을 만들어내는
동력의 외관을 쳐다보고 있는 동안, 사색가는 기이한 공포에 사로잡
히게 된다. 이 공포감은 결과를 예측할 수도 헤아릴 수도 없는 무시
무시하고 전례 없는 일 앞에서 우리가 항상 느끼는 것이다. 우리의
존재 전체가 새로운 선로를 따라 끌려가고, 버려지고, 새로운 관계와
기쁨과 괴로움이 우리를 기다리고 있다. 이 미지의 세계는 엄청나게
매력적이고 유혹적이며 동시에 두려운 것이다. 아마 우리의 선조들
이 미 대륙을 처음 발견했을 때, 화약을 발명한 후 처음으로 총성이
울렸을 때, 인쇄기에서 최초로 광고 전단이 인쇄되어 세상에 등장했
을 때 우리와 똑같은 감정을 느꼈으리라. 그럼에도 철도는 우리 인류
에게 새로운 전환점을 제공하고 삶의 색채와 모양을 바꾸어버리는
또 다른 획기적인 사건이다. 세계사의 새로운 장이 시작되려는 이곳
에 존재하고 있음을 우리 세대는 자랑스러워할 것이다. 이제 세상을
보는 우리의 방식과 생각에 어떤 변화가 생길 것임에 틀림없다! 심지
어 시간과 공간에 대한 기본적인 개념도 흔들리게 되었다. 철도를 통
해서 공간은 살해당하고 이제 오로지 시간만이 남았다. 게다가 돈만

충분하다면 시간조차 죽이고도 남을 것이다! 이제 사람들은 네 시간 반 내에 오를레앙까지, 또 같은 시간 내에 루앙까지 여행한다. 이 노선들이 벨기에와 독일까지 연결되고 또 그곳의 지역 철도들과 연결된다면 어떤 일이 일어날까? 마치 모든 나라에 있는 산들과 숲들이 파리로 다가오고 있는 듯하다. 내 코에는 벌써 독일 보리수의 향내가 느껴진다. 우리 집 문 앞에 북해의 파도가 부서지고 있다.[5]

하지만 진보의 그림자 역시 존재했다. 어느 신기술처럼 철도 역시 사고에 취약했으며 초기에는 안전 대책이 매우 제한적인 것도 사실이었다. 1830년 런던의 유명한 여배우 패니 켐블이 맨체스터-리버풀 노선에서 느꼈던 거의 몽환적인 안정감은 지속되지 않았다.

눈을 감았을 때, 마치 날아가는 듯한 느낌은 너무나 즐거웠고 말할 수 없이 이상하기도 했다. 그럼에도 불구하고 나는 완벽하게 안전하다고 느꼈고 조금도 무섭지 않았다.[6]

간혹 해상에서의 재난 소식 말고는 탈것과 관련된 사고를 접하지 못했던 대중에게 신기술과 관련된 사고는 커다란 뉴스였다. 대부분의 신문 독자들에게 해상 사고는 다른 세상의 소식과 다름없었다. 평생 한 번이라도 배를 타본 사람은 소수에 불과했기 때문이다. 반면 철도는 매혹적인 신문물에서 일상적인 수단으로 빠르게 변화했고 그러면서 사람들은 위험에 노출되었다.

1844년에 출판된 프랑스 초기 백과사전의 저자는 철도에 대해 다음과 같이 간단히 정리했다.

> 인간이 손으로 만드는 모든 것은 사고를 일으킬 수 있다. 일종의 상쇄 원리로 인해 기계가 더 완벽해질수록 사고는 더 흉폭해진다. 이러한 이유로 가장 강력하고 완벽한 기술 장치라 할 수 있는 증기 기관과 기차는 세심하게 감시하지 않으면 엄청나게 끔찍한 재앙을 초래할 수 있다. 다시 말해 이들이 움직이는 과정에서 갑자기 멈추거나 목표로부터 이탈하게 되면 동작이나 속도와 같은 전체 흐름이 매우 끔찍하게 파괴적인 방식으로 작용할 수 있는 것이다. 이전에는 알려지지 않았던 새로운 길을 열어젖히는 증기의 힘은 잠시라도 발을 잘못 디디면 심연으로 떨어질 수 있는 위험으로 우리를 몰아가기도 한다. 불안정한 평형상태와 유사한 역학적 상황으로 사소한 충격에도 휘청거릴 수 있는 것이다.[7]

　　이 새로운 기술을 인간의 힘으로 완전히 지배할 수 없음을 분명히 보여준 나라는 바로 심각한 철도 사고를 경험한 프랑스였다. 1842년 5월 8일 베르사유에서 민속 축제가 끝난 후 수많은 당일 여행 승객을 실은, 두 대의 증기 기관차로 끄는 기차가 파리를 향해 달리고 있었다. 그런데 두 대의 기관차 중 첫 번째 기관차가 파리로 입성하기 직전에 차축이 부러지는 일이 발생했다. 기관차는 곧바로 작은 비탈을 미끄러져 폭발했다. 이로 인해 탈선한 세 대의 객차에도 불이 붙었다. 객차는 나무로 만들어졌기에 화재에 치명적이었다. 게다가 상황을 더 악화시킨 것은 철도 직원들이 출발 직전에 객차의 문을 잠근 것이었다.◆ 문이 잠긴 객차 속 승객들은 탈출할 수 없었다. 공식 집계에 따르면 그날의 참사로 50명이 불에 타 사망한 것으로 추정되는데, 일부는 사망자가 200여 명이라고 주장하기도 한다. 그 이후로 프랑스에서는 열차 문을 잠그지 않게 되었지만 다른 나라에서는 훨씬 더 큰 재앙이 발생하기 전까지 이러한 관례가 지속되었다.

1889년 6월 12일 아일랜드 역사상 최악의 철도 사고가 일어났다. 대부분이 소풍 가는 어린이들로 구성된, 800명의 승객을 태운 특별 열차를 기관차가 끌고 달리던 중이었는데 경사로에서 힘에 부치고 말았다. 그 바람에 객차 간 연결이 끊어져 일부 객차가 내리막길을 구르다가 다른 객차와 충돌했다. 잠긴 객차 안에서 대부분이 어린이였던 승객 중 81명이 사망하고 250명 이상이 부상을 당했다.

뉴스 머리기사를 장식하는 사고와는 별개로 철도 여행은 빠르게 증가하는 승객 수에 대비하면 일반적으로 매우 안전하며 그 안전 기준도 세월이 흐르면서 대부분 꾸준히 개선되었다. 산업화 시대에 보건 및 안전 장치가 열악한 공장에서 치명적인 사고가 날 가능성은 심각한 철도 사고에 휘말릴 가능성보다 훨씬 컸다. 그런데도 뉴스에서 접하는 재난 소식은 많은 사람을 놀라게 했다. 한 영국 기자는 이렇게 말했다.

◆ 당시에는 각 객차마다 출입구가 있고, 객차 사이를 연결하는 복도는 아직 존재하지 않았다.

두려움을 안겨주는 것은 단지 희생자의 숫자만이 아니라 그것이 우리 곁에 가까이 있다는 사실이다. 우리는 모두 철도 승객이며 기차와 기차 충돌 사고, 기차역과 기관차는 그저 흔한 이름일 뿐 아니라 일상생활의 일부가 되었다.[8]

위와 같은 재앙에 비할 바는 아니지만 기차 여행은 수많은 여행자에게 여러 가지 악영향을 미쳤다. 때로는 객관적인 질병의 형태로 나타났지만 대개는 주관적으로 느끼는 증세였는데 그렇다고 그 스트레스가 결코 덜한 것은 아니었다. 영어권에서는 '철도 척추Railway Spine'라는 용어로 기차 여행이 불러오는 증세를 통칭했다. 이는 '에릭센병Erichsen's Disease'이라는 용어와 동의어로 사용되었다. 존 에릭 에릭센John Eric Erichsen은 당시 영국에서 매우 유명한 외과 의사였다. 1818년 코펜하겐의 부유한 가정에서 태어난 그는 파리와 런던에서 공부한 후 템스강 유역에 머물렀다. 32세가 되던 해에 그는 지역 대학 외과 교수로 임명되었다. 에릭센의 삶에는 그 이후에도 수많은 영예가 따라왔다. 왕립 의학 및 외과 협회의 회장이 되었고 빅토리아 여왕의 뛰어난 주치의로 활약하기도 했다. 1866년 에릭센은 자신의 여러 강의 내용을 묶어 114페이지에 달하는 《철도 사고를 비롯한 각종 부상이 신경계에 끼치는 영향》을 출간했다. 이는 얼핏 보면 척추에 외상을 입은 31명의 환자에 관한 사례 보고서로, 이들 중 일부는 다른 장기에 손상을 입기도 했다. 그런데 이들 환자 중 아홉 명에게는 철도 사고를 목격했다는 공통점이 있었다.

하지만 에릭센이 진찰한 환자 중에는 척추 손상이 주된 문제가 아닌 경우가 많았다. 그가 펴낸 소책자는 질병을 오로지 육체적인 것으로 볼 것인가 아니면 아파하거나 아픔을 느끼는 것과 같은 심리적 근거를 포함할 것인가에 관한 토론의 시발점이라 볼 수 있다. 철도 척추의 증상은 또한 많은 동시대 사람들의 잠재의식 속에 만연해 있던 제동이 걸리지 않는 기계화에 대한 두려움을 반영했다. 에릭센의 관찰은 심리적 질병에 관한 초기 연구에 많이 이바지하기도 했다. 에릭센이 쓴 다른 책에 소개된 비극적 사례에서 볼 수 있듯이 실제로 척추에 부상을 입지 않고도 질병에 걸리는 예도 있었다.

건강 상태가 매우 양호했던 한 60대 신사가 1866년 3월 24일에 런던으로 향하는 기차를 탔다. 그런데 그 과정에서 그의 손가락 하나가 열차 문과 문틀 사이에 끼어서 눌리는 사고가 발생했고 이로 인해 심한 통증과 약간의 출혈이 있었다. 환자는 창백하고 지친 모습으로 집으로 돌아갔고 의사 와이트먼을 불러 손가락을 치료했다. 환자는 사지에 상당한 찰과상과 타박상이 발견되었지만 뼈는 다치지 않았고, 상처는 느리지만 만족스럽게 치유되었다. 그런데 건강했던 환자는 점차 살이 빠져 사고 충격에서 완전히 회복되지 못하고 있는 것으로 보였다. 한 달 동안 그의 팔에는 파상풍 경련과도 그리 다르지 않은 경련과 쑤시듯이 아픈 통증이 수시로 찾아왔다. 4월 29일에 그는 가벼운 발작을 일으켰다. 이어 온몸이 마비되었다가 곧 작은 바늘로 찌르는 듯한 감각이 팔다리에 왔다. 얼굴에는 경련이 일었고 피로감과 허약감이 온몸을 괴롭혔다. 사고 전에는 건장한 사람이었던 환자는 이제는 조그만 일에도 피로감과 탈진감을 느끼게 되었다. 부동산 중개업자로 복귀한 그는 잠깐의 휴식을 포함해 6개월 동안 일을 계속했다. 하지만 그는 그 일조차 포기해야 했다. 상황이 꾸준히 악화되었고 1867년 9월 13일 그는 뇌가 연화된 영향◆으로 사망했다.[9]

비교적 경미한 부상에서 뻗어 나와 엄청난 병력으로 진행된 이 환자의 경우를 살펴보면 발현되지 않았을 뿐 이미 그의 중추신경계에 어느 정도의 병증이 있지 않았을까 하는 추정이 가능하다. 아무튼 이 환자는 에릭센의 사례집에 등장하는, 심신성 병증의 극단적 사례라고 볼 수 있다. 에릭센의 환자 중 다수는 오랫동안 그의 연구의 초점이 되었던 해부학적 구조의 실질적 손상이라는 증세를 보였다. 런던의 외과 의사 에릭센은 교통수단에서 겪는 피해 과정을 일종의 채찍질로 묘사했다. 물론 21세기에는 기차보다는 주로 자동차가 정신적 외상을 가져오는 교통수단이 되었다.

열차 충돌의 경우 어떤 거대한 힘에 의해 기차를 탄 사람이 열차의 한쪽에서 다른 쪽으로 내동댕이쳐질 때 그의 머리는 강제적으로 앞뒤로 반복해서 흔들거린다. 마치 저절로 움직이는 것처럼 그의 머리와 목 근육은 통제력을 상실하게 된다. 철도 사고로 인해 발생할 수

◆ 오늘날 뇌연화증으로 알려진 뇌 조직의 손실. 대표적 원인은 뇌졸중으로 인한 혈액 공급 부족, 중추신경계의 매독 증세 발현(신경매독), 뇌에 영향을 미친 트라우마적 경험 등이 있다.

있는 부상의 정도는 밖으로 현저히 드러나지도 않고, 평가하기도 어려운 듯하다. 또 사람들이 언론을 통해 쉽게 접하는 신체의 훼손이나 죽음에 대한 이야기는 승객들의 공포감을 자극하여 그들이 기차 여행 중 경험하는 고통의 일부가 된다. 충돌 사고와 철도 사고의 폭력성에는 평범한 부상을 넘어서 신경계에 영향을 미치는 무언가가 있다.[10]

물론 모든 환자가 그런 것은 아니었지만 에릭센이 자신이 치료한 많은 환자들에게서 감지했고, 설명하려 했던 증상은 1세기하고도 반세기가 더 지난 후 외상 후 스트레스 장애Post-Traumatic Stress Disorder: PTSD라고 사람들이 부르기 시작한 복잡한 증상이었다. 에릭센의 일부 환자들과 마찬가지로 관련자는 신체 부상으로 고통받는 것이 아니었다. 단지 그가 겪은 경험이 고통을 촉발하는 원인이 되었다. 21세기의 일부 사회에서 일어나고 있는 전쟁과 위기, 테러 공격과 고질적인 폭력으로 고통받는 사람들의 숫자는 19세기의 외상 후 스트레스 장애인 철도 척추로 고통받은 사람들의 숫자를 가볍게 넘어서는 듯하다.

1840~1914
A GREAT
MEDICAL
EPOCH

8장

죽음의 지도

존 스노, 대도시의 유행병에 맞선 영웅

빅토리아 여왕에게 클로로폼을 사용한 위대한 순간 이후, 여왕의 총애를 받으며 누린 왕실의 영예를 생각할 때 존 스노는 런던 엘리트 의사로서 충분히 안락한 인생을 살 수 있었다. 여왕에게 '최상의 은혜'를 베푼 의사로서, 그가 원한다면 자신의 의술을 영주와 은행가, 상인, 그리고 의회 의원과 같은 상류층 고객에게만 제한적으로 제공하며 살 수도 있었다. 무엇보다 조상 대대로 자연의 순리라고 믿어왔던 출산의 고통에 비해 훨씬 낮은 정도의 고통을 겪으며 여왕과 같은 방식으로 아이를 출산하길 바라는 상류층 부인이 줄을 서 있었다.

하지만 존 스노를 이런 창창 대로에서 벗어나 고통 없는 세상을 향해 의학적·사회적 노력을 아끼지 않은 독보적인 선구자로 만든 이가 있었으니, 상류층 정반대 사회 계급의 한 여인이었다. 존 스노는 그가 살던 런던 아파트에서 살짝 벗어나 산책하면서 낯선 세계로 들어섰다. 그리고 바로 그 순간 스노를 현대 전염병학의 창시자로 만든 그 일이 일어났다.

1850년대나 2020년대나 할 것 없이 창궐하는 질병의 기원과 확산 원인에 대한 과학적 규명은 특히 전염병과의 싸움에서 매우 중요하다. 그

중대한 사건은 지극히 평범한 모습을 하고 있었다. 1854년 8월 28일, 세라 루이스Sarah Lewis라는 젊은 여성이 태어난 지 몇 달 안 된 딸의 기저귀를 빨고 있었다. 역사의 안개 속에서 이름을 잃어버린 그 어린 아기는 심한 설사를 하는 중이었다. 경찰관의 아내였던 세라 루이스는 런던 소호 브로드가 40번지의 집 앞에 있는 정화조에 빨래했던 더러운 물을 버렸다. 정화조에서 몇 걸음 떨어진 곳에는 식수 펌프가 있었다.

◆ ◆ ◆

전염병에 대한 공포는 인간의 기본적인 두려움 가운데 하나다. 고대부터 전염병이나 유행병은 시시때때로 도시나 나라 전역을 고통에 밀어 넣었으며 때로 유럽-지중해 문화권을 포함한 세계의 많은 부분에 퍼져 수많은 문명과 사람들을 괴롭혀왔다. 전염병은 거의 항상 사회질서와 통치체계, 경제 체계를 뒤흔들었다. 종종 그것은 살아남은 사람들의 의식과 인식에 영향을 미치는 방식으로 세상을 바꾸어놓았다. 고통에 대처하는 방법을 보며 우리는 종종 전염병의 영향 아래 놓인 사회나 국가의 힘을 확인할 수 있다. 한 사회는 가치와 문화를 지키면서 전염병의 위협에서 벗어나 더 강한 모습으로 다시 태어날 수도 있다. 아니면 확산되는 전염병으로 인해 원칙을 무시하고 두려움에 사로잡힌 채 미신이나 공황 상태에 빠져 지성과 이성을 내팽개치고 개인의 자유와 의사 결정권보다 권위주의적 억압과 무력을 우선시할 수도 있다.

이러한 점을 고려해보면 로마제국의 전성기인 서기 2세기경의 상황에

경의를 표하지 않을 수 없다. 서기 165년경부터 몇 년 동안 전염병이 로마제국을 통해 퍼져나가 영국에서 이집트까지 번졌다. 당시 로마제국에서도 독일어를 사용하던 지역의 국경은 주로 라인강과 다뉴브강에 걸쳐 있었다. 당시 지배자의 이름을 따서 이 전염병은 안토니우스 역병으로 일컬어졌다. 그 시대의 글에서 묘사된 증상들을 보면 전염병은 폐병이나 임파선종 관련 역병이 아니라 천연두의 변형이었음을 추측할 수 있다. 당시 전염병 희생자가 500만 명에서 1,000만 명 사이라고 가정했을 때 그 수는 인구의 약 10분의 1 또는 그 이상에 해당했을 것으로 추정된다. 이는 로마의 지배하에 있던 유럽 지역의 인구를 기준으로 한 것이다. 그런데도 정상 범위를 벗어난 내부의 불안도 없었고 거대 제국의 행정도 전염병으로 인해 곤경에 처하는 일이 없었다. 로마제국은 경제 및 정치적 격변이 일어난 다음, 3세기에 들어서야 심각한 위기에 빠졌는데 위기의 원인은 짧은 임기 후에 종종 폭력적인 종말을 맞게 되는 약한 황제들의 연속적인 출현이나 식량 공급 상황을 위협하는 기후 변화와 같은 외부적인 요인에 있었다.[1]

전염병은 그 후 수 세기 동안 유럽을 정기적으로 파괴했다. 더군다나 기근이 횡행하던 시대 바이러스나 박테리아는 면역력이 약해진 사람들을 쉽게 장악했다. 그나마 전염병의 빠른 전파를 가로막은 것은 덜 진행된 도시화였다. 로마제국 동안 번영했던 도시가 5세기에서 10세기 사이에 광범위하게 쇠퇴했다. 도시, 특히나 인구가 밀집된 도시들은 감염이 확산되기 좋은 곳이다. 바이러스 같은 병원균은 주로 다수가 공동으로 사용하는 오염된 물이나 음식물을 통해 배출되거나 기침을 통한 물방울의 형태로 분비된다. 인구가 밀집된 생활권은 시장이나 교통수단 등을 통해 병원균이 한 숙주에서 다른 숙주로 옮겨 가기 좋은 환경이다. 또 벼룩과 같은 동물 매개체가 병원체의 임시 숙주 역할을 하기도 한다. 이 두 가지가 합쳐질 때 전염병은 한 개체에서 다음 개체로 쉽게 옮겨 갈 수 있다.

하지만 중세 성기High Middle Age(유럽 역사에서 11세기부터 13세기까지를 일컫는 용어로 중세 초기와 말기 사이에 있다. ─ 옮긴이)로 대표되는 경제, 문화적 부흥과 함께 유럽 각 도시들은 다시 꽃을 피웠다. 특히 아시아와 미국에서 온 관광객들에게 인기가 많은 중세 도시 중심지와 마찬가지로, 하늘을 향해 솟은 11~13세기 성당들도 이 번영의 증거로 볼 수 있다. 이들 중 상당수는 벨기에의 브루게나 스웨덴의 비스뷔, 영국의 체스터에 있는 성당과 같이 원형이 훌륭하게 보존·관리되는 반면 아우크스부르크나 뤼베크, 힐데스하임 등의 유산은 20세기의 전쟁으로 파괴된 후 거의 중세 이전의 상태로 되돌아갔다. 이들 도시야말로 종말론적 역병이 대다수 희생자를 찾아낸 공간인데 이 같은 전염병을 통해 유럽 대륙은 전환점을 맞이했고 생명의 파괴와 존재론적 위협이 유럽인들의 의식 속에 영원히 새겨지게 되었다. 기독교인들이 오랫동안 의심하고 두려워하며 믿어온 것처럼 성서에 나오는 1,000년의 세계 종말은 일어나지 않았다. 다만 단어 자체가 세상에 종말을 의미하는 상징이 될 정도로 3세기 반 동안이나 유럽에 머물렀던 전염병이 있었으니 바로 흑사병, 페스트Pest였다.

1347년 크림반도에서 이탈리아 선박으로 유입된 흑사병은 이후 4년 동안 대륙을 가로질러 이동했으며 피해를 보지 않은 지역은 극소수에 불과했다. 그 시대 사람들은 자신들이 옷이나 피부, 머리카락 등에 치명적인 세균을 품고 움직인다는 사실을 알지 못했다. 병원균을 옮기는 벼룩은 당시 대부분 집이나 농부의 오두막에 살고 있던 쥐를 공격했고 무역업자의 상품이나 옷에 숨어서 대륙을 가로질러 이동하기도 했다. 흑사병은 5년 만에 유럽 인구의 약 3분의 1을 말살시켰고 마을과 지역은 황폐해진 채 버려졌다. 종교적 광신주의와 잘못된 믿음, 증오, 히스테리가 수많은 생존자를 사로잡았고 '검은 죽음의 병'을 유대인의 탓으로 돌려 이들을 집단 학살하려는 물결이 넘실거렸다. 알브레히트 뒤러의 가장 유명한 그림에도 묘사되어 있듯이 흑사병은 3세기 이상 유럽에서 지속해서 출현했으며 종종 30년 전쟁이나 정치적 위기 상황과 결부되어 나타나곤 했다. 런던은 1665년에서 1666년 사이에 이중 참사로 타격을 입었다. 전염병이 도시를 휩쓸고 난 후인 1666년 9월에 큰 화재가 발생해 나흘 동안 도시 전체가 불길에 휩싸였고 그 결과 도시의 많은 부분이 파괴되었다. 어쩌면 두 번째 재앙이 첫 번째 재앙을 끝장내는 데 큰 역할을 했을 것이다. 비위생적이고 쥐가 들끓는 집들이 불길에 타버렸으니.

흑사병은 19세기에 와서는 과거의 일이 되었다. 다만 아시아에서 기원한 다른 전염병이 치명적인 고통을 안겨다주었다. 콜레라였다. 그것은 인도에서 러시아를 거쳐 1831년 독일어권 지역과 서유럽에 처음 도착했다. 콜레라는 수만 명의 죽음을 초래했을 뿐 아니라 그 증세가 신체 기능에 관해 이야기를 나누는 걸 꺼리는 사람들에게는 특히 더 충격으로 다가왔다. 현대에는 종종 인기 상품의 목록에도 올라 있는 인간의 장이라는 주제가 당시에는 절대 금기시되는 것이었다. 장 속에 들어간 콜레라 병원균은 독소를 방출하는데, 이는 의학자들이 매우 구체적인 표현으로

'썰물과 같은 설사'라고 부를 정도로 끔찍한 결과를 불러왔다. 시골길의 마차 안이나 일요일에 교회 가는 길을 가리지 않고 감염자들은 1리터 이상의 이 액체를 주체하지 못하고 쏟아냈다. 콜레라는 이처럼 과거 전염병의 시대에서 사람들이 감당해야 했던 정서적 수치심을 훨씬 능가하는 수치심과 혐오감을 던져주었다.

대부분의 유럽 국가는 이웃 국가들로부터 스스로 봉쇄하는 정책을 펴거나 확산을 막기 위해 우편물을 훈증 소독하는 등 기본적인 소독 방역에 힘을 기울였다. 물론 국경 폐쇄와 같은 조치에 대해 경고하는 목소리도 있었다. 의사이자 작가인 프리드리히 알렉산더 시몬스는 "독일이 겪을 수 있는 가장 큰 불행은 무역 금지다. 콜레라 그 자체보다 훨씬 큰 불행이다."라고 말했다.[2] 하지만 콜레라는 가난한 자나 부자나 할 것 없이 쉴 새 없이 죽음으로 몰아넣었다. 그중에는 철학자 게오르크 빌헬름 프리드리히 헤겔도, 군사 사상가였던 카를 폰 클라우제비츠도 있었다. 1840년대 이후의 대유행 때에는 실제로 국가원수마저 콜레라의 희생양이 되었다. 미국의 11대 대통령 제임스 포크는 백악관에서 성공적으로 4년을 지낸 후 1849년에 집으로 돌아오는 길에 이 운명과 마주쳤다. 이후 어떠한 성대한 의식도 없이 그는 최대한 빠르게 땅에 묻혔다.

그 시대의 가장 큰 무역 국가였던 영국으로서는 전염병으로 말미암은 자기 고립은 선택의 여지가 없었다. 콜레라의 원인 물질인 비브리오로 인한 죽음은 1831년 여름 영국 북부 항구도시 선덜랜드에 상륙했다. 첫 번째 희생자는 윌리엄 스프라우트라는 이름으로 기록에 남아 있다. 몇 달후인 1832년 2월에는 존 제임스가 런던의 첫 희생자로 사망했다. 1833

년 말이 되어 첫 번째 콜레라의 물결이 진정될 무렵에는 이미 2만 명 이상의 영국인들이 윌리엄과 존을 따라 무덤으로 간 뒤였다. 다른 나라와 마찬가지로 영국에서도 콜레라는 사람들의 생활 반경 속에 웅크리고 있다가 언제든지 다시 폭발할 수 있는 지속적인 위협으로 남아 있었다. 때로는 소규모의 국지적인 발병으로 그치기도 하고 유행병이나 전염병의 새로운 물결을 일으키기도 했다. 1848년과 1849년의 정치적 격동 시기에 잉글랜드와 웨일스에서 콜레라에 희생된 사람의 숫자는 약 5만 명에 달했다.

콜레라를 비롯한 여러 전염병의 원인과 그 전염병이 전파되는 경로에 대해서는 오랫동안 많은 이들이 연구해왔다. 그들 대부분이 내린 결론은 몇 세기 혹은 몇천 년 동안 전통적으로 답습되어온 장기설에 기반을 두고 있었다. 이 가설에 따르면 땅이나 물에서 나온 부패한 병원성 물질이 공기 중에 떠돌아다니면서 사람들에게 침투하는데 그 흐름은 달과 별의 영향을 받기도 한다. 그것은 의학의 창시자들로부터 시작된 잘못된 믿음이었으므로 의심의 여지가 없는 이론이기도 했다.

그 누구보다 히포크라테스 자신이 거의 2,500년 전에 이 교리를 세웠는데 이는 그 중요성 면에서 반드시 설명되고 정정되어야 할 부분이다. 존 스노의 전기를 쓴 현대 작가는 히포크라테스가 "공기의 질이라는 주제에 과도하게 집착한 나머지 그의 일부 의학적 처방은 마치 기상학자의 작업 전 지시처럼 읽힌다."라고 했다.[3] 이탈리아어에서는 나쁜 공기라는 뜻의 말라리아malaria라는 용어가 오래전부터 사용되었는데 이는 전염병과 죽음의 매개체로 인간이 호흡을 통해 들이쉬고 내쉬는 물질이라는 뜻이었다. 하지만 의학 용어로 남은 말라리아는 공기와는 상관없는 병이며 모기와 관련이 있다.

당시 출판물을 보면 부패한 공기에 대한 묘사를 어디서든 쉽게 볼 수 있다. 런던의 빈곤층과 특권층 거주환경에 관심이 많았던 사회연구자 헨리 메이휴는 1849년 버몬지 자치구를 방문했을 때의 인상을 다음과 같이 묘사했다.

> 역병이 만연한 이 섬을 밟는 순간 공기는 말 그대로 묘지에서 나는 냄새를 풍긴다. 혼탁한 공기에 익숙하지 않은 사람이라면 누구든 메스꺼움과 중압감을 느낄 것이다. 황화수소가 잔뜩 함유된 공기가 얼마나 무거운지는 당신의 코뿐 아니라 당신의 위장도 같이 말해준다.[4]

〈타임스〉는 독소가 땅에서 배출된다는 지류^{telluric} 이론을 비롯하여 다양한 이론의 영향을 받은 장기설을 내세웠다. 또 하수구나 묘지에서 배출된 나쁜 물질이 공기 중에 포함되면서 질병을 유발한다는 전기^{electrical} 이론도 있었다. 콜레라를 일으킬 수 있는 것은 미세 유기체 혹은 미생물일 수도 있다는 이론은 영국의 주요 일간지에서도 그다지 큰 비중을 두고 소개하지 않았다.[5]

플로렌스 나이팅게일 같은 현대화의 새벽을 상징하는 사람조차도 상상할 수 있는 유일한 전염 매개체로 공기를 지목하여 경고하기도 했다.

> 환자의 병실로 공기를 들여보낼 때, 그 공기가 어디서 오는지를 생각

하는 사람은 거의 없다. 그것은 다른 복도에서 빠져나온 공기일 수도 있고 가스와 음식물, 다양한 종류의 메스꺼운 물질로 가득 찬 곳에서 배출된 공기일 수도 있다. 지하 부엌이나 정화조, 세면대나 화장실, 심지어 내가 직접 본 것처럼 쓰레기로 가득 찬 하수구에서 나온 것일 수도 있다.[6]

하수구, 하수 구덩이, 쓰레기장 등이 독성으로 가득 찬 공기를 만들어내는 주요 원인으로 거론되었지만 헨리 메이휴와 같은 관찰자들은 이 악취로 가득 찬 공기 속에 살아가는 사람들의 사망률이 나머지 인구의 사망률에 비해 크게 높지는 않다는 것을 알아차렸다.

상상조차 어려울 정도로 더러운 런던 지하 세계의 오물 속에서 쓸 만한 뭔가를 찾아 헤매는 소위 하수구 사냥꾼들의 예를 보아도 이를 잘 알 수 있었다. 만약 장기설이 증명되려면 이 역겨운 데다 폭발할 위험조차 있는 공기를 밤낮없이 들이마시는 이 직업군이야말로 탄광 속의 카나리아처럼 그 위험성을 명백히 보였을 것이다. 하지만 메이휴는 이 불우한 직업을 가진 사람들 대부분이 끔찍한 환경에도 불구하고 건강하고 튼튼해 보였으며 그중 일부는 당시 개념으로 봐서는 거의 신선의 경지에 가까운 60세에서 80세까지 장수하는 것을 관찰할 수 있었다.

런던의 악취는 하늘로 치솟았고 가난한 사람들이 특히 콜레라로 많은 고통을 겪는다는 사실은 장기설을 지지하는 사람들에게는 완벽히 이치에 맞는 것처럼 여겨졌다. 인구통계학적으로 볼 때 대도시 외곽 지역의 영지에 사는 귀족들은 말할 것도 없고, 부유한 상인들의 주거 지역에 비교해봐도 대규모로 성장하던 노동계급이 살던 도시 구역은 모든 면에서 훨씬 더러웠다. 땅속에서 솟아오른 것이건 천체의 영향을 받은 자기류에서 비롯된 것이건 물질적 기반이 취약하거나 부르주아 엘리트에 비해 도덕적 결함이 많은 집단이 질병에 취약하다는 것이 장기설을 신봉하는 관찰자들의 이론이었다(과거에 질병을 앓았던 영양실조 사람들이 대개 면역 체계가 약하다는 점을 고려해보면 완벽하게 올바른 접근이기도 했다).

인구의 대부분을 차지했던 런던의 소위 하층계급의 생활환경에는 더러움과 전염성 질병, 영양실조로 인한 질병이 만연해 있었으며 이들은 종종 처참한 굶주림 속에서 살아야 했다. 이 같은 생활환경은 거의 폭발적이었던 도시의 성장으로 인해 이루어졌다. 런던의 인구는 인구조사가 이루어졌던 해인 1800년에서 1851년까지 100만이 채 안 되는 인구에서 250만 명까지 거의 세 배로 증가했다. 그렇다고 도시 지역이 비슷한 규모로 확대되거나 적당한 생활 공간을 구축하는 시스템이 동반된 것은 결코 아니었다. 1제곱킬로미터 내에 주거하는 사람의 수는 점점 늘어났다. 당시 홀본 지구의 한 임대 아파트 단지에 대해 다음과 같은 묘사를 찾을 수 있다.

광장 주위로 건물이 22채 있고, 건물의 1층은 거의 예외 없이 수년간 쌓인 쓰레기들로 가득하다. 이런 곳에 사람이 살 수 있다는 사실을 믿을 수 없을 정도다. 바닥에는 구멍이 뚫렸고 계단은 무너져 내렸으며 천장에서 석고가 흘러내리고 있었다. 지붕이 무너진 집도 여럿이었다. 어느 날 밤 술 취한 여자가 남편을 피해 지붕 위로 도망을 치는

모습도 볼 수 있었다. [7]

　동물은 말할 것도 없고 인간의 배설물을 바르게 처리할 수 있는 방법
도 없었다. 그러다 보니 종종 구덩이나 엉성한 지하수 관으로 배설물이
흘러들었다. 이렇게 모인 배설물 덩어리는 종종 식수원 바로 곁에 모이
기도 했는데 그 사정은 브로드가도 마찬가지였다. 이곳에서 세라 루이스
는 병든 어린 딸의 기저귀를 빨았고 그 내용물은 곧바로 몇 발자국 떨어
진 펌프로 흘러들어 갔다. 천지에 널려 있는 배설물과 그 냄새는 사람들
의 코로 파고들었다. 빈민들을 위한 복지 시설에서 일했던 복음주의 기
독교인 메리 베일리가 노스켄싱턴을 방문한 후 찰스 디킨스가 발행하는
잡지에 기고한 글을 보면 이를 잘 알 수 있다.

　　악취를 풍기는 연못이나 아무렇게나 노출되어 있는 하수구, 부서진
　　정화조. 모든 것이 끔찍한 냄새를 풍기고 사방을 둘러보아도 깨끗한
　　물이라고는 한 방울도 없으며 온 세상이 썩어가는 물질로 가득 차 있
　　다. 우물이 있는 곳도 있지만 그 속에 온갖 것들을 던져 넣는 바람에
　　쓸모가 없어진 지 오래였다. 어떤 우물 속 물은 시커멓고 썩은 내가
　　진동했다. …… 거의 모든 주민이 병을 앓고 있는 듯이 보였고, 특히
　　여성들은 메스꺼움과 식욕부진을 호소했다. 그들의 눈은 움푹 꺼져
　　있었고 피부는 주름으로 가득 찼다. [8]

　부르주아 계급에 속함에도 날이 갈수록 사람들의 존경을 받던 의사 존

스노 역시 소호 지역에 기반을 두고 있었다. 그는 당시 프리스가 54번지에서 의술을 펼치던 네 명의 의사 중 한 명이었다. 스노의 개인 아파트는 색빌가에 있었는데 소호 지역의 가장자리였다. 의사가 되고 난 초기부터 그는 콜레라에 사로잡혔고 평생 그것에서 벗어날 수 없었다. 1848년에서 1849년 사이에 런던이 다시 전염병의 습격을 받았을 때 스노는 질병의 원인을 조사했다. 그는 장기설이 터무니없는 이론이라고 생각했다. 모든 사람이 공기 중의 알 수 없는 병균에 노출된 상황이라면 어째서 이웃집이나 집 맞은편의 사람들은 병에 걸리지 않고 같은 집에 사는 가족들만 모조리 병에 걸려 죽게 되는 것일까? 콜레라 환자들과 같은 공간에서 오랜 시간을 보내는 의사들을 보면서 스노의 의심은 한층 깊어졌다. 환자들과 가까운 거리에서 같은 '독기를 품은' 공기를 마시는데도 어째서 질병은 동료 의사들에게 퍼지지 않았을까? 공기가 질병을 퍼트리는 것이 아니고 사람들 간의 전염은 일어나지 않는다는 것이 분명해 보였다. 이 깨달음은 스노가 품었을 만한 감염에 대한 막연한 두려움을 앗아갔다. 덕분에 그는 감염 환자와의 접촉을 피하지 않았다.

스노는 1849년에 《콜레라 전파 방식에 대하여》라는 제목의 31쪽짜리 소책자를 써서 자기 생각을 강하게 피력했다. 이 책에서 그는 장기설에 반기를 들었다.

> 사실 물을 통해 콜레라가 퍼진다는 생각은 그 반대 이론(장기설)보다 훨씬 덜 암담하게 들린다. 눈에 보이지 않는 독성이 공기를 통해 전 세계로 퍼지는 것만큼 비극적인 일이 있겠는가?[9]

이에 대한 동료 의사들의 반응은 정중했지만, 이들은 스노가 물을 감염의 원인이라고 지목하면서 아무런 증거를 제시하지 못하고 있다고 꼬집었다. 스노는 자신을 사로잡은 후 5년 동안 한시도 놓아주지 않던 하나의 생각을 〈런던 의료 공보 London Medical Gazette〉의 지면에 표출했다.

> 만일 콜레라가 알려지지 않은 지역에 오염된 물을 공급해서 그 물을 마신 사람은 병에 걸리고 마시지 않은 사람은 전염되지 않는 것이 증명된다면 이야말로 결정적 실험이 될 것이다.[10]

1854년 콜레라가 영국이라는 섬나라를 세 번째로 강타했을 때 스노는 고전적인 역학 연구라는 거창한 실험을 시작했다. 런던의 식수는 기본적으로 램버스 수도 회사와 서더크 앤드 복스홀 수도 회사 두 곳에서 공급되었다. 그런데 1848년에서 1849년 사이의 전염병 이후 한 가지 변화가 있었다. 램버스 수도 회사에서는 물을 예전처럼 런던 근처의 템스강에서 끌어들이지 않고 강의 상류에서 공급받기로 한 것이다. 스노는 성별과 나이, 직업, 빈부를 불문하고 런던 시민들이 실질적으로 두 집단으로 나뉘어 있다는 사실을 깨달았다. 한 집단은 런던의 쓰레기와 콜레라 환자들의 배설물이 섞여 있는 물을 공급받았고, 다른 집단은 상대적으로 깨끗한 식수를 공급받는다는 것이었다.

질병의 확산과 관련된 이 최초의 과학적 연구의 결과는 명확했다. 1848~1849년에는 두 회사의 물이 공급되는 지역의 사망률이 같았던 반면 1854년에 서더크 앤드 복스홀의 수돗물을 마신 인구의 사망자 수는 램버스의 수돗물을 마신 사망자의 여덟아홉 배를 능가했다. 서더크 앤드 복스홀의 수돗물을 마신 1만 가구 중 315명이 콜레라로 사망한 데 비해 같은 수의 가구 중 콜레라로 사망한 램버스 수도 회사의 고객은 37명에 지나지 않았다.

하지만 스노의 진정한 업적은 워릭가와 리틀말버러가 그리고 브로드 가로 이어지는 소호 지역의 골든 스퀘어, 그 이름과는 어울리지 않는 곤경에 빠져 있던 이 구역에 대해 1854년 9월 3일 일요일부터 시작한 역학 조사 작업에 있다. 콜레라는 9월 1일 이후부터 특히 골든 스퀘어 구역에서 맹위를 떨쳤는데 영국의 제3차 대규모 전염병 유행기 동안 이 구역의 사망자는 다른 어떤 지역의 사망자보다 많았다. 스노는 바로 이웃에서 발생한 이 유행성 전염병을 영국 역사상 최악의 유행병이라고 묘사했는데 이는 실제 숫자보다는 그의 주관적 감상이 많이 반영된 것이다.

그러나 이 지역이 심각한 손해를 입은 것은 분명하다. 9월 3일까지 이 구역에 살던 주민 120명 이상이 사망했고, 월말이 되어 전염병이 감소하기 시작할 때까지 600명 넘게 세상을 떠났다. 환자 중 일부는 지역 병원인 미들섹스 병원에 입원했는데 그곳에는 크림반도에서 벌어진 전쟁에 나가기 몇 주 전이었던 나이팅게일을 비롯한 여러 의료진이 환자를 돌보고 있었다.

스노는 주민들이 식수를 얻는 여러 펌프에서 물 표본을 채취했다. 얼핏 보기에도 지저분해 보이는 물이 나오는 곳도 있었지만 브로드가의 펌프에서 나오는 식수는 비교적 맑아 보였다. 사람의 눈에는 포착되지도 않을 정도의 미세한 그 무엇이 콜레라라는 병을 일으키는 것일까? 소호 지역의 펌프를 확인하고 집집을 방문하여 어디서 식수를 얻는지, 가족 중에 콜레라를 앓거나 죽은 이가 있는지를 조사할 당시만 하더라도 스노는 이에 대해 정확히 알지 못했다.

바로 그 무렵에 피렌체 대학에서는 한 해부학자가 며칠, 몇 주 동안 현미경을 뚫어져라 들여다보고 있었다. 콜레라로 사망한 환자들의 장 조직을 검사하고 있던 필리포 파치니Filippo Pacini였다. 그런데 이탈리아의 의사 파치니는 장 조직의 표본에서 전에는 한 번도 본 적이 없는 무언가를 발견했다. 쉼표 모양을 한 매우 작은 물체였는데 파치니는 이것에 '비브리오'라는 이름을 지어주었다. 그는 콜레라를 발생시키는 병원체를 직접 눈으로 본 최초의 사람이었다. 같은 해에 파치니는 〈이탈리아 의학 공보Gazzetta Medica Italiana〉에 〈콜레라에 대한 현미경 관찰과 병리학적 추론〉이라는 논문을 발표했다. 하지만 1850년대 당시 이탈리아어는 과학계에서 선도적인 언어가 아니었으므로 존 스노가 파치니의 획기적인 발견에 대한 소식을 들을 길은 없었다. 30년 후에 로베르트 코흐가 콜레라 병원체를 발견했다고 세상에 알리면서 그에 따른 명성을 얻었지만 파치니의 발견은 20세기까지도 합당한 인정을 받지 못했다.

비록 현미경으로 물을 들여다본 적도 없고, 맑아 보이는 데다 '맛있기로 유명해서' 그 지역의 식당이나 약국에서도 물에 염료와 맛을 첨가하여 셔벗으로 판매하기도 했지만 브로드가의 펌프에 대한 존 스노의 의혹은 점점 커졌다. 이 의혹은 그가 펌프에서 가까운 곳에 사는 사람들과 대화를 나눌수록 더욱 굳어졌다.

나는 중태에 빠진 이들의 대부분이 펌프 근처에 사는 사람들이라는 사실을 발견했다. 다른 펌프 가까이에 사는 구역에는 사망자가 10명에 지나지 않았다. 그중 다섯 명은 인근 펌프의 물보다 브로드가의 물을 더 좋아해서 항상 그곳에서 물을 길어 왔다고 고인의 가족들이 귀띔했다. 또 다른 사망자 세 명은 브로드가 펌프 근처에 있는 학교에 다닌 아이들이었다. 두 아이는 집 근처의 펌프에서 나온 물을 마신 것으로 알려졌는데, 세 번째 아이의 부모는 아이가 브로드가 펌프의 물을 마신 것이 아닐까 의심했다.[11]

스노는 그 지역에서 콜레라로 사망한 사람을 까만 막대기로 표시하는 지도를 만들었다. '유령 지도'라고도 불린 이 죽음의 지도는 의학사에서 가장 중요한 문서 중 하나다. 브로드가의 펌프에서 걸어갈 수 있는 구역의 집들은 대부분 까만 막대기로 가득 찼다. 콜레라 병원균이 물을 통해 퍼진다는 것을 점점 확신해가던 스노는 지도상의 몇몇 하얀 부분들을 보고 더욱 자신감을 얻게 되었다. 런던의 폴란드가에는 500여 명의 가난한 사람들이 모여 사는 빈민 구제소가 있었는데, 그곳의 콜레라 환자는 몇 명밖에 되지 않은 데 비해 그 주변의 중산층에 가까운 이웃들은 큰 피해를 보았다. 그 이유는 곧 밝혀졌다. 빈민 구제소에는 자체 우물이 있었다.

더욱 놀라운 것은 라이언 양조장에는 콜레라를 상징하는 막대기가 하나도 표시되지 않았다는 사실이다. 그곳은 펌프에서 불과 30미터밖에 떨어지지 않았는데도 80여 명 노동자 중 단 한 명도 콜레라에 걸리지 않았다. 대부분의 삶을 엄격한 금주자로 살아왔던 스노조차도 자신의 타협 없는 금주 습관에 대해 회의를 느낄 만큼 충격적인 결과였다. 스노가 양 조장 주인에게서 들은 바로는 그곳의 노동자들은 모두 전혀 물을 마시지 않았다. 이들은 목이 마르면 맥주보다 더 강한 맥아주를 마셨다. 또 어디 서 물을 끌어오건 상관없이 술을 제조하는 과정에서 비브리오와 같은 미 생물은 모조리 멸균되었던 것이다.

스노가 소호 지역을 연구하면서 다다른 사실상의 결정적 순간, 혹은 의사로서의 최고 절정기는 아마도 소호의 임대주택 사이에 있는 한 사업 체를 방문했을 때일 것이다. 그곳은 엘리 형제가 돌아가신 아버지로부터 물려받은 공장이었다.

그들 주변에 퍼진 전염병과 관계없이 엘리 형제는 번성기를 맞이하고 있었다. 이들은 기폭 장치와 탄약통을 만드는 사업을 하고 있었는데 이 는 크림전쟁에 돌입한 영국에서 새로운 번영을 약속하는 사업이었다. 엘 리 형제는 사업가로서 자신감이 넘쳤지만 스노는 이들과 개인적인 대화 를 나누면서 그들이 얼마나 비탄에 잠겨 있는가를 금방 알아차렸다. 회 사 노동자 중 18명이 며칠 만에 죽어버린 것이 이들 형제를 그토록 비통 하게 하지는 않았을 것이다. 싼 노동력을 구하는 것은 문제가 되지 않았 고 이들의 손익계산서에는 단시간의 노동자 손실이 반영되지 않았다.

엘리 형제를 고통스럽게 만든 것은 완전히 다른 상실이었다. 9월 1일 금요일, 소호에서 콜레라 환자와 사망자 수가 폭발한 그날에 형제의 사 랑하는 어머니 수재나 엘리도 그 끔찍한 질병에 걸려 누운 것이다. 겨우 하루 만에 엘리가의 여주인은 소화기관의 격렬한 경련과 표현할 수 없는 끔찍한 증상들을 보인 끝에 주님의 부르심을 받았다. 그 상황을 전하는 탄약 생산업자들의 목소리는 비통함에 빠져 거의 들릴 듯 말 듯 했다.

그 후 스노는 아마 이미 일상화되었을 애도의 말을 전하고 주님의 축복을 받으신 어머님이 혹시 회사 구내에 살았는지 질문을 던졌다. 그리고 대답을 들은 후 그의 심장은 격렬하게 뛰었다. "아니요. 저희 어머니는 공기가 나쁜 런던을 벗어나 고즈넉한 교외 지역인 헴프스테드에서 지내셨답니다." 그즈음 스노는 이미 헴프스테드에는 콜레라 환자가 나오지 않았음을 확인했고 그들의 어머니만이 유일한 희생자라는 사실을 알게 되었다. 괴로움 속에 잠긴 아들로부터 그는 또 다른 이야기를 들었다. 비극이 발생한 그 주말에 이미 병에 걸려 있던 그들의 어머니가 이즐링턴에 사는 조카딸의 병문안을 받았다는 것이다. 조카딸은 병문안 후 집으로 돌아간 지 몇 시간 후에 같은 병에 걸려 사망했다. 이즐링턴에서 유일한 콜레라 사망 환자였다.

그 우울한 대화에서 얻은 중요한 정보는 스노에게 감전된 듯한 충격을 안겨주었다. 어머니 수재나 엘리는 헴프스테드의 물보다 브로드가에서 가져온 물을 훨씬 더 좋아했다. 그리하여 소호에서 정기적으로 물을 한두 병 받아오도록 했다. 분명 무더웠던 그 여름날에 병문안 온 조카에게도 시원한 소호의 물 몇 잔을 권했을 것이다.

스노는 이것이 5년 전에 런던 의학 잡지가 그에게 공식적으로 요청했던 결정적 실험에 맞아떨어진다는 사실을 즉시 깨달았다. 브로드가 펌프의 물이 '멀리 떨어진 곳까지 전달'되었고 질병으로부터 자유로웠던 그곳 사람들에게도 똑같이 치명적인 영향을 미친 것이다.

원래 장기설의 지지자였던 그 지역 교구의 헨리 화이트헤드 신부에게 문의한 결과 구내의 첫 번째 운반책이자 오염의 정확한 메커니즘인 0번 환자의 신원 확인이 이루어졌다. 콜레라로 사망한 세라 루이스의 불행한 어린 딸은 아마도 다른 곳에서 가져왔을지도 모르는 비브리오가 함유된 물을 마셨고 그녀의 엄마는 자신도 모르는 사이에 콜레라균을 퍼트린 것이었다. 당국은 세라 루이스의 집 앞에 있는 정화조를 검사한 결과 지하벽에 균열이 나 있었다는 사실과 그로 인해 정화조의 내용물이 채 1미터도 안 되는 거리의 우물로 쉽게 흘러들어 갔다는 것을 밝혀냈다.

획기적인 과학적 발견에서 드물지 않은 일이지만 새롭게 발견한 이 같은 놀라운 이론이 기존의 이론이나 전통적인 행동 양식을 즉각적으로 반박하지는 않는다. 즉 콜레라가 나쁜 공기나 사람 간 전염을 통해 번지는 것이 아니라는 증거를 즉시 내놓지는 않은 것이다. 하지만 적어도 존 스노의 다소 무미건조한 주장은 지역의 의사 결정권자들에게는 너무나 설득력 있게 다가왔고, 살짝 미심쩍은 반응 속에서도 9월 8일 브로드가의 펌프 손잡이가 제거되었다. 비록 1990년대에 만든 복제품이긴 하지만 그 펌프는 지금도 여전히 바로 그 자리에 놓여 있다. 이제는 브로드윅가로 이름이 바뀐 거리에 놓여 있는 손잡이 없는 펌프는 의사에게 때로 요구되는 탐정의 감지력과 역학 조사에 대한 첫 번째 기념물로 남아서 그 영광을 누리고 있다. 그리고 마지막으로 길모퉁이에 그의 이름이 붙여진 술집처럼 존 스노를 기념하는 유산이 있으니 바로 그의 유물이 전시된 조그마한 존 스노 박물관이다. 이곳에서 에일 맥주를 마시는 것은 알려지지 않은 콜레라라는 질병을 치료하는 첫걸음을 내딛었던 스노와 당시의 의료진들에게 경의를 표하는 것과도 같다(항생제를 사용하여 동물성 미생물을 제거하는 방식이 있기 전이었다).

전염병에 직면한 의료진과 사회의 광범위한 무력감은 그 원인을 오랫동안 밝히지 못했다는 것뿐 아니라 정말로 유용한 치료법이 없다는 사실에서 비롯되었다. 스노의 동료는 수년 전에 이 비극의 진행 방식을 정확하게 예견했다. 콜레라로 인한 급격한 신체 능력 감소와 사망은 체액의 엄청난 손실로 인한 것이라는 관점이었다. 신체는 '탈수 상태'에 이르고 주요 장기는 말라붙으며 혈액은 끈적거리면서 순환이 제대로 되지 않는다. 여기서 취할 수 있는 최선의 방식은 대량 수화 水和다. 콜레라 첫 번째 유행기에 스코틀랜드 의사 토머스 라타는 콜레라 환자들의 정맥에 식염수를 주사했는데 비록 그가 필요한 액체의 양을 과소평가했을지라도 이 방식은 오늘날의 주입식 치료와 견줄 만하다. 라타는 1832년 의학 잡지 〈랜싯Lancet〉에 이 접근법에 대한 첫 임상 경험을 실었는데 이 출판물은 곧 잊혔다. 라타는 제멜바이스처럼 기나긴 투쟁을 견뎌낼 시간을 갖지 못했다. 그는 이듬해에 19세기의 또 다른 전염병인 결핵에 걸려 아마도 36세의 나이로 사망하고 말았다.[12]

존 스노 또한 장수를 누리지 못했다. 1858년 6월 10일, 그는 치료 활동 중에 뇌졸중으로 쓰러졌고 엿새 후 겨우 45세의 나이로 세상을 떠났다. 마치 자연이 그를 특별하게 호위하는 것처럼 보였다. 그 당시 런던은 '엄청난 악취'에 시달렸다. 템스강은 너무 더러웠고 섭씨 48도라는 이례적인 폭염 속에서 견디기 힘든 악취가 대영제국의 수도 전역에 퍼졌다. 정치권은 마침내 항복해야만 했다.

의회는 악취의 힘에 떠밀려 이 거대한 런던의 골칫거리에 관한 법률을 제정할 수밖에 없었다. 더위로 인한 악취는 입법자들을 강이 내려다보이는 건물에서 걸어 나오도록 만들었다. 몇몇 국회의원은 좀 더 깊이 있는 조사를 위해 도서관에 갔다가 손수건을 코에 틀어막고 다시 뒷걸음질 칠 수밖에 없었다.[13]

이듬해부터 전체 2,000킬로미터에 가까운 하수구 공사가 런던 전역에 시작되었고, 이 하수관은 지금도 사용되고 있다.

오늘날 우리는 덥수룩한 구레나룻과 무릎까지 오는 프록코트 그리고 뾰족하게 솟은 모자를 쓴 의사와 과학자, 발명가가 활보하던 존 스노의 세상에서 까마득하게 멀어진 것 같다. 하지만 현재 모든 대륙의 대다수 사람이 도시에서 살고 있다. 이런 현대의 도시 생활은 1854년을 기점으로 실험대에 섰는데 다행히 한 의학 탐정과 그와 비슷한 생각을 하는 선구자들 덕분에 도시는 실험에 통과했다. 이는 유령 지도에 대한 책을 쓴 작가라면 인정할 수밖에 부분이다.

우리가 살아가는 도시 행성에서의 삶은 스노와 화이트헤드 같은 이들로 인해 가능해진 것이다. 빅토리아 시대의 런던 시민들이 거대한 종양처럼 뻗어가는 대도시의 오랜 생존을 의심하지 않았듯이, 오늘날의 우리도 수천 수백만의 사람들이 살아가는 내도시가 지속해서 살아남을 것을 의심하지 않는다. 오히려 불굴의 성장을 거듭하는 대도시가 이 지구 위에 사람들이 오랫동안 생존할 수 있도록 하는 결정적인 기반일 수 있다. 이 같은 시각의 반전은 '브로드가발 전염병'에 의해서 촉발된 미생물과의 변화된 관계와 많은 관련이 있다. 브로드 가는 합리적인 인간이 우리 삶의 상태를 변화시킬 수 있고 도시도 언제가는 질병의 위대한 정복자가 될 수 있다는 것을 역사상 처음으로 증명해 보인 표식이다.[14]

9장

세계를 뒤바꾼 책

찰스 다윈, 유려한 글솜씨로 인류 진화설에 날개를 달다

"최고의 시절이자 최악의 시절, 지혜의 시대이자 어리석음의 시대였다."
찰스 디킨스는 1859년에 출간한 소설《두 도시 이야기》를 이 유명한 문
장으로 시작했다. 이 소설은 프랑스 혁명기의 사랑과 용기, 희생에 관한
이야기이다. 인류 역사상 많은 시간이 좋은 시대와 나쁜 시대의 결합으
로 점철되어 있다. 심지어 암흑의 시대에도 최고의 무엇인가를 인간성
에 구현한 사람들이 등장했다. 19세기 후반은 유럽과 미국인들에게 상
대적으로 좋은 시절에 속하는 때였다. 이 책에서 주로 다루고 있는 의학
계와 과학계에 획기적인 발전이 이루어진 시대였기 때문이다. 19세기
이후에 찾아온 20세기가 가져다준 것을 비교해보면 이 사실은 더욱 확
실해진다.

지금까지 인쇄된 가장 중요한 과학서인 이 책은 인류의 지혜 혹은 지
식의 습득에 크게 기여했다고 할 수 있다. 이 책은 디킨스의 혁명적인 소
설과 거의 비슷한 시기에 출판되었는데 거의 불가능에 가까운 반응을 얻
었다. 1,250부의 초판이 1859년 11월 24일 출판 당일에 품절된 것이다.
런던의 출판업자 존 머리는 즉시 이 책을 재인쇄했다. 두 번째로 찍은

3,000부도 며칠 안에 매진되었다. 19세기에 가장 널리 읽힌 과학 출판물이자 《자연선택의 방법에 의한 종의 기원, 또는 생존 경쟁에서 유리한 종족의 보존에 대하여》라는 다소 어려운 제목을 가진 이 책은 책을 인쇄하고 있는 동안에도 여전히 빠르게 팔리고 있었다. 이 책은 인간을 포함한 생물의 기원과 발전, 지구상 생명의 다양성에 대한 원인을 모색한 것이었다. 저자는 약 20년 동안 연구해온 여러 생각들을 이 책에 간략하게 서술했다. 그의 이름은 찰스 다윈 Charles Darwin 이다.

물질적인 조건을 걱정하지 않고 과학적 연구에 몰두할 수 있는 환경. 기나긴 산책을 통해 새로운 생각을 좇아가고 그것을 구체화하며 일상의 자잘한 문제에 시달리지 않아도 되는 삶. 다윈이 위대한 책, 수많은 책을 쓸 수 있었던 것은 분명 의심할 여지 없이 혜택받은 환경 덕이었다. 찰스 다윈은 1809년 2월 12일에 태어났다. 그는 세계사의 또 다른 위대한 인물인, 미국 대통령이자 노예 해방자인 에이브러햄 링컨 Abraham Lincoln 과 같은 날에 태어났다. 가난한 오두막에서 생의 첫날을 맞이한 링컨과 달리 다윈은 운 좋게도 더 마운트 The Mount 라고 불리던 귀족의 영지에서 처음으로 눈을 떴다.

다윈 가문의 번영은 의료 활동에서 비롯되었다. 다윈 가족은 18세기 후반부터 시작된 의료 활동이 영국과 같은 진보적 사회의 번영을 어떻게 성공적으로 이끌었는지를 보여주는 좋은 예다. 그 이전에는 의사나 치료사 중에서 고소득자가 거의 없었다. 찰스 다윈의 할아버지인 이래즈머스 다윈 Erasmus Darwin 박사는 18세기 영국의 위대한 의료인 중 한 사람이라고 할 수 있다. 그의 아들이자 찰스 다윈의 아버지인 로버트 웨어링 다윈 Robert

Waring Darwin 역시 슈루즈베리에서 살면서 의료 활동을 했다. 그의 병원은 그 명성과 환자 수 그리고 소득 면에서 런던 이외의 지역에서 가장 큰 규모를 자랑했다. 이들의 저택이었던 더 마운트는 오늘날 지방 관청이 그곳에 자리 잡아 당시의 번영을 보여주고 있다.

존경받는 아버지의 그늘 아래서 자신의 능력을 증명하고 독립해야 한다는 강박관념은 어린 찰스 다윈을 심적 갈등에 시달리게 했다. 또 그를 평생 괴롭히던 압도적으로 정신적인 영역에 속했던 다양한 질환에 영향을 주었을 수 있다. 물론 찰스 다윈은 다양한 육체적 질병에도 불구하고 일생의 업적을 이루었다. 게다가 그가 종종 호소했던 다양한 증상을 돌이켜보면 명확하게 진단을 내리기가 어려운 부분이 많다. 두근거림과 두통, 현기증, 떨림, 흐릿한 시력, 구토증 등 그가 '매우 불편하다'고 느낀 여러 가지 증상을 다윈은 세심하게 관찰하여 일기장에 꼼꼼하게 기록했다. 불만들은 다층적이었고 이에 대한 그의 관찰과 설명은 매우 꼼꼼했다. 어쩌면 다윈은 상당히 심각한 건강염려증을 가지고 있었을지도 모른다.

직업을 선택하는 문제에 있어서 아버지가 찰스 다윈에게 상당한 압력을 가한 것은 분명하다. 그의 아버지가 아들에게 원하는 것은 단 한 가지였다. 다윈은 수년 후 자신의 아버지가 아들이 성공적인 의사가 되기를 원했으며 환자를 잘 치료하지는 못하더라도 잘 돌볼 수 있는 의사가 되기를 바랐다고 회고했다. 순종적인 아들이었던 다윈은 1825년에 에든버러 대학의 의과대학에 입학했는데 이곳은 당시 의학계에서 최고의 교육기관 중 하나였다. 때는 버크와 헤어가 잠시 이 대학의 명성을 손상시키기 직전이었다.

그런데 의학 공부는 다윈에게 영감을 주지 못했다. 수업은 지루했다. 게다가 마취제가 발명되기 20년 전이었던 당시 두 차례 수술 실습에 참여한 후 다윈은 심각한 충격을 받았다. 강의가 끝나기도 전에 그는 교실을 떠났다. 그는 외과 의사라는 직업이 야만적이라고 생각했고 대학 2학년으로 올라가면서 점점 동물학과 지질학 강의를 자주 들었다. 이 과목들은 의대의 물리 실습(일종의 임상 조사 과정)이나 산파학 강좌보다는 이후 다윈의 삶에 더 쓸모 있게 활용되었다.

그 후 다윈은 케임브리지에서 신학 공부를 시작했지만 이 또한 마치지 못했다. 몇 년 후 다윈 자신은 이것이 일종의 '재미 삼아' 한 탈선이었다고 고백했으며 별생각 없이 성공회 신부가 되고자 했던 결심은 "자연주의자였던 내가 케임브리지를 떠나 자연학자로서 비글호에 발을 디디는 순간 자연스럽게 사라지고 말았다."라고 술회했다.[1] 그의 저작들, 그중에서도 《종의 기원》은 대부분의 성직자들이 그에게 등을 돌리도록 만들었다. 오늘날조차도 독실한 기독교 종파에서는 다윈이라는 이름을 그릇된 길이자 성경에서 밝힌 생명의 기원을 왜곡하는 용서할 수 없는 일탈의 상징으로 받아들여진다.

다윈은 케임브리지에서 식물학과 지질학을 공부했고 필수 과목이었던 라틴어와 그리스어도 이수했다. 그는 열렬한 수집가였고 다양한 종의 딱정벌레를 채집하기도 했다. 1831년 봄에 그는 학사 학위를 받고 졸업했다. 22세가 된 다윈은 정착하기 전 세상을 여행하고자 하는 꿈을 가지고 있었는데 그즈음 미래의 삶을 결정지을 하나의 제안을 받았다. 남아메리카의 해안선 지도를 그리기 위한 범선 비글호 출항에 함께하자는 제의가 들어온 것이다. 전 세계를 항해하던 왕립 해군은 특히 지도 자료를 만드는 데 관심이 많았다. 당시 26세였던 비글호의 선장 로버트 피츠로이Robert FitzRoy는 선상에서의 외로움을 달래기 위해 상류층의 신사 동반자를 찾고 있었다(선원들은 적절한 대화 상대자로 여겨지지 않았던 시대였다).[2]

피츠로이가 이러한 결정을 한 데는 나름의 이유가 있었다. 비글호의 전임 선장은 파타고니아 해안 근처에서 권총으로 자살했고 피츠로이의 삼촌도 끝없는 바다 여행에 지쳐 자신의 목을 그어 자살했다. 피츠로이 또한 상당히 골치 아픈 성격의 소유자였지만 예의 바르고 사려 깊은 다윈은 긴 여행 기간 내내 대부분 그와 잘 어울렸다. 노예제도를 옹호하는 피츠로이와 이를 반대하는 다윈은 그 견해 차이로 인해 뜨거운 논쟁을 벌이기도 했다. 다만 시끄러운 불협화음 이후에도 이들은 여전히 사이좋게 지냈다. 극단적인 상황에서 자신의 정신 건강을 걱정했던 피츠로이의 생각은 그의 말년을 보면 완전히 근거가 없는 것은 아니었다. 그는 이후 뉴질랜드 주지사 자리에 올랐고 아직 초기 단계였던 기상학 분야에서 활발한 활동을 보였다. 하지만 당시 기상예보관들에게 쏟아졌던 비웃음은 오늘날과 비교할 수 없이 심했고 그는 큰 타격을 받았다. 피츠로이는 결국 1865년에 자살하고 말았다.

비글호를 타고 여행한 경험은 젊은 다윈에게 절대적인 영향을 미쳤다. 다윈은 자연학자로서 작은 배에 배정되었다. 그 여정은 1831년 12월부터 1836년 10월까지 거의 5년 동안 이어졌다. 그동안 다윈은 브라질의 정글과 아르헨티나의 대초원 지대, 남아메리카의 웅장한 해안 지역과 안데스산맥을 탐험했다. 그런데 호주와 모리셔스, 남아프리카를 거쳐 고향으로 돌아오는 긴 여정을 시작하기 전 이들 일행은 갈라파고스 제도에 정박했다. 그곳에서 다윈은 창조와 자연이라는 환경 속에서 다양한 특이 요소를 관찰했고 그 다양한 특이성에 대한 설명을 찾는 과정에서 곧 진화라는 용어로 불리게 되는 특징을 발견했다.

특히 그에게 강한 인상을 남긴 동물은 거대한 거북이었다. 그는 거북의 등껍질 무늬를 보고 이들이 각자 어떤 섬에서 왔는지를 식별하는 법을 섬 주민들로부터 배웠다. 제한된 지리학적 공간에서조차 여러 종들이 다른 방식으로 진화하는 것을 목격한 것이다. 믿을 수 없는 소식도 있다. 다윈이 갈라파고스섬에 머무는 동안 실제로 다윈을 목격한 존재가 몇 년 전까지만 해도 살아 있었다고 한다. 2006년 6월 호주의 한 동물원에서 세상을 떠난 해리엇이라는 거북이 바로 그 목격자였다.[3] 다윈에게 진정한 인생의 전환점이 된 경험은 특정한 조류의 무리에서 신체의 변화를 관찰한 일이었다.

> 특히 부리와 짧은 날개, 몸의 모양과 깃털의 구조에서 서로 관련성이 보이는 매우 특이한 핀치새의 무리가 있다. 이들은 13종이 있고 …… 모든 종들이 이 군도에서 특이한 형태로 발전해왔다.[4]

수십 년간 이루어진 과학적 연구의 결과물인 관찰과 기록 그리고 그림이 담긴 그의 저작물은 다윈 이후로는 자연에 대한 인간의 이해가 그 전과는 결코 같지 않을 것임을 증명하는 자료이기도 했다.

다윈은 열정과 체계를 가지고 자료를 수집했고 고향으로 돌아가기 전

지질학, 생물학, 고생물학적 견본을 중간 기착항에서 배에 실어 보냈다. 또한 나머지도 꼼꼼하게 제작한 상자에 담아서 비글호에 싣고 돌아왔다. 그가 영국으로 보낸 견본은 모두 합해 5,000개 이상이었다. 그는 특히 여행의 초기였던 1832년 9월 아르헨티나에서 처음 발견한 화석에 깊은 인상을 받았다. 그것은 두 마리의 거대한 나무늘보 화석이었는데 다윈의 시대나 오늘날 볼 수 있는 나무늘보보다는 몇 배나 더 컸다. 이 여행에서 발견한 여러 화석들은 생물의 여러 종이 생겨나기도 하지만 멸종되기도 한다는 명백한 증거가 되었다.

다윈 자신도 칠레의 발디비아 주변 지역이 1835년 2월 대규모의 지진에 의해 강타당했을 때 자연의 파괴력을 가까이에서 경험한 바 있다. 다윈의 관측에 따르면 어떤 지역에서는 지진이 해수면을 몇 미터나 상승시키기도 했다. 땅이 갈라진 지점에서 그는 바위에 묻힌 조개껍질의 잔해를 발견했다. 이와 같은 관찰을 통해서 지질학자들은 지구의 나이를 추정할 수 있었다. 우리 행성이 전통적인 자연사나 성경에서 이야기하는 것보다 훨씬 더 오래되었음을 깨달은 것이다. 그는 이 같은 새로운 발견을 존 헨슬로 전 식물학 교수와 같은 영국의 오랜 친구들에게 편지로 써서 보냈고 그 내용은 과학 잡지에 발표되어서 다윈이 집으로 돌아오기 전부터 연구계에서 확실한 명성을 떨치게 되었다.

발견의 행복은 심지어 일시적이나마 다윈의 육체적 질병을 잊도록 만들었다. 대초원 지역에서 사냥을 한 후 캠프파이어 앞에서 저녁 식사(하인들이 요리하고 내놓는 슈루즈베리에서의 식사가 아니라)를 준비하면서 그는 완벽한 자아도취에 빠져 다음과 같은 기록을 남겼다.

나는 진정한 카우보이가 될 것이다. 나의 단짝인 차를 마시고 시가를 피우며 깃털을 깔아놓은 침대처럼 편안하게 펼쳐진 하늘을 바라보며 누워 있다.[5]

비글호는 1836년 10월 2일 영국 최초의 해안 도시인 팰머스에 도착했고 다윈은 그곳에서 내려 마차를 타고 슈루즈베리의 집으로 갔다. 역사상 가장 길고 생산적인 탐험에 나섰던 자연학자 다윈은 그 후 다시는 영국 땅을 떠나지 않았다. 다윈은 고향에 오자마자 그가 관찰하고 수집한 동물을 중심으로 당시 유행하던 고전적인 여행 서사 스타일로 과학 논문과 보고서를 쓰기 시작했다. 《비글호 항해의 동물학》은 1838년에서 1843년 사이에 출판된 다섯 권의 책으로 화려한 삽화가 포함되어 있었다.

그런데 가져온 수집품들과 1,000페이지 이상의 노트를 분류하고 평가하는 작업 이외에도 다윈에게는 전념해야 할 또 다른 프로젝트가 있었다. 27세의 다윈이 이른바 결혼 적령기에 도달한 것이다. 체계적인 자연학자이자 분석가답게 다윈은 결혼의 장단점을 냉정하게 비교 검토했다. 결혼의 장점은 다음과 같다. "아이들(하나님이 허락하신다면), 나에게 관심을 보이고 사랑하며 삶을 함께할 배우자, 확실히 개보다는 낫다. 가정과 그 가정을 돌보는 누군가가 생기는 것. 음악과 여성과의 대화의 매력." 이 모든 장점들은 가장 큰 장점을 거론하는 데 이르러서는 최고조에 달했다. "이것들은 모두 건강에 이롭다." 반면 단점도 있었다. "원하는 곳이라면 어디든 갈 수 있는 자유의 박탈. 아이들에게 돈을 쓰고 염려해야 하는 일. 말싸움의 가능성. 시간이 없어서 저녁에 책 읽을 짬도 없는 것. 아내가 런던을 좋아하지 않을 수도 있다. 그러면 나태하고 게으른 바보가 되어 추방과 타락을 겪게 될 수도 있다."[6]

그는 장점을 택했고 자신의 가족과 친분이 두터웠던 가문을 중심으로 배우자 후보를 찾아냈다. 1839년 1월 29일 그보다 한 살 연상인 사촌 에마 웨지우드Emma Wedgwood와 스태퍼드셔의 작은 마을 마어에 있는 웨지우드가의 영지에서 결혼식을 치렀다. 그날을 기록한 다윈의 일기는 간단했고 과도한 낭만적 정서와는 거리가 멀었다. "나는 30세의 나이로 오늘 마어에서 결혼했고, 런던으로 돌아왔다."[7] 간단한 기록과는 달리 그의 결혼생활은 순조로웠고 이들은 10명의 자녀를 두었다.

에마는 다윈의 연구 작업을 충실히 지원해준 훌륭한 배우자였으며 그는 이에 대해 살면서 여러 번 감사의 표현을 한 바 있다. 부인이 런던을 좋아하지 않을 수도 있다는 그의 우려는 더 이상 의미가 없었다. 다른 연구자와 생각을 교환하고 클럽에서 사교 활동을 즐길 자연스러운 기회가 있다 할지라도 다윈 스스로 곧 대도시에 염증을 느꼈기 때문이다. 게다가 모든 관련 출판사와 언론사가 모여 있는 런던에서 그는 자신이 작성한 여행 보고서로 많은 인정을 받았는데 이후 위대한 작품인 《종의 기원》이 출간된 다음에 그는 이렇게 회고했다. "그 책의 성공은 다른 어떤 출판물보다도 나의 허영심을 자극한다."[8]

다윈 부부는 슬하에 태어난 여러 아이들과 누리는 평온한 시골 생활을 갈망했다. 1842년 9월 그들은 켄트주 다우네에 위치한 다운 하우스Down House로 이주했다. 그곳은 이미 오래전 성장하는 대도시에 삼켜졌고 오늘날에는 런던의 한 부분이 되었다. 33세가 되어 이주한 다운 하우스에서 다윈은 40년 후 세상을 떠날 때까지 연구 활동에 매진할 수 있었다. 물론 가끔씩 건강 문제와 진화론과 관련된 지질학 및 동물학 주제의 책 작업 때문에 연구 활동에 차질이 생기기도 했다. 특히 다윈이 자신의 연구를 대부분 완성했을 때, 연구자에게 일어날 수 있는 가장 큰 불행이 나타났다. 다른 과학자도 그와 똑같은 생각을 발전시킨 것이다.

아시아에서 활동하던 앨프리드 월리스Alfred Wallace는 같은 주제로 1855년에 〈새로운 종의 도입을 조절하는 법칙에 관하여〉라는 논문을 발표했다. 1858년 6월, 다윈은 월리스로부터 편지를 받았는데 그 편지를 읽고는 공포에 사로잡혔다. 월리스는 다윈에게 곧 출판될 자신의 논문을 평가해달라는 부탁을 한 것이다. 다윈은 인정할 수밖에 없었다. "아무리 두루뭉술하게 접근했다 할지라도 그것은 내 연구 작업의 독창성을 모조리 파괴할 것이다."[9] 이 상황에서, 단지 월리스보다 우선권을 주장하기 위해 자신의 생각을 서둘러 짧은 형식으로 출간하는 것은 다윈에게는 너무 비굴한 짓이었다. 친구들의 조언에 따라 다윈은 월리스도 동의한 방식을 찾았고 이는 진정 신사적인 합의 방식이었다. 두 연구 결과 모두 1858년 7월 1일에 열린 과학 회의에서 발표되었고 전문 학술지에 실렸다. 하지만 둘다 주목할 만한 대중적인 반응을 받지 못했다.

반면 그다음 해에 출간된 《종의 기원》은 폭발적인 반응을 얻었다. 현대 과학은 대체로 진화론을 긍정적으로 받아들였지만 다윈이 전파한 자연선택설이 더 큰 논란이 되었다. 그의 저작과 작가를 알리는 데는 대중토론이 매우 큰 역할을 했는데 가장 유명한 토론은 1860년 6월 30일 옥스퍼드의 영국 과학 진흥 협회에서 열렸다. 자연주의자인 토머스 헨리 헉슬리가 다윈을 옹호하는 입장을 맡았는데, 그와 다윈의 관점은 옥스퍼드의 주교였던 새뮤얼 윌버포스의 폭력적인 공격에 노출되었다. 목격자들의 보고에 따르면 그 논쟁에는 관중이 약 1,000명 참석했다. 당시 과학 회의에서는 들어본 적이 없는 엄청난 숫자였다. 주교는 교묘하게 상대방을 비웃는 방식으로 토론에 임하다가 결국 헉슬리에게 그의 할아버지가 원숭이에서 나왔다고 해도 상관하지 않느냐고 물었다고 한다. 이 질문은 다윈의《종의 기원》을 읽어본 적이 없는 사람들이나 반진화주의자들이 하는 전형적인 질문으로 자리 잡기도 했다. 헉슬리가 대답했다. "저의 입장도 주교님의 입장과 그리 다르지 않습니다." 그러면서 이렇게 덧붙였다. "하지만 그 질문이 저를 향한 것이라면, 선천적으로 고귀하게 태어났으며 뛰어난 영향력을 갖추고도 이러한 능력을 이용하여 중요한 논쟁을 웃음거리로 만들려는 단순한 목적으로 인간과 보잘것없는 원숭이 사이에서 할아버지를 선택해야 한다고 하신다면, 저는 주저함 없이 원숭이를 더 좋아한다고 단언하겠습니다." [10]

다윈은 생명의 발전과 인간의 기원에 관한 근대적 이해의 토대를 만들었지만 그렇다고 절대적인 진리를 주장하지는 않았다. "무지는 지식보다 더 확신을 갖게 한다. 아는 것도 별로 없는 사람들이 과학으로는 다양한 문제가 결코 해결되지 않을 것이라고 너무나 굳게 믿고 있다." [11]

1859년, 다윈의 저서와 비슷하게 자신의 관찰과 경험에서 결론을 도출해 이를 뒷받침할 구체적인(이 경우에는 현미경으로만 볼 수 있는) 증거가 포함된 저서를 집필 중인 또 다른 이가 있었다. 바로 이그나즈 제멜바이스다. 그러나 안타깝게도 그에게는 디킨스가 보여준 뛰어난 문장력이나 다윈이 지녔던 중립적 태도로 과학적 관찰 결과를 읽기 편하게 제시하는 능력이 없었다. 제멜바이스는 빈에서의 의사 생활을 접고 고향인 헝가리의 페스트로 돌아와 개업했다. 또한 부모가 돌아가신 후 재정 상태가 악화된 상황에서도 장크트로후스St. Rochus 병원 산부인과에서 무보수 의사로 6년간 일하기도 했다. 제멜바이스는 그다지 위생적으로 보이지 않는 오래된 병원에서 손 씻기 규칙을 엄격하게 도입했고 이는 엄청난 성공을 불러왔다. 그가 떠난 후 오랜 세월 지속되었던 방만함이 다시 살아난 빈 병원의 산모 사망률은 다시 10퍼센트에서 15퍼센트대로 치솟았다. 이와 대조적으로 장크트로후스에서는 933명이 출산을 했으나 산욕열로 사망한 경우는 단 0.8퍼센트에 지나지 않았다.

1856년 7월 제멜바이스는 페스트 대학의 산부인과 교수로 임명되었다. 또다시 그는 자신의 방식에 대한 저항을 극복해야만 했다. 거부하는 이도, 적대감을 보이는 이도 있었다. 명성이 있었음에도 그는 대학교수로서 첫 번째로 선택된 사람이 아니었다. 하지만 영향력이 컸던 〈빈 주간 의학Wiener Klinische Wochenschrift〉이 그를 지지하자 지역의 시샘 많은 의료인조차 그가 임명되는 것을 막을 수 없었다.

다행히 이번에는 제멜바이스가 수석의사였기 때문에 모두 그의 지시를 따라야 했다. 그리고 그 결과 그가 부임한 첫해에 514명의 산모 중 사망자는 단 두 명에 지나지 않았다. 산욕열로 인한 사망률이 0.39퍼센트에 불과한 것이다.

제멜바이스의 개인사도 긍정적인 방향으로 전환되어 그의 정신 건강에 보탬이 되었다. 1857년 6월, 그는 거의 39세가 다 되어 20세 마리아 바이덴후버^{Maria Weidenhuber}와 결혼했다. 마리아는 적대감과 오해에 직면하면서 더욱 거칠고 급해진 제멜바이스의 성격을 온순하게 만들었다. 하지만 제멜바이스 부부도 그 시대 많은 부모들이 겪어야 했던 비극에서 자유롭지는 못했다. 첫째 아들이 태어난 지 불과 이틀 만에 물뇌증으로 사망한 것이다. 당시는 외과적 뇌수술이 존재하지 않았던 시절이었다. 1860년에 태어난 딸도 겨우 4개월 만에 하늘나라로 갔다. 그 후 부부는 세 명의 아이를 더 낳았는데 이들은 모두 성인이 될 때까지 생존했다.

의사로서의 직업 활동과 가르치는 일 외에도 제멜바이스는 글을 쓸 자유 시간을 남겨두었는데 그에게는 이 시간이 무엇보다도 중요했다. 그는 이 책의 제목을 《산욕열의 원인, 개념, 예방》이라고 붙였다. 마침내 1861년에 이르러서야 출간된 이 책은 전문가들조차 읽기가 쉽지 않고 다소 투박한 언어로 쓰였다. 의학계의 독자들은 더욱 불편함을 느꼈을 것이다. 다윈의 《종의 기원》이 일반 독자의 눈높이에서 서술된 데 반해, 제멜바이스의 책은 갈수록 공격적이고 격앙되는 문체와 때로는 광기마저 느껴지는 문장들이 500페이지에 걸쳐 넘실거리고 있었다. 이 책의 많은 부분이 빈에서 그가 상대해야 했던 적들과의 분쟁에 대한 사연으로 채워졌기 때문이다.

나의 가르침은 그것이 시작된 학교에서 아직 잊히지 않았다. 그리고 미래에도 그 가르침이 잊히지 않도록 나는 이 책을 쓴다. 나의 가르침은 그것이 시작되었던 학교에서조차 비방을 받았지만 다른 모든 고귀한 가르침과 마찬가지로 바로 그곳에서 큰 효과를 거두었다. 이전에는 9.92퍼센트였던 이 학교의 사망률을 12년 동안 3.71퍼센트로 줄임으로써, 결과적으로 6.21퍼센트의 사망률 감소를 이루었다. 내 가르침으로 그 정도밖에 성과를 못 이룬 것은 나를 중상모략하던 이들 때문이다. 따라서 내가 가르침을 시작했던 학교에 남아 있는 적들에게 내가 할 수 있는 복수는 바로 사망률 감소다. 내가 성취한 사망 감소율이야말로 가장 확실한 반박인 것이다![12]

제멜바이스는 유명한 병리학자인 루돌프 피르호Rudolf Virchow와 같은 존경받는 명망가들과 충돌하는 것도 피하지 않았다. 피르호는 수많은 오류에도 불구하고 여전히 19세기의 위대한 의료인 중 하나로 여겨진다. 피르호는 산욕열의 원인이 혈전증의 전이나 겨울 날씨가 아닐까 의심했다. 하지만 피르호의 오류에 대한 비판 의식과 자신의 발견이 옳다는 확신으로 가득 찬 제멜바이스는 그를 무자비하게 비난했다.

그러나 피르호의 연구는 수많은 추측으로 인해 그 자체가 끔찍한 모양새를 취하고 있다. 병리학적 해부학자이면서도 너무나 열등한 관찰자였던 피르호는 산욕열로 사망에 이른 시신에서 어떤 흡수열의 증상도 인식하지 못했으므로 그런 말을 할 자격이 없다. 단지 쾌활하면서도 진지한 사람으로 자기를 드러내고 싶어서 농담하는 것이 아니라면 말이다. …… 겨울철에 전염병이 가장 많이 발생하는 것은 사실이지만 그것은 겨울의 기상 조건 때문이 아니라 겨울에 부패한 물질이 전파되기가 아주 쉬운 시기이기 때문이다. 산욕열의 발생이 기후 조건에 어떤 영향도 미치지 않는다는 증거를 이 책의 제2장 9쪽과 제14장 120쪽에서 볼 수 있다. 산욕열이 급성 발진과 동시에 발생하는 것은 당연하며, 광범위한 홍조와 크루프성 폐렴, 고름을 동반하는 염증이 동시다발적으로 나타나다 보니 최근에 출산한 산모를 치료하고 돌보는 의사와 조산사가 병든 산모를 같이 돌보는 일이 빈번하다. 위에 인용된 두 장의 내용으로도 피르호를 설득시키지 못한다면 교육부 장관에게 산부인과 수업을 금지해달라고 요청해야 할 것이다. 겨울의 기후 조건이 산욕열 유행의 원인이 아니라는 것을 증명하기 위해서 근래에 출산한 산모들이 건강하게 겨울을 난다는 것을 몇 해 동안 증명하려면 말이다.[13]

제멜바이스는 자신과 견해가 맞지 않는 이들과의 서신 왕래에서 무자비한 어조로 공격하기로 유명했다. 가장 유명한 편지는 1861년 뷔르츠부르크 산부인과 교수였던 프리드리히 빌헬름 슈칸조니에게 보낸 것이다.

만약 추밀원 나리께서 내 가르침에 제대로 된 반박도 없이 제자들에게 전염성 산욕열에 대해 계속 가르친다면 나는 당신을 하나님과 세상 앞에서 살인자로 선언하겠습니다. 또한 감히 내가 평생을 바친 가르침에 대항하는 첫 번째 사람이 되고자 한다면 산욕열의 역사에서 당신은 의학계의 네로라 불려도 할 말이 없을 것입니다.[14]

제멜바이스의 공격적인 태도가 피곤하게 여겨지는 사람도 있을 것이다. 하지만 그의 병인학 논문이 출간된 지 160년이 지난 오늘날 독자들은 그의 의학적 자아의 본질에 존경을 표하지 않을 수 없을 것이다. 그에게는 단지 환자의 건강만이 중요했다. 그 외에는 아무것도 없었다.

10장

적십자

앙리 뒤낭의 적십자 탄생

사업차 여행을 하던 한 여행자가 세상의 역사, 적어도 유럽의 역사가 쓰이던 현장에 도착했다. 하지만 며칠 전까지 유럽의 언론에서 떠들어대던 영광과 영웅적 행위의 모습은 그 어디에서도 찾아볼 수 없었다. 대신 그의 눈에 들어온 것은 비참함과 고통이었고 그 비참함은 몇 주 후 자신의 삶을 근본적으로 바꾼 여름날에 대한 회고록을 쓰려는 그의 펜을 멈추게 할 정도였다. 누가 그의 세상을 바꾸어놓았는가. 그는 여전히 공포의 충격 속에서 자신의 눈으로 목격한 것을 묘사했다.

> 그들은 필사적으로 의사들에게 애원하고 있었다. …… 마침내 강직증이 찾아오거나 죽음이 그 고통을 해방시킬 때까지 병사들은 경련으로 온몸을 뒤틀고 있었다. 침대에는 완전히 으깨진 한 병사가 누워 있었는데 찢어지고 부서진 턱 사이로 혀가 길게 튀어나와 있었다. 또 다른 불쌍한 병사의 얼굴은 군도에 맞아서 갈라져 있었다. …… 그의 머리에서 흘러나온 골수가 교회의 석재 타일을 적시고 있었다. 다른 불행한 동료 병사가 지나가는 길을 막고 있다며 그를 걷어찼다. 나는

고통에 울부짖는 그를 달래주려고 아직도 살짝 움직이는 불쌍한 그의 머리를 내 손수건으로 감쌌다.[1]

이 글의 저자는 젊은 스위스인 앙리 뒤낭^{Henry Dunant}이다. 그가 목격한 운명의 장소는 솔페리노(이탈리아 북부 지역 마을이며 통일전쟁 당시의 싸움터 — 옮긴이)였다. 이곳은 축복과도 같은 보통의 삶을 벗어난 상태를 의미하는 대명사가 되었다. 하지만 역사학자 위르겐 오스터함멜은 19세기를 집대성한 그의 저서에서 유럽이 얼마나 평화로웠는지를 강조한다.

1815년과 1853년 크림전쟁이 시작되기 전까지는 유럽에 어떤 전쟁도 없었다. 무엇보다도 크림전쟁과 독일통일전쟁은 당시 유럽을 벗어난 지역에서 발발한 전쟁이나 20세기 들어서 발생한 세계대전과 비교해볼 때 그 폭력성이 훨씬 덜했다. 1500년 이래로 유럽의 강대국들 사이에서 발생한 가장 큰 규모의 전쟁 10건 중에서 1815년과 1914년 사이에는 단 한 건의 전쟁도 포함되지 않는다. 1701년에서 1714년 사이에 발생한 스페인 왕위 계승 전쟁은 수많은 전장에서 120만 명의 목숨을 앗아간 것으로 알려져 있는데 이는 위의 전쟁과는 비교하기 어려운 규모이다. 또한 1792년과 1815년 사이 발생한 전쟁만 해도 250만 명이라는 압도적인 사상자를 발생시킨 것으로 추정된다. 전체적으로 볼 때 18세기 유럽의 전체 인구 대비 전쟁 사망자는 19세기보다 일곱 배나 더 많았다.[2]

1859년 솔페리노 전투로 절정에 달한 전쟁은 소규모 분쟁이라는 사실에 걸맞게 석 달도 안 되어 끝이 났다. 그렇다고 그것이 전쟁 관련자들의 고통을 경감시키지는 못했다. 전쟁의 비참함은 우연한 목격자인 앙리 뒤낭의 내면을 깊이 흔들어놓았다.

　1859년 6월 24일, 이 작은 마을에서 멀지 않은 목가적인 롬바르디아 평원에서 두 개의 거대한 군대가 충돌했다. 한쪽은 오스트리아의 세복을 입었고 아직 어린 황제 프란츠 요제프의 지휘를 받고 있었다. 다른 군대의 선두에는 황제 나폴레옹 3세가 있었는데, 그는 크림전쟁이 끝난 지 불과 3년 만에 프랑스의 명예와 영향력을 다시 얻으려는 야망에 불타고 있었다. 기독교의 성역을 보존하고 러시아 제국주의에 대항하는 바리케이드 역할을 하는 터키를 지키는 데 성공한 나폴레옹 3세는 이탈리아의 통일을 위한 사르디니아-피에몬테 왕국의 전쟁에 개입하게 되었는데 이를 역사학자들은 제2차 이탈리아통일전쟁이라고 부른다.

　솔페리노에서 과감한 추진력으로 빠른 결정을 내려야 하는 장수들은 찌는 듯한 유럽의 여름날에도 아무것도 느끼지 못했다. 위대한 의학사학자였던 한스 샤데발트가 묘사한 대로 "소위 참모 본부의 일반적인 전략도 없이 두 군대는 서로를 살육했다."[3] 겨우 10킬로미터 거리에 빽빽이 모인 병사 25만 명이 무더위 속에서 살육 전쟁을 벌였다. 오후에 잠깐 뇌우로 인해 전투가 중단됐을 때를 제외하고 이 싸움은 거의 15시간 동안 이어졌다. 저녁이 되자 오스트리아군은 패배한 채 퇴각했다. 4만 명의 사상자가 전쟁터에 쓰러져 있었다. 부상자들은 롬바르디아평원에 누워 밤하늘을 보며 고통에 찬 괴성을 질렀다. 물을 달라고, 아프지 않게 해달라고, 살려달라고 하염없이 소리를 질렀다. 프랑스 식민지였던 알제리에서의 사업 지원을 부탁하기 위해 프랑스 황제를 따라왔던 31세 뒤낭의 귀에도 비명 소리가 울려 퍼졌다. 솔페리노 전장에서 뒤낭은 투자나 판매, 수익보다 더 중요한 것이 있음을 깨달았다.

뒤낭은 1828년 5월 8일, 제네바의 부촌에서 부유한 상인의 아들로 태어났다. 그는 신앙심이 깊은 칼뱅주의 환경에서 자랐다. 어린 뒤낭은 어머니를 통해 성경을 기반으로 한 부흥 운동인 복음주의 협회를 접하게 되었고 이 운동은 그의 사상이 형성되는 데 큰 영향을 미쳤다. 뒤낭은 그와 그의 가족이 누리는 특권을 갖지 못한 사람들의 비참한 실상을 알게 되었다. 그는 지금은 엄청난 부촌으로 변모했지만 당시에도 존재하던 제네바의 빈민가를 거닐며 말했다. "수많은 비참함 앞에서 한 개인은 너무나 무력하며 이 고통을 없애기 위한 일에 조금이나마 도움이 되려면 인류 전체가 나서야만 한다."[4]

어린 뒤낭은 학교 공부를 썩 잘하는 편이 아니었으나 종교 과목에서만은 최고 성적을 받았다. 그는 칼뱅이 세운 제네바 대학을 다니다 중도에 학업을 그만두고 전형적인 스위스인으로서의 경력, 즉 은행가로서의 일을 시작했다. 자유 시간에 그는 감옥 수감자들을 돌보는 자원봉사를 하거나 스위스의 멋진 산들을 등산했는데 산악 지대의 아름다움에 경탄한 그는 몇 번이고 무릎을 꿇고 신에게 감사를 드렸다.

그는 주로 젊은 미혼 남성들을 대상으로 이들을 올바른 길로 인도하거나 돌보며 제네바 호수를 찾는 여행자들에게 필요하다면 숙소를 제공하기도 하는 협회를 설립했다. 그의 프로젝트는 기독교 연합회 Unions Chrétiennes

^{de Genève}라고 불렸으며 1852년 11월 30일에 공식적으로 시작되었다. 곧 다른 스위스 지역과 프랑스, 영국 그리고 미국에서도 제휴 단체가 생겨 났다. 독일에서는 이 단체를 기독교 청년회^{Christlicher Verein Junger Männer: CVJM}라 불렀는데 1855년 파리 만국박람회가 열릴 즈음 범세계적인 기독교 청년 회가 결성되었다. CVJM(영어명으로는 YMCA라고 불린다. ― 옮긴이)은 뒤낭의 첫 번째 자식과도 같으며 적십자보다 10년 이상 앞서 잉태되었다.

자선사업에 기부하는 돈이 엄청났으므로 그의 재산은 봄빛에 스위스 쥐라산맥의 눈이 녹아내리듯 빠르게 사라져갔다. 뒤낭은 돈을 벌어야 했 고 알제리에서 자신만의 엘도라도를 찾을 수 있을 것이라 생각했다. 당 시의 많은 유럽인들과 마찬가지로 그도 동양 세계에 매료되었다. 그의 사업가적 이상은 언제나 평화로운 믿음에 대한 열정과 짝을 이뤘다. "그 곳에서 나는 언제나 나를 기쁘게 맞이해준 이스마엘의 후손들에게 아랍 어로 된 성경들을 배포했다."[5] 어떻게 보면 사상이나 인식의 근간을 이 루는 것은 그 사람의 소망일지도 모른다. 오늘날 같으면 일부 이슬람 국 가에서 그는 선교 행위로 사형선고를 받았을 것이다.

뒤낭은 모든 식민지 시대의 무역상들과 마찬가지로 커다란 수익을 기 대하며 제분 사업에 투자했지만 식민주의는 그를 수심에 잠기게 만들었 다. 그는 유럽 신사들이 원주민을 대하는 태도에 거부감을 느꼈다.

> 유럽의 위대한 국가들이 이들을 수탈할 권리가 어디에 있는가. ······ 이들은 그저 자유롭게 자신의 나라에서 스스로 주인으로 살고자 할 뿐 아닌가! 자신들의 이익을 추구하고 부정을 덮기 위해 유럽인들은

현대 문명을 원주민들에게 제공한다고 주장한다. 하지만 사실 그들이 가져오는 것은 악과 부패, 그리고 이 사람들이 전에는 알지 못했던 온갖 부정일 뿐이다.[6]

알제리에서의 사업은 그에게 많은 골칫거리를 던져주었고 빚도 늘었다. 게다가 동양에서 목격한 노예제도의 참상은 그를 무척 심란하게 만들었다. 사실 노예제도는 가장 진보적인 산업국가 중 하나인 미국(남부)에서조차 완전히 합법적이었다. 그는 작가 해리엇 비처 스토 Harriet Beecher Stowe 를 만났는데 그녀는 뒤낭에게 자신의 베스트셀러 소설 《톰 아저씨의 오두막 Uncle Tom's Cabin》의 복사본을 주었다. 소설을 읽고 그 배경에 대해 생각하면서 뒤낭은 점점 분노를 느꼈다.

문명과 자유의 최전선에 있다고 자부하면서도 여전히 같은 하나님의 아들딸을 소처럼 사고파는 나라가 아닌가! 기독교 정신을 짓밟고 인류와 현대 문명의 가장 기본적인 원칙을 위반하는 자들에게 재앙이 닥치기를! 언젠가 끔찍한 천둥소리와 함께 노예제도가 붕괴되는 날이 올 때까지 이들은 깨닫지 못하고 미루기만 할 것인가?[7]

결국 노예제도는 미국 남북전쟁이란 벼락같은 충격으로 극복될 수밖에 없었는데 그 싹이 당시에도 조금씩 솟아오르고 있었던 셈이다.

알제리에서의 계획에 프랑스 당국이 그다지 협조적이지 않다는 것을 확인하고 나서 뒤낭은 자칭 프랑스 황제로부터 최대한의 지원을 구했다.

그는 어느 정도 기식적인 면모가 있는 나폴레옹 3세가 보기에도 낯간지러울 만큼 아부로 가득 찬 편지를 썼지만 정중히 거절당했고 그럼에도 불구하고 황제의 뒤를 따라 여행길에 나섰다. 이것이 평화로운 제네바를 떠나 뒤낭이 솔페리노의 전쟁터에 온 사연이라고 할 수 있다.

1859년 6월 24일 저녁, 뒤낭은 전쟁터에서 멀지 않은 곳에 있는 작은 마을 카스틸리오네 델레 스티비에르Castiglione delle Stiviere에 도착했다. 그러고는 곧바로 끔찍한 광경에 직면했다. 이 작은 마을은 부상자들로 넘쳐났고, 심각한 부상과 정신적 충격에 빠진 병사들은 살육전이 지나고 몇 시간이 흐른 후에도 아무런 의료의 손길을 받지 못하고 있었다.

> 노새의 등에 실린 부상자들은 노새가 걸음을 옮길 때마다 환부에 통증을 느끼고 비명을 질러댔다. 다리가 부러진 사람도 있는데 사지가 거의 몸에서 떨어져 나간 것처럼 덜렁거렸다. 부상병들을 실은 마차가 조금만 흔들려도 이들은 새로운 고통에 신음했다. 또 어떤 병사는 부러진 팔을 다치지 않은 손으로 잡고 보호하려 애썼다. 포탄이 터지면서 튄 막대기가 상병의 왼팔을 관통했다. 병사는 직접 그것을 몸에서 빼내어 혼자 힘으로 카스틸리오네로 걸어갈 수 있도록 지팡이로 사용하기도 했다. [8]

뒤낭은 자신의 걱정거리를 잊은 채 전쟁에 뛰어들었고 작은 마을 주민들과 함께 부상자들을 임시로 보살피고 상처에 붕대를 감고 물을 뿌리는 일을 도왔다. 작은 마을의 교회에서만 500명이 넘는 부상자들이 몰려들었다. 뒤낭은 자원봉사자들에게 원칙을 제시했다. 무엇보다도 카스틸리오네 사람들은 자기편 사람들, 즉 피에몬테 사람들이나 프랑스 연합군 병사들만 돌보고자 했다. 하지만 뒤낭은 부상자와 죽어가는 사람들을 차별하지 말고 똑같은 태도로 오스트리아 병사들도 돌보자며 사람들을 끊임없이 설득했다. 저녁이 되면 작은 마을에는 "우리 모두는 형제다!"라는 외침이 들렸다. 오늘날 카스틸리오네에 있는 적십자 기념비에도 똑같은 문구가 새겨진 것을 볼 수 있다. "모든 사람들은 형제다 — 적어도 총이 침묵을 지키는 몇 시간만이라도."

뒤낭은 카스틸리오네 여인들의 헌신적인 모습을 감탄하며 지켜보았다.

> 이들은 어떤 일에도 기진맥진하거나 낙담하지 않았다. 겸손한 헌신 속에서 피로를 호소하지도 누구도 미워하지 않았다. 이들에게는 어떤 희생도 결코 과하지 않았다.[9]

이 여인들은 크림전쟁에 관한 책에서 그가 읽고 동경해 마지않았던, 간호 조직을 설립한 플로렌스 나이팅게일을 떠올리게 했다. 결혼 생각이 전혀 없었던 뒤낭이지만 그 모든 전쟁의 아수라장 속에서도 이탈리아 여성들의 매력에 빠져들었다.

> 이 여인들 중에는 아름답고 귀여운 소녀들도 있었는데 이들의 친절과 아름다움, 동정심과 눈물로 가득 찬 눈동자 그리고 세심한 보살핌이 아픈 병사들이 다시 일어서는 데 큰 용기를 주었다는 것을 알

수 있었다.[10]

며칠이 지난 후 뒤낭은 좀 더 굳건한 방식으로 부상자들을 돌보기 시작했다. 제네바 대각성 운동의 친구들과 함께 구호물자 공급을 촉구하고 기부금을 모으는 위원회를 설립한 것이다. 몇 명 되지 않는 군의관을 지원하기 위해 제네바의 외과 의사들이 카스틸리오네로 투입되었다. 외과 의사들은 거의 24시간 내내 최악의 위생 조건하에서 대부분 마취 없이 수술을 했다. 응급 병원에는 가장 흔한 마취제였던 클로로폼이 너무 부족했다. 뒤낭은 전쟁터에서 가장 잦은 수술인 절단 수술을 진행하는 전쟁터 외과 의사의 소름 끼치는 매일의 일과를 외면하지 않고 묵묵히 지켜보았다.

> 그 외과 의사는 이제 코트를 벗고 셔츠 소매를 어깨까지 걷어 올리고 목까지 올라오는 넓은 수술용 앞치마를 둘렀다. 수술실 마루에 한쪽 무릎을 꿇은 채 손에 끔찍한 칼을 집어 든 군의관은 그 병사의 넓적다리를 한 팔로 싸쥔 후 단번에 한 바퀴 돌려 다리를 베었다. …… 그런 다음 몸을 일으켜 근육을 피부로부터 분리하기 시작했다. 피부에 붙은 살을 잘라버리고 커프스 소매 끝을 만드는 식으로 피부를 10센티미터가량 위로 젖혔다. 그러고 나서 뼈가 있는 데까지 근육을 힘껏 째 들어갔다. 열린 동맥에서 피가 분수처럼 솟아 나와 군의관의 옷과 손을 적시고 마루에 흘러내렸다.[11]

뒤낭은 나폴레옹의 부관을 설득하여 붙잡힌 오스트리아 군의관들을 석방시켰다. 그 일은 그 상황에서 충분히 환영받을 만한 사안이었고 부상자를 돌보는 일에 경계나 감정이 섞여서는 안 된다는 원칙의 상징이 되기도 했다. 뒤낭은 솔페리노에서 겪은 일을 통해 근본적인 사상을 키워나갔다. "전시에 부상자를 돌보는 일에 적합한 열성적이고 자기희생적인 자원봉사자들을 주축으로 한 자발적 자선 협회를 설립하는 것이 가능하지 않을까?"**12**

뒤낭은 훗날 전쟁에서 부상당한 사람들을 위한 활동가로 불리게 되었다. 처음에는 밀라노의 살롱에서 시작했지만 나중에는 여러 다른 도시를 돌았다. 그가 한 연설은 점점 드라마틱한 결과를 불러왔고 그의 이상은 점점 구체화되었다. 그중에는 널리 알려지고 존경받는 자선 단체의 상징을 만드는 것에 대한 생각도 포함되었다. "문장이나 현수막 같은 형태의 옷감, 한마디로 일종의 커다란 라바룸 Labarum◆을 비행장 옆 나무에 매달거나 박아놓는 것도 괜찮을 것 같다."**13**

뒤낭은 사람들의 반응을 감지했고 강연에서 만날 수 있는 청중보다 훨씬 더 많은 대중에게 자신의 뜻을 전달하기로 결심했다. 그는 전쟁 지역에서 겪은 자신의 경험을 《솔페리노의 회상》이라는 제목의 책으로 썼다. 그는 자신의 초고 원고를 가장 영향력이 있다고 생각되는 여러 유럽의 황제나 왕, 여왕에게 보냈다. 프로이센의 왕비 오거스타는 자신이 "너무나 감동을 받아서" 그 책을 남편의 침대 머리맡에 놓아두었다는 답장을

◆ 고대 로마 후기의 군기.

보냈다. 긍정적인 반응을 갈구해왔던 뒤낭은 흥분을 감출 수 없었다. "평범한 일반인이 쓴 소박한 이 책이 유럽의 왕실에서 이렇게 큰 성공을 거둔 것은 전에 없던 일이다."[14]

《솔페리노의 회상》[15]은 빠르게 인쇄를 거듭했고 평범한 한 개인이 쓴 책은 수많은 언어로 번역되었으며, 뒤낭은 촉망받는 베스트셀러 작가가 되었다. 1863년 2월에 뒤낭은 제네바에서 자신이 생각하고 있던 자선 단체 조직을 위한 기반으로서 5인 위원회를 설립했다. 이 그룹에는 뒤낭 외에도 스위스 장군이었던 기욤 앙리 뒤푸르, 변호사 귀스타브 모이니어, 외과 의사 테오도르 모누아르, 루이 아피아 등이 포함되었다. 76세의 나이에, 국제 부상자 구호 위원회로 이름을 바꾼 이 단체의 회장으로 선출된 뒤푸르는 "이 널리 알려진 상징을 배지나 유니폼 또는 완장으로 착용하는 사람들을 적대시하지 않기로 하는 데 동의하자."라고 제안했다.[16]

그럼에도 위원회 내부의 다툼과 질투는 피할 수 없는 부분이었다. 특히 뒤낭이 자신의 생각을 밀어붙이며 순회강연에 나서자 뒤푸르를 비롯한 좀 더 신중한 동료들의 의심은 더욱 커졌다. 하지만 뒤낭은 쇠뿔도 단김에 빼야 한다는 사실을 잘 알고 있었다. 실제로 뒤낭은 가장 높은 곳에서 열린 문을 발견했다. 가령 작센 왕이 그에 대한 변함없는 지지를 표명했다. "나는 내가 할 수 있는 것을 할 것이다. 인도주의 활동에 참여하지 않은 나라는 유럽의 여론에 의해 배척될 것이다."[17]

물론 어떤 정부도 그런 상황을 원치 않았으므로 1863년 10월 26일 제네바에서 16개국 대표단이 참석한 위원회가 열렸다. 이 정도 규모의 회의에서 당연한 일이기도 하지만 각 국가의 이해관계를 조정하는 일은 쉽지 않았다. 이 회의의 서기였던 뒤낭은 회의록에 다음과 같이 기록했다.

아피아 박사는 국제적 표식의 중요성을 주장하며 회의록의 첫 문장 다음에 "회의에서 왼쪽 팔에 흰색 완장을 찰 것을 제안했다."라는 내용 추가를 건의했다. 약간의 논의 끝에 아피아 박사의 제안을 바탕으로 빨간 십자가가 그려진 흰색 완장을 찬다는 수정안이 적용되어 통과되었다.[18]

오랜 시간 동안 원조 기구가 전쟁 시 중립적 지위를 부여받는 것이 옳은지에 대한 토론이 이어졌는데 뒤낭은 이를 지지하는 입장이었다. 반면 모이니어는 완강하게 반대했다. 프로이센 대표단은 뒤낭에게 지속적인 지지를 보냈으며 1세기 전인 1759년 프리드리히 대왕 치하에서도 프랑스와 함께 부상자와 이들을 돌보는 의료진들을 포로에서 제외하는 데 합의했다는 사실을 상기시켰다. 제네바의 대표단 대부분은 마침내 자원봉사단이 승인된 표식을 통해서 중립성을 얻는 것을 지지했다.

하지만 실제로 이 기구의 설립은 스위스 정부가 국제회의를 초청한 이듬해에 이루어졌다. 1864년 8월 8일부터 22일까지 제네바 시청에서 열린 회의는 국제적십자International Red Cross의 탄생을 의미한다. 언제 어디에서나 인정되는 것은 아니지만 오늘날에도 여전히 유효한 제네바 협약이 통과된 곳이기도 하다. 그런데 뒤낭은 회의에서 소외되었다. 이 단체는 스위스 연방의 공식 대표이자 창립자인 귀스타브 모이니어가 이끌었다.

영국은 이듬해까지 이 협정에 가입하지 않았다. 제네바 회담 당시 내전이 격렬했던 미국도 1882년까지 협정에 동의하지 않았다.

궁극적으로 적십자사의 설립은 뒤낭의 승리였다. 그는 몇 년 동안 자신의 성취를 즐겼고 유럽에서 큰 인기를 누렸다. 1866년 쾨니히그레츠에서 벌어진 전쟁에서 뒤낭의 이상을 실현하기 위해 애썼던 프로이센 왕실에서는 오스트리아와의 짧은 전쟁 후에 뒤낭을 승전 행렬에 초대했다. 여왕은 수많은 적십자 깃발 아래에서 뒤낭을 맞이했고 왕위 계승자(후일 '독일의 자유에 대한 희망'으로서 99일간의 짧은 통치를 허락받은 황제 프리드리히 3세)는 "뒤낭 씨와 나는 오랜 친구지요."와 같은 호들갑스러운 인사로 뒤낭의 허영심을 자극했다. [19]

**1840~1914
A GREAT
MEDICAL
EPOCH**

11장

남북전쟁

획기적인 의학적 진보를 가능케 한 최초의 현대전

얼어붙은 겨울밤이 깊어지자 자신이 세계문학 속에 기록될 줄은 꿈에도 몰랐던 한 여인이 은신처에서 나왔다. 그녀는 오하이오강이 단단히 얼었기를 바라며 조심스럽게 큰 강을 건너기 시작했다. 여인은 언제고 아기가 깨 울음을 터트릴까 봐 품에 안은 아기를 더욱 가슴 쪽으로 끌어당겼다. 그 길은 주인의 심부름을 위해 자주 드나든 길이었기 때문에 그녀에게 아주 익숙했다. 그날 밤 그녀가 등을 돌리고 달아난 켄터키 북부의 농장에서 그녀는 소나 쟁기와 같은 농기구와 하등 다를 바 없는 농장의 소유물일 뿐이었다. 며칠 전 한 노예 상인이 주인의 집에 나타나 여인과 그녀의 큰 아이들의 가격을 협상하기 시작했을 때, 그녀는 이미 자신이 가족에게서 떨어져 남쪽 끝자락의 오지에 언제든 팔려갈 수 있다는 사실을 깨달았다. 자유의 삶도 그만큼 멀어졌다.

다른 노예들이 수군거리는 말에 의하면 자유는 저 강을 가로질러 그 너머에 있었다. 오하이오주 리플리의 작은 마을 외곽에 있는 언덕 꼭대기에서 그녀는 저 멀리 등대처럼 더 나은 미래와도 같은 빛을 비추는 집을 보았다. 그 집은 몇 마일 떨어진 곳에서도 볼 수 있었고 그 소문은 인근 지역에 사는 노예들의 오두막으로 퍼져나갔다. 존 랭킨^{John Rankin} 박사는 슬하에 아홉 아들과 네 딸을 두었다. 랭킨은 리플리의 장로교회 목사였으며, 오하이오에서 가장 잘 알려진 노예제 반대자 중 한 명이자 노예제 폐지 운동의 선동자이기도 했다.

아기를 품에 안은 여인은 얇은 얼음 위를 미끄러지면서 우여곡절 끝에 아무에게도 들키지 않고 강둑에 무사히 다다랐다. 랭킨의 집은 자유의 관문이었다. 이들은 여인에게 음식과 따뜻한 의복을 주었다. 여인과 아이가 모두 회복되었을 때 랭킨 목사는 인맥을 동원해 이들이 안전하게 북쪽을 향한 여행을 계속하도록 주선했다. 이들은 그 여인의 이름조차도 몰랐다. "우리가 어떻게 알았겠는가." 랭킨 목사의 딸 라우리는 나중에 이렇게 썼다. "끝내 그 이름도 알 수 없었던 이 용감한 여인이 어느 날 이 나라의 심장을 건드리게 되리라는 것을 말이다."[1]

작가 해리엇 비처 스토는 자신의 소설 《톰 아저씨의 오두막》에서 이 여성의 이야기를 빌려 소설 속에 등장하는 노예 엘리자의 탈출 장면을 묘사했다. 이 책은 어떤 팸플릿이나 설교보다도 노예제도라는 끔찍한 제도적 모순을 대중에게 한층 현실적으로 보여주었다. 스토와의 만남은 미국에 존재하는 노예제도에 대한 젊은 스위스인 뒤낭의 분노를 더욱 부채질했다. 대서양 반대편에 있던 미국은 건국 문서이기도 한 1776년의 독립선언서에서 이미 자유에 대한 이상을 뚜렷이 새겼으며 1848~1849년의 실패한 혁명 이후 수많은 유럽인의 새로운 보금자리가 되었을 만큼 역동성이 넘치는 나라였다. 반면에 농업이 지배적이던 미국 남부에서는 노예제도가 농업 경제의 기초였고, 남부의 농장 대지주들은 점점 워싱턴

의회와 백악관에서의 영향력을 키우고 있었다. 한 가지는 분명했다. 진보의 시대가 도래했음에도 미국은 오랫동안 극복되었다고 믿어왔던 조직적인 비인간적 시대의 유물을 그대로 간직하고 있었다. 겉으로는 그토록 젊음이 넘쳐 보이지만 이 나라 또한 치유가 시급한 처지였던 것이다. 물론 그 과정에는 피의 강물이 넘실거리는 혁명이 기다리고 있었다.

스토의 책이 비인간적인 제도와 그것을 통해 이익을 취하는 이들을 비난하는 가장 유명한 수단이 되면서 언론뿐 아니라 대중 사이에서도 노예제도에 대한 저항이 커졌다. 노예제도에 반대하는 많은 인사가 행동에 나섰는데 그중에서도 랭킨은 수많은 글을 통해 '노예 폐지자'로서의 명성을 높였다. 그뿐 아니라 단순하지만 효과적인 수단으로 노예제도와 싸웠다. 박해를 피해 탈출한 노예들이 노예제도가 없는 미국 지역에서 새로운 삶을 시작하거나 빅토리아 여왕이 통치하고 있던 북쪽의 캐나다로 이주할 수 있도록 도움을 준 것이다. 여왕은 탈출한 노예들은 물론, 탈출 노예를 돕는 네트워크의 지도자였던 조사이아 핸슨도 받아들였다.

랭킨을 비롯한 여러 사람들은 지하 철도라고 불리는 시스템을 구축했는데, 이것은 간혹 자발적인 경우도 있긴 했으나 대체로 노예제도 반대자들이 촘촘하게 구축한 것으로 남부 지방에서 노예를 탈출시키는 것을 돕기 위한 조직이었다. 19세기 중반 철도의 눈부신 진보와 새로운 대중 교통수단에 대한 미국인들의 열정이 결합된 결과, 독일에서 뉘른베르크와 퓌르트 간 첫 철도 노선이 개설된 지 불과 5년 후인 1840년에 미국은 벌써 5,000킬로미터 이상의 철도를 건설했다. 이는 말 그대로 노예들의 살과 뼈를 깎은 결과였다. 지하 철도라는 용어와 더불어, 각 지역에서 노예 탈출을 돕는 조직의 일원에게는 차장이나 역장과 같은 명칭이 주어졌다. 열차라는 이름의 수많은 탈출자들은 엔진이라고 불린 자발적 조직원에 의해 역 혹은 대합실로 불린 목적지까지 인도되었다.

19세기 중반에 이르러 노예제도의 존재, 그리고 무엇보다 노예제도가 서부의 새로운 정착지에서 보금자리를 틀게 될 것인가에 대한 질문이 미국 정치 담론을 지배하는 주제가 되었다. 온 나라에 깊은 균열이 생겼고 심지어 장기간의 협상에서 이루어진 여러 가지 타협조차도 소용이 없는 경우가 많았다. 남쪽의 지배 계층은 미국의 인구 증가를 위협으로 받아들였다. 또한 서부의 새로운 정착지에 노예제도를 이식시키려 하던 이들의 노력은 워싱턴에서의 권력을 유지하고 경제·사회학적으로 살아남기 위한 수단이었다. 그 전까지는 이들에게 노예제를 반대하는 입법을 막을 힘이 있었다. 특히 5분의 3 타협안(1787년 필라델피아 회의에서 결정된 남부와 북부 주 사이의 타협안으로서 기재된 노예의 수 중에서 5분의 3만 과세와 하원 구성 비율의 인구수로 인정하자는 안이다. ─옮긴이)의 덕이 컸다.

비록 감소된 숫자이긴 하나 남부 지역의 흑인들에게 선거 투표권이 주어졌다. 하지만 노예들은 투표할 수 없었고 대신 이들의 주인인 백인이 흑인의 투표권을 가로채는 바람에 의회에서 불균형하게 영향력이 행사되었다. 백악관에서 1788년과 1848년 사이에 치러진 16번의 대통령 선거 중에서 12명의 대통령 후보가 남부 출신의 노예 소유주였다.

하지만 이 같은 근본적 특권이 서서히 위협받고 있었다. 노예제 폐지에 헌신하는 북부 폐지론자들의 목소리는 더 이상 피할 수 없는 추세였다. 또한 유럽으로부터의 대량 이민과 산업화의 증가로 인해 인구통계학적으로나 경제적으로 북부의 세력이 점점 강해지는 것을 남부는 지켜보아야 할 운명이었다. 서부와 남서부의 새로 생겨나는 주가 노예제도를 채택할 것인가 아닌가의 문제는 남부와 노예의 미래를 결정하는 일이었다. 이는 더는 논쟁이 아니라 무기를 동원해서 다투어야 할 문제이기도 했다.

캔자스 준주*에서는 대규모 내전이 일어나기 몇 년 전부터 소규모 내전이 벌어지고 있었다. 남부에서 온 정착민과 북부에서 온 정착민 사이의 싸움이 주된 원인이었다. 그중에서도 최악은 급진적인 폐지론자 존 브라운John Brown이 1856년 5월 포토와토미Pottowatomie에서 저지른 학살 사건이었다. 3년이 지난 뒤 브라운은 그의 아들들을 비롯하여 여러 동지와 함께 훔친 무기를 가지고 하퍼스 페리에 있는 미군 기지를 습격해 노예 반대 운동을 촉발했다. 하지만 희미하게 다가오는 분쟁 속 불타는 등불이었던 이들의 운동은 실패했다. 브라운은 교수형에 처해지고 북부의 순교자로 칭송받았다.

역사학자 위르겐 오스터함멜은 1850년대 미국의 역설적인 상황을 다음과 같이 묘사했다.

> 아래 두 가지 질문에 대한 답을 찾을 수 없었다. 노예제도를 기반으로 한 사회, 자유로운 임금노동을 기반으로 하는 자본주의 사회. 이 매우 상반된 두 사회가 어떻게 한 나라 안에서 공존할 수 있는가 하

◆ 영토의 지위는 주state의 형태로 합중국의 가입 조건을 충족시키기 전에 각 지역에 배정되었다.

는 문제와, 새로운 주가 어떻게 헌법적 균형을 무너뜨리지 않고 통합될 수 있을 것인가 하는 문제가 바로 그것이었다. 사실 1861년에 시작된 내전은 전혀 놀라운 일이 아니었다. 돌이켜 보면 1차 세계대전보다 훨씬 더 '불가피한' 전쟁인 것으로 보인다.[2]

노예제도 반대파들이 정치적 표현 수단으로 수립한 정당의 출현은 남부의 우려를 불러일으켰다. 바로 공화당이었다. 1856년 대통령 선거에 처음 공화당이 출마하고 이룬 성과는 노예제 옹호자들에게는 끔찍한 저주와도 같았다. 새롭게 등장한 정치 세력인 공화당을 대표한 후보자는 장교이자 탐험가였던 존 C. 프리몬트였다. 그는 11개 주에서 승리를 거두었으며(대부분 북부 지역인데 특히 뉴잉글랜드, 미시간, 위스콘신과 같은 먼 북부 지역) 미국 전역에서 33퍼센트의 득표율을 기록했다. 결국 미국 역사상 가장 적은 지지율을 획득한 대통령으로 꼽히는 제임스 뷰캐넌 민주당 의원이 대통령으로 당선됐다. 어떤 역사가들은 그를 미국 역사상 최악의 대통령이라고 평가하기도 하는데, 이 평가는 21세기 들어 재고되기 시작했다.

4년 후 드디어 때가 왔다. 민주당은 1860년 대선에서 북부민주당과 남부민주당에서 각각 두 명의 후보가 출마한 가운데 분열됐고, 제4당인 입헌통일당은 노예제도라는 현안 자체를 무시하는 전략을 취했다. 그들은 인디애나주나 테네시주, 켄터키주와 같은 남부와 북부의 경계 지역에서 많은 지지를 받았다. 하지만 북부에서 공화당은 지배적인 정치 세력으로 우뚝 서게 되었고 공화당 후보였던 에이브러햄 링컨은 일리노이주

스프링필드에 있는 자신의 집에서 방문자들을 맞이하는 것으로 제한적인 선거운동을 했다. 링컨은 누구에게도 위협이 되지 않는 발언을 해왔는데 실제로 노예 주인들조차 그를 위험한 인물로 보지 않았다. 만약 자신이 대통령으로 당선된다면 오랫동안 존재해왔던 노예제도에는 손을 대지 않을 것임을 분명히 선언했기 때문이었다. 하지만 남부의 정치인들에게는 그것만으로 충분하지 않았다.

출신과 사회적 배경을 떠나 적절한 실력만 갖추면 누구나 신분 상승을 할 수 있다는 민주주의 이상은 에이브러햄 링컨과 함께 실현되었다. 링컨은 서민 출신으로 1809년 2월 켄터키에 있는 통나무집에서 농부의 아들로 태어났다. 그는 지극히 기초적인 교육만 받았다. 키가 큰 청년 링컨은 뱃사공에서 우체국장에 이르기까지 다양한 직업에 종사하면서도 독학으로 정치와 역사에 대한 상당한 지식을 얻었고 옳고 그름에 대한 식견을 가질 수 있었다. 뉴올리언스로 향하는 바지선을 운행하는 동안 백인들의 재산이었던 노예들의 삶을 목격한 경험도 이를 뒷받침해주었다.

링컨은 마침내 변호사가 되었다. 서부에서 변호사가 되려면 대학 학위가 필요 없었고 다만 기성 법률 전문가 밑에서 견습 생활을 하며 가능한 많은 법률 문헌과 논평을 읽고 암기하는 것으로 충분했다. 당시에는 법원 재판에 출석하기 위해 말을 타고 일리노이주 전역을 몇 달간에 걸쳐 도는 관행이 있었는데 그동안 스프링필드에 사는 그의 아내와 네 아들과는 생이별을 해야 했고 이 일을 통해 링컨은 거의 상류층에 이를 만큼의 부를 축적했다. 링컨은 뛰어난 화술을 가지고 있었고 (오늘날 그의 우울증을 표현해주는 '멜랑콜리' 공격에 시달리지만 않는다면) 겉보기에는 쉴 새 없이 유머러스한 이야기를 전하는 인기 연예인에 가까웠다. 링컨은 이 당시 정치 경력을 일구는 데 도움이 되는 네트워크를 구축했다. 그리고 1846년에 워싱턴의 하원의원으로 선출되었다. 이는 그다지 중요하지 않은 짧은 정치적 막간이었고 2년 동안의 입법 활동을 마치고는 일리노이로 돌아와 지역 정치에 뛰어들었다.

1858년 여름에 상원의원이 되기 위한 선거운동 중 수천 명의 청중 앞에서 벌인 민주당 스티븐 더글러스와의 토론에서 뛰어난 토론 능력을 보여준 링컨은 이를 통해 일리노이주를 훌쩍 넘어 미국 전역에 그 이름을 알리게 되었다. 공화당이 그를 상원 후보로 지명했을 때 그가 한 연설은 이후 미국 북부 전역에 널리 울려 퍼졌다.

> 분열된 집은 멀쩡하게 서 있지 못합니다. 저는 우리 나라가 절반은 자유롭고 절반은 노예 상태로 계속 존재할 수 있다고 생각하지 않습니다. 저는 이 연방이 해체되기를 원하지 않습니다. 집이 무너지기를 바라지도 않습니다. 하지만 이 집의 분열이 그치기를 바라고 있습니다.[3]

링컨은 더글러스에게 졌지만 이후 유명 정치인이 되었다.

2년 후 공화당은 빠르게 성장하던 일리노이주 미시건 호수 근처 도시인 시카고에서 선거인단을 구성했는데 그곳 출신의 링컨에게 유리한 상황이었다. 반은 농담으로, 또 반은 자랑스럽게 스스로를 초원의 변호사라고 부르던 링컨은 이후 그의 정부에서 외무장관이 될 뉴욕 상원의원이자 유망한 상대 후보였던 윌리엄 수어드를 꺾고 1860년에 운명적인 선거의 대통령 후보로 선택되었다.

1860년 11월 6일에 치러진 선거일에 링컨은 하루의 대부분을 전신국에서 보냈다. 이 기술의 도움으로, 미국 전역의 선거 결과가 빠르게 전달되었고 선거 당일 늦은 저녁에는 최종 결과가 거의 명확해졌다(오히려 훨씬 더 진보한 통신 수단을 활용하는 20세기와 21세기에 더 많은 오류가 발생했다). 링컨은 선거인단 투표에서 180표를 얻어 123표를 얻은 다른 세 경쟁자보다 훨씬 많은 표를 얻었다. 그의 전체 득표율은 39.9퍼센트였는데 새로 선출된 대통령으로서는 매우 낮은 득표율 중 하나다. 그날 링컨은 집으로 돌아가면서 기자들에게 이런 농담을 던졌다. "자, 이제 여러분의 고민은 끝났겠지만 내 고민은 막 시작되었네요."[4]

그가 던진 말은 현실 문제를 절반도 담지 못했다. 1860년 12월 20일, 링컨의 선거 결과로 사우스캐롤라이나주가 미연방을 떠났다. 이후 링컨이 1861년 3월 4일에 취임할 때까지 여러 남부 주들이 이탈하는 상황이 이어졌다. 새 정부는 처음에는 나라가 와해되는 상황에 어떻게 대응해야 할지 몰랐다. 하지만 링컨은 자신의 정부가 무력을 사용하는 것을 금했다. 링컨의 이 결정은 남부에서 독자적인 헌법하에 대통령을 추대한 아메리카 연합국에서 무시당했는데 연합국의 대통령은 과거의 전쟁장관이자 노예 소유주였던 제퍼슨 데이비스Jefferson Davis였다. 1861년 4월 12일 사우스캐롤라이나주 찰스턴 항구 입구에서 섬터 요새를 점령한 연방군의 폭격으로 전투가 시작되었고, 이 전쟁은 정확히 4년 동안 계속되었다.

사실 북부연방도 남부연합도 이렇게 오랜 전쟁을 예상하지 못했다. 전투가 벌어진 후 양측은 전쟁이 오래 지속될 가능성은 낮다고 판단했다.

남부에서는 전쟁 기술과 진정한 남부 신사 정신을 갖춘 기사들이 '양키'들의 프롤레타리아 군대를 속전속결로 몰아낼 것이라고 자신했다. 북부에서는 인구나 물리적인 힘에서 모두 남부에 앞서 있으므로 '반란'의 장기적 저항은 불가능할 것이라고 예측했다. 북부의 철로는 훨씬 많이 발전되어 있었고 연방 해군이 남쪽 항구를 상당히 효과적으로 봉쇄할 수 있었다. 게다가 남부 전역을 통틀어 무기 공장이라고는 연합국의 수도 리치먼드에 있는 트레데가 철공소 단 한 곳뿐이었다. 링컨 대통령은 자원병들에게 90일 안에 반란을 진압하라고 촉구했다.

양측의 첫 만남은 유혈 충돌을 가능한 한 빠르고 최소한으로 마감하기 위한 것이었다. 1861년 7월 21일, 양측 군대는 수도 워싱턴에서 멀지 않은 머내서스 근교에서 충돌했다. 이를 '제1차 불런 전투'라고도 부른다. 그날은 일요일이었고 수도 상류층의 수많은 가족이 전투의 스릴을 목격하기 위해 이웃 버지니아까지 마차를 타고 갔다. 전투는 이들이 기대했던 것보다 훨씬 치열했다. 남부연합은 북부연방에 패배를 안겨주기는커녕 오히려 후퇴해야 했고 관중들은 혼비백산하여 워싱턴으로 겨우 돌아왔다. 481명의 북부인이 사망했고 1,011명이 부상당했다. 하지만 앞으로 다가올 전투에 비하면 미미한 전투였다.

내전을 위해 이제까지 어떤 분쟁에서도 경험하지 못한 대규모 동원령이 떨어졌다. 양측은 주로 젊은 남성을 차출해 군대를 구성했다. 합중국 연방에서는 약 220만 명의 군인을 차출했고 연합국에서는 75만 명에서 100만 명 미만의 병력이 싸웠다. 전쟁 막바지 패배에 직면한 연합국에서는 심지어 노예들에게 군복을 입히기 시작했는데 이는 남부인에게는 그야말로 노예 사회의 악몽 같은 모습이었다. 이런 점에서 미국 남북전쟁은 직업군인이 전장에서 싸웠고 참가국의 일상생활에 거의 영향을 미치지 않았던 크림반도의 전쟁보다 '현대적인 전쟁'에 가까웠다. 4년간의 전쟁 동안 거의 전 국민이 사랑하는 사람을 잃거나 가족이 장애인이 된 일을 겪었을 정도였다.

산업은 전쟁경세체제로 전환되었다. 북부 지역에서는 증가하는 합중국연방군의 요구가 미국이 경제 대국이 될 수 있는 토대를 마련하고 경제 부흥을 부추겼다. 반면 남부 지역에는 거의 모든 것이 부족했는데 미해군에 의한 항구 봉쇄로 연합군의 대외 무역이 마비되었기 때문이다. 제퍼슨 데이비스와 그의 행정부는 영국이 자신들의 편에 서서 전쟁에 뛰어들기를 희망했다. 영국의 섬유산업이 남부의 면화 없이는 불가능하다는 사실을 잘 알고 있었기 때문이다. 비록 영국 정부나 귀족층, 일부의 기업 엘리트가 남부의 '귀족적' 상류층에 동조하는 입장을 보이긴 했지만 면화왕King Cotton(남북전쟁 이전 몇 년 동안 미국 남부의 경제를 일컫는 표현 — 옮긴이)의 기세는 무력했다.

철도는 세상을 통째로 바꾸는 데 일조했다. 특히 북부의 광범위한 철도망을 통해 대규모의 부대를 짧은 시간에 장거리로 이동시키는 것이 가능했다. 또한 이 시기에 20세기에 주요 역할을 할 군사 기술이 여럿 등장했다. 돌이켜 보자면 장갑함과 잠수함이 등장한 것이 그중에서도 가장 눈에 띈다. 두 무기 모두 이 시기에 처음으로 사용되었는데 둘 다 어느 정도 기이한 요소가 있었다. 1862년 3월 9일 버지니아 해안의 햄프턴로즈에서 멀지 않은 곳에서 주 이름을 새긴 남부 연합군의 장갑함과 북부

해군의 장갑함인 모니터호가 몇 시간에 걸쳐 아주 짧은 거리에서 서로를 향해 대형 발사체를 발사했다. 하지만 서로 상대에게 중대한 손해를 입히지는 않은 채 철수했다. 이는 새로운 기술의 선구자들 사이의 고전적 합의에 의한 것이었다. 전쟁에서 잠수함을 처음 동원했을 때에도 양측에 수 명의 인명 피해가 발생할지언정 직접적인 선박의 피해는 없었다. 1864년 2월 17일 밤 크랭크를 손으로 돌려 작동시킨 잠수함 CSS 헌리 Hunley가 찰스턴항을 가로막고 있던 USS 후서토닉 Housatonic의 선체에 폭발물 공격을 가했고 북부연방의 배를 침몰시켰다. 그러나 헌리호도 침몰해 선원 여덟 명이 사망했고, 후서토닉호에서는 항해사 다섯 명이 사망했다.

내전 동안 치러진 육상 전투는 다른 형태의 전투와 비교할 수 없는 많은 사망자와 부상자를 발생시켰고, 이는 의료와 치료 체계에 전례 없는 어려움을 가져다주었다. 양측은 예상하지 못했던 요구 사항을 충족시키기 위해 노력했다. 전쟁 동안 북부연방에서는 1만 3,000명의 의사들이 야전병원이나 전쟁터 인근의 도시에 우후죽순으로 생겨난 대규모 병원에서 복무했다. 남부연합에는 약 4,000명의 의사가 있었는데 대부분 수술을 맡은 외과 의사였다. 이들은 대학 강의실에서 간단하게 훈련을 받은 후 군 병원에 투입되어 실습을 하는 것으로 배움을 이어나갔다. 많은 환자들이 그들에게 감사를 표했다.

내전 이후 무수히 꽃을 피웠던 괴담이나 전설 속 이야기와는 다르게 전쟁터의 의사들은 생각 없이 톱질이나 하는 냉담하고 무능한 도살자들이 아니었다. 오히려 자신이 가진 지식과 믿음으로 비참한 조건에 맞서서 최선을 다해 자신의 과업을 수행했고 종종 성공에 이르기도 했다. 크림전쟁과 마찬가지로 현대 방산 기술의 '혁신'은 부상자들을 치료해야 하는 의료진에게는 엄청난 도전의 의미이기도 했다. 프랑스인 클로드 에티엔 미니에가 개발한 원뿔형의 발사체가 그중 하나다. '미니볼'에 맞은 뼈는 대부분 으스러졌다. 복부를 관통한 총탄은 장을 파열시켰고 이는 사실상 병사들에겐 사형선고를 의미했다. 야전병원 내의 부상자 중 70퍼센트는 사지에 부상을 입은 이들이었다. 따라서 단순한 봉합술 외에는 절단술이야말로 가장 흔한 수술이었으며 이것이 전쟁터의 외과의들에게 '뼈를 자르는 톱'이라는 별명이 붙은 이유이기도 하다.

야전병원에서 찍은 사진 몇 장으로는 외과 의사의 노고를 그대로 전달하기에 부족하다. 대부분의 사진은 연출된 것이었다. 한 외과의는 몇 년 후에 술회했다.

> 우리는 피와 고름으로 얼룩진 낡은 가운을 입고, 제대로 소독하지 않은 용기에서 꺼낸 제대로 소독하지 않은 기구로 수술을 했다. 만약 스펀지가 땅에 떨어지면(스펀지라는 게 있기라도 하다면) 대야에 있는 물로 헹궈서 깨끗하다고 생각하며 사용했다.[5]

고위층의 부상은 전쟁 진행에 지대한 영향을 미치는 요인이었다. 버지니아에서 전투 중이던 남부연합군 사령관 조지프 존스턴 장군이 어깨에 총을 맞아 부상당했고, 절단 수술은 면했지만 더 이상 지휘권을 행사할 수 없었다. 이후에 로버트 E. 리Robert E. Lee가 그를 대신하여 지휘권을 맡았는데 그는 연방군의 우월한 병력에도 밀리지 않고 연합군에 여러 번 승리를 안겨주었으며 결과적으로 전쟁과 고통을 연장시키는 데 일조했다.

1863년 7월 1일부터 3일까지 사흘간 펜실베이니아주 게티즈버그에서 벌어진, 남북전쟁을 통틀어 가장 중요했던 전투에서는 그동안 장족의 발전을 이룬 의료 시스템과 완벽하게 제 기능을 하던 구급 체계조차도 감당하지 못할 만큼의 끔찍한 결과가 발생했다. 의료진은 1만 4,500명의 부상당한 연방군 병사와 1만 2,600명의 연합군 부상자(후퇴하면서 데리고 올 수 있었던 부상자 수가 그 정도였다)를 돌봐야 했다. 게다가 어느 정도의 예를 갖추어 치러줘야 할 장례식을 기다리는 사망자가 북쪽에는 3,100명 이상, 남쪽에는 4,700명 이상이나 되었다. 결국 링컨 정부에 의해 임명된, 부상자들을 돌보는 임무를 맡은 당국은 미국 위생 위원회를 설득하여 많은 양의 붕대와 음식을 실은 특수 열차를 빠르게 보내도록 했다. 또한 수많은 절단 수술 후에 당연히 부상자들에게 필수적이었을 1,200여 개의 목발도 싣고 오도록 했다. 게티즈버그 전투는 북부연방군의 승리로 끝났는데, 같은 날 미시시피강에 있는 남부연합군의 빅스버그 요새 또한 북부의 율리시스 S. 그랜트^{Ulysses S. Grant} 장군 휘하 군대에 의해 점령되었다. 이 소식이 북부에 도착하자 이날을 기념하여 1863년 7월 4일 오랫동안 누려보지 못한 공휴일이 제정되었다.

부상자를 돌보는 일이 남성들만의 일이었던 것은 아니다. 종종 전쟁터 바깥에 거대한 응급 병원이 생겨났고 이곳에서는 전장에서 살아남은 부상병을 돌봐야 할 많은 수의 간호 인력이 시급했다. 크림전쟁 동안 나이팅게일이 이룬 선구적인 업적은 미국에서도 상당한 성과를 거두었다. 비록 처음에는 청교도인들이 부상병 사이를 오가는 여성의 모습이 특히 부상 정도가 경미한 군인에게 참을 수 없는 육욕을 자극할 것이라 불평했지만 위기 상황에서 새롭게 부상한 간호사라는 직업은 곧 높은 명성을 누렸다. 북부군은 총 1만 8,000명의 유급 간호사(이 중 상당 정도의 의학적 교육을 받은 사람은 거의 없었다)를 고용했다. 기독교인으로서의 종교적 헌신과 애국적 의무감에서 전국 각지에서 몰려와 부상자를 돌본 자원봉사 간호사의 숫자는 더 많았을 것이다.

진보적이라고 여겨지는 나라에서조차도 여성 의사가 절대적인 예외이자 상상할 수 없는 존재였던 당시에 미국의 남북 내전에서 의사로 일하며 엄청난 명성을 누린 한 여성 외과의가 있었다. 1832년에 태어난 메리 에드워즈 워커Mary Edwards Walker 박사는 시러큐스 의과대학에서 의학을 공부했고 신시내티에서 의료 활동을 하려고 시도했으나 환자들을 비롯해 남성 동료들의 편견으로 인해 어려움을 겪었다. 전쟁이 발발하자 그녀는 군의관을 지원했지만 겨우 간호사로 일할 수 있도록 허락받았다.

1863년 9월, 마침내 군사 지도부는 워커를 미국 최초의 여성 군의관으로 임명했다. 일상에서도 남성복을 입고 생활하던 워커는 부상당한 남부 병사들을 돌보던 중 1864년 남부연합군에 붙잡혔다가 포로 교환의 일환으로 곧 석방되었다. 워커는 전쟁 후에 여성 참정권 운동가로 활약했지만 특유의 호전성 때문에 남성들은 물론이고 심지어 생각이 같은 대다수 여성 운동가들조차 그녀에게 거리를 두었다. 워커의 이상향에는 '아담 없는 에덴', 즉 여성들만을 위한 피난처 설립도 포함되었다. 의회는 그녀에게 미국에서 가장 높은 훈장인 명예 훈장을 수여했다. 워커가 사망하기 얼마 전인 1919년에 이 훈장은 박탈되었지만, 1977년 지미 카터 대통령에 의해 훈장을 다시 돌려받을 수 있었다.

내전 중 병사들이 고통에 시달린 것은 적군의 탄환과 사지 절단 후에 따르는 창상열創傷熱 때문만은 아니었다. 군대 수용소에 만연한 끔찍한 위생 상태 때문에 사망자가 곳곳에 속출했다. 전선을 따라 수많은 텐트로 이루어진 도시가 건설되었고, 종종 황소가 끄는 수레가 끝없이 늘어서서 거리를 채워 병사들을 위한 식량 보급에는 별 문제가 없어 보였다. 하지만 식량 공급 과정의 정 반대편에는 종종 해결할 수 없는 문제가 도사리고 있었다. 특히 전쟁 초기에는 화장실이나 오수 처리장 등을 설치하는데 필요한 기본 원칙이 없었다. 군인들은 래퍼해넉Rappahannock이나 포토맥Potomac과 같은, 수백 미터 하류에 식수를 공급하는 강에다 배설 문제를 해결하곤 했다. 1861년 말 연방군의 의료 체계에 대한 감사에서 한 조사원은 이들이 기거하는 캠프에 대해 다음과 같이 묘사했다.

쓰레기와 썩은 음식, 그리고 여러 오물이 어지럽게 섞여 있으며 때로는 역겹게 부패해가고 있다. 배설물 더미와 동물 사체가 캠프 바로 옆에 쌓여 있다.[6]

그 결과 수많은 부대원이 거의 영구적인 설사병을 앓았는데, 위스콘신의 한 군사사軍事史는 다음과 같은 기록을 남겼다.

군인들이 직면했던 최악의 적은 캠프 내에서 발생하는 설사였다. 설사의 기세에 눌려 힘과 용기는 금세 사라졌다. 병사들은 해골처럼 변해갔고 점점 약해지며 고통에 시달렸다. 흔히 그랬듯이 설사가 만성화되면 불쌍한 병사들의 얼굴 피부는 양피지처럼 오그라들고 입술에는 핏기가 사라지며 근육이 약해 마비 상태에 이르기도 했다. 참으로 딱한 광경이었다.[7]

이 전쟁에서 가장 치명적인 설사병은 장티푸스로, 전투로 인한 사망을 제외한 전체 사망률의 거의 4분의 1을 차지했다.

이 같은 질병을 일으키는 미생물에 대한 지식은 남북전쟁 동안 미국에서는 매우 초보적인 수준에 머물러 있었다. 프랑스의 루이 파스퇴르가 이룬 연구 성과나 다음 장에서 우리가 살펴볼 조지프 리스터Joseph Lister의 이름을 들어본 미국 군의관이 거의 없었기 때문이다.

특히 남부의 미시시피주와 조지아주, 테네시주의 전장에서는 고온다습한 여름이 찾아오면서 많은 군인이 열과 오한에 시달렸다. 말라리아가 창궐한 것이다. 하지만 당시 의료인은 모기로 인한 전염병에 대한 지식이 거의 없었다. 북부의 의료 기록에는 140만 명의 말라리아 환자가 발생했고 그중 사망자가 1만 5,000명이라는 자료가 남아 있다. 미완성으로 남은 남부의 의료 기록을 보아도 내전 초기 2년 동안에만 16만 5,000여 명의 환자와 1,300여 명의 사망자가 나왔다. 그 외에 출전한 병사들에겐 운명의 일부였으나 전쟁이 끝나 고향으로 돌아온 뒤에는 누구도 입밖에 내지 않았던 두 가지 질병도 있다. 바로 임질과 매독이다. 전쟁의 끔찍함과 죽음의 공포를 잠시라도 잊기 위해 병사들은 전투지 가까운 도시의 공터에 설치되었던 군 매춘소나 홍등가를 방문하곤 했고 이는 임질과 매독의 전파를 부추겼다.

한편 내전으로 인해 영어 단어가 좀 더 풍요로워진 측면도 있다. 풍문에 따르면 많은 매춘부가 북부연방의 조지프 후커 장군의 군대에 충실히 동행했고, 이로 인해 후커 여단이라는 별명을 얻었다. 장군 자신도 모르는 사이에 매춘부가 후커(hooker는 영어로 매춘부라는 뜻이 있다. — 옮긴이)라는 표현을 얻는 데 일조한 것이다.

가장 잔인한 전투 중 하나로 기록된 것이 이른바 '와일더니스 전투'인데 이는 1864년 5월 사람이 접근하기 어려울 만큼 외딴 버지니아의 황무지에서 며칠 동안 지속된 살육전이었다. 이 살육은 거의 스폿실베이니아 전투로 자연스럽게 이어져 2주 동안이나 계속된 뒤 끝이 났다. 군의관들이 쉬지 않고 부상자를 돌보던 연방의 한 야전병원에서 파란색 군의관 제복을 입은 한 남성이 메스를 집지 않았음에도 그 누구보다 부지런히 일을 하고 있었다. 고통으로 몸부림치는 병사들에게는 그의 존재와 지시가 그 어떤 것보다도 반가운 일이었다. 바로 그, 윌리엄 토머스 그린 모턴은 누가 먼저 마취제를 발명했는가에 대한 소모적인 논쟁 이후 전쟁터에서 새로운 직업을 찾았다. 모턴은 부상자들을 돕기 위해 자신이 가진 천상의 기술을 사용했는데 아마도 최초의 군대 전문 마취학자라고 할 수 있을 것이다. 스폿실베이니아 전투 동안 모턴은 친구에게 북부군의 잘 조직된 의료 체계와 자신의 역할에 대해 자세히 묘사하는 편지를 보냈다.

심각한 전투 소리가 들릴 때마다 구급차와 군단의 의료진이 전쟁터에서 가장 가까운 곳으로 움직여서 그곳에 있는 부상자들을 도운다네. 일단 구급차가 최대한 가까이 멈춰 서고 의료진은 들것을 들고 부상자들에게 달려가는 것이지. 반란군도 구급차 배지를 단 사람은 쏘지 않는다네. 구급차가 야전병원에 도착하면 부상 정도를 재빨리 확인해서 병원까지 수송하는 동안 살아남을 수 있다고 판단되는 부상자만 프레더릭스버그◆로 데려온다네. 그곳에서 부상자가 어떤 종류의 수술을 받아야 하는지를 결정해서 작은 종이에 적은 다음 환자의 베개나 머리 밑 담요에 핀으로 꽂아두지. 이 작업이 끝나면 수술용 칼을 준비해. 나는 평균 3분 안에 완벽한 마취를 할 수 있다네. 그다음 외과 의사들이 훌륭한 솜씨로 수술을 시작하고 절단 후에는 곧바로 간호사가 절단된 부위에 붕대를 감는다네. 마치 평화로운 지역에서 수술을 하는 것처럼 이루어지는 다양한 수술 기술과 속도는 놀라울 따름이야.[8]

아마 과거의 일로 상처를 받았던 모턴으로서는 군 수뇌부에게 인정을 받은 것이 자존심 회복에 많은 도움이 되었을 것이다.

그랜트 장군이 워싱턴에 있을 때 그분에게 소개되었는데 장군은 나를 기억하고는 매우 친근하게 인사했다네. 장군은 군대의 상황에 대

◆ 워싱턴과 리치몬드의 중간쯤에 위치한 버지니아주의 도시.

해 매우 공개적으로 이야기하면서 반란군들이 원한다면 실컷 전쟁을 해주겠다고 얘기하더군. 장군은 나에게 천막과 지휘관을 배치하고 자신의 캠프에서 함께 식사하자고 나를 초대했다네. 예전에 캠프를 방문했을 때 나는 장군들이 워싱턴 호텔의 손님보다 더 호화롭게 식사하는 것을 보았더랬지. 그런데 그날은 우리의 저녁 식사로 커피, 빵, 버터만 나왔는데 그야말로 전쟁터의 식사로 올바른 메뉴가 아니겠는가.[9]

겸손한 태도로 유명했던 포토맥 군대의 사령관 율리시스 S. 그랜트는 북부의 전쟁 영웅이 되었다. 남북전쟁이 끝나고 3년 후 미국인들은 그랜트를 18대 대통령으로 선출했다.

북부의 독자들은 연합통신의 보도를 통해 모턴의 활약을 전달받았다.

그 기간에 모턴이 직접 에테르를 처방한 경우는 2,000건도 넘었다. 연방군의 의료국장은 모턴이 어떤 수술에서 에테르를 사용해야 한다고 주장하느냐는 기자의 질문에 "모든 경우이죠."라고 대답했다. 부상당한 후 고통이 따르지 않는다는 것을 알면 병사들이 더 열심히 싸우게 될 것이고 수술의 충격으로 인해 수많은 생명을 잃게 되는 일도 예방함으로써 이들의 가족과 조국을 구원할 것이다.[10]

내전과 상관없이 미국 연방 주들은 1864년 11월 헌법이 정한 날짜에 다가오는 대통령 선거를 치르기로 했다. 선거를 미루는 일은 있을 수가 없었고 북부의 국민들은 민주주의 이상과 1년 전 링컨이 그 유명한 연설을 통해 표현한 이상향을 분명히 기억하고 있었다. 바로 "국민의, 국민에 의한, 국민을 위한 통치는 이 땅에서 사라지지 않을 것이다."라는 게티즈버그 연설 말이다. 링컨 대통령은 3년이 넘는 시간 동안 엄청난 희생을 발생시킨 전쟁을 치른 뒤에도 재선할 수 있을지 확신하지 못했고, 민주당의 최고 후보인 조지 맥클렐런 장군에게 대통령 자리를 빼앗길 수도 있겠다고 생각했다. 그는 그러한 선거 결과가 타협적인 평화와 미국의 궁극적인 분열을 의미할 것임을 알고 있었다. 하지만 윌리엄 테컴시 셔먼 장군(전쟁 시 남부 전역을 행진하면서 경제적으로 중요한 물자 및 시설에 전면적인 타격을 가하는 전술을 사용한 현대전의 창시자로 일컬어진다)의 소식은 북쪽의 분위기를 상당히 개선시켰고 링컨은 약 55퍼센트의 득표율로 당선되었다. 다만 이는 북부인들만 참여한 선거였다.

1865년 3월 4일 링컨이 다시 대통령으로 취임했을 때는 주요 목표가 달성되어 있었다. 1월 31일 하원이 미국에서 노예제도를 금지한 제13차 헌법 수정안을 승인한 것이다. 링컨은 전쟁이 끝난 후 "누구에게도 악의를 품지 말고, 모든 이를 사랑하라."라는 구호를 내걸며 국민적 화해를 시도했다. 또한 미국의 미래를 구상하면서 "국가의 상처를 꿰매기 위한" 치유라는 의학적 은유를 사용했다. 하지만 모든 사람에게 베풀고자 한 링컨의 이 같은 일방적 치유의 의지는 동시대인 모두에게 받아들여지는 않았고, 심지어 그날 국회의사당 동쪽에 있던 청중들조차 모두가 그를 지지한 것은 아니었다. 링컨의 두 번째 대통령 취임 연설 현장을 담은 사진에서 볼 수 있듯이 대통령과 몇 걸음 떨어진 곳에 있는 한 젊은이에게선 화해의 모습이라곤 찾아볼 수 없었다. 그는 남부연합의 열광적 지지자이자 노예제 옹호자인 배우 존 윌크스 부스^{John Wilkes Booth}였다. 그는 이제 곧 닥칠 올드 딕시^{Old Dixie}(미국 남부 지방을 표현 — 옮긴이)의 패배를 도저히 받아들일 수 없었다.

하지만 남부의 패배는 1865년 4월 9일 애퍼매톡스^{Appomattox}에서 북버지니아군이 항복하며 더욱 명백해졌다. 다소 어색하게 예의를 차린 다음, 지난 시절에 대한 이야기를 나눈 리 장군과 그랜트 장군은 항복 문서에 서명했는데(두 사람은 1847년에 젊은 장교로서 멕시코와의 전쟁에서 함께 싸웠다) 이로써 피비린내 나는 분쟁은 사실상 종결되었다. 하지만 일부 사람이 우려한 것처럼 소수의 남부연합군은 무기를 내려놓지 않고 계속해서 무의미한 싸움을 이어나갔다. 이후 그랜트 장군은 조건 없는 화해를 제시하며 북부 병사들에게 이제는 어제의 적들이 다시 '우리의 동포'가 되었다고 호소하기도 했다.

하지만 항복 서명을 받아낸 지 불과 엿새 후 마지막 유혈 사태가 전국을 뒤흔들었다. 성금요일 저녁 링컨은 그의 아내와 몇몇 친구들과 함께 워싱턴 포드 극장에서 코미디를 관람하고 있었다. 그리고 바로 그곳에 부스가 눈에 띄지 않게 다가갔다. 부스는 작은 데린저 권총으로 가까운 거리에서 대통령의 뒤통수를 쏘았다. 극장에 있던 몇몇 군의관이 의식을 잃은 링컨을 돌보았고 곧 그는 길 건너 독일 이민자의 집으로 옮겨졌다. 하지만 그 자리에 있던 모든 의사들은 그 정도로 심각한 뇌 외상은 치료가 불가능하다는 사실을 잘 알고 있었다. 어쩌면 오늘날의 의학으로도 링컨을 구할 수는 없었을 것이다. 미국에서 가장 위대하다고 일컬어지는 제16대 대통령은 1865년 4월 15일 아침에 사망했다.

상처받은 국가는 이제 화해를 위해 덜 중요하고 덜 자발적인 다른 정치인들과도 하나가 되어야 했다. 비록 정치적으로 결합되기는 했지만 경제적으로 분열된 나라는 수십 년이 지나도 그 상태에 머물렀다. 황폐화된 남부 지역은 20세기까지 미국을 괴롭힌 후진적인 요소로 계속 남아 있었다. 반면 북쪽과 서쪽은 끝없이 에너지를 분출하며 동족상잔의 그늘에서 재빨리 벗어났다.

그 후 수년에 걸쳐 대륙의 많은 부분이 개방되고 '문명화'되었는데, 여기에는 원주민을 내쫓고 보호구역에 강제로 이주시키는 정책도 포함된다. 국가의 역동성을 보여주는 가장 가시적인 징후는 센트럴 퍼시픽 회사가 새크라멘토에서부터 서쪽으로, 유니언 퍼시픽 회사가 오마하에서부터 동쪽으로 건설한 철도 선로였다. 최초의 대륙 횡단철도는 1869년 5월 10일에 마지막 황금 못을 박음으로써 완성되었다.

한편 현대화의 선두에 섰던 모턴은 이 역사적인 이정표를 직접 목격하지 못했다. 특히 잭슨과의 분쟁과 온갖 의회 위원회에서 자신의 정당성을 항변하느라 육체적·정신적으로 탈진한 모턴은 1868년 7월 15일 저녁 뉴욕 센트럴파크에서 마차를 몰던 도중 뇌출혈을 겪었다. 그의 아내는 다음과 같이 회고했다.

> 우리가 성 누가 병원에 갔을 때 수석 외과의를 비롯하여 모든 의사가 들것에 실려 누운 남편 주위에 서 있었다. 한 의사가 남편을 곧바로 알아보고 물었다. "이분은 모턴 선생이 아니신가요?" 나는 간신히

"네."라고 대답했다. 잠시 침묵이 흐른 후 그는 병원에 있던 한 무리의 학생들에게 말했다. "학생 여러분, 여러분 앞에 누워 있는 이분은 지금까지 이 땅에서 살았던 그 어떤 누구보다 인류를 위해, 인류의 고통을 덜어주기 위해 많은 일을 하신 분입니다." 그 비통한 순간에 나는 외국의 학회에서 받은 훈장 세 개를 주머니에서 꺼내 남편 옆에 놓고는 말했다. "맞습니다. 여기 그 감사의 표시가 있네요."[11]

12장

소독제

조지프 리스터, 소독의 개념을 도입한 현대 의학의 선구자

11살 제임스 그린리스James Greenlees에게 그날은 사람들로 붐비는 번화한 대도시 글래스고에서 신나는 모험으로 가득 찬 멋진 여름이 시작되는 날 이었다. 산업화는 영국 전역을 성장시키고 도시화로 이끌었지만 1451년 부터 대학이 설립되었던 이 스코틀랜드의 도시처럼 그 바람이 거센 곳은 없었다. 1800년과 1850년 사이에 글래스고의 인구는 두 배 성장했으며 20세기 초에는 다시 두 배가 되었다. 제국의 두 번째 도시에 늘어선 공장 에서는 짙은 연기 구름이 하늘로 퍼져나갔다. 거의 항상 흐린 날씨의 스 코틀랜드 하늘 아래 항구의 부두는 밤낮 할 것 없이 언제나 분주한 활동 으로 가득 차 있었다. 뷰캐넌가를 비롯한 여러 거리에 무수한 말발굽 소 리와 바퀴 소리가 메아리를 울렸다. 수백 대의 마차와 수레를 끄는 수천 마리의 말들이 한껏 속도를 올려 도시를 가로질렀다.

하지만 이 혼잡 속에서 길을 건너는 것은 그리 안전한 일이 아니었다. 어쩌면 제임스가 잠시 다른 곳을 보느라 주의가 흐트러졌을 수도 있고, 아니면 스코틀랜드에 내린 지난밤 여름비로 자갈이 젖어 있던 탓일지도 모른다. 제임스는 길에서 미끄러졌고 마차에 치였다. 달려오는 마차를 피할 겨를도 없이 그의 왼쪽 다리가 금속이 박힌 차 바퀴 밑으로 빨려 들어갔다. 행인들은 공포에 질려 울부짖었고 운전사는 충격에 빠진 채 쓰러져 있는 제임스에게 달려갔다. 끔찍한 광경이었다. 그의 왼쪽 다리는 골절상을 입고 찢어졌으며 경골이라고 부르는 정강이뼈의 부스러진 조각이 상처를 뚫고 튀어나와 있었다. 누군가 들것을 찾아왔고 제임스는 마차에 실려 1794년 이후 글래스고의 시민들을 치료해주는 글래스고 왕립 병원으로 이동했다. 그곳의 의사와 간호사, 그리고 사고 현장의 목격자들이 보기에 그의 부상 정도는 의심할 여지 없이 명백했다. 이 정도의 상처라면 치료는 불가능하며 다리는 절단해야 마땅했다. 이는 앞으로 소년이 '불구자'가 될 것이고 아마 거지가 되어 세상의 변두리에서 살아야 한다는 의미였다. 1865년 8월 12일 어린 제임스 그린리스의 운명은 그렇게 결정된 듯했다.

그런데 그날이 오히려 소년에게는 행운의 날이었다. 그를 돌본 의사가 병원의 수석 외과 의사 조지프 리스터였기 때문이다. 그는 개방 골절상에 대한 치료의 한계로 오랫동안 좌절감을 느끼고 있었다. 절단 부위에서 염증이 진행되면서 사지가 고통스럽게 부어오르고 결국엔 곪고 썩어가기 때문에 많은 외과 의사들은 뼈를 자르는 톱에 의지했다. 부상당한 부위는 구하지 못하더라도 적어도 희생자의 목숨은 살리자는 원칙이 팽배했던 것이다. 오늘날 잘 알려진 것처럼 뼈는 다른 신체 조직보다 훨씬 더 감염에 취약하다. 당시 조지프 리스터는 눈에 보이지 않는 어떤 요소가 상처를 관통하고 결국 치명적인 결과를 초래한다는 사실을 감지했다. 그는 프랑스 화학자 루이 파스퇴르의 발효와 부패 과정에 대한 연구는 물론, 콜레라의 원인을 식수에서 찾은 존 스노의 연구 활동에 대해서도 잘 알고 있었다. 어려서부터 현미경이 익숙한 리스터에게는 인간의 눈에는 보이지 않지만 어디에나 존재하는 미생물에 대한 인식이 상당히 논리적인 것이었다.

리스터는 소년 제임스가 입은 부상 정도라면 보이지 않는 적이라도 싸워볼 만하다고 판단했음이 틀림없다. 리스터는 일단 소년에게 클로로폼을 들이마시게 한 다음 톱이 아니라 더 작은 메스를 사용해 상처 부위를 절개했다. 그리고 조심스럽게 상처 부위를 닦기 시작했다. 상처에 묻은 오물이나 굳은 피, 다친 조직 등이 제거됐고 정강이는 조심스럽게 원래 위치로 돌아왔다. 그 과정에서 리스터와 그의 조수 맥피 박사는 향이 섞인 액체로 상처 부위를 반복해서 씻어냈다. 그것은 석탄산 용액이었다. 골절된 다리를 감싼 리넨 천에도 역시 석탄산을 흠뻑 적셔 놓았고 그 위에 다시 석탄산으로 적신 면을 붕대처럼 둘렀다. 그런 다음 수술 부위 전체를 얇은 금속 포일로 단단히 감싸서 봉합했다. 이제 기다리는 일만 남았다. 수술 부위에 괴저의 확실한 징후인 역겨운 냄새가 풍기기 시작하면 완전히 새로운 시도를 하려던 그의 계획을 접고 어쩔 수 없이 곧바로 절단 수술에 돌입해야 했다.

조지프 리스터는 1827년 4월 5일 당시 런던 외곽에 위치해 있던 업턴 마을의 부유한 퀘이커 교도 집안에서 태어났다. 그의 아버지 조지프 잭슨 리스터는 포트와인을 비롯한 여러 와인을 수입하는 성공적인 사업가였다. 번창해가는 부르주아 계급이 저녁 식사에 곁들이는 와인을 고급 생활방식의 상징으로 받아들임에 따라 그의 사업도 점점 성장하고 있었다. 그런데 조지프 잭슨은 사업 외에도 시간이 날 때마다 추구했던 특별한 취미가 있었다. 바로 현미경이었다. 그는 렌즈를 자르고 조립하여 직접 현미경을 만들 만큼 그것에 빠져 있었다.

그 과정에서 조지프 잭슨은 광학 기기 사용자들(식물학자, 동물학자, 그리고 일부 의사들)이 오랫동안 기다려온 기기의 발전을 이루었다. 조지프 잭슨이 개발한 무채색 렌즈로 검사 대상 물체의 주변에 생기는 색 그림자나 밝은 점 주변의 광환과 같은 광학적 일탈 현상을 보정할 수 있었다. 그런 조지프 잭슨의 열정을 아들 또한 물려받았다. 소년 조지프 리스터는 아버지의 현미경 아래에 게를 놓고 관찰한 적이 있었는데 현미경 아래 게의 심장이 뛰는 것을 보고 감동받았다. 이후 그것이 해부학적 용어로 대동맥이라는 것을 알아냈다. 리스터 현미경은 전문가 사이에서도 높이 인정을 받았는데 이들 부자는 1851년 수정궁에서 열린 박람회에서 현미경을 전시할 정도였다. 어쩌면 박람회를 둘러보던 빅토리아 여왕조차도 이들 부자와 그들이 만든 기기를 경이로운 시선으로 바라보지 않았을까 싶다. 여왕은 독실한 퀘이커 교도로서 소박한 차림새를 한 젊은 리스터와 개인적인 담소를 나누었을 수도 있다.

리스터 가족은 과학을 사랑했고 세계에 개방적이었다. 조지프 잭슨과 가장 가까운 친구 중 한 명은 퀘이커 교도이자 병리학자인 토머스 호지킨으로 그는 오늘날 호지킨 림프종이라고 불리는, 자신의 이름을 딴 혈액암을 발견했다. 1848년 혁명의 수많은 정치 망명자 중 하나인 헝가리의 자유 투사 러요시 코슈트도 고국의 독립운동을 위해 싸우다 러시아 군대의 탄압에 고국을 떠난 후 조지프 잭슨의 후원을 받았다. 이는 헝가리인들이 무수히 겪어야 했던 운명이기도 했다.

부모는 비록 아들 조지프 리스터가 '진짜' 의사가 되기를 더 원했을지 모르지만 외과 의사가 되고자 했던 아들의 꿈을 반대하지는 않았다. 다만 아버지는 아들이 고전 언어와 식물학 같은 필수 전통 과목에서 어느 정도의 교양 학점을 받아야 한다고 주장했다. 젊은 리스터는 17세 때 영국 런던의 유니버시티 칼리지에 입학했는데 이 기관은 옥스퍼드, 케임브리지 등 일부 전통적인 대학과 달리 영국 성공회 교도가 되기를 강요하지도 않았으며 퀘이커 교도와 같은 다른 종교 단체 회원들에게도 개방적이었다.

리스터가 학사 과정을 마치기 위해 분투하는 동안 믿음의 공동체에 속한 한 형제가 그에게 역사적인 사건을 목격할 수 있는 기회를 주었다. 그보다 여덟 살 많았던 에드워드 파머는 유명한 런던의 외과 의사 로버트 리스턴의 조수였고 그 덕분에 19세의 리스터는 수술실 강당에 앉을 수 있었다. 로버트 리스턴은 1846년 12월 21일 유럽에서 유명한 첫 번째 에테르 마취 수술을 했고, 그 자리에서 곧 양키의 신문물에 대한 엄청난 환호성이 터졌다.

수술에 대한 리스터의 열정은 어느 때보다도 커졌지만 의사가 되는 일이 그리 순조롭지는 않았다. 건강상의 문제로 오랜 휴식이 필요했던 것이다. 다행히 집안의 든든한 경제 상황과 가족들의 꾸준한 지지 덕에 1년에 걸쳐 유럽 대륙을 여행하며 몸을 회복했다. 그 후 그는 대학 병원에서 전문의가 되는 과정을 밟았고 몇 달 후 외과 의사 존 에릭 에릭센의 조수 자리를 제안받았다. 에릭센은 앞 장에서 소개했듯 철도 척추에 관한 연구 및 척추의 외상성 질환과 스트레스 관련 질병에 대한 연구를 개척한 사람이다. 에릭센은 수술의 한계를 알고 있었지만 자신의 조수로 임명된 젊은 동료가 일생의 연구를 거쳐 소독제를 개발함으로써 그 한계를 넘어서리라는 건 알지 못했다. 게다가 자신이 신성불가침의 영역으로 간주했던 인체의 장기에까지 접근할 수 있을 것이라고는 상상도 하지 못했다.

> 새롭게 메스를 갖다 댈 수 있는 영토가 언제나 존재하는 것은 아니다. 외과 의사조차도 영원히 손을 대지 못하는 인체의 부분이 있다. 적어도 지금까지는 의심할 여지 없이 이 같은 최종 장애물이 존재한다. 복부와 가슴 그리고 뇌는 아무리 지혜롭고 자애로운 의사라 할지라도 영원히 접근할 수 없는 곳이다.[1]

1853년 9월, 리스터는 북부로 이동했다. 그리고 에든버러에서 유명한 외과 의사인 제임스 사임의 조수가 되었다. 리스터는 최고의 훈련과 강도 높은 교육을 받았는데 사임 교수에게도 리스터와의 작업은 이점이 많았다. 젊은 리스터에게는 재능과 외과 수술을 과학의 수준까지 끌어올리려는 열정이 있었기 때문이다. 직업적 협력 관계는 사적으로도 연결되어, 1856년 4월 리스터는 사임의 큰딸 애그니스 사임과 결혼했다.

당시 영국의 부유한 신혼부부가 종종 그랬듯이 이들은 넉 달간 기나긴 신혼여행을 떠났다. 라인강을 따라 수많은 성곽 유적들을 방문하고 스위스의 여러 호수를 방문하는 여정은 영국인들에게 인기가 아주 많았다. 그렇지만 이들의 신혼여행에는 직업적 요소도 포함되어 있었다. 리스터는 유럽의 유명 병원들을 방문했는데 유럽 각지의 다양한 의료 전문가들이 이들 부부를 따뜻하게 환대해주었다. 물론 사임이 추천서를 써 그들 편에 보낸 것은 당연한 일이었다. 이런 식으로 리스터는 당시 의학계에서 가장 중요한 인물들을 여럿 만났다. 이들의 여정은 베를린과 드레스덴, 프랑크푸르트를 비롯해 암스테르담과 파리, 프라하까지 계속되었다. 무엇보다 당시 의학의 본거지였던 빈에서 카를 폰 로키탄스키 교수와의 만남은 무척 의미 있었다. 리스터와 유명한 병리학자가 나눈 저녁 대화에서는 현대 의학의 관점에서 보는 사고와 수술, 그리고 출산 후의 감염열과 괴사 문제가 화제에 올랐다. 와인을 주고받으며 나눈 이들의 대화는 분명 빈 종합병원의 전직 의사였던 제멜바이스가 물리치려 애썼던 질병과도 맞닿아 있었다.

리스터는 신혼여행에서 돌아온 후 의사로서 일에 매진하는 동시에 이 주제에도 관심을 기울였다. 리스터는 왕립 외과대학과 다른 전문 학회의 일원이 되었고 동료들과 환자들에게 존경을 받는 의사가 되었다. 그의 인간적인 따뜻함과 애정은 병자들이 수술 후에 좀 더 쉽게 회복하는 데 많은 도움이 되었다. 그의 좌우명은 다음과 같았다.

> 모든 환자는, 아무리 비천한 환자라 할지라도 웨일스 왕자와 같은 관심과 존중을 받아야 한다.[2]

리스터는 1860년에 글래스고에서 외과 교수로 임명되었다. 산업 도시에서는 작업장에서 벌어지는 사고가 흔했고, 공장이나 조선소에서 부상을 입은 환자들은 대부분 글래스고 왕립 병원에서 치료를 받았다. 리스터는 이 환자들이 치료 후 대부분 심각한 후유증을 앓는다는 사실을 깨달았다. "개방 골절에서 발생하는 끔찍한 결과는 폐쇄 골절의 결과와 비교해볼 때 너무나 충격적일 뿐 아니라 외과 의사로는 너무나 우울한 현실이다."[3]

특히 파스퇴르의 글을 읽은 후 리스터는 절개된 상처 부위에 무엇인가가 들어가서 감염을 일으킨다는 것을 확신해왔다. 그것은 정체를 알 수 없고 이름도 없는 어떤 부패 물질일 것이다. 리스터는 자신의 아버지가 최고 기술 수준으로 개량한 현미경을 통해 감염된 상처에서 나온 수많은 조직 표본을 검사했고 그 모습이 글래스고의 푸줏간에서 상온에 오랫동안 진열되어서 썩어가는 고기와 흡사하다는 사실을 깨달았다. 그는 몇 년 후 부패에 대해 다음과 같이 기술했다.

> 공기 중의 산소나 다른 기체 성분으로 인한 것이 아니라 그 안에 들어 있는 미세한 입자 때문인데 이것들은 현미경에 의해 오래전에 발견된 다양한 하등생물 형태의 세균으로, 그동안 이것들은 순전히 우연히 부패 물질에 존재하는 것으로 여겨졌다.[4]

리스터는 이 세균이 상처를 침범하기 전에 세균을 죽일 수 있는 방법이 무엇인지 고심했다. 그때 우연이 그를 도왔다. 영국 북부 공업도시 칼라일에서 당국이 19세기 초에 발견된 화학물질을 이용하여 오수의 악취를 성공적으로 제거한 것이다. 동시에 전혀 예상치 못했지만 반갑게도 골치 아픈 수의학적 문제를 해결했다는 이야기도 들었다.

> 1864년에 나는 칼라일이라는 작은 마을에서 석탄산으로 하수구 문
> 제를 해결했다는 놀라운 성공 사례를 알게 되었다. 소량의 석탄산만
> 으로 들판을 가로질러 놓인 하구수의 악취가 해결되었을 뿐 아니라
> 평소 이 밭에서 풀을 뜯던 소를 감염시킨 체내 기생충도 박멸된 것으
> 로 알려졌다.[5]

이러한 결과 제임스 그린리스는 리스터가 상처 감염 예방을 위해 페놀
이라는 물질을 사용한 최초의 환자가 되었다. 수술 후 사흘이 지나 리스
터는 조심스럽게 금속 포일을 제거하고 다시 붕대 위에 약간의 석탄산을
부었다. 제임스는 허약했고 사고 후 많은 피를 흘렸음에도 열은 나지 않
았다. 결정적인 순간은 사고 발생 나흘째에 찾아왔다. 리스터가 천천히
붕대를 풀고 상처를 드러낸 순간이었다. 그는 잠시 멈칫하며 동작을 멈
추었다. 너무나 익숙했던 그 무엇인가가 감지되지 않았기 때문이다. 고
름과 염증 냄새였다. 상처에 딱지가 붙기 시작했고 주변 피부가 붉어졌
지만 고름의 흔적은 찾을 수 없었다.

그 순간 그는 자신이 보고 있는 것이 무엇인지를 알아차렸다. 의학계
의 새로운 시대가 밝아오는 순간이었다. 그토록 흔한 합병증을 이제는
피할 수 있게 된 것이다. 수많은 의사가 괴저의 위험을 통제하기 위해 발
버둥 쳐왔던 만큼 이 성공은 리스터 혼자만의 것이 아니었지만 그의 노
력으로 드디어 돌파구가 마련되었다. 어린 제임스 그린리스를 치료하면

서 소독제의 탄생이 이루어졌다. 리스터는 매일 환자의 상태를 살피며 다시 염증이 도지지 않을까 하는 긴장감 속에서 그를 치료했다. 그 과정에서 석탄산이 환자의 피부뿐 아니라 의사의 피부도 자극한다는 사실을 깨닫고 올리브 오일을 섞어서 석탄산을 희석했다. 차츰 소년의 다리에 올라온 붉은 기운이 가라앉고, 상처는 완전히 아물었으며 드디어 깨끗이 치료되었다. 6주 후 제임스 그린리스는 비록 목발을 짚긴 했지만 자기 발로 걸어서 병원을 떠났다.

어린 제임스의 다리에 소독 붕대를 감아 리스터가 선구적인 치료 행위를 실천한 시간과, 현대인의 장수를 위한 토대가 되어준 의학적 위생과 청결이라는 길을 닦은 한 남자가 비극적인 최후를 맞이한 순간이 불과 하루도 차이 나지 않았다는 사실은 너무나 섬뜩한 아이러니로 다가온다. 제멜바이스는 1860년대 초부터 이상행동을 자주 보였다. 정확한 정신과 진단은 불가능하다. 그에 관한 문헌에서는 우울증과 조울증, 신경세포의 발현(중추신경계의 매독성 염증), 뇌염과 같은 여러 증상이 언급된다. 또 그의 생애 마지막 몇 주 동안의 병증에 대해서도 너무나 많은 추측과 진단이 난무한다. 그의 부다페스트 동료 중 몇 명은 그가 미친 것이라고 확신했다. 그들은 제멜바이스에게 휴식을 취하면서 찬물 요법을 통해서 '치료' 받도록 설득했다. 하지만 그는 감쪽같이 속은 것이었다. 아마도 그의 아내 마리아와 그의 오랜 동료이자 빈 시절의 동료인 페르디난트 폰 헤브라Ferdinand von Hebra가 이에 어떤 역할을 했을 것이다.

1865년 7월 31일, 제멜바이스는 자신이 요양지가 아닌 빈 근처에 있는 정신병원에 갇혔다는 사실을 깨달았다. 성질이 급했던 제멜바이스는 격리 수용에 격렬하게 저항했다. 결국 그는 구속복을 강제로 착용하고 병원 직원들에게 거칠게 제압당했다. 그가 입원 과정에서 입은 상처가 감염된 것인지, 아니면 절단으로 인해 얻은 오른쪽 가운뎃손가락의 상처와 함께 정신과 시설에 입원했는지는 정확하지 않다. 하지만 그곳에서 그의 상태는 점차 악화되었다. 열이 점점 높아졌고 맥박은 빨라졌으며 오른손에는 괴저가 발생했다.

이그나즈 필리프 제멜바이스는 1865년 8월 13일 저녁에 홀로 독방에서 숨을 거두었다. 그날은 머나먼 글래스고에서 조지프 리스터가 제임스 그린리스의 붕대에 처음으로 새로운 석탄산 용액을 부은 날이기도 했다. 제멜바이스는 그의 친구였던 콜레치카와 산부인과 병원의 수많은 여성이 18년 전에 누웠던 부검대로 마지막 여행을 떠났다. 제멜바이스의 부검 보고서에는 가슴에 주먹 크기의 종기가 있고 거기서 역한 냄새가 났으며 신장에도 종기가 발생했고 뼈에도 화농성 염증이 진행되었을 뿐 아니라 몸 군데군데에 감염으로 인한 일반적 증세가 퍼져 있다고 기록되었다. 손을 씻는 단순한 행위만으로 수많은 환자의 생명을 구했던 의사 제멜바이스는 그가 일생 동안 싸워왔던, 폐렴이나 패혈증과 같은 질병으로 인해 세상을 하직했다.

조지프 리스터 또한 세상의 저항과 적개심을 극복해야 했다. 소독제 처방에도 여러 차질이 생겼다. 하지만 리스터는 불행한 헝가리 출신의 선구자이자 동료 의사였던 제멜바이스보다는 의학적 혁신과 혁명을 위한 싸움에서 훨씬 유리한 위치에 있었다. 제멜바이스와 달리 리스터는 동료 의사들 사이에서 이방인이 아니었고 장인인 제임스 사임을 비롯해 수많은 친구와 후원자에 둘러싸여 있었다. 또한 리스터는 균형감과 차분한 내면을 갖추었기 때문에 성질이 급하고 불평이 많은 제멜바이스에 비해 힘든 상황 속에서도 안정을 잃지 않았다. 그보다 더 중요한 것은 리스터가 의학의 소통 가능성과 필요성을 정확하게 파악했다는 점이다. 그는 아무리 중요한 돌파구나 혁신적인 발견이라 하더라도 적시에 인정받는 출판물의 형태로 대중에게 전달되어야 한다는 것을 이해한 사람이었다.

리스터는 매우 오래되고 명망 높은 학술지 가운데 하나를 선택했다. 1867년 3월과 7월 사이에, 그의 펜 끝에서 탄생한 여섯 개의 논문이 의학지 〈랜싯〉에 실렸고, 즉시 큰 반향을 일으켰다. 리스터는 〈외과 치료에서 무균 수술법〉이라는 제목으로 그해가 끝나기 전 가장 핵심적인 발견을 요약해서 정리한 논문을 영국 의학 저널에 발표했다. 리스터는 소년 제임스를 치료한 과정에 대해 설명했고 석탄산을 처방했으나 상처 감염을 막지 못한 경우에 대해서도 묘사했다. 그렇다고 낙관적인 전망을 포기하지는 않았다.

> 내가 꼭 짚고 넘어가야 할 한 가지가 있는데 그것은 이 치료법이 병원 내 일반 보건에 미치는 영향이다. 소독법이 도입되기 전에는, 대부분의 사고 처리 수술이 벌어지던 두 병동이 글래스고 왕립 의료원 외과에서 가장 건강에 해로운 곳이었다. 이는 분명 신선한 공기의 공급이 부족한 탓이었고 나는 임상 결과를 발표할 때마다 부끄러움을 느껴야 했다. 병원 내 괴저나 감염과 같은 용어가 너무나 빈번하게 등장했기 때문이었다. 대다수 병상을 차지하고 있는 개방형 상처를 가

진 환자들에게 이러한 발견이 확실히 도움이 될 수 있으리라는 것은 흥미롭고도 한편으로는 우울한 일이기도 했다. 의대생들은 그리 크게 관심이 없었지만 나는 복잡하지 않은 골절 환자를 치료하는 일이 정말로 즐거웠다. 하지만 이로 인해 개방 골절 환자의 비율이 줄었다. 그런데 소독제를 통한 치료가 본격적으로 진행되면서 상처와 고름에서 나오는 악취가 더 이상 공기를 오염시키지 않음으로써 지금까지 하나도 변하지 않았던 나의 병동도 완전히 분위기가 달라졌다. 지난 9개월 동안 단 한 건의 농혈이나 병원 내 괴저, 단독丹毒증 환자도 발생하지 않았다. 이 같은 변화의 원인은 너무나 명백하기 때문에 그 사실에는 추호의 과장도 있을 수 없다.[6]

그의 처방은 석탄산에 적신 붕대에 그치지 않았다. 리스터는 곧 유럽 전역과 전 세계 지역에서 그의 이름과 연관 지어 거론되는 소독법을 도입했다. 석탄산(나중에는 다른 소독 물질도)을 사용하여 외과 의사들이 쓰는 기구나 손을 완전히 무균 상태로 만들었으며, 마지막으로 수술실 전체를 석탄산을 함유한 공기로 채웠다. 리스터는 외과 의사들이 수술하려는 부위인 사지에 지속적으로 석탄산을 도포하는 스프레이 장치를 개발했는데 나중에 외과적 기술이 진보하면서 개방된 복강 부위에도 이 스프레이가 사용되었다.

19세기에 등장한 수술 의학의 두 번째 혁신(첫 번째는 마취제 발견이었다)에서 빅토리아 여왕은 문자 그대로 핵심 증인이 되었고 어떤 의미에서 혁신을 광고하는 역할을 수행했다. 리스터는 스코틀랜드 고지대에 있는 밸모럴로 불려갔고 여왕이 '고통스러운 데다 망신스럽기까지 한' 겨드랑이의 종기로 괴로워할 때 왕실 의료팀의 일원으로 치료에 참여했다. 여왕은 딸 빅토리아에게 다음과 같이 경과를 전했다.

리스터 박사는 부풀어 오른 부분을 절개해야 한다는 의견을 내놓았단다. 나는 너무 아플까 봐 불안에 떨었지. 클로로폼을 사용하고 싶었지만 부작용이 좀 있는지라 조금만 사용하고 수술 부분을 차갑게 해달라고 부탁했어. 그리고 그렇게 하기로 했지. 윌리엄 씨가 두어 번 클로로폼을 맡도록 한 다음 리스터 씨가 수술 부위를 냉각*시켰어. 그런 다음 마셜 박사가 내 팔을 잡았고 존 포먼 경이 내 어깨를 잡았단다. 지름 15센티미터 종기가 잘려나갔고, 마지막에는 클로로폼을 조금 더 투여받은 것 외에는 거의 아무것도 느끼지 못했어.[7]

다음 날 빅토리아 여왕은 당시 런던에서 의료 활동을 하던 외과 의사의 방식을 칭송해 마지않았다.

상처를 드레싱하는 끔찍이 긴 시간 동안 나는 커피 한 잔을 마셨단다. 마셜 박사가 리스터 박사를 도왔는데 그는 붕대를 제거하고 새로운 붕대를 감기 전에 모든 유기 세균을 파괴하는 위대한 발명품인 '석탄산 스프레이'를 사용했단다.[8]

◆ 냉각법을 사용한 국부 마취.

13장

시력

알브레히트 폰 그레페,
세상의 먹구름을 벗겨낸 안과의 전설

베를린의 루이젠슈트라세Luisenstrasse와 슈만슈트라세Schumannstrasse의 교차점에 있는 샤리테Charité 캠퍼스에 들어서는 사람은 누구나 눈에 띄는 기념물을 하나 볼 수 있다. 괜찮다면 잠시 발을 멈추고 한 사람의 전 생애에 걸친 업적이 녹아 있는 이 석조 기념물에 눈을 맞추어 보길 바란다. 1882년에 만들어진 이 기념물의 주인공은 그 시대의 다른 기념물과는 달리 말 위에 올라탄 장군도, 프로이센의 왕도, 제국을 건설한 공신인 오토 폰 비스마르크Otto von Bismarck도 아니다.

받침대가 아니라 좁은 틈새처럼 보이는 중앙에는 길고 헝클어진 머리카락을 가진 날씬하고 키 큰 남자가 서 있다. 동상의 모습이나 그의 움푹 파인 얼굴은 그의 비극적인 운명을 보여주는 듯하다. 하지만 이는 자신에게 맡겨진 과업과 환자를 위해 평생을 바친 의사의 모습이다. 또한 건강과 더 나은 삶의 질을 위해 어마어마하게 중요하지만 당대에는 그저 '자그마한' 의료적 행위로 여겨졌던 과업에 헌신한 사람의 모습이기도 하다. 그것은 다모클레스의 검(한 올의 말총에 매달린 칼 아래 앉아 있는 것처럼 위험한 일 — 옮긴이) 아래서 중환자를 치료하는 것과 같았다. 동상 속 인물은 삶의 말기에 중병에 걸려 육신이 무척 수척해졌는데 그 병은 한 세기를 창궐하던 질병이기도 한 결핵이었다. 또 그는 검안경이라는 작은 기구를 손에 들고 있다. 동상 주위는 인간의 가장 중요한 감각 기능을 치유하거나 보존하고 회복하려는 희망으로 의사에게 몰려든 수많은 사람이 둘러싸고 있다. 바로 시력이다.

이 기념비가 세워질 때 동상 속 인물의 동료는 오늘날 우리가 듣기에는 약간 애처롭게까지 여겨지는 연설을 했다.

> 이 같은 기념비를 세우는 도시가 있는 나라에 영광을 돌립니다. 우리가 기념하려는 이 사람은 국가를 통치하지도 않았고, 전투를 이끈 것도 아니며 붓이나 끌로 예술 작품을 창조한 것도 아닙니다. 다만 그는 인류의 고통을 줄이고 해결하고 예방하기 위해 노력하는 데 최선을 다함으로써 오늘날의 영예를 얻었습니다. 그가 오기 전 맹인이 되어 쓰러졌던 수십만 명의 사람이 그가 가르친 기술을 통해 이제 구원받을 것입니다.[1]

동상의 주인공은 알브레히트 폰 그레페Albrecht von Graefe다. 튀빙겐 안과 전문의이자 안과 교수인 옌스 마르틴 로르바흐 교수는 베를린 중심부에서 있는 이 기념비에 대해 정확하게 표현했다. "이 기념비는 전 세계에서 의사를 기리기 위해 세워진 가장 아름다운 동상 중 하나다."[2]

19세기 중반 무렵에는 의학이 발달했을 뿐 아니라 생명과 질병의 기초, 인체와 환경의 상호작용에 대한 지식도 마찬가지로 증가했다. 또한 이 책에서 주로 다루고 있는 유럽의 산업화가 한창이던 시대에는 의학을 비롯한 과학의 도구도 많이 발전했다. 마취나 소독제, 병원균과 질병 메커니즘의 발견과 같은 우리가 이 책에서 다루는 위대한 돌파구는 언뜻 보기에는 그다지 극적이지 않지만 총체적으로 볼 때 훨씬 더 큰 혁신과 발견과 지식을 가져다주었다. 모든 유기체가 세포로 구성되어 있다는 증거를 제시한 테오도어 슈반의 이론이나 세포를 통해서 모든 질병의 근본을 볼 수 있다는 루돌프 피르호의 '세포병리학' 개념도 이러한 진보에 속한다. 의사들은 암과 염증의 발달을 좀 더 잘 이해할 수 있게 되었고 그 무엇보다도 감염의 발생에 대해 깨닫기 시작했다.

유전학의 기본과 질병의 유전에 대한 기본적 법칙 또한 밝혀졌다. 대학교수가 아니라 브르노에서 개인적으로 연구 활동을 해온 아우구스티누스회의 수도사 그레고어 멘델이 간단하게 이 원리를 밝힌 것이다. 다양한 인체 조직 체계와 해부학 그리고 생리학에 관한 지식이 폭발적인 상승을 경험했다. 당시에 처음으로 출판된 과학서 중 일부는 시대의 변화에 발맞추어 의대생들을 위한 교재가 되었다. 또한 이들 연구 분야도 지식의 폭발적인 증가와 더불어 혁신과 응용을 거듭했다. 그중 선두주자로 나선 지역은 프로이센인데 1861년에 새롭고 현대적인 커리큘럼을 도입했다. 이는 당대의 뛰어난 정치가 비스마르크가 취임한 때와 거의 일치한다. 그 전에는 의학 공부에 앞서 필수적으로 인문학을 배워야 했다면 이제는 물리학, 화학, 생물학을 비롯한 자연과학에 더 주목했고 해부학과 생리학을 중점적으로 공부하는 풍토도 이루어졌다. 독일의 다른 주도 프로이센의 뒤를 따랐는데 이런 움직임은 프로이센 수상이 독일 통일을 이룩한 1871년까지 지속되었다.

의학의 일부 분야에서도 전문화가 불가피할 만큼 지식이 증가했다. 그때까지만 해도 의사는 크게 봐서 '가족 의사'와 같은 일반 의사(오늘날에는 내과의)와 외과 의사로 나뉘었다. 제멜바이스의 예를 통해 알 수 있듯 위의 두 가지를 제외하고 기존에 확립되어 있는 의학 분야는 대도시와 대학 도시에서 볼 수 있는 산과와 부인과뿐이었다. 그것도 여전히 대부분의 출생은 조산사나 일반의의 도움을 받아서 이루어졌다. 시골 의사가 마차를 타고 산모가 있는 마을을 돌면서 출생을 도운 것이다.

하지만 19세기 중반 무렵부터 감각 기관이나 정신과 영역(쉽게 말해서 마음을 다루는 분야) 혹은 피부 질환 등의 치료를 위한 전문적이고 구체적인 지식을 갖춘 의사들에 대한 필요성이 대두되었다. 당시 빠르게 확립되고 있던 여러 의학 분야 중 안과는 나라마다 속도는 다를지언정 특히 두드러지게 자리를 잡아가던 분야였다.

사실 본다는 것은 사람에게 가장 중요한 기능이다. 시각적 기능의 상실과 시각장애에 대한 두려움은 우리 삶에서 가장 기본적인 두려움 중 하나이며, 과거에는 이런 두려움이 훨씬 더 컸다. 실제로 과거에는 수많은 시각장애인들을 볼 수 있었는데 이들은 사회에서 어린 제임스 그린리스가 겨우 탈출했던 운명인 '불구자' 취급을 받았다. 수 세기 동안 안과 수술은 주로 허옇게 구름처럼 덮인 수정체를 바늘 모양의 기구로 찢은 다음 걷어내는 백내장 수술이 대부분이었다. 이는 주로 유랑 치료사가 마차를 타고 와 수술을 한 다음 환자가 합병증과 감염으로 고생하기 전에 다른 마을로 이동하는 식이었다. 위대한 작곡가 요한 제바스티안 바흐도 1750년 7월 사망하기 전 '뜨거운 열'에 시달렸다는 의사의 진단을 받았는데 아마도 유랑 치료사의 치료 후 감염으로 인한 사망이 아닐까 추정된다.

현대 안과의 창시자로 여겨지는 사람은 유명한 의사 집안에서 태어났다. 부유한 집안 배경을 가졌던 그는 1850년에 최초로 방이 두 칸인 안과를 개업하면서 베를린의 신문에 "A. V. 그레페 박사가 안과 치료가 필요한 불쌍한 환자들을 위해 무료로 치료해줍니다. 주소는 베렌슈트라세 48번지."라는 광고를 낼 정도로 여유가 있었다.[3]

알브레히트 폰 그레페는 1828년 5월 22일, 유명한 외과 의사이자 샤리테 대학의 교수였던 카를 페르디난트 폰 그레페Carl Ferdinand von Graefe의 여름 별장에서 태어났다. 그곳은 당시 베를린 동물원 안에 위치해 있었다. 프로이센 황제였던 프리드리히 빌헬름 3세가 어린 알브레히트의 명목상 대부였다는 사실은 이들 가족의 사회적 입지를 잘 말해준다. 그의 아버지는 20세기 전반기의 가장 명망 높은 의사 중 한 사람이었으며, 무엇보다도 성형수술의 선구자였다. 한 예로 그는 중앙 유럽 지역에서 부상이나 질병으로 손상된 코를 재건하는 코 성형술의 초석을 세운 인물이다. 그의 또 다른 전문 분야는 백내장 수술이었는데 부옇게 덮인 망막을 눈에서 제거함으로써 더는 '백내장'에 시달릴 필요 없이 빠르게 시력을 회복시켰다.

카를 페르디난트 폰 그레페의 뛰어난 명성은 간접적이나마 그의 이른 죽음에 일조했다. 그는 영국 황태자의 눈병을 치료해달라는 부름을 받았고 영국으로 향하던 길에 발진티푸스에 걸려 53세의 나이로 죽었다. 너무 이른 사망의 운명은 그의 아들에게도 이어졌는데, 알브레히트 폰 그 레페의 학생 중 한 명이 신문에 낸 부고에서 쓴 유머러스하면서도 섬뜩 하지만 한편으로는 완전히 부적절하다고도 볼 수 없는 헌사에는 그 운명 에 대한 감상이 잘 담겨 있다.

> 이 빛나는 직업의 한가운데서 그 이름이 일컬어지고 탄식과 갈망의 대상이 되는 것보다 더 가치 있는 일이 있을까? 너무 오래 살아서 차 라리 지금이라도 염을 당하는 것이 세상에 더 나을 것이라는 이야기 를 학생들로부터 듣는 교수들도 많은 현실이다.[4]

아버지의 명성은 알브레히트 폰 그레페가 직업을 선택하는 데 부담으 로 작용했다. 그는 베를린에 있는 프랑스 문법 학교에 다녔는데 프레데 리크 기욤 에르네스트 알베르Frédéric Guillaume Ernest Albert라는 이름이 적힌 그 의 출생 증명서에서 볼 수 있듯 그레페 가문은 다문화적이면서도 프랑스 문화에 대한 애착이 가득했다. 이 같은 분위기는 그가 생애의 마지막을 보낸 1870년 베를린의 드라마틱한 여름에는 더는 상상하기 어려워졌다. 그의 세계관은 그가 고향에서 의학 학위를 성공적으로 마치고 나서 공부 를 계속하기로 한 후에도 중요한 역할을 했다.

그레페는 파리로 건너가 안과 질환을 전문으로 치료하는 의사들에게 서 몇 달 동안 가르침을 받았다. 율리우스 지헬도 그들 중 한 명이었다. 프랑크푸르트암마인에서 태어난 지헬은 1832년에 파리에서 최초의 안 과 병원을 설립했고 파리에 살고 있던 시인 하인리히 하이네도 그의 환자였다. 그레페에게는 빈 역시 중요한 도시 중 하나였다. 몇 년 후 조지프 리스터와 마찬가지로 위대한 병리학자 카를 폰 로키탄스키를 방문하여 한동안 그의 손님으로 지낸 곳이었기 때문이다.

1850년 그레페는 베렌슈트라세에 있는 가족 소유의 집에서 안과 병원을 개업했다. 염증에서부터 오랫동안 진행된 실명에 이르기까지 온갖 종류의 안과 질환을 가진 환자가 젊은 의사에게로 몰려들었고 그는 짧은 시간 안에 명성을 얻었다. 불과 2년 후 그레페는 다른 지역으로 병원을 옮겼다. 그는 카를슈트라세 46번지(오늘날의 라인하르트슈트라세)에 안과 병원을 개업했는데 그곳에는 최종적으로 120개의 병상이 놓였고 전 세계의 의사들 역시 그곳으로 몰려들었다. 그레페가 살았던 시대의 선구적인 안과의는 대부분 그의 병원에서 그레페를 보조하거나 강의를 듣고 그의 진단과 수술 기법을 배웠다고 해도 과언이 아니었다. '알브레히트 폰 그레페의 제자'는 19세기 후반 의사들 삶에서 매우 중요한 경력으로 여겨졌다.

그레페의 의사 생활은 그가 선택한 전문 분야의 혁신과 맞물렸다. 매우 다재다능한 의사이자 생리학자, 물리학자였던 헤르만 헬름홀츠는 1851년에 작은 광학 장치를 발명했다. 이 장치는 촛불을 이용한 외부 광원의 도움을 받아 눈 안쪽, 동공 뒤의 눈 구조 전체를 볼 수 있도록 해주었다. 이 검안경을 비롯하여 빠르게 개발된 후속 모델의 도움을 받아 그레페는 진정으로 의술을 숙달할 수 있었다. 살아 있는 사람의 망막과 시신경의 결합을 관찰하는 것이 처음으로 가능해진 것이다. 그레페는 녹내장이라고 알려진 흔한 눈병을 발견하기도 했는데 이는 눈에 과도한 압력이 가해져서 시신경에 이상이 생기는 현상을 말한다. 안과에서는 처음으로 완벽하게 비수술적 방법으로 망막의 동맥과 정맥의 흐름을 관찰할 수 있었다. 그레페는 진단의 잠재력을 처음으로 인식한 사람 중 한 명이었다. 고혈압과 당뇨병 같은 일반적인 질병을 혈관 관찰을 통해 알아볼 수 있었던 것이다.

시인들의 말대로 눈은 영혼의 창일 뿐만 아니라 환자의 건강을 평가하는 창이기도 했다. 녹내장의 본질을 연구한 후 그레페는 녹내장 환자를 돕고 시력을 회복할 수 있는 홍채 절제술을 발명했다. 또한 백내장 수술 절차를 개선하여 훨씬 더 많은 백내장 수술을 할 수 있었다. 거의 맹인이 되었다가 카를슈트라세 병원에서 수술을 한 후 세상을 다시 볼 수 있게 된 환자들의 사연은 그레페를 베를린과 프로이센 훨씬 너머까지 전설이 되도록 만들었다.

당시 그레페의 업무량은 도저히 믿을 수 없을 정도였다. 그는 많은 환자를 돌보는 일뿐 아니라 자신의 연구 결과를 전파하는 데에도 많은 시간을 할애했다. 그가 쓴 과학 에세이는 총 2,000페이지가 넘었고 수많은 증상과 임상적 특징을 최초로 설명했다. 홍수처럼 쏟아지는 정보를 모으기 위해 그는 두 개의 전문 잡지를 창간했는데, 하나는 〈그레페의 임상 Graefe's Archiv〉이고 다른 하나는 〈임상 월간 안과 저널Klinischen Monatsblätter für Augenheilkunde〉이다. 이 둘은 모두 오늘날까지 발행되고 있다.

그레페에게 과학적 교류란 과학 논문을 읽는 것 이상이었고, 필요하다면 편집자에게 편지를 쓰는 것까지 포함했다. 그는 의학의 역동적인 발전을 위해서는 개인적인 토론과 의사들 간의 경험 교류가 중요한 요소라고 보았다. 국제회의가 그리 흔하지 않았던 시대에 그는 독일과 오스트리아, 스위스, 네덜란드를 비롯한 일부 유럽 국가의 안과 의사 모임을 제안하면서 다음과 같이 말했다.

> 열정적인 안과 의사들이 매년 경관이 아름다운 하이델베르크 같은 장소에 모여 며칠 동안 같이 지내며 과학적 연구나 소통을 하면서 건전하게 휴식을 취하는 것은 어떨까요. 자연과학자 학술회의*는 친밀한 교환의 욕망이 충족되고 강도 높은 과학적 접근 방식이 충족되기에는 너무 산만하게 여겨집니다.[5]

10명 혹은 12명의 동료 의사들이 그레페의 제안을 따랐고 1857년 9월 하이델베르크에서 첫 회의가 열렸다. 아마도 세계에서 가장 오래된 의학 협회라고 할 수 있을 독일 안과 협회가 이렇게 탄생했다. 알브레히트 폰 그레페의 활동 분야는 1868년 샤리테 병원에 소아과를 포함하여 병동이 늘어나면서 더욱더 확장되었다.

역설적이게도 의학계에 이토록 엄청난 일을 해낸 사람은 의사 생활을 하는 중 한 번도 건강한 적이 없었다. 1854년부터 그레페는 폐 질환의 증상을 보였다. 2년 후 그는 니스에서 휴가를 보내는 동안 친구에게 편지를 썼다.

◆ 1822년 이후 매년 개최된 이 학제 회의는 독일 과학자 -의사 협회의 세부 전공을 다루기에는 모자랐다.

불행히도 내 상태에 대해 그리 좋은 소식을 전할 수가 없다네. 지난 3주 동안 과격하고 매우 공격적인 기침을 하고 있기 때문이라네. ······ 게다가 나 또한 별문제는 아니라고 생각하지만 단순한 기관지염 증세로 보기에는 증세의 지속성과 기력의 감소를 고려해볼 때 의심이 드는 것도 사실이라네.[6]

그레페도 어째서 자신의 의심이 정당화될 수 있는지를 어느 정도 깨달았을 것이고, 또한 실제로 자신이 '심각한' 증세를 가지고 있다는 것을 알았을 것이다. 결핵에 걸렸다는 것이 의심의 여지가 없어지자 그는 정기적으로 스위스 하이덴에서 몇 주 동안 휴식을 취하기로 했다. 하지만 그 또한 바람일 뿐이었다. 그곳에서도 유명한 의사에게서 치료를 받기 위해 줄을 서 있는 환자들이 많았기 때문이다.

어쩌면 그레페의 아내인 덴마크 출신의 아나 그레핀 폰 크누트Anna Gräfin von Knuth도 같은 병에 감염되었을 수도 있다. 그레페는 건강으로 인해 결혼식을 한 번 연기한 후 1862년이 되어서야 아나와 결혼식을 올렸다. 그 해는 그레페의 모국에서 새로운 정치적 변화가 시작되던 때다. 그해 9월에 프로이센 왕 빌헬름 1세가 전직 파리 주재 특사였던 오토 폰 비스마르크를 수상으로 임명한 것이다. 당시 비스마르크는 열혈 반동주의자로 받아들여졌다. 국왕의 전임자이자 말년을 정신병자로 보낸 국왕의 형 프리드리히 빌헬름 4세는 1848년 혁명 당시 장관 후보자들이 기록되어 있는 목록의 가장자리에 다음과 같은 말을 적었다. "피의 냄새. 총검을 마구 휘두르는 곳에서 낭자하게 퍼지는." 실제로 취임 직후 신임 수상이 1862

년 9월 30일 프로이센 하원에서 한 유명한 연설에서도 피에 대해 언급했다. "우리가 처한 거대한 문제에 대한 결단은, 1848년과 1849년에 이미 범했던 중대한 실수인 연설과 다수결이 아닌, 철과 피로써 이루어져야 할 것입니다."[7]

그의 분노의 외침은 의회뿐만 아니라 왕실에도 그리 큰 감동을 주지 못했다. 특히 오거스타 왕비나 왕세자, 영국 여왕의 장녀였던 왕세자비 빅토리아는 그의 의견에 때로 강경한 반감을 표했다. 비스마르크는 몇 년 동안 지속된 헌법적 비상사태를 선포하기도 했다. 그의 전기 작가 중 한 명은 이를 다음과 같이 묘사했다.

> 기본적으로, 1862년에서 1866년의 헌법적 충돌은 프로이센의 정치적 지도력을 이원적 헌법의 구조적 변화 없이 무력화함으로써 변화시키려던 야당의 시도였다. 비스마르크가 통치하는 것이 불가능하도록 만들어 사임하도록 강요하고 왕세자가 빌헬름 1세의 치하에서건 후임자의 치하에서건 새로운 정부를 임명하여 의회의 헌법적 권리를 존중하도록 준비하려는 것이 자유주의자들의 계획이었다.[8]

하지만 이는 계획대로 진행되지 않았고 자유주의자들과 야당 세력은 그 후 28년 동안 비스마르크와 갈등 속에서 지내야 했다.

이 헌법 분쟁은 군 개혁과 확대된 군의 자금 조달 문제에서 촉발되었다. 유럽 5대 강대국 연합에서 당시 프로이센의 군대 서열은 5위에 불과했다. 따라서 비스마르크와 전쟁장관 알브레히트 폰 론은 의회의 예산

승인 없이 군대를 강화했고, 수상은 이 권력 기구를 사용할 기회를 곧바로 찾아냈다. 6년 만에 그는 훌륭한 외교 기술과 전략적 선견지명을 사용하여 세 번의 전쟁을 시작했고 독일에서 조롱의 대상이었던 정치가 비스마르크는 마침내 국민적 영웅이 되었다.

　첫 번째와 두 번째 전쟁은 몇 주 안에 끝났고 손실도 상대적으로 직었다. 1864년 봄, 프로이센과 오스트리아는 군사적으로나 경제적으로 열세인 덴마크를 공격하려 함께 진군했다. 공식적인 분쟁의 이유는 슐레스비히와 홀슈타인의 두 공작의 지위를 둘러싼 갈등을 해결하기 위해서였다. 하지만 2년 후 두 동맹국은 서로를 상대로 싸워야 했다. 1866년 전쟁에서는 프로이센과 오스트리아라는 두 강대국이 독일어를 사용하는 중앙 유럽이라는 세력을 조성할 것인지 아니면 프로이센이 유일한 강대국으로 우뚝 서는 '작은 독일' 해법이 승리할 것인지를 묻는 '독일의 질문'에 대한 답이 결정되었다.

　헬무트 폰 몰트케 참모총장은 현대적인 물류 수송과 결합하여 훌륭하게 전시 전략을 짠 끝에(무엇보다도 대규모 군부대가 전례 없는 속도로 이동할 수 있는 철도 시간표를 활용하여) 1866년 7월 3일, 말 그대로 군사적 정밀성을 가지고 보헤미아의 쾨니히그레츠 근처에서 벌어진 전투에 돌입했다. 프로이센군은 치명적이지는 않지만 확실한 방식으로 오스트리아군을 물리쳤다. 비스마르크는 빈에서 승전 퍼레이드를 벌여서 독일의 승리를 만끽하고자 하던 빌헬름 왕에 맞서서 양국 간의 평화 분위기가 조성되게 함으로써 자신의 뛰어난 전략적 사고를 보여주었다. 오스트리아가 굴욕을 느끼게 해서는 안 되었다. 미래에 언제든 동맹국이 될 수 있기 때문이었다. 저 먼 곳에서 다가오고 있는 프랑스와의 분쟁을 앞둔 시점에서 오스트리아는 중립적인 위치만으로도 매우 귀중한 자산이 된다는 것이 비스마르크의 계산이었다. 반면 엉뚱한 편에 섰던 독일 연방의 몇몇 주들은 전쟁 후 보다 가혹한 결과를 받아들여야 했다. 전쟁 전에는 독립적인 주권을 가지고 있던 하노버 공국과 프랑크푸르트암마인의 자유 도시가 프로이센에 합병되었다.

프랑스에 의논도 참여도 구하지 않고 중앙 유럽에서 중요한 정치권력 문제가 단독으로 결정되었다는 사실은 나폴레옹 3세를 몹시 화나게 했다. "자도바 싸움에 복수를!"이라는 구호는 프랑스 대중 사이에서 특히 신문을 비롯한 언론에서 가장 쉽게 들을 수 있었던 목소리였다. 자도바는 프랑스에서 쾨니히그레츠를 부르는 이름이었는데(자도바는 인접 프랑스 지역이었다) 자신이 관여하지도 특별히 해를 입지도 않은 사건에 대해 복수를 요구한 이들의 태도는 그 시대에 만연한 애국주의적 풍토를 시사한다.

악화 일로로 치닫던 프랑스와 프로이센 간의 관계는 왕가의 후임 문제를 만나 결국 전쟁의 도화선이 되었다. 스페인은 이사벨 2세의 퇴위 이후 새로운 군주를 찾고 있었다. 스페인이라는 국가의 당시 위치에 견주어볼 때 유럽 귀족들 사이에서는 그다지 인기가 없었던 이 왕위 후보 중한 명이 호엔촐레른 가문의 레오폴트 폰 지그마링엔 왕자였다. 피레네산맥 남쪽 왕좌에 프로이센 왕가의 친척이 앉아 있다 생각하니 프랑스에서는 분노의 불길이 일었다. 빌헬름 1세는 전쟁을 원하지 않았고 프랑스인들의 반감을 고려하여 레오폴트에게 국왕 자리를 포기하라고 촉구했다. 하지만 비스마르크와 달리, 프랑스 황제는 정치인의 가장 중요한 기술

중 하나를 가지고 있지 않았다. 바로 멈출 때를 아는 기술이었다.

프로이센의 외교적 패배에는 굴욕이 따랐다. 프로이센 주재 프랑스 대사 빈센트 베네데티 백작은 73세의 빌헬름 황제가 치료를 받고 있는 바트엠스로 가서 산책을 하는 도중에 국왕에게 스페인 왕위 계승권을 영원히 포기할 것을 요구했다. 짜증이 난 빌헬름은 1870년 7월 13일 저녁 비스마르크에게 전보를 보내서 프랑스 대사와 나눈 대화를 전달하며 프랑스의 황당한 요구를 언론에 알릴 것을 넌지시 내비쳤다. 비스마르크는 시키는 대로 했다. 그는 왕이 보낸 역사적인 전보를 국왕의 원문보다 훨씬 더 극적으로 보이게 편집했다. 전보의 마지막 문장은 다음과 같은 파격적인 내용으로 끝을 맺었다.

국왕께서는 프랑스 대사를 다시 접견하지 않으시고 당직 부관을 통해 폐하는 더 이상 할 말이 없다고 대사에게 전달하셨다.[9]

프랑스 대중과 정치인들은 비스마르크가 예상한 분노의 반응을 보였다. 7월 19일, 프랑스는 프로이센에 전쟁을 선포했다. 나폴레옹 3세가 공격한 입장이었으므로 다른 독일 국가들은 이를 프로이센 편에 서서 동맹이 될 수 있는 기회로 삼았다. 이 같은 전개 상황이 베를린 신문을 매일같이 가득 채웠다. 그리하여 이 도시의 가장 존경받는 시민 중 한 사람의 죽음을 보도한 부고면은 신문의 뒷면으로 밀려나버렸다. 1870년 7월 20일 새벽 3시, 유럽 전역에서 국경 없이 활약했던 의사 알브레히트 폰 그레페는 결국 결핵에 굴복하고 말았다.

14장

대대로 원수

독일의 코흐, 프랑스의 파스퇴르

그 모든 것은 매우 빠르게 진행되었다. 프랑스의 선전포고 이후 3주가 채 지나지 않아 독일군과 프랑스군은 알자스 지방의 바이센부르크에서 1870년 8월 4일에 처음으로 충돌했다. 철도 수송 능력과 철도망 및 전신 망을 통한 실시간에 가까운 통신 등 그 시대 발전된 기술의 효율성에 힘을 얻은 군대는 신속하게 움직였다. 독일은 이러한 기술을 조직적으로 통합하는 방법을 적보다 더 잘 알고 있었다. 8월 초에 이르러 독일(프로이 센과 더불어 바이센부르크 가까이 위치한 바이에른주)은 48만 4,000명의 병사를 모았는데 이에 비해 프랑스군은 34만 3,000명에 불과했다. 프랑스 영토 에 독일군이 진격해 들어오면서 전투는 빠른 속도로 이어졌고, 이는 8월 16일의 마르스라투르^{Mars-la Tour} 전투에서처럼 양측 모두에게 극심한 손실을 끼쳤다.

며칠 후, 한 젊은 프로이센 군의관은 자신의 아내에게 보낸 편지에 다음과 같은 내용을 실었다.

우리 군대는 전투에서 엄청난 손실을 입었지만 마침내 전장을 장악했다오. 시체 냄새와 죽은 말의 시신에서 풍기는 냄새로 시골길이 가득 찼고 어둠 속에서 보이는 것이라고는 수없이 널브러진 배낭과 소총, 철모뿐이었지만 말이오. 길을 찾아 헤매다 마침내 우리는 야전 경비대의 횃불을 발견했고 모닥불 옆에서 하늘 아래 밤을 보내기로 했소. 인간이란 얼마나 쉽게 이런 생활에 익숙해지는지, 추위와 비바람에도 내가 잠을 푹 자고 일어난 것을 보면 알 수 있지 않겠소. 이튿날 아침 우리는 프리드리히 카를 공의 본부인 동쿠르 레 콩플랑Doncourt lès Conflans에 가까이 왔다는 사실을 알게 되었소. 사흗날 우리는 쏟아지는 빗줄기 속에서 생프리바St. Privat로 말을 몰았고 8월 16일에는 전장에 도착했소. 도착해보니 죽은 사람들은 이미 묻혔고 커다란 무덤 위에 있는 몇 개의 십자가만이 그들이 평화롭게 쉬고 있다는 것을 보여주더이다. 그러나 무덤 주변에는 온갖 종류의 무기와 옷가지들, 죽은 말과 마차가 어지럽게 뒤엉켜 있었고 생마리오셴St. Marieaux-Chênes 마을의 집에는 곳곳에 총탄 흔적이 남아 피비린내 나는 전투를 증언하더군. 생프리바 성당도 적어도 절반 이상이 불에 타거나 수류탄에 맞아 산산조각이 났다오.[1]

전쟁이 발발했을 때 일선에서 자원하여 복무했던 세 형제 알베르트, 에른스트, 후고 코흐처럼 로베르트 코흐 또한 전쟁 중인 프로이센 왕국을 위해 헌신을 아끼지 않았던 애국자였다. 그는 근시 때문에 군에 입대할 수는 없었지만 프로이센군은 그의 의술을 필요로 했다. 유명한 외과 의사인 테오도어 빌로트와 프리드리히 에스마르히 같은 당대의 위대한 의학자들을 포함해 엄청나게 많은 의사가 전쟁에 동원되었다. 반면에 로베르트 코흐는 시골 의사에 불과했고 유명하지도 않았다. 적어도 그 당시에는 말이다.

1843년 12월 11일 오늘날의 클라우스탈첼러펠트에 해당하는 하르츠 지역의 클라우스탈에서 태어난 로베르트 코흐에게는 일곱 형제가 있었고 그중 두 명은 미국으로 이민을 갔다. 그는 먼 땅에서의 삶을 꿈꾸기도 했지만 이는 좀 더 나이가 들 때까지 이룰 수 없는 꿈이기도 했다. 코흐는 고향에서 그리 멀지 않은 괴팅겐 대학에 등록했는데 첫 학기부터 자신이 처음에 목표로 삼은 교사라는 직업이 자신과 맞지 않으리라는 것을 빠르게 알아차렸다. 코흐는 곧바로 의학으로 전향했고 과학 분야를 공부하는 즐거움을 맛보았다. 특히 그 시대의 뛰어난 유대인 의사 중 한 명이었던 해부학자 프리드리히 헨레의 연구소에서 의대생으로 많은 경험을 쌓았다. 1866년 의사 고시에 합격한 후 몇 달 동안 베를린에서 지낸 그는 프로이센의 수도에 감탄을 금치 못했다. 그는 아버지에게 보내는 편지에 다음과 같이 썼다.

> 어제 저는 아름다운 거리와 광장, 궁전을 비롯하여 수많은 멋진 건물들과 동상들, 유적이나 박물관의 프레스코와 같은 놀라운 예술 작품을 구경했는데 그 아름다움은 하노버나 함부르크와 같은 도시를 보고 상상했던 베를린에 대한 이미지를 훨씬 능가했습니다.[2]

하노버 근처의 함부르크와 랑엔하겐에서 근무한 후, 코흐는 어린 시절부터 알고 지내던 아내 에미Emmy와 함께 포즈난의 라크비츠로 가서 외딴 지역의 시골 의사로 일하기 시작했다. 실수로 자기 자신을 권총으로 쏜 그 지역의 귀족 폰운루에봄스트 남작을 치료한 후 그는 지역에서 드높은 명성을 얻었다. 1870년 7월에 프랑스와의 전쟁이 발발하자 코흐에겐 미래의 직업인 전염병에 대한 연구를 할 수 있는 기반이 생겼다. 메츠 근처의 군 병원과 나중에 군 병원으로 사용된 뇌프샤토에 있는 병원에서 병사들, 특히 좁은 공간에 수용된 부상자들 사이에서 격렬하게 터져 나오는 발진티푸스와 이질을 경험한 것이다. 당시 전쟁 중 발진티푸스에 걸린 독일군의 숫자는 약 7만 3,000명에 달한다고 알려졌다.

온갖 어려움에도 불구하고 코흐는 군대 의료 체계가 과거 전쟁 때보다 더 잘 조직되어 있음을 목격했다. 독일에서는 약 5,500명의 의사와 약 3,000명의 간호사를 고용했으며 잘 발달된 철도망은 부상자와 병자를 돌보는 데 커다란 활약을 했다. 철도망 덕분에 수많은 부상자와 병자들이 카를스루에와 프랑크푸르트, 코블렌츠 같은, 전선과 인접한 국경 도시의 민간 병원으로 빠르게 수송될 수 있었던 것이다. 독일 정부의 선제적 조치로 인해 부상병들은 큰 혜택을 받았다. 독일 병사들은 1798년 영국의 시골 의사 에드워드 제너에 의해 몇 세대 전에 소개된 그 당시 유일한 백신이었던 천연두 예방접종을 받았다. 전쟁 과정에서 이루어진 이 결정적 조치의 중요성에 대해 한 현대 역사학자는 다음과 같이 강조했다.

나폴레옹*과는 달리 대량 백신 접종의 중요성을 제대로 간파하지 못한 정부들이 종종 있었다. 이것은 매우 중요한 비대칭성을 만들어냈다. 1870년에 프랑스군과 싸우기 위해 전투 현장으로 투입된 독일 병사들은 거의 완전한 이중 예방접종의 보호하에 놓였다. 반면에 프랑스 측은 많은 수의 군인들이 백신 접종을 받지 않은 상태였다. 공교롭게도 천연두의 불씨가 나라 곳곳에서 다시 타오르고 있었다. 보불전쟁은 극심한 전염병 위기 속에서 일어난 것이었기에 이처럼 대조적인 군사 보호 조치는 프랑스의 패배에 많은 기여를 했다. 전쟁 중에 천연두로 목숨을 잃은 프랑스군의 숫자는 독일군보다 여덟 배나 많았다. 게다가 1869~1871년에 프랑스에서 천연두로 사망한 민간인의 숫자는 거의 20만 명에 육박했다. 천연두는 전쟁 포로를 통해 독일에 들어왔으며 당시 독일의 민간인은 군인에 비해 훨씬 보호막이 취약했다. 그 결과 1871~1874년에 18만 명 이상의 독일 국민이 심각한 전염병의 희생양이 되었다. 천연두에 대한 면역 상황은 경제 발전 수준을 반영하는 것이 전혀 아니었는데, 가령 가난한 나라로 여겨지는 자메이카는 부유한 나라 프랑스보다 수십 년 일찍 천연두로부터 자유로웠다.[3]

전쟁의 운명은 1870년 9월 2일 스당에서 프랑스 군대가 항복하면서 결정되었다. 나폴레옹 3세는 10만 명이 넘는 프랑스 포로 중 한 명이 되어 과거의 지위와 안락한 생활을 그리워하며 카셀에서 '손님'으로 억류된

◆ 여기서 말하는 사람은 통치자인 조카 나폴레옹이 아니라 1805년에 자신의 병사들에게 천연두 예방 접종을 시킨 나폴레옹 1세이다.

채 지내야 했다. 황제의 제국은 군대가 붕괴된 후 48시간도 채 지나지 않아 무너졌다. 9월 4일 파리에서는 프랑스 제3공화정이 선포되었다. 전쟁의 결과가 전 세계에 영향을 미친 것은 아니었지만 1871년 1월 18일 베르사유 거울의 전당에서는 프로이센 왕이 독일 황제임을 선포하는 식이 열렸다.

1871년 5월 10일 슈반 호텔에서 체결된 프랑크푸르트조약과 함께 전쟁은 공식적으로 끝났다. 프랑스가 알자스와 로렌을 독일에 양도하고 배상금으로 500만 프랑의 금화를 지불하자 프랑스에서는 복수를 촉구하는 여론이 들끓었다. 이러한 복수에 대한 갈망은 평화가 이루어진 후 불슈타인(현재 폴란드 서부의 올슈틴)에서 지역 의사(의료 장교)로 일하던 로베르트 코흐에게 영감과 저주를 동시에 가져다준 한 과학자를 사로잡았다. 화학자 루이 파스퇴르는 앞으로는 모든 편지의 끝에 "프로이센에 증오심을. 복수. 복수."[4]라는 서명을 남기겠다고 맹세했다. 또한 전쟁 초기에 본Bonn 대학에서 받은 명예박사 학위를 반납하기도 했다.

1822년 프랑스 쥐라에서 태어난 파스퇴르는 자연과학 박사였는데 이 학위를 얻기 위해 물리학과 화학 분야에서 두 개의 논문을 썼다. 디종과 릴에서 교수로서 학생들을 가르친 그는 1857년 파리 고등사범학교의 교수로 임명되었다. 그는 그곳에서 실험실을 설립하고 발효 실험을 시작했는데 이로 인해 초기에는 과학자들 사이에서, 이후 대중에게까지 큰 명성을 얻게 되었다. 파스퇴르는 수많은 실험을 통해 알코올이나 버터산, 혹은 식초를 만드는 과정에서 일어나는 발효 작용이 미생물의 활동으로 인한 것이라는 사실을 증명했다. 당시에는 눈으로 볼 수 없었던 이 작은 생명체의 효능을 파스퇴르는 분석할 수 있었다.

부패 작용도 원칙적으로는 발효 과정에 지나지 않았다. 다만 이 경우 미생물이 알코올 발효 때보다 훨씬 덜 구미가 당기는 냄새를 풍기는 가스를 배출한다는 차이가 있을 뿐이었다. 파스퇴르는 이러한 미생물의 활동과 미생물을 막는 방법을 실험으로 증명했고 이 방법은 곧 세계적으로 유명해졌다. 설탕물과 같은 액체를 끓여 밀봉하는 방식이었는데, 이는 장기간에 걸쳐 부패를 방지했다. 또 그는 미리 가열한 액체를 뚜껑은 열려 있지만 목이 길고 뒤틀린 유리병에 넣어두는 실험도 진행했다. 그곳에는 곰팡이가 생기지 않았는데 어떠한 박테리아도 공기와 함께 이 꼬불꼬불한 길을 통과하지 못한 것이다. 이후 긴 유리병의 목을 잘라버리자마자 발효가 일어나거나 곰팡이가 즉시 형성되었고 이는 미생물들이 공기를 통해 병 속으로 침투할 수 있다는 증거가 되었다.

100도 이하의 온도에서 음식과 포도주를 잠깐 가열하는 파스퇴르식 처리법은 음식을 장기간 보존하는 방식으로 빠르게 자리를 잡았다. 이 방법은 오늘날까지도 여전히 저온살균법이라는 이름으로 활용되고 있다. 파스퇴르는 모든 곳에 만연한 미생물이 의료 행위에도 지대한 영향을 미친다는 주장을 펼쳤다. 이는 처음에는 제멜바이스가, 그리고 나중에는 리스터가 주목한 부분이기도 하다. 리스터가 자신의 발효 연구를 활용하여 소독제를 발명했음을 강조했다는 소식을 들은 파스퇴르는 자부심을 느꼈다고 한다. 그는 이렇게 힘주어 말했다.

만일 내가 외과의가 되는 영광을 누린다면 나는 모든 물체, 특히 병원에 존재하는 병원균의 위험을 분명 간과하지 않았을 것이다. 나라면 완벽하게 청결한 기구를 사용할 뿐만 아니라 손을 세심하게 씻고 130도에서 150도의 열을 가한 붕대와 스폰지만을 사용할 것이다.[5]

1867년 소르본 대학의 교수에 임명된 파스퇴르는 그보다 21세 어렸던 로베르트 코흐와는 대조적으로 전쟁에 참가하지 않고 수천 년 동안 발효를 기반으로 이루어진 맥주 양조의 기본 과정을 연구하기 위해 고산에 위치한 자신의 고향 지역에 수개월간 머물렀다. 그는 그곳에서 라거 맥주 한 종을 개발했는데 애국적 심리 상태를 반영한 맥주의 이름은 '겨레의 복수를 위한 맥주'였다.[6] 정치적으로 반동주의자였으며 실험실에서는 가혹한 책임자였던 파스퇴르는 위대한 과학적 성취를 이루었던 삶의 대부분을 신체적 결함 속에서 보내야 했다.

젊은 프랑스 공화국은 당면한 사회적 위험을 농업의 발전으로 모면해보려는 과제를 파스퇴르에게 내렸고 1860년대까지 파스퇴르는 프랑스뿐 아니라 다른 여러 나라의 섬유산업에 상당한 피해를 준 누에의 질병을 연구했다. 한편 파스퇴르에 대한 표절 의혹이 제기되기도 했는데 이는 한 번만이 아니었다. 사실 파스퇴르는 연구 과정에서 연구소 직원이나 독립 연구자가 기여한 부분을 상당히 소홀히 한 바 있다. 오늘날 과학사학자에게 그가 특히 과학 윤리에 관한 논쟁에서 상당히 '논란이 많은 인물'로 여겨지고 있는 이유다.[7] 아무튼 가금류 콜레라는 농업 분야에서 골칫거리였는데 파스퇴르는 마침내 1880년에 이에 대한 백신 혈청을 개발했다.

이러한 가축 질병과는 대조적으로 탄저균은 동물과 사람 모두에게 영향을 미치는 전염병이었다. 무엇보다 탄저균이란 이름은 21세기에 있어서 생화학 테러리즘의 가능성을 내포한 시나리오의 한 부분이기도 하다. 2001년 9월 11일 테러 직후, 미국에서는 탄저균 가루가 담긴 우편물이 여러 건 발견되었는데 이것은 새로운 차원의 테러에 대한 우려를 불러일으켰다. 19세기에 주로 피부나 장 또는 폐에서 발생하던 탄저병 종류는 농업이나 그와 관련된 산업에 종사하는 사람들에게 영향을 미쳤다. 특히 병균체가 함유된 먼지를 들이마심으로써 주로 발생하는 폐탄저병은 잔인하고 치명적인 질병이었다. 탄저균에 감염된 사람은 몇 시간 이내에 피 묻은 가래를 뱉으며 폐렴 증상을 일으켰다. 제2차 세계대전이 지난 후 항생제가 대규모로 공급되기 전까지 폐렴에 걸리면 며칠 내에 사망하는 것이 보통이었다. 탄저균은 루이 파스퇴르의 오랜 친구이기도 했는데, 그의 아버지는 가죽을 가공하는 무두장으로 병균체에 감염되기 쉬운 직업군이었다. 한편 이러한 병원균의 정체를 밝히기 위한 연구에 돌입한 연구자가 있었으니 그 이름은 로베르트 코흐였다.

성공 가도를 달렸으나 때로는 지나치게 바쁜 의사 생활을 이어가던 볼슈타인의 지역 의사 코흐는 작은 실험실을 설립했다. 이에 대해서는 로베르트 코흐에 대한 가장 포괄적인 전기를 쓴 전기 작가인 요하네스 그룬치히와 하인츠 멜호른이 매우 상세하게 묘사한다.

실험실 창가의 작은 탁자 위에 현미경이 놓여 있다. 창문 안쪽에 설치된 나무 덧문을 닫으면 빛이 차단되었다. 현미경 사진의 노출을 위해 작고 네모나게 오린 판을 열고 닫았다. 코흐의 아내나 딸이 다른 쪽 창문에서 적절한 빛의 순간을 알려주면 코흐가 재빨리 이것을 열었는데 이 판에는 그 용도에 맞게 '구름 이동기'Wolken-schieber'라는 이름이 붙었다. 창문 옆에는 사진 건판을 씻기 위한 용도의 금속판 욕조가 있었고 세균 배양을 위한 펠트로 된 배양기가 있었으며 뒤쪽 구석에는 좁은 목재로 된 방이 하나 놓여 있었다. 사방이 검게 뒤덮여 있고 창문에는 붉은색이 입혀진 이 암실의 창문은 코흐의 딸이 작업 과정을 지켜볼 수 있을 정도의 크기였다. 오로지 코흐의 딸과 아내만이 들어갈 수 있었던 이 작은 연구실에서 코흐는 다른 여러 가지와 함께 극도로 위험한 병균체인 탄저균을 실험하고 있었다.[8]

1873년부터 코흐는 더 새롭고 강력한 현미경으로 탄저균의 원인 물질을 알아내는 연구 작업에 돌입했다. 그는 마침내 놀랄 만한 형태의 생명체를 발견했다. 이 박테리아는 가뭄과 추위 같은 불리한 조건으로는 전혀 움직임이 없는 포자로 변하지만, 동물의 몸에 침투한 다음에는 다시 생식을 시작하고 질병을 일으킬 수 있는 형태로 탈바꿈했다. 코흐는 이 병원체에 바킬루스 안트라키스Bacillus anthracis라는 이름을 붙인 뒤 순수한 배양액을 통해 배양하는 데 성공했고, 이 병원체가 함유된 용액을 주입해 실험용 동물에 탄저균을 발생시키는 데에도 성공했다.

물론 코흐는 대학과는 거리가 먼 외톨이 전사 같은 촌뜨기 의사로서 의학 세계의 관심을 끌기 어렵다는 사실을 잘 알고 있었다. 그에겐 존경받는 후원자가 필요했고 마침내 식물 생리학 연구소의 브레슬라우 대학에서 가르치는 페르디난트 율리우스 콘Ferdinand Julius Cohn이라는 학자를 찾아 냈다. 1872년 코흐는 〈세균에 관한 연구〉라는 제목의 논문을 출판했는 데 이는 코흐의 연구와 함께 세균학의 기초 자료로 받아들여지고 있다.

코흐는 기차에 엄청난 짐을 싣고 브레슬라우로 갔다. 그 짐에는 오늘 날의 관점으로 보자면 심히 의심스러운 탄저병 배양균뿐 아니라 여러 실 험용 동물까지 포함되어 있었다. 일요일 도착 당일, 콘의 집에서 우호적 인 평가를 받은 강연을 마쳤다. 월요일에는 집주인과 그의 직원들 그리 고 병리학 교수인 율리우스 콘하임과 그의 밑에서 박사 과정을 공부하고 있는 파울 에를리히Paul Enrlich를 포함한 많은 동료들의 집중된 시선을 받으 며 직접 실험을 시작했다. 현미경 시료를 실험하는 모습을 콘은 즉각 그 림으로 남겼고, 시료는 이후 동물의 몸에 주입되었는데 이는 모든 이들 에게 깊은 인상을 남겼다. "나의 실험은 좋은 평가를 받았다."[9]라고 코흐 는 그날 일기에 적었다.

같은 날 저녁 코흐는 콘의 저녁 식사에 초대되었고 위대한 식물학자인 콘의 든든한 지원을 확인할 수 있었다. 1876년 10월, 탄저병 병원체와 그 순환에 관한 코흐의 연구 결과는 콘이 발행한 저널에 실렸다.

그가 실은 출판물이 주로 생물학자를 대상으로 한 것이지 의학 전문가 를 위한 것이 아니었으므로 코흐는 뮌헨의 위생학자 막스 폰 페텐코퍼와 같은 의학계의 명사들에게도 사본을 보냈다. 그는 또한 당시의 독일 의 학계의 지도자를 설득하려는 노력을 기울였지만 실패했다. 그룬치히와 멜호른은 이 일련의 사건을 다음과 같이 생생하게 묘사했다.

이 같은 눈부신 과학적 성공에도 불구하고, 독일 대학들은 코흐를 받아들이려는 노력을 보이지 않았다. 어쩌면 루돌프 피르호 교수의 질투를 산 탓인지도 모른다. 코흐는 독일 의학의 무관의 제왕으로 여겨졌다. 1878년 8월 3일, 코흐는 샤리테 병원에서 특유의 탄저병 실험을 피르호 교수 앞에서 시연했다. 명성 높았던 병리학자의 사무실은 마치 박물관 같았는데 곳곳에 해골이나 뼛조각들이 놓여 있었다. 당시 보도에 따르면 코흐는 너무 긴장한 나머지 들어가자마자 테이블 위에 놓인 수많은 해골 중 하나를 쳐서 바닥에 떨어뜨렸다고 한다. 피르호는 분노에 찬 얼굴로 코흐를 노려보며 으르렁거렸고 탄저균 실험은 본체만체하며 그에게 작별을 고했다고 한다. 피르호의 조수들은 심지어 코흐의 시골뜨기 차림을 조롱하기도 했다. 그가 시연을 마친 후 공손한 표정으로 "여기 계신 신사분들 중 혹시라도 질문하실 분이 있는지요?"라고 묻자 피르호는 침묵을 지켰다. 하지만 능글맞은 조수들 중 한 명이 비웃음이 가득 한 표정으로 코흐에게 질문을 던졌다. "혹시 그 구두를 만든 구두장이의 주소를 알려줄 수 있나요?"[10]

세균학 연구자들이 코흐를 인정하기까지는 탄저균보다 훨씬 더 널리 퍼진 질병에 대한 또 다른 선구적 업적이 필요했다.

루이 파스퇴르가 코흐의 탄저균 연구에 대해 언제 들었는지 혹은 듣고도 이를 무시했는지 여부는 확실히 알 수 없다. 파스퇴르는 닭 콜레라에 대한 백신과 함께 탄저균에 대한 동물 백신 개발로 또 다른 돌파구를 마련했다. 이는 에드워드 제너 시대 이후로, 약 80년 이상의 세월이 흐른 후 처음으로 생산된 백신이었다. 파리 뤼 딀름^{Rue d'Ulm}에 있는 연구소에서 진행한 파스퇴르의 실험이 대중에게 알려지면서 그 지역 농업 관청은 1881년 초여름에 그를 파리 외곽에서 50킬로미터 떨어진 푸이르포르^{Pouilly-le-Fort}에서 열린 공개 시연회에 초대했다. 수많은 청중 앞에서 이루어진 이 시연회는 과학사에 길이 남을 실험 중 하나가 되었다. 파스퇴르와 그의 직원들이 양 25마리(다른 보고서에 따르면 양 24마리, 소 여섯 마리, 염소 한 마리)에게 탄저균 백신을 접종했다. 이 동물들은 2주 후에 두 번째 예방접종을 받았다. 다시 2주 후, 파스퇴르와 조력자들은 이 동물들과 같은 크기의 통제 집단에게 백신 접종을 하는 대신 신선하고 활발한 탄저균 배양액으로 가득 찬 용액을 주입했다. 이틀 안에, 백신 접종을 받지 않은 그룹에서 23마리의 양이 죽었고, 백신 접종을 받은 그룹에서는 오직 한 마리의 양만이 병에 걸렸다. 죽은 양은 아마도 완전히 다른 조건에서 백신을 접종받은 양일 것이다.

코흐와 파스퇴르 사이의 첫 개인적 만남은 존중과 우호적인 분위기가 오갔다. 하지만 이후 두 사람은 개인적으로 논쟁을 이어갔으며 이를 두 나라의 언론은 민족주의적 의도로 극대화하거나 격화시키곤 했다. 나중에 에드워드 7세로 즉위하고 나서 외과 환자로서 현대 의학의 진일보한 성과를 몸소 경험하기도 했던 웨일스 공의 후원 아래 1880년 런던에서는 국제 의학 총회가 열렸다. 이 학회에는 약 3,000명의 의사들이 참석했는데 두 연구자 모두 공헌을 존중받았다.

코흐와 파스퇴르를 모두 초청한 사람은 당시 소독제에 대한 저항이 거의 사그라든 영국에서 가장 존경받던 의사였던 조지프 리스터였다. 회의 동안 코흐는 리스터의 실험실에서 자신과 조수가 세포 배양을 위해 개발한 배양체와 알프레드 도네가 거의 40년 전에 발명한 후 한층 개선된 현미경 사진술을 시연했다. 이 같은 기법은 코흐가 베를린의 제국 보건연구소 임시 고문으로 임명된 후 드디어 제대로 된 전문적 환경에서 작업한 결과물이기도 했다. 코흐는 주의 깊은 리스터의 시선을 느끼며 회의 참가자들에게 준비해 온 것들을 보여주었다. 그의 어법이나 언어 구사 능력은 상당히 서툴렀고, 현미경에 몸을 굽히고 거기에 놓인 희끄무레한 박테리아 종에 대한 간단한 설명조차 어눌하고 중얼거리는 듯한 그의 목소리 때문에 가까운 곳에 서 있는 참가자들에게나 겨우 들릴 정도였다. 하지만 파스퇴르는 시연회가 끝난 후 너무나 감명을 받아서 코흐에게 악수를 청하며 이렇게 말했다. "정말 대단한 진보군요, 선생님!"**11**

코흐가 쇼에 재능이 없다는 사실조차도 그에 대한 대중의 엄청난 호감을 앗아가지는 못했다. 코흐가 주로 집중한 연구 부문은 결핵 병원체를 찾아내는 방법이었다. 그 당시 획기적인 방법은 젊은 파울 에를리히가 개발한, 메틸렌블루를 염색하는 방법이었는데 코흐는 두 번째 갈색 염료를 첨가했다. 수많은 시도 끝에, 현미경 아래 놓인 결핵균 물질에서 살짝 구부러진 막대들을 볼 수 있었다.

1882년 3월 24일 저녁, 코흐는 베를린 생리학 연구소에서 '결핵균학'이라는 제목으로 강연을 했다. 강연 초대장의 제목만 봐서는 그다지 흥미로울 것도 없었다. 하지만 10여 명 정도의 청중이 올 것이라 예상됐던 강연회에 온 사람은 100명도 넘었고 수많은 청중이 강의실 의자 뒷줄에

서서 강연을 들었다. 코흐는 입을 열었다. "인류에게 중요한 질병의 기준을 희생자의 수로 측정한다면 결핵은 페스트나 콜레라와 같은 무서운 전염병보다 더 중요한 질병으로 분류되어야 합니다. 현재 일곱 중 한 명의 인구가 결핵으로 사망합니다. 왕성한 나이의 중장년층만 보면 결핵으로 셋 중 한 명 이상이 사망하고 있습니다."[12]

그다음 코흐는 참가자들에게 결과를 보여주었다. 코흐의 조수가 강연장에 설치된 여러 개의 현미경을 통하여 모두가 이 인류의 적을 들여다볼 수 있게 했다. 바로 결핵균이었다. 코흐가 말을 마치자 실내가 조용해졌다. 박수조차 터지지 않았다. 청중은 자신들이 역사적 순간을 목도했다는 사실을 깊이 실감하고 있었다. 파울 에를리히는 자신의 생애에서 가장 중요한 과학적 경험의 순간으로 이날 저녁을 언급했다. 그 후 몇 주 동안 신문들은 로베르트 코흐를 국민적 영웅으로 떠받들었는데 황제도 그를 비밀 고문으로 임명할 정도였다. 포메라니아 출신의 시골 의사는 이제 신생 독일제국의 과학계에서 최고 책임자가 되었다.

1840~1914
A GREAT
MEDICAL
EPOCH

15장

과학의 나라, 독일

세포 병리학의 아버지 피르호와
근대 의료보험의 아버지 비스마르크

1882년 3월 24일 코흐의 강연을 축하해주지도 않고 박수갈채를 보내지도 않은 한 저명한 과학자가 있었다. 루돌프 피르호는 독일 과학계의 빛나는 별이었으며 많은 이들이 그를 최고의 권위자이자 의학계의 교황으로 받들었다. 비록 그가 오랜 세월 학자로서 지내면서 환자들을 거의 치료하지 않긴 했지만 말이다. 실제로 피르호는 당대의 가장 중요한 병리학자였고 누군가 흥미로운 이유로 죽음에 이르렀을 때는 꼭 피르호를 찾아왔다. 베를린 대학의 외과 전문 클리닉에서 수련의로 짧은 실습을 한 후 피르호는 교육을 마치고서 곧바로 샤리테 병원의 부검전문의가 되었다. 몇 년을 제외하고는 피르호는 뷔르츠부르크에서 병리학 교수로 생의 마지막 날까지 재직했다.

1856년 베를린의 병리학 정교수로 임명된 지 2년 후, 피르호는 수많은 성과를 자랑하던 학술계에서조차 수십 년 동안 가장 유명한 과학적 업적으로 남을 작업물을 내놓았다. 그것은 병리학 외에도 위생학과 인류학, 고고학, 사회윤리, 공중보건, 의학사 등 수많은 다른 분야를 아우르는 작품이었다. 강연을 정리한 〈생리학과 병리학적 세포 이론의 정당화에 있어서 세포병리학〉에서 그는 이 의학 황금기에 대해 매우 의미심장한 발언을 했다.

> 우리는 중대한 의학적 혁신의 한가운데에 서 있다. 이 광범위한 학문의 전 분야가 과학적인 연구 대상이 된 것은 우리 시대 천년 만에 처음 있는 일이다.[1]

피르호의 이론을 기반으로 한 세포병리학은 결함 있는 암세포의 지나친 성장과 같이 신체 세포의 변화를 질병의 원인으로 보았다. 피르호의 성공적인 발견으로 인해 의학계에서 엄청난 진보의 발걸음을 내딛을 수 있었고 마침내 질병을 다양한 체액의 불균형에서 기인하는 것으로 보았던 전통적인 개념(세포병리학설과는 대조적인 입장의 사체액설)에 종지부를 찍을 수 있게 되었다.

모든 것은 아닐지라도 세상 대부분의 문제가 해결 가능한 것처럼 보였던 새로운 시대란 피르호에게는 고대의 지혜와 사이비 지식에 대해 객관적이고 무자비한 질문을 던지는 시대이기도 했다. "인류의 아주 오래된 이론들은 경험뿐 아니라 더 많은 시험을 통해서 본질적으로 그 진위를 확인해야 할 필요가 있다."[2] 피르호는 피어나고 시들고 죽어가는 인체에 대한 이해를 바탕으로 한 자신의 가르침으로 과거에 비해 얼마나 많은 것이 달라졌는지를 잘 알고 있었다.

> 예전에는 인체의 어떤 부분이 질병의 원인이 되고 어떤 부분이 활성

화되며 어떤 부분이 고통받는지 알지 못했기 때문에 통일된 질병의 원리를 찾는 모든 시도가 실패했다. 이는 모든 생리학 및 병리학에서 가장 중요한 질문이다. 나는 세포가 진정한 유기적 통일체라고 언급한 바가 있다. 세포야말로 건강하거나 병든 사람 모두에게 생명 활동이 이루어지는 생명 현상의 마지막 요소라고 할 수 있다.[3]

병리학적 변화에 대한 피르호의 이해는 거시적이고 미시적인 병리학의 다양한 표현 방식에 대한 백과사전적 지식을 바탕으로 이루어진 것이었다. 알코올이나 포름알데히드에 담가둔 다양한 의학적 재료나 긴장한 로베르트 코흐가 실수로 피르호의 책상에서 떨어뜨렸다는 두개골을 포함한 각종 뼈를 비롯하여 그의 수집품은 아마도 세계에서 가장 방대한 규모였을 것이다. 1895년 샤리테에 있는 그의 서재에서 찍은 피르호의 사진은 마치 자연사 박물관에서 찍은 것처럼 보인다. 바닥에는 인간의 두개골이 담긴 상자가 널려 있다. 키가 그리 크지 않은 피르호 옆에는 다양한 골격이 서 있는데 어떤 골격은 척추가 심하게 굽어 있다. 오랜 병리학자로서의 경력을 거치며 그가 모은 수집품들은 2만 개가 넘는데 대부분 그가 오랫동안 일했던 샤리테의 의학사 박물관에 보관되어 있다.

샤리테는 18세기 초에 베를린 외곽에 전염병 치료소와 호스피스 시설로 설립되었으며 이곳에서 군의관이 양성되었다. 19세기 중반부터 이곳은 베를린 대학에 있는 몇몇 병동이 위치한 곳이 되었고 점차 샤리테는 병원과 동의어로 사용되었다. 공식적으로는 1951년에 샤리테와 대학 병원이 하나의 기관으로 합쳐졌다. 하지만 오늘날의 캠퍼스는 더 이상

1880년대와 1890년대의 건물이 아니다. 그 당시의 건물은 1896년에 파괴되었고 이후 1917년에 붉은 벽돌 건물로 재건되었는데 이는 그 후 이어진 제2차 세계대전의 수많은 폭격을 견디고 여전히 건재하다.

오늘날에도 여전히 높은 평가를 받는 피르호의 명성을 살펴보면 의심할 여지가 없는 그의 업적 이외에도 오류나 오판, 독단성도 못지않게 포함되어 있음을 알 수 있다. 가령 그는 코흐가 발견한 결핵균을 진지하게 받아들이지 않았다. 피르호는 결핵을 종양으로 인한 질병으로 여겼다. 또 1856년에 뒤셀도르프 근교에서 발견된 네안데르탈인의 뼈를 보고 그는 그것이 특별한 종족의 뼈가 아니라 질병으로 인해 변형된 인류의 골격이라고 주장했다. 피르호는 다윈의 진화론에 대해 회의적인 시각으로 적대시했는데 이런 태도는 제멜바이스를 회의적으로 보는 시각에도 마찬가지로 적용되었다. 그 외에도 예는 많다.

루돌프 피르호는 다양한 질병의 병리학을 이해하기 위한 기초를 닦은 과학자였다. 어느 정도의 정의로움과 상상력을 품은 그 시대의 위대한 진보적 흐름 속에서 세월을 보낸 피르호가 갖는 만년의 초상화는 지적이고 지혜로우면서도 신비로움이 넘치는 고집스러운 모습을 드러내고 있다.

피르호는 또한 수년 동안 프로이센 하원(그곳에서 자를란트 선거구를 대표했다)과 시의회에서 활동하였으며 마침내 1880년에서 1893년 동안에는 독일제국 의회의원을 역임했다. 그는 1871년부터 독일제국의 수상을 역임하기도 한 프로이센 수상 오토 폰 비스마르크에 대한 혹독한 비판가로 의회에서 악명 높았다. 오늘날의 시대적 관점에서 보자면(이것은 현대의 전기 작가들이나 협회의 견해에서 비롯된 바가 크다) 피르호는 자유당의 공동창립자로서 진보와 자유를 옹호한 정의로운 입장에 서서 1848년 혁명에 참여한 반면, 비스마르크는 반동적인 프로이센의 수구적 지도자로 21세기의 사람들에게는 기이하고 혐오스럽게 여겨질 수 있다. 1940년경에 제작된, 코흐와 비스마르크가 등장하는 두 편의 장편 전기 영화에서 볼 수 있듯 나치가 비스마르크를 미화하고 피르호를 미심쩍은 인물로 묘사한 것도 한몫할 것이다. 유럽의 통합이라는 개념이나 소수민족의 권리, 그리고 국가가 보장하는 기본적 의료 개념과 같은, 그가 의회에서 관철시키려 했고 비스마르크가 어느 정도 초석을 쌓은 의견이나 생각들은 실제로 당시 제국 시대보다는 먼 미래에 더 어울릴 만큼 진보적이었다.

피르호는 프로이센 하원의 정치적 라이벌이었던 비스마르크를 계속 공격했고, 격분한 수상이 1865년에 과학자에게 결투를 신청했으나 피르호가 그런 종류의 싸움은 거부한다고 선언함으로써 이는 실현되지 않았다. 하지만 다혈질의 비스마르크가 결투 선언을 했다는 것 자체는 전국에 화제를 불러일으켰다.

> 논쟁은 나라를 분열시켰다. 한쪽에서는 피르호에 동정적인 입장의 시위가 폭풍처럼 일어났고 비스마르크에 동조하는 언론의 입장도 만만찮았다. 피르호도 이 사건에 대한 29가지의 신문 기사를 모두 스크랩해놓았다.

두 사람이 임할 결투의 목적과 피르호가 과연 이에 대응할 능력이 있을까에 대해서 언론은 제각각 목소리를 높였다.

이 같은 언론의 다소 공식적인 반응 외에 여러 개인도 각각 자신의 목소리를 냈다. 피르호가 머물고 있던 베를린-브란덴부르크 과학 및 인문학 아카데미에만 해도 독일 전역과 해외 여러 도시에서 35통의 편지와 전보가 도착했다. 보낸 사람 중에는 피르호의 친구도 있었지만 전혀 모르는 사람도 있었다. 일부 편지에는 수백 명의 서명이 담겨 있기도 했다. 편지를 보낸 이들은 피르호가 결투를 거절한 것에 대해 감사를 표하며 피르호가 '독일 입법제도의 훌륭한 본보기이자 법을 지키는 시민의 훌륭한 본보기가 된다'는 점을 추켜세웠다.[4]

제국의 통일 이후 비스마르크가 피르호가 공격하기에는 너무 높은 자리에 올랐음에도 불구하고 이들은 종종 의회에서 반대편에 서곤 했다. 의사로서 피르호는 분명 수상을 보면서 속으로 그의 건강에 의문을 품었을 것이다. 뼛속까지 노회한 정치가이긴 하나 비스마르크는 병리학자인 피르호가 보기에는 현대 의학의 관점에서 수많은 질병을 불러올 수 있는 건강하지 못한 생활 방식의 표본으로 살아온 것이 틀림없었기 때문이다. 실제로 비스마르크는 심장과 혈관 문제의 주요 촉발제인 스트레스로 인해 신경성 위기와 신경쇠약에 반복적으로 시달렸다. 자신의 고용주였던 빌헬름 1세 황제의 저항을 극복하고 1866년 빈에서의 승리 퍼레이드를 포기시키고 1871년 독일 통합에 동의함으로써 혁신을 이룬 것만 하더라도 비스마르크에겐 엄청난 스트레스 요인으로 작용했을 것이다. 군주 또한 그런 수상을 두고 황제로 사는 것이 쉽지 않다는 의미의 한숨으로 두 사람의 공생 관계를 표현했다.

게다가 비스마르크의 신체 조건은 그의 정신 상태 그 이상을 말해주었다. 거구의 몸집을 가진 비스마르크의 모습은 피르호뿐 아니라 의학에 문외한인 사람이라도 건강하지 못한 식단과 관련 있음을 알 수 있을 정도였다. 비스마르크는 분명 미식가와 폭식가의 중간에 있었다. 베를린에서 혹은 그의 저택이 있는 포메라니아에서 비스마르크가 마주한 아침 식사는 그 풍족함 면에서 비교할 바가 없었다. 구운 거위와 소고기 요리, 청어와 캐비어, 많은 양의 샴페인과 여러 가지 주류가 놓인 식탁을 상상해보라. 1880년 3월, 그의 하인 중 한 명은 자신의 주인이 또다시 폭식으로 끔찍한 모습을 하고 있다는 사실에 격분했다. 그의 아내에 따르면, 비스마르크는 그 전날 "어마어마한 양의 펀치 아이스크림을 먹고 버터와 함께 달걀 여섯 개를 먹어치웠다." 베를린 주재 뷔르템베르크 대사의 부인 힐데가르트 프리프라우 폰 슈피쳄베르크도 수상을 걱정했다.

> 만약 이 거대한 인물이 단지 먹고 마시고 자는 것만이라도 합리적인 수준을 유지한다면 그는 우리 모두보다 오래 살 것이다. 하지만 수년 동안 그는 정오에 일어나 그때부터 저녁까지 세 번이나 엄청난 양의 음식과 술을 먹고, 정신없이 국정 과제를 처리하며 그 후에도 11시 30분까지 사람들을 만나 술을 마시고 담배를 피우며 밤새도록 깨어 있다가 낮에서야 밤에 이루지 못한 잠을 보충하곤 했다.[5]

비스마르크는 또 갖가지 질병에 시달렸다. 분명 식습관과 관련되어 있을 복통과 담석산통 외에도 대상포진과 좌골신경통 등을 앓았는데 이 때문에 그는 종종 모르핀을 처방받았다. 결국 비스마르크는 자신의 건강이 위험에 처해 있음을 깨닫고 1880년부터 자신의 주치의인 에두아르트 코엔Eduard Cohen과 에른스트 슈웨닝게르Ernst Schweninger의 말에 점차 귀를 기울이기 시작했다. 코엔은 수상에게 다이어트를 권했고 그 결과 몸무게가 124킬로그램에서 약 103킬로그램으로 줄어들도록 했다.

독일과 유럽의 미래의 길을 보여주는 데서 최고 권력자였던 비스마르크는 그다지 영향을 미치지도 못했고 실제로 아무런 역할도 하지 못했다. 대신 그 역할을 맡은 사람은 피르호였는데 그것도 행복한 역할은 아니었다. 1887년이 되자, 90세 아버지인 황제 빌헬름 1세로부터 왕위를 물려받기를 기다리고 있던 황태자 프리드리히 빌헬름이 중병에 걸렸다는 사실이 점차 명백해졌다. 당시 56세였던 미래의 군주는 피르호를 비롯한 많은 자유주의자들의 희망과도 같았다. 황태자가 집권하게 되면 프로이센 융커(프로이센의 지배 계급을 형성한 보수적인 지주 귀족 — 옮긴이)의 영향 하에 놓인, 비스마르크가 장악한 보수적인 전제국가를 벗어나 독일이 진보적인 입헌군주제로 전환될 것이라고 희망을 품었던 것이다. 많은 이들이 믿고 있던 소문에 의하면 황태자가 꿈꾸던 모델은 미래의 황후인 아내와 이름이 같으면서도 장모이기도 한 빅토리아 여왕의 대영제국, 의회 절차와 시민권의 확보를 통해 입각한 벤저민 디즈레일리와 윌리엄 글래드스턴과 같은 정부 수반이 통치하는 국가와 유사했다.

고통스러운 치료 과정을 무수히 견뎌야 했던 황태자의 길고 드라마틱한 질병은 독일과 영국 양국의 의사들 사이에 불화를 촉발했다. 이는 제2차 세계대전으로 이어진 두 강대국의 삐걱거림을 경고하는 신호로 볼 수도 있었다. [6] 황태자의 후두암은 더는 수술로 치료할 수 없는 단계에 있었다. 당시 심각하고 치명적일 수 있는 수술 치료를 지나치게 오래 망설였던 것 역시 피르호의 모호한 태도 때문이기도 했다. 세계에서 가장 유명한 병리학자였던 피르호는 여러 번 황제 아들의 종양에서 조직 표본을 떼어 현미경으로 확인했지만 암의 증거를 발견하지는 못했다. 프리드리히 빌헬름의 생애 마지막 단계에 심각한 상태에서 뱉어낸 기침에서도 암의 징후는 볼 수 없었다. 그가 진단한 병명은 사마귀와 같은 형태의 세포의 변종이었다. 이는 그저 피르호의 희망이었을까, 아니면 최고 권력자인 환자의 운명과 함께 자유화의 희망이 사라지는 것을 인정하고 싶지 않았던 것일까?

프리드리히 빌헬름 황태자는 결국 호흡을 위해 기관절개술을 받아야만 했다. 그는 마침내 세 황제의 해였던 1888년 3월 9일, 왕위에 올랐다. 하지만 그는 말하지 못하는 황제였다. 샤리테의 의사들은 새로운 황제가 하루가 다르게 쇠락해가는 것을 지켜보았다. 황제의 수염은 대중의 시선으로부터 기관절개술의 흔적을 감추어주었고 의료진은 황제의 병증이 끔찍하게 진행되는 것을 지켜보며 지독한 악취가 풍기는 인공튜브를 청소하느라 바빴다. 유명한 외과 의사인 에른스트 폰 베르크만은 자신이 약 8개월 전에 황태자의 병증에 대해 비관적인 예측을 했지만 피르호의 (잘못된) 진단으로 수술을 받지 못했다며 좌절에 빠져 한탄했다. 그는 병든 황태자가 왕위에 오르기 얼마 전에 고귀하신 환자를 위해 어려운 후두 수술을 시체에 시행하는 힘든 실험까지 한 바였다. "이제 전하의 입에서 흘러나오는 물질이 암으로 인한 농양이라는 것을 모두가 알 수 있게 되었다!"⁷ 프리드리히 3세(황태자의 황제명)는 정확히 99일 동안 왕좌에 앉아 있었고, 1888년 6월 15일 사망했다.

황제가 왕위에 오른 지 99일 만에 세상을 뜬 뒤 아들인 빌헬름 2세가 즉위하면서 독일제국은 상당히 골칫덩어리인 황제를 얻게 되었다. 하지만 새 황제는 1890년 새로운 전기를 맞이하게 된다. 이 젊고 변덕스러운 군주가 비스마르크의 보위 없이도 나라를 꾸려가겠다 작정한 것이다. 유명한 영국 잡지 〈펀치Punch〉는 이러한 상황을 삽화로 묘사하며 이렇게 표현했다. "선장은 하선당했다."

하지만 그 후 독일은 상당히 인상적인 행보를 보였다. 독일은 수많은 주요 경제 자료에서 세계 제국 대영제국까지 추월한 경제 및 산업 강국이 되었을 뿐 아니라 혁신의 메카가 되었다. 가령 1880년 약 7,000건이던 연간 특허 등록 건수가 1910년 약 4만 5,000건이 될 만큼 매년 증가했으며 과학 분야에서도 마찬가지의 진보를 보였다. 그 저변에는 번성하던 대학들이 있는데, 학제화된 진보적 제도 덕분에 학교는 소위 평민 계층의 학생들에게도 점점 더 개방되었다. 의학부는 국제적으로 명성을 떨치고 있었으며 주로 미국인과 다수의 일본인을 포함한 전 세계 대륙의 학생과 의사를 끌어들였다.

1891년에 설립된, 코흐의 이름을 딴 연구소에서 이루어진 헌신적 연구와 도시 위생을 위한 뮌헨의 막스 폰 페텐코퍼의 노력과 더불어, 존 스노와 루이 파스퇴르 같은 의학자들의 선구적인 업적으로 인해 무시무시하게 인간을 위협하던 전염병과 인간의 관계는 전 세계적으로, 혹은 적어도 유럽 내에서는 좀 더 다르게 정립될 수 있었다. 현대 역사학자들은 이것을 다음과 같은 의미로 보았다.

> 이 시대에 뿌리를 내리고 다음 세대에까지 새로운 발견을 전파하려
> 는 의지. 전염병을 더는 신이 내린 재앙이나 집단 혹은 개인적 부도덕
> 의 산물로 보지 않으려 하는 이 같은 태도는 의학적 가치관의 탈도덕
> 화를 위한 길을 여는 것이기도 하다. 또 사회적 개입에 따라 전염병의
> 추이가 달라지는 것이 분명해지는 만큼 공공 의료 시스템을 구축하
> 기 위한 국책 프로그램을 지지하는 목소리가 커져갔다. 결정적인 혁
> 신은 아마도 런던이나 뉴욕과 같은 도시들이 중앙 통제하에 있는 지
> 역 보건 당국의 네트워크를 통해 지역적 특수성을 반영하면서 보건
> 정책을 주도했다는 점일 것이다. 이는 곧 전 세계의 보건을 선도하는
> 모델이 되었다. 사람들은 이제 수도꼭지에서 흐르는 깨끗한 식수와
> 함께 두려움과 혐오의 대상인 오물이 조직적으로 처리되기를 희망했
> 다. 그리고 소비자들은 건강을 증진시키는 시설에 기꺼이 돈을 지출
> 하려 했다.[8]

베를린과 독일제국에서 베풀어진 최고급 의술은 각계각층의 사람이
모두 이용할 수 있었고 가격도 저렴했다. 이런 점에서는 19세기 후반 독
일의 의료 상황이 의료서비스가 지나치게 상업화되고 접근하기 어려워
보험이 없거나 보험 적용을 받지 못하는 보험의 사각지대에 놓인 인구가
수백만에 달하는 21세기 초반 미국의 의료 상황보다 인도적이고 평등한
것처럼 보인다. 이처럼 모든 사람에게 치료를 약속하는 과학 공동체가

수반되는 진일보한 사회를 이루는 데는 그 누구보다도 비스마르크의 공이 컸다. 비스마르크는 '사회 왕권'을 염두에 두고 있었는데 이를 위해 1880년대 초에 전 세계적으로 선구적이라 할 수 있는 사회보장 법안의 밑그림을 그렸다. 1883년 6월 15일에 태어난 건강보험은 상해보험이나 연금보험과 함께 세계적으로 독특한 사회보험 시스템의 한 축이었다. 비스마르크가 국가와 노동자가 좀 더 가깝게 연결되는 사회민주주의를 꿈꾸었다는 것을 기억한다면 그의 계획은 당대뿐 아니라 미래 국민의 삶을 소중하게 여기고 돌보고자 하는 거대한 진보의 걸음이었음을 알 수 있다.

16장

코카인

카를 콜러와 지크문트 프로이트의
운명을 가른 기적의 마취제

그 일은 아마도 두 사람이 점심시간에 넓은 빈 종합병원을 함께 산책하는 동안 벌어졌을 것이다. 친분이 두터웠던 두 젊은 의사는 사회 초년생이었고 아무리 진보적이고 다양한 민족이 섞인 사회라고는 하지만 여전히 이 제국에서 이방인처럼 느꼈다. 지크문트 프로이트와 카를 콜러Carl Koller는 모두 유대인이었다. 반유대주의는 빈에서 오래된 일이었고 심지어 새롭게 창궐하는 분위기였는데, 이는 몇 년 후에 빈의 시장이 될 정치가 카를 뤼거의 활약에 힘입은 바가 컸다.

26세의 카를 콜러는 미래의 직업에 대한 확고한 생각을 가지고 있었다. 그는 안과 의사가 되고자 했는데 구체적으로 페르디난트 폰 알트가 교수직을 맡고 있던 빈 대학에서 단 두 자리밖에 없는 보조 교수직 중 하나를 얻기를 희망했다. 알트는 콜러가 의학적 기여를 한 부분이 있어야 한다는 점을 분명히 밝혔다. 다시 말해 콜러가 이룬 어떤 독립적 업적이나 의학적 발견이 있다면 보조 교수 자리 하나가 비는 경우 즉시 그의 지원서를 받아들일 준비가 되어 있었다. 알트는 또한 젊은 콜러에게 아직도 역사가 길지 않은 안과 분야에서 어떤 부분이 특히 개선되어야 하는 지도 알려주었다. 바로 무통증 안과 수술이었다. 에테르와 클로로폼에 의한 마취는 전신에 영향을 주었고 위험 요소가 상당했다. 백내장 수술이나 알브레히트 폰그레페가 도입한 녹내장 수술법은 매우 작은 신체 기관의 범위를 수술하는 것이었다. 따라서 수술할 동안 이 부위의 통증을 없애는 기술이 필요했다. 게다가 전신마취 상태에서 환자들은 종종 무의식적으로 움직이며 기침을 한다. 이러한 움직임은 '주요 부위'의 수술에서는 그리 중요하지 않을 수 있다. 하지만 1밀리미터의 위치가 매우 중요한 수술에서는 환자의 사소한 움직임조차도 불안하고 위험했다.

반면 콜러보다 한 살 위였던 프로이트는 자신의 미래에 대해 그리 확고한 생각이 없었다. 의학을 공부하는 동안 다른 과목의 강의를 듣기도 했으며 1884년 여름 이전의 의학적 경력도 그리 견고하지 않았다. 수술실이나 성병 치료 병동에서 일하는 것을 그다지 좋아하지도 않았고 종합병원 내과 진료실에서도 별다른 열의를 보이지 않았다. 2년 전 비밀리에 결혼을 약속한 아름다운 약혼녀 마르타 베르나이스^{Martha Bernays}와 멀리 떨어져 있었다는 점도 다소 안타까운 그의 현재 처지에 한몫했다. 마르타는 자신의 딸이 빈털터리 보조 의사와 결혼하는 것을 반대했던 어머니와 함께 함부르크 근처의 반츠베크로 이사했다. 어쨌든 빈과는 아주 먼 거리였다. 그렇다 보니 프로이트는 자신이 친구 콜러의 처지와 그리 다르지 않다고 생각했다. 그에게는 돌파구가 필요했고, 명예와 재정적인 수단 역시 필요했다.

공원처럼 드넓은 병원 구내를 거닐며 나누었던, 하지만 아무런 결실 없이 끝나지는 않았던 두 친구 사이의 대화는 정확히 언제 이루어졌는지 알 수 없다. 그날 프로이트는 자신이 최근 몰두하는 실험에 대해 이야기했다. 이들의 주제는 코카인이라 불리던 물질이었다. 1530년대 남미 잉카 제국을 정복하고 유럽인들이 불러들인 전염병으로 수많은 원주민을 몰살시킨 프란시스코 피사로를 비롯한 여러 스페인 정복자들은 종종 일의 능률을 높이고 기분을 상승시키기 위해 코카 잎을 씹는 원주민의 습관을 관찰했다. 프리드리히 게트커와 알베르트 니만이라는 두 독일 화학자는 1850년대에 이 나뭇잎에서 핵심 물질을 분리해내는 데 성공했다. 이후 니만은 이 물질을 코카인이라는 이름으로 소개했다. 이와 거의 같은 시기인 1859년에 남미에서 수년간 일하면서 그곳에서 약초나 식물의 활용을 관찰해온 이탈리아 외과 의사 파올로 몬테가차 역시 과학 기사를 발표했다. 그는 이 기사를 통해 코카 나뭇잎의 행복 효과를 설명하고 이것이 피로 회복에 대한 치료법이라고 칭찬했다. 또한 거의 지나가는 말로 그는 코카 잎을 씹는 것이 입과 혀에 얼마 동안 지속된 무감각을 유발한다고 설명했다.

프로이트는 다름슈타트에 위치한 유일한 코카인 제조 회사인 메르크에서 몇 그램의 복용량을 입수했고 이 용액을 시험했다. 그의 진짜 동기는 모르핀에 중독된 친구 에른스트 플라이슐 폰 마르크소를 돕는 것이었다. 이 시도는 초기에는 성공적이었다. 위르겐 토르발트가 쓴 노련하면서도 약간의 소설같이 들리는, 사실적으로 정확하지 않을 수도 있는 전기에서는 코카인을 발견하고 프로이트가 환호하는 모습과 그의 환자가 안도하는 모습이 잘 그려져 있다.

프로이트가 코카인을 복용하라고 제안했을 때 플라이슐은 물에 빠져 죽어가는 사람처럼 절실한 욕망에 사로잡혔다. 충분한 재산을 가지고 있으므로 플라이슐은 프로이트에게 메르크가 생산해내는 모든 코카인을 자신이 사들일 것이라 장담했다. 실제로 얼마 지나지 않아 그는 하루에 1그램씩 코카인을 섭취하고 있었다. 겉보기에 환자는 멀쩡하게 보였다. 정신적인 혼란의 엄습은 사라졌다. 의식을 잃거나 환상 속에 빠지는 일도 없었다. 알 수 없는 삶의 윤기가 그를 채웠다. 프로이트는 치솟는 자신감에 사로잡혔다. 더 많은 경험을 쌓기 위해 그는 동료와 친구, 환자뿐 아니라 자신의 여동생에게도 코카인을 나눠 주었다. 이제는 프로이트 자신도 정기적으로 코카인을 복용하고 있었다. 게다가 약혼녀의 몸을 '강화시키기 위해' 꽤 많은 양을 마르타에게 보내주기까지 했다.[1]

프로이트는 코카인을 기적의 약으로 생각했으며 미래에 대한 낙관적인 전망에 사로잡혔다. 그의 이러한 생각은 멀리 함부르크에 있는 마르타에게도 잘 전해졌다. "이것이 잘 진행된다면 나는 이에 대한 논문을 쓸 것이오. 앞으로는 치료에서 모르핀보다 더 중요한 역할을 할 것이라 기대하오. 또 다른 기대와 희망도 있는데 나 또한 체력이 저하될 때와 위장에 탈이 날 때마다 이걸 복용한다오. 매우 적은 양으로도 엄청난 효과가 있소. …… 간단히 말해 이제야 드디어 아픈 이들을 돕고 더 많은 사람을 치료할 수 있는 진정한 의사가 된 듯하오."[2]

프로이트는 또한 콜러에게 소위 기적의 약을 소량 전달하면서 약의 효과를 자세히 설명해주었다. 산책 중에 나눈 대화에서 콜러의 관심을 끈 것은 자극적이면서도 기분을 상승시키는 약물의 효과만이 아니었다. 프로이트는 한때 몬테가차가 자신의 논문에서 가볍게 언급한 것처럼 코카인은 혀를 마비시키는 효과가 있어 치은염으로 인한 고통을 완화해준다고 얘기했다. 이 대화 후 프로이트는 여행 가방을 꾸려서 마침내 마르타를 다시 만나러 갔다. 젊은 의사는 함부르크로 떠났고 그 후로는 마취제의 역사와는 작별을 고했다.

반면에 콜러는 열의로 활활 불타올랐다. 그가 처음으로 실험한 동물은 개구리였다. 그는 개구리의 눈 한쪽에 코카인 용액을 한 방울 넣었다. 동료 구스타프 게르트너와 함께 한 이 실험을 통해 콜러는 새로운 지평을 열었는데 게르트너도 이후 그 사실을 인정했다.

> 몇 초를 기다린 후, 바늘을 가지고 우리는 각막의 반사작용을 시험했다. 그리고 역사적인 순간이 다가왔다. 그것을 나는 한순간도 망설이지 않고 단언할 수 있다. 개구리의 눈은 각막에 상처를 줄 수 있는 어떤 접촉에도 자신을 보호하기 위한 반사작용이나 시도◆를 보이지 않고 가만히 있었다. 반면 다른 쪽 눈은 살짝만 건드려도 정상적인 반응을 보였다. 이 같은 상황에서 당연한 일이지만 엄청난 흥분 속에서 실험은 계속되었다. 토끼와 개를 대상으로 한 이후의 실험에서도 비

◆ 몸에서 가장 민감한 부위인 눈 각막은 조금만 건드리거나, 건드릴 수 있다는 예상만으로도 눈꺼풀을 감는 반사작용을 통해 외부 자극으로부터 눈을 보호하려 한다.

숫한 좋은 결과를 얻을 수 있었다. …… 이제 단 한 걸음 더 나아가 인간에 대한 실험을 할 차례였다. 우리는 서로의 눈꺼풀을 위로 걷어 올려 그 아래의 눈 속으로 용액을 흘려 넣었다. 그런 다음 우리는 거울을 마주 보고 바늘을 집어 든 다음 바늘귀로 각자의 각막을 건드려보았다. 그리고 거의 동시에 우리는 환희에 찬 확신을 느낄 수 있었다. 아무 느낌이 없었다! 어떤 불편함도, 감각도 느끼지 않고 각막을 건드릴 수 있게 된 것이다. 이로써 국소마취제의 발견은 완성되었다. 나로서는 인류의 은인인 콜러 박사에게 가장 먼저 축하의 인사를 건넨 사람이 나라는 사실이 기쁠 뿐이다.[3]

콜러는 이 발견을 제2의 빈 대학 안과 병원의 원장 아우구스트 레오폴트 폰 로이스에게 알렸고, 로이스는 즉시 그 발견의 중요성을 알아보았다. 1884년 9월 11일, 콜러가 지켜보는 가운데 처음으로 한 환자가 국소마취 상태에서 수술을 받았다. 이 혁신의 소식은 38년 전 처음으로 마취 환자를 성공적으로 수술했을 때보다 훨씬 더 빠르게 퍼져나갔다. 이번에는 바다를 건널 일도 없이 그저 하이델베르크까지만 소식을 전하면 되었다. 선구자 알브레히트 폰 그레페의 제안으로 1857년에 처음으로 10~12명의 안과 전문의가 그곳에서 만나 독일 안과 협회를 결성하고 매년 모임을 가져왔기 때문이다. 바덴으로 직접 여행할 만한 경제적 수단이 마땅치 않았던 콜러는, 트리에스테에서 출발하여 하이델베르크로 가는 도중에 잠시 빈에 들렸던 조지프 브레타우어Joseph Brettauer라는 동료 안과 의사에게 자신의 발견을 대신 전달해줄 것을 부탁했다. 1884년 9월 15

일, 국소마취 상태에서 첫 수술을 받은 지 불과 4일째 되던 날 열린 협회의 세미나에서 브레타우어는 〈눈의 마취를 위한 코카인 사용에 대하여〉라는 콜러의 보고서를 청중 앞에서 읽었다. 바로 다음 날 안과 전문의들이 모인 강의실에서 하이델베르크 대학 안과에서 치료를 받던 한 환자가 기꺼이 수술 실험에 참여했고 '국소마취제' 아래서 성공적으로 수술을 마쳤다. 청중석에서는 박수가 터져 나왔다.

수술 대상 부위만을 마취시키는 개념은 19세기 후반에 이른 의학계에서는 단비와도 같은 소식이었다. 눈을 제외하고 코카인이 함유된 용액을 뿌리거나 솔에 묻혀 바를 수 있는 후두 부위는 국소마취를 위해 특히 접근하기 쉬운 신체 부위였다. 그러다 보니 당연히 치의학 분야가 이 혁신에 가장 많은 혜택을 입었다. 치과 의자에 앉아 치료를 받는 환자들은 간단한 드릴 치료부터 임플란트 치료나 사랑니 발치 등 온갖 종류의 치료에도 비명을 지르지 않을 수 있게 되었다. 1889년 초 〈독일 월간 치과 저널 Deutsche Monatsschrift Für Zahnheilkunde〉은 코카인 용액을 사용한 3,000개 이상의 국소마취제 임상 결과를 책에 실었다. 또한 19세기가 끝나기 전에, 두 가지의 변형된 국소마취 방법이 도입되었는데 하나는 1892년 카를 루트비히 슐라이히가 수술을 하면서 사용한 피부 주사 마취이고 다른 하나는 1898년 아우구스트 비어가 실행한 척수마취 방법이었다.

마르타를 방문하고 빈으로 돌아온 프로이트는 콜러의 성취에 대한 사회적 관심과 열광을 보고 놀랐다. 1890년대 중반까지 정기적으로 편두통을 위해 코에 뿌리는 형태로 코카인을 복용했지만 프로이트는 불쌍한 플라이슐과는 대조적으로 코카인에 중독되지 않았다. 다만 그는 수년 동안 콜러에 대한 경의와 감사의 감정과 자신이 국소마취제를 통해 유명한 의사로서의 명예를 얻지 못한 것에 대한 불편한 감정 사이를 오가야 했다. 그렇다면 나는 다른 길을 가야겠다. 그는 혼자 생각했다.

17장

간호사 캐럴라인의 장갑

윌리엄 할스테드가 연인을 위해 만든 세기의 발명품

지크문트 프로이트가 코카인에 중독되지 않은 것은 행운이었다. 반면 윌리엄 스튜어드 할스테드William Steward Halsted는 매우 다른 길을 갔다. 그는 삶의 오랜 시간을 코카인과 모르핀에 중독되어 살았다. 이는 역설적이게도 '미국 외과 수술의 아버지'라는 별명을 얻게 한 할스테드의 업적을 더욱 돋보이게 한다. 할스테드는 주로 유럽에서 학습한 뒤 미국에서 최초로 시도했던 복부나 샅굴탈장 수술, 그리고 유방암 치료를 위해 유방 아래쪽 근육을 포함해 전체 유방 부위를 제거하는 근치유방절제술과 같은 혁신적인 수술 기법을 성취했던 의사였다. 그가 무엇보다 중요시했던 것은 간단하면서도 쉽고 효과적인 수단이자, 외과 수술에서 마지막 단계라고 볼 수 있는 완벽한 무균성의 달성이었다. 할스테드는 수술 도구나 수술실의 공기보다 무균 상태를 유지하기가 훨씬 더 어려운 이른바 세균 집합소라 할 만한 대상에 대해 집중적으로 고심했다. 그곳은 이미 반세기 전 제멜바이스의 시선이 머문 곳이기도 했다. 바로 의사의 손이었다. 그런데 이 독창적이면서도 까다로운 성격의 외과 의사에게 길을 보여준 사람이 있으니, 한 여성이었다.

할스테드는 1852년 9월 뉴욕의 부유한 가정에서 태어났다. 그는 19세기와 20세기 동안 미국 대통령을 몇 명이나 배출한 앤도버 아카데미를 포함한 값비싼 사립학교에서 학창시절을 보냈다. 그 후에는 이웃한 코네티컷에 있는 예일 대학에 갔다. 대학 시절 그는 분명 자유방임주의 원칙에 따라 생활했음이 틀림없었다. 전기 작가 중 한 명이 경악하며 언급한 것처럼 다양한 사람을 사귀고 스포츠에 빠져 지내는 대학 4년 내내 도서관의 책은 한 권도 빌리지 않았다고 한다.[1] 젊은 시절 그가 찍은 사진 속에서 우리는 우아하게 옷을 입은, 커다랗고 튀어나온 귀를 가진 매우 창백한 안색의 청년을 볼 수 있다.

하지만 예일 대학에서의 마지막 해 동안, 할스테드는 점차 의학에 관심을 갖게 되었다. 자신의 무역회사를 이어받기를 바랐던 그의 아버지에게는 실망스러운 소식이었다. 결국 그는 컬럼비아 대학 의과대학에 입학했고 예일 대학에 다닐 때보다 훨씬 큰 열의를 보였다. 벨레부 병원 외과에서 1년간의 인턴 생활을 통해 의사로서의 초기 경험을 쌓은 할스테드는 무엇보다 당시 막 미국에 도입된 리스터의 소독 원칙에 열광했다. 벨레부 병원의 의사들은 두 파로 나뉘어 있었다. 일부 의사는 눈에 보이지 않는 병원체를 제거하기 위한 광범위한 예방 조치에 찬성했지만 이에 반대하는 의사들의 세력도 만만치 않았다. 할스테드는 리스터의 가르침의 열렬한 추종자가 되었고 거의 광신주의에 가까운 확신으로 평생 이를 실천했다.

벨레부에서 1년을 보낸 뒤 할스테드는 뉴욕 병원에서 또 다른 한 해를 보내면서 해당 규정에 따라 의사 면허를 땄다. 할스테드로서는 사람들의 삶과 죽음을 다루는 직업에 대한 이 같은 요건이 다소 가증스럽게 여겨졌다. 제대로 정비되지 않은 당시의 의료인 양성 시스템이 부적절하게 보인 것도 그로서는 당연한 일이었다. 다수의 미국 주에서는 미심쩍은 경력을 가진 사람들이 의과대학을 세우거나, 비슷하게 미심쩍은 지식과 기술을 가지고 다른 학생을 가르치는 일이 넘쳤다. 할스테드에게 특히 외과 의사와 수술 전문가를 위한 시스템 개혁과 구속력 있는 교육 규정 확립은 시급히 필요한 우선순위 중 하나였다.

아직 미국에 그러한 전문적인 프로그램이 없었고, 존경받는 외과 의사도 너무 부족했던 터라 할스테드는 유럽으로 갔다. 그가 가진 풍족한 재력으로 할스테드는 유럽에서 충분한 시간을 보낼 수 있었다. 그는 유럽 대륙에서 2년여를 보내면서 빈에서는 테오도어 빌로트, 할레에서는 리하르트 폰 폴크만, 킬에서는 프리드리히 폰 에스마르히와 같은 뛰어난 외과의들의 지도를 받았다. 또 뷔르츠부르크에서 알베르트 폰 쾰리커, 빈에서는 에밀 주커칸들 같은 해부학자들에게서도 가르침을 얻었다.

할스테드는 1880년에 미국으로 돌아왔고 그 후 몇 년 동안 뉴욕의 여러 병원에서 외과 의사로 일했다. 그가 미국에서 최초로 선보인 현대 기술을 이용한 외과적 의술 중 하나는 작고 속이 비어 있는 쓸개에 돌이 쌓일 때, 쓸개를 몸에서 제거하는 기술이었다. 나중에 유명한 환자와 관련하여 다시 언급하겠지만 이는 맹장염 수술과 매우 유사하며, 담석으로 인해 염증이 생긴 담낭은 매우 빈번하고 극심한 고통을 유발함에도 마취제와 소독제가 소개되기 전까지는 외과 수술이 불가능한 영역이기도 했다.

하지만 할스테드는 의사로서 흔들리지 않는 자신감을 갖고 있었다.

1882년 그는 자신의 어머니를 대상으로 새벽 2시에 부엌 식탁 위에서 미국 최초의 담낭 제거 수술을 했다. 비극적인 사실은 할스테드도 똑같은 질병에 시달렸지만 자신처럼 재능 있는 외과의를 만나지 못한 까닭에 1922년의 어느 날 목숨을 잃고 말았다는 것이다. 할스테드는 여동생이 출산 과정에서 지나치게 피를 많이 흘려 죽을 뻔한 상황에서 과감한 조치를 취하기도 했다. 자신의 혈액을 동생에게 수혈한 다음 수술을 진행해 성공을 거둔 것이다.

할스테드는 뛰어난 의사였지만 자신이 거느린 직원들에게 지나친 요구를 하거나 기대를 해 나가떨어지게 하는 의사로도 악명 높았다. 그런데 1884년 10월 카를 콜러가 코카인으로 국소마취를 한 안과의학회의 〈의학 보고서〉를 읽고 난 후 그의 삶은 비극으로 빠져들었다. 할스테드는 즉시 코카인에 대한 실험을 시작했고 코카인을 주사한 부위는 그 주변의 모든 신경이 잇몸이나 발끝 할 것 없이 마취될 수 있다는 것을 깨달았다. 할스테드는 스스로 코카인을 주사했고 순식간에 중독되었다. 그의 동료 중에서도 코카인 복용으로 목숨을 잃은 이가 여럿 되었다. 할스테드가 중독으로 인해 얼마나 정신적으로 피폐해졌는지는 무엇보다 그가 쓴 의학 논문을 통해 잘 알 수 있다. 편집자가 감히 손을 댈 엄두조차 못 낸 것으로 보이는 이 논문은 분별없는 문장들로 혼란스럽게 짜깁기되어 있다. 할스테드는 1886년 초부터 일을 그만두고 로드아일랜드의 한 병원에서 7개월간 입원 치료를 받았다. 하지만 그는 중독에서 회복되지 못했다.

1889년부터 그는 볼티모어에 있는 존스 홉킨스 대학의 새로 문을 연대학 병원에서 근무하게 되었다. 대학 병원의 목적은 현대적이고 포괄적인 의료 전문가를 교육하고 양성하는 것이었다. 코로나바이러스가 유행하는 우리 시대에 세계에서 가장 중요한 연구 센터로서의 역할을 하는 이 명성 높은 대학은 다양한 영역의 연구 활동에 집중했는데 무엇보다 의학 분야에 중점을 두었다. 할스테드는 대학이 문을 연 초창기부터 캐나다의 윌리엄 오슬러, 병리학자 윌리엄 웰치, 산부인과 의사 하워드 켈리와 함께 존스 홉킨스의 4대 의사 중 한 명으로 여겨졌다. 이 네 명의 의사들은 당대의 최고 미국 화가였던 존 싱어 사전트에게 의뢰하여 화폭에 그 모습을 영원히 남기도록 할 만큼 엄청난 명성을 자랑했다. 그리하여 의사 가운을 입은 네 명의 신사가 그려진 단체 초상화가 세상에 나왔다. 오슬러, 웰치, 켈리가 앉아 있고, 할스테드가 그들 뒤에 서 있는 초상화다. 그런데 사전트가 다른 세 명의 의사보다 더 색이 바래기 쉬운 물감으로 할스테드를 묘사했다는 소문이 그 후로도 끊이지 않았다. 이 화가는 할스테드의 쌀쌀맞은 태도에 화가 났다고 전해진다.

하지만 코카인 중독 증세로 인해 기분이 극도로 변덕스러워진 데다 끝없이 자신만만하고 거만했던 할스테드에게도 약한 면이 있었다. 존스 홉킨스 병원은 할스테드와 같이 태생부터 부유했던 의료진이 일을 계속하도록 보조 역할을 맡을 인력을 고용했다. 캐럴라인 햄프턴Caroline Hampton은 남북전쟁 이전의 모든 남부 농장이 그랬듯이 노예들에 의해 경작되던, 사우스캐롤라이나주 가장 큰 농장의 한 가정에서 태어났다. 그녀의 삼촌 중 한 명은 웨이드 햄프턴이었는데, 그는 남북전쟁 때는 남부연합의 장군이었다가 전쟁이 끝난 후에는 사우스캐롤라이나 주지사가 되었고 마침내는 상원의원이 되었다. 웨이드 햄프턴은 노예 소유주였던 이들이 전쟁 후 얼마나 빨리 정치 권력을 다시 얻게 되었는지를 보여주는 놀라운 사례이기도 하다. 반면 캐럴라인의 가족들은 그리 잘살지 못했다. 북군의 총사령관 윌리엄 테컴시 셔먼은 1864~1865년 미국 최남동부 지역을 횡단하면서 처절한 파괴의 흔적을 남겼다. 캐럴라인이 어린 시절을 보낸 농장은 적군인 남부연합의 자금줄을 끊어버리기 위해 북군이 불태워버린 수많은 시설 중 하나였다.

캐럴라인 햄프턴은 그 후 세 명의 이모 밑에서 자랐다. 어린 소녀는 밭일하는 것을 좋아했지만 자신의 손 피부가 얼마나 민감한지 곧 깨달았다. 그래서 그녀는 작업을 할 때면 대부분 장갑을 꼈다. 1885년에 햄프턴은 뉴욕으로 건너가 간호사가 되기 위한 훈련을 받았다. 그녀는 마운트 시나이 병원과 뉴욕 병원에서 처음 일하다가 1889년 볼티모어에 있는 존스 홉킨스 병원으로 가 외과 수석 간호사의 직책을 맡았다.

그런데 간호직을 수행하는 내내 그녀의 손은 당시에는 매우 치료하기 힘들었던 습진에 자주 시달렸다. 당시 병원의 수술 전 손 씻기에 대한 규정은 제멜바이스가 보기에도 다소 과격해 보일 만했다. 우선 비누로 손을 씻은 후 과망가니즈산칼륨 용액에 다시 손을 세척한 다음, 뜨거운 옥살산에 손을 담그고, 이어서 독성 염화수은 용액(염화제1수은)에 또 한 번 세척했다. 햄프턴의 피부는 피부암에 걸린 것처럼 붉게 변했고 껍질이 벗겨지기 시작했다. 그녀는 자신의 일에 열중했지만 너무나 심각한 피부 트러블로 인해 외과 간호사로서의 직업을 포기하는 것도 고려할 정도였다.

그녀의 상사였던 할스테드는 이에 대해 심각하게 걱정했는데 그로서는 매우 이례적인 반응이었다. 1922년 사망할 때까지 존스 홉킨스 병원에서 수석 외과 의사로 재직했던 할스테드는 햄프턴과 훌륭한 짝을 이루어 일했으며 그녀에게 유달리 뛰어난 능력을 갖춘 간호사라는 매우 드문 찬사를 보냈다. 햄프턴은 유별나게 뛰어난 능력을 갖추었을 뿐 아니라 매우 예뻤다. 할스테드는 오랫동안 그녀에게 불꽃 같은 연정을 품고 있었는데 보통은 심술궂은 얼굴 표정이 그녀 앞에서는 살짝 친근한 표정 같은 것으로 바뀌곤 했다.

겉으로 보기에 절망적인 상황임에도 결국 돌파구를 찾아낸다는 것이 진정한 천재의 특징이기도 하다. 할스테드 역시 그랬다. 그는 햄프턴의 손과 팔뚝을 석고 모형으로 본떠 뉴욕에 있는 굿이어 고무 회사에 보냈는데, 같이 보낸 편지에서 돈이 얼마나 들건 문제가 되지 않는다는 점을 밝혔으리라 짐작된다. 굿이어 고무 회사는 화학자 찰스 굿이어가 설립했다. 그는 고무를 경화시키는 데 성공했고 기술자들은 상상할 수 없는 정교함으로 고무 제품들을 생산해냈다. 특히 간호사 햄프턴을 위해 디자인한 장갑과 같이 신체의 특정 부위에 착용하며 지금까지도 전 세계적으로 많이 사용되는, 이 회사가 처음으로 시장에 출시한 제품(이 제품은 콘돔을 의미한다. ─옮긴이)도 그러했다. 굿이어는 할스테드와 그의 수술실 동반자를 위해 예상보다 훨씬 감각을 잘 전달할 수 있는 제품을 생산했다. 햄프턴을 위해 특별히 고안된 장갑은 매우 얇아서 장갑을 끼고도 수술 봉합용 실과 같은 미세한 물체의 질감까지 느낄 수 있었다. 동시에 그것은 증기로 살균할 수 있을 정도로 탄성이 있었다.

이는 여러 면에서 매우 도움이 되는 발명품이었다. 햄프턴은 손을 보호하면서도 여전히 수술실에서 일할 수 있었다. 그리고 할스테드가 같이 평생을 보내기에는 그리 쉽지 않은 성격임을 알면서도 마침내 그와의 결혼을 승낙했다. 이같이 간단하지만 무척이나 효율적인 혁신 제품이 처음에는 볼티모어에서, 그다음으로는 전 세계로 확산되면서 가장 많은 혜택을 받은 것은 다름 아닌 환자들이었다. 조지프 블러드굿이라는 할스테드의 부하 직원은 존스 홉킨스의 수술실에서 일어난 탈장 수술 후 감염률이 고무장갑을 끼기 전 17퍼센트에서 몇 년 후 2퍼센트 미만으로 감소했다는 것을 입증했다.

캐럴라인 햄프턴으로서는 2020년대에 들어서 의사가 아닌 보통 사람들도 병균으로부터 스스로를 보호하기 위해 장갑을 낀다는 사실을 믿기 어려울 수 있다. 더군다나 슈퍼마켓이나 우체국을 비롯해 바이러스가 의심되는 여러 장소에서 자신을 보호하기 위해 의사들처럼 얼굴에 마스크를 쓰는 세상이 오리라고는 상상하지 못했을 것이다.

18장

코흐와 파스퇴르

결핵균을 최초로 발견한 '세균학의 아버지' 로베르트 코흐 vs

광견병을 정복한 프랑스의 국가적 영웅 루이 파스퇴르

화학자였던 루이 파스퇴르는 환자들이 문을 두드리고 도움을 요청하는 의사로서의 경험에 그다지 익숙하지 않았다. 하지만 1885년 7월 초순 어느 날 그런 일이 일어났을 때 그는 빠르고도 단호하게 행동했다. 뤼 될름 45번지에 자리한 그의 연구실에 예고 없이 들이닥친 손님은 알자스 출신의 한 의사와 그의 환자인 아홉 살 소년 조제프 메스테르^{Joseph Meister}와 소년의 어머니였다. 조제프은 며칠 전에 이웃집 개에게 14번 이상 물렸다. 게다가 그 개는 광견병에 걸린 동물의 온갖 징후를 보였다.

의사 파스퇴르와 어린 조제프의 가족으로서는 아이의 목숨이 위험하다고 여길 수밖에 없었다. 광견병은 적어도 결핵과 비교해서는 상대적으로 드물게 발생하는 감염병이긴 했지만 그 증상이나 제대로 된 치료를 할 수 없다는 점이 특히 시골 사람들에게 공포심을 주기에 충분했다. 광견병은 중추신경계(파스퇴르와 코흐 시대에는 바이러스가 알려지지도, 보이지도 않았다)의 바이러스 감염으로 발생하며 물을 두려워하는 증세를 보임으로서 공수병이라는 이름으로 불리기도 하는 질병이다. 음식이나 물을 삼키지 못하는 증세는 정신질환과 마찬가지로 환자 가족들에게 가장 무서운 광견병의 징후 중 하나다. 마지막 단계에서 마비가 일어나고 궁극적으로 호흡근에도 영향을 미친다. 오늘날에도 광견병은 일단 증상이 발현되면 치료를 할 수 없다. 그러므로 파스퇴르가 개발한 백신은 감염 가능성이 있는 동물에게 물린 즉시 접종되어야 했다. 이웃 개에 14번이나 물린 소년의 경우 프랑스어로 '분노^{rage}'라고 불리는 광견병의 증상이 시작될 확률이 매우 컸다.

파스퇴르가 광견병 백신을 연구하고 있다는 사실은 의학계에서, 심지어 알자스까지 퍼졌다. 자세한 내용은 알려지지 않았지만 만약 공개되었더라면 그 결과를 장담할 수 없었을 것이다. 1885년 5월 초에 파스퇴르는 자신이 개발한 백신을 한 사람에게 주사했다. 파스퇴르는 의사가 아니었기 때문에 직접 주사를 놓는 것은 불법이었다. 당시의 삽화에서는 면허를 가진 직원이 주사를 놓고 파스퇴르는 그 뒤에 서 있는 모습을 볼 수 있다. 환자의 운명은 세상에 그리 알려지지 않았으나 11살 소녀였던 환자의 백신 접종은 너무 늦은 것으로 밝혀졌다. 소녀는 이미 광견병 증세를 보였고 두 차례 주사를 맞고 난 후 사망했다.

이후 파스퇴르는 매우 신중한 태도로 심각한 위험에 처한 듯한 어린 조제프 메스테르를 치료하기로 결정했다. 1885년 7월 6일, 그는 두 명의 의사를 시켜 광견병에 감염된 토끼의 척수에서 얻은 물질로 메스테르에게 첫 주사를 놓았다. 파스퇴르의 광견병 백신은 기존의 생체에 활동적인 병균을 함유하고 있는 신선한 액체를 주입해서 만든 것이었다. 파스퇴르는 스스로도 반신반의했지만 주사 놓기를 멈추지 않았다. 이 극적인 소식을 듣고 언론인들이 파스퇴르의 실험실을 말 그대로 포위하기 시작했다. 주사를 맞은 후 통증이 있고 약간의 열이 나는 조제프의 상태는 전보를 통해 프랑스 각지의 신문사와 해외 신문사로 전달되었다. 13회의 주사 치료가 끝난 뒤 파스퇴르를 비롯하여 소년과 그의 가족은 안도의 한숨을 쉴 수 있었다. 광견병이 발현되지 않은 것이다. 파스퇴르의 백신이 치명적인 전염병으로 전이되는 것을 차단한 결과였다.

이 사건으로 파스퇴르는 마침내 프랑스의 국가적 영웅이 되었고 전 세계로부터 훌륭한 과학자로서의 명예를 얻었다. 프랑스 공화국은 수도인 파리에 파스퇴르 연구소를 설립하기 위한 기금을 제공했는데 1888년에 설립된 이 연구소는 거의 1세기 반이 지난 지금도 세계에서 가장 규모가 크고 명성이 높은 의료 연구 기관 중 하나다. 몇 년 후 파스퇴르는 새로 건립된 웅장한 건물의 관리인을 고용했는데 그의 이름은 바로 조제프 메스테르였다.

환자를 치유하고 병균체에 대한 치료법을 발견하기 위해 노력을 기울이기는 마찬가지였지만 로베르트 코흐에게는 파스퇴르보다 훨씬 덜 유쾌한 결과가 기다리고 있었다. 1882년 3월 24일 결핵균에 대한 그의 역사적인 발표의 장을 돌이켜 볼 때 최고위층이 그의 발견에 대해 보인 반응은 다음과 같았다.

> 그날 우리의 훌륭하신 폐하께서는 코흐가 결핵균에 대한 최초의 발표를 하는 곳에서 갑자기 청중들에게 다음과 같은 정신이 번쩍 드는 질문을 던졌다. "이제 이 원수 같은 결핵균을 어떻게 물리치는지 알겠소?"[1]

과거의 시골 의사 로베르트 코흐는 1885년에 베를린 대학에서 새로 창설된 보건연구소의 소장으로 임명되었고 이후 교수가 되었는데 이는 귀족이나 고위 관료를 제외하고는 아마도 독일제국에서 가장 권위 있는 직함일 것이다.

결핵 병원체 발견에 더하여 코흐는 또 다른 업적을 이루었다. 1883년 여름, 독일과 프랑스 두 나라 모두 콜레라가 발생한 이집트로 과학 탐험대를 보냈다. 두 나라 사이의 정치적 경쟁이 드디어 과학 분야의 경쟁에 이른 것이다. 프랑스 과학팀은 파스퇴르 미션팀으로 불렸는데 정작 파스퇴르 자신은 뇌졸중으로 인한 건강상의 문제로 탐험대에 참여하지 못했다. 하지만 이들의 운명은 성공과는 거리가 멀었다. 알렉산드리아에 도착한 직후, 27세에 불과했던 프랑스 과학 탐험대의 수장이자 생물학자였던 루이 투이에가 콜레라에 걸려 죽고 만 것이다. 공포심이 두 나라 간의 반목과 경계를 허물었다. 코흐와 나머지 팀원들은 깊은 충격을 받았고 그들의 프랑스 동료들에게 진심으로 애도를 표했다. 코흐는 투이에의 장례식에서 관을 옮긴 사람 중 하나이기도 했다.

코흐를 비롯한 팀원들은 콜레라로 인한 희생자가 창궐하는 인도로 이동했다. 그곳에서 그는 막 콜레라를 진단받은 사람들의 창자에서 조직 샘플을 채취했다. 그는 머나먼 베를린에서 자신들의 작업을 책임지고 있는 국무장관에게 생생하면서도 불쾌한 묘사를 섞어 이를 보고했다. "쌀뜨물과 비슷한 액체로 옅은 회색의 끈적끈적한 조각들이 잔뜩 섞여 있습니다."[2] 업무량은 엄청났고 크리스마스이브에 겨우 잠깐의 휴식 시간을 얻을 수 있었던 코흐는 (해외여행을 좋아하지 않고 집에 머무는 것을 좋아한) 아내에게 짬을 내서 편지를 썼다.

> 일이 너무나 많은데 크리스마스 말이면 다시 일을 시작해야 하오. 오늘 저녁에 우리는 영사의 초대를 받았소. 참 고맙고 친절한 일이긴 하오. 하지만 솔직히 말하자면 크리스마스 저녁에 낯선 집에서 양복을 입고 흰 넥타이를 매고 앉아 있는 것보다는 그냥 혼자 있는 편이 더 좋다오. 콜레라로 인해 수많은 사람이 죽어가고 있고 계획대로 검사를 진행 중이므로 할 일이 너무나 많다오. 연구 작업에 흠뻑 빠져 살아야 하니 여기 와서 도시와 주변을 자세히 살펴볼 시간도 없었소. 숙식을 제공하는 호텔 비슷한 곳에서 지내오. 각자 가구가 딸린 방에 머무르고 식사는 공동 식탁에서 한다오. 또 모든 팀원에게 개인 하인이 제공되고 있소.³

1884년 1월, 코흐는 19세기를 휩쓸고 간 무시무시한 전염병의 원인을 발견했다는 확신이 들었다. "모든 곳에서 콤마바질루스Kommabazillus(콤마 모양의 균, 즉 콜레라균을 뜻한다. ─옮긴이)를 발견할 수 있었고 오로지 콤마바질루스만 볼 수 있었다. 이집트에서 발견한 것과 더불어 이 결과는 콜레라의 원인이 되는 병원균을 우리가 찾아냈다는 사실을 말해준다."⁴ 병원체 발견은 전 세계적으로 대서특필되었다. 이탈리아인 필리포 파치니가 이미 30년 전에 그것을 발견했다는 사실은 여러 차례 지나가는 말처럼 언급되었을 뿐이다. 코흐와 탐험대의 독일 귀환은 마치 승리의 행렬 같았다. 황태자는 1884년 5월 6일 코흐를 만찬에 초대했다. 헌신적인 연구자였던 코흐는 수많은 영예 외에 상당한 세속적 보상도 받을 수 있었다. "황제 폐하께서는 법에 따라 올해 5월 27일에 콜레라 연구를 위해 헌신한 이에게 10만 마르크라는 높은 영예를 안겨주셨다."[5]

황제의 하사품보다 코흐가 더 갈망했던 것은 자신이 평생을 바쳐 연구한 폐결핵의 치료제를 개발하는 것이었다. 1890년 8월 한여름의 폭염 속에서 제10회 국제 의학 회의가 베를린에서 열렸다. 장소는 프리드리히슈트라세에 있는 치르쿠스 렌츠Circus Renz였다. 약 6,000명의 인원을 수용할 수 있는 건물이었는데 의학 회의를 참관하기 위해 실제로 6,000명 정도의 참가자가 그곳에 모였다. 이 회의의 가장 큰 화제는 코흐가 기니피그를 가지고 결핵 치료제를 시험하려고 한다는 다소 황당한 소식이었다. 코흐는 이 치료제를 무심하게 투베르쿨린이라고 불렀다. 투베르쿨린 혹은 '코흐 백신'이라고 불린 이 치료제는 언론에 큰 반향을 일으켰고 수많은 결핵 환자들이 유명한 의사가 개발한 기적의 약으로 치료를 받기 위해 베를린으로 엄청나게 모여드는 결과를 이끌었다.

코흐는 이전의 연구 결과를 포함하여 이 치료제가 무엇으로 구성되어 있는지를 공개하지 않았다. 아마도 언론의 관심과 그로 인한 난리 법석을 과소평가했을 수 있다. 치료제는 사실 물과 글리세린의 혼합물에 약한 결핵균을 섞은 것이었다. 코흐는 또한 자신이 만든 치료제로 사업을 하려 했던 의료계 동료들의 야망을 과소평가했을 것이다. 하지만 곧 코흐와 투베르쿨린이라는 이름을 마음대로 이용해 사실상 아무짝에도 쓸모없는 약을 만들어 시장에 출시한 돌팔이들이 세계 여기저기에서 튀어나왔다. 코흐는 권위 있는 의학 잡지의 한 논평을 통해 다음과 같이 밝혔다.

사실 발표를 하기 전에 연구를 좀 더 완벽하게 마무리하고 실제로 치료제를 사용하여 충분한 경험을 쌓은 후에 대규모 생산을 하려던 것이 나의 원래 생각이었다. 하지만 이 모든 예방 조치에도 불구하고 너무 많은 것이 왜곡되고 과장된 방식으로 대중에게 전달되었으므로, 오해를 불러일으키지 않기 위해 현 상황에 대한 제대로 된 개요를 알리는 것이 나로서는 바람직한 것 같다. 단 현재 상황에서는 간략하게 설명하는 일밖에 할 수 없으며 몇 가지 중요한 질문에 대해서는 아직 답변할 수 없다.[6]

아마도 가장 중요한 '공개 질문 사항'은 투베르쿨린의 효과와 안전성에 관한 것이었을 텐데 이는 이후 몇 달에 걸쳐 답을 얻을 수 있었다. 일단 그것은 모두가 바라던 돌파구가 되지 못했다. 결핵은 다음 세기로 넘어가서야 항생제 개발과 함께 치료되었다. 오히려 투베르쿨린으로 치료받은 환자 중 일부는 중태에 빠졌고 사망자도 발생했다.

코흐의 명성은 결핵 치료제의 실패뿐 아니라 그와 동시에 발생한 사생활의 문제로 상당히 훼손되었다. 코흐는 화가 구스타프 그레프의 집에서 만난 17세 그림 모델 헤트비히 프라이베르크와 사랑에 빠졌다. 코흐는 진지했고 결국 당시로선 사회적 결함을 안겨줄 수 있는 이혼이라는 선택을 했다. 3년 후 그는 헤트비히와 결혼했는데 그녀는 코흐보다 29세나 어렸을 뿐만 아니라 그의 딸 게르트루드보다도 네 살 어렸다. 당시 많은 사람이 코흐의 이혼과 재혼을 스캔들의 소재로만 보았다. 반면 코흐의 일에 대한 헤트비히의 지지와 기꺼이 실험에 동참해준 그녀의 용기는 거의 인정받지 못했다. 코흐가 투베르쿨린 때문에 엄청난 스트레스에 시달릴 때 그는 자신을 실험 대상으로 삼아 약을 직접 주사했고 헤트비히에게도 실험을 했다. 코흐는 약을 주사한 후 거의 별다른 증상을 보이지 않았지만, 이 젊은 여성은 심각한 상태에 빠졌다가 회복되었다. 이후에 그녀는 코흐의 장거리 여행에 동행했다.

하지만 그전에 그의 고향에서는 예상치 못한 전염병이 발생했다. 함부르크는 예로부터 산업과 무역이 번창하는 세계적인 도시였다. 독일의 산업 상품들은 항구에서 출발하여 모든 대륙에 도달했으며, 이민자들은 먼 땅에서 새로운 삶을 시작하기 위해 이곳에 도착했다. 하지만 도시에서 번영을 누리는 상류층의 삶은 지극히 일부분일 뿐이었다. 노동계급 대부분이 사는 골목 지구Gängeviertel 지역의 생활환경은 최악이었으며 밀집된 인구 지역의 위생 환경은 너무나 열악했다. 주민들은 배설물과 온갖 쓰레기로 오염된 운하로부터 식수를 얻었다. 이런 끔찍한 환경 속에서 살아가는 사람들이 거의 6만 명이나 되었다.

1892년 8월, 이곳에서 콜레라가 발생했고 전염병은 급속도로 퍼져나갔다. 자원해서 들것 운반자로 이곳의 생활을 체험한 오스트리아의 한 기자는 다음과 같이 보고했다.

환자들을 나르는 유일한 수단은 마차였는데 마차의 쿠션을 제거한 바람에 우리는 담요에 싼 환자들을 수납함에 앉혀서 날라야 했다. 더욱 이해할 수 없는 것은 좌석 바닥에 뚫린 대여섯 개의 구멍이었는데 이 구멍을 통해서 환자들이 내뿜는 온갖 종류의 분비물이 거리로 떨어져 내렸다! 일하는 동안 나는 132명의 환자를 실어 날랐는데 그 중에 거의 절반은 병원으로 가는 도중에 목숨을 거두었다.[7]

독일 의회에서 코흐를 불렀고 골목 지구의 상황을 본 로베르트 코흐는 아연실색했다. "의원님들, 이곳이 유럽이라는 사실을 잊을 정도네요!"[8]

독일 땅에서 발생한 마지막 콜레라로 인해 약 8,600명의 사망자가 발생했다. 전염병이 맺은 나름의 결실로는 1900년에 통과된 국가전염병법을 들 수 있다. 이를 통해 전염병 환자의 격리나 전염병 의심 환자에 대한 관찰과 같은 조치가 법제화되었다. 이 법률은 전염병이 발생할 경우 정부의 개입과 조치에 대한 기반이 되었다. 이 법률의 아류라고 볼 수 있는 것이 2020년 봄부터 시작된 감염보호법으로, 현재 독일 전 국민의 삶에 전례 없는 방식으로 개입하고 있다.

**1840~1914
A GREAT
MEDICAL
EPOCH**

19장

방사선 사진과
심장 봉합

죄악의 영역에 도전한 위대한 선구자, 빌헬름 뢴트겐과 루트비히 렌

의학이 시작된 최초의 시간부터 메소포타미아, 이집트, 인도, 중국 등 초기 선진 문명과 현대에 이르기까지 의사들의 오랜 꿈은 인체 내부를 직접 들여다보고 어디에 증상이 있으며 어떤 기관이 병들었는지를 판단하는 것이었다. 사실 인체의 구조에 대한 의학적 지식은 오랫동안 매우 초보적이거나 완전히 잘못된 생각에 바탕을 두고 있었다. 많은 문화권에서 해부학 연구, 즉 인체의 각 부위에 관한 연구를 꺼리거나 심지어 죄악시해왔기 때문이다. 신체에 관한 과학적 연구의 시작을 논하려면 브뤼셀 태생의 안드레아스 베살리우스Andreas Vesalius가 1543년에 쓴 위대한 저서 《인체의 구조에 관하여》를 얘기하지 않을 수 없다. 이 책은 다른 유럽의 대학 도시보다 자유로운 분위기에다 가톨릭교회의 입김이 그리 세지 않았던 까닭에 당시 과학서적 출판의 중심지가 되었던 스위스 도시 바젤에서 출간되었다.

수 세기 동안 그 어떤 의사도 살아 있는 인체를 들여다볼 수 없었다. 헤르만 헬름홀츠가 발명하고 안과학의 선구자 알브레히트 폰그레페가 매일 진단에 사용한 검안경을 통해 최초로 인체의 내부를 관찰할 수 있었는데 현대 용어를 사용하자면 이 도구는 완벽하게 비외과적인 도구였다. 프랑크푸르트에 살았던 의사 필리프 보치니가 이미 반세기 전에 내시경을 발명한 현대의 선구자였다는 사실은 거의 잊혔다. 그는 1807년경 '빛 전도관'이라고 불리는 도구를 만들었는데 이 도구는 귀나 직장, 요도와 같은 신체의 구멍에 삽입할 수 있는 것이었다. 거친 재료로 만들어졌거나 아무리 얇더라도 금속으로 만들어진 튜브가 삽입되는 것을 신체 기관이 견뎌야 했다. 무엇보다도 국소마취가 없던 시대임을 고려해본다면 이런 기구를 사용하는 것이 환자들에게는 참기 어려운 고문이었을 것이다. 그렇긴 해도 비뇨기과 의사들은 보치니를 내시경 진단의 선구자로 여기고 있다. [1]

인체를 들여다보고자 하는 꿈이 실현되고 의료 진단의 가장 중요한 한 기둥이 세워진 곳은 병원도 의학 연구실도 아닌 뷔르츠부르크 대학의 한 물리학과 교수 실험실이었다. 빌헬름 콘라트 뢴트겐Wilhelm Conrad Röntgen 교수는 1895년 11월 8일 음극선관으로 이런저런 실험을 하고 있었는데 어두운 실험실에서 그날따라 특이한 점을 발견했다. 음극선관에 전류를 흘려보내자 실험 기구 근처에 있던 백금시안화바륨으로 만든 스크린에 환하게 빛이 들어온 것이다. 음극선관은 조수가 두꺼운 판자를 씌워둔 상태였기에 어떤 빛도, 심지어 눈에 보이지 않는 자외선도 통과할 수 없었다. 뢴트겐은 스크린을 뒤집어보았다. 장치가 켜지자 이 스크린의 뒷면도 이른바 히토르프 관이라 불린 음극선관을 향해 빛을 발했다. 뢴트겐은 즉시 이것이 새로운 유형의 방사선을 나타내는 것이 틀림없다고 확신했다.

그 이후 몇 주 동안 뢴트겐은 과학계에 전혀 알려지지 않은 이 광선에 깊이 몰두했다. 이 물리학자는 또한 열정적인 사진작가이기도 했으므로 당연히 사진판에 나타난 특이한 방사선의 영향을 연구해보기로 했다.

정확한 날짜는 알 수 없으나 크리스마스가 얼마 남지 않은 어느 날 그는 음극선관을 켠 후 사진판 앞에 손을 내밀었다. 또 1895년 12월 22일에는 아내 베르타에게 15분 동안 최대한 움직이지 말고 가만히 손을 내밀고 있어보라고 요청했다. 베르타는 약간 겁을 먹었고 그 결과를 보고 나서는 공포에 사로잡혔다. 이것은 뭘까? 곧 죽는다는 신호가 아닐까? 사진은 베르타의 손가락 마디마디를 너무나 아름답고 자세하게 보여주고 있었고 단지 반지가 끼워진 네 번째 손가락만이 빛이 통과되지 못해 검은 부분으로 처리되어 있었다. 그야말로 역사적인 사진이었다. 처음으로 살아 있는 사람의 내부 구조가 사진으로 펼쳐진 것이다. 게다가 유령처럼 신기하게 보이는 이 사진을 찍는 것은 하나도 고통스럽지 않았다. 다행히도, 뢴트겐이나 그의 아내는 방사선에 노출되는 것이 그리 안전하지만은 않다는 사실을 모르고 있었고 그 위험성은 당시 알려지지 않았다.

뢴트겐은 이 발견을 되도록 빨리 공개하고 싶었고 크리스마스 며칠 후에 뷔르츠부르크에 있는 물리의학 협회의 출판사에 원고를 가져갔다. 1896년 1월 1일 〈새로운 종류의 광선에 대하여〉라는 논문이 세상에 등장했다. 뢴트겐은 달변가가 아니었다. 세상을 향한 그의 발표는 자신의 실험 과정을 아무런 과장도, 희열의 흔적도 없이 건조하게 묘사하는 목소리로 시작되었다.

1. 히토르프 진공관이나 진공 상태의 레나르트 관, 크룩스 관을 비롯하여 유사한 종류의 관을 얇고 검은 판지로 덮은 뒤 완전히 어두운 방에서 룸코르프(전기학자 하인리히 룸코르프가 만든 강력한 전자기 기계 — 옮긴이) 코일의 전하를 흘려보내면 기구 가까이에 놓아둔 바륨이 칠해진 종이 스크린이 앞면이나 뒷면이나 할 것 없이 배출된 광선으로 형광을 내는 것을 볼 수 있다. 이 형광은 기구에서 2미터 떨어진 곳에서도 볼 수 있다.[2]

그의 청중은 대부분 물리학자였고 뢴트겐은 자신의 발견이 불과 몇 주도 지나지 않아서 의학에 응용되리라는 것은 상상도 하지 못했다. 논문의 나머지 부분도 실험 준비의 묘사로 비슷하게 건조한 내용이 이어진다. 끝에서 두 번째 페이지에 이르러서야 14번 주석 아래에 오늘날 거의 모든 언어에서 공통적으로 X선이라고 부르는 광선이 인체의 구조와 상호작용하는 것을 지나가는 말한 듯한 내용이 등장한다.

나는 이 그림자 이미지를 수없이 관찰했다. 이는 때로 매우 특별한 매력을 지니고 있으며 나는 종종 이를 사진으로 찍기도 했다. 방을 나누는 문의 윤곽을 찍은 사진도 있는데 방 한쪽에는 광선을 배출하는 기구를, 다른 한쪽에는 사진 반사판을 놓았다. 또 손가락뼈나 나무 릴에 감춰진 철사의 사진도 찍었으며 닫힌 상자 속의 물체나 자석 바늘이 금속으로 완전히 둘러싸인 나침반 등이 모두 X선으로 포착되어 사진에 찍혔다.[3]

뢴트겐은 내성적인 성격으로 주변을 둘러싼 주위의 북적거림에 쉽게 지쳤다. 과학계, 특히 물리학계에서 뢴트겐은 이미 뛰어난 명성을 얻고 있었고 〈새로운 종류의 광선에 대하여〉를 발표하기 전에도 이미 40편 이상의 논문을 출판한 경력이 있으며, 이것들 또한 당대 물리학자나 화학자들에게 훌륭한 연구 주제가 되기에 충분했다. 그중에는 〈연속적인 전기 방출에 대하여〉(1874)나 〈고무의 길이 연장에 대한 가로 수축 비율〉(1876), 그리고 〈전해질의 전도성에 대한 압력의 영향〉(1893)과 같은 훌륭한 논문도 있었다. 하지만 이 논문들은 1896년 새해 첫날 그가 발표한 짧은 논문에 비교해보면 거의 잊힌 것이나 다름없다.

뢴트겐의 성품을 볼 때 그가 자신의 이름을 붙여 광선에 대한 특허를 내려 하지 않은 것은 당연한 일이었다. 그는 인류 모두가 아무런 방해 없이 자신의 발명품에 접근하기를 바랐다. 자신의 발견으로 물질적인 이익을 얻는다는 것이 뢴트겐으로서는 무척 낯선 생각이었는데 이는 그의 출신에서 기인한 것일 수 있다. 빌헬름 콘라트 뢴트겐은 1845년 3월 27일 부유한 가정에서 태어났다. 태어난 곳은 레네프Lennep로, 오늘날 훌륭한 엑스레이 박물관이 있는 렘샤이트 지역의 한 도시다. 그의 삶이 우리에게 특히 인상적으로 다가오는 것은 뢴트겐이 진정한 유럽인이었다는 점이다.

암스테르담 출신의 어머니를 통해 뢴트겐은 네덜란드 여권을 가지고 있을 만큼 네덜란드와 가까웠으며 취리히에서 레스토랑을 운영하던 아버지를 둔 아내 베르타를 통해 스위스와도 가까운 관계를 맺었다. 또 스위스 폰트레시나에서 수년 동안 대부분 휴가를 보냈다. 네덜란드는 뢴트겐이 어린 시절과 청소년기를 보낸 곳이기도 하다. 그가 세 살 때 그의 아버지는 아펠도른에 집을 지었고 가족들은 그곳으로 이사했다. 어린 뢴트겐은 헬데를란트 지방에 있던 도시에서 사립학교를 다녔고, 17세가 되자 당시 새로운 형태의 학교였던 기술학교를 다니기 위해 위트레흐트로 갔다.

뢴트겐은 기술에 매료되었고 미래의 공학자나 그와 연관된 직업을 배출하는, 당대의 가장 현대적인 교육기관 중 하나인 취리히의 스위스 연방 공과대학에서 공부했다. 공학 학위를 받은 후 1869년 6월에 물리학 학위를 취득했다. 그 후엔 스승이자 멘토였던 아우구스트 쿤트를 따라 뷔르츠부르크 대학과 슈트라스부르크 대학에 갔다. 이후 1875년 호헨하임 농업대학에서 교수로 임명되었다. 1879년 마침내 뢴트겐은 기센 대학의 물리학과 교수가 되었고, 1888년에는 뷔르츠부르크 대학의 학과장으로 자리를 옮겼다.

뷔르츠부르크의 물리의학 협회 잡지에 다소 건조한 문체의 논문을 싣긴 했으나 뢴트겐은 자신의 발견이 연구자뿐 아니라 바깥세상의 관심을 엄청나게 끌 것임을 잘 알고 있었다. "이제 곧 지옥문이 열릴 것이오."[4] 1896년 새해가 시작된 직후에 뷔르츠부르크의 우체국으로 가서 동료들에게 재인쇄한 자신의 논문을 실은 90여 통의 편지를 보내고 나서 그는 아내 베르타에게 위와 같이 말했다고 한다. 편지 중 일부에는 네덜란드의 현대 전기 작가 두 명이 짐작한 것처럼 다른 것도 동봉되었다.

어쩌면 그가 켈빈Kelvin* 남작 같은 친구이자 뛰어난 과학자들에게 보내 약 12통의 편지에는 9장의 사진도 담겨 있었을 것이다.

조수가 휴가를 간 사이에 뢴트겐은 사진을 직접 인화했다. 100장이 넘는 사진을 찍느라 고생이 많았을 것이다. 그는 주로 금속 물체의 내부를 다양한 방식으로 사진으로 남겼다. 하지만 그 모든 것을 뛰어넘는 사진이 베르타의 손에서 탄생했다.[5]

새로운 광선의 발견은 언론의 즉각적이고 집중적인 관심을 불러일으켰고 19세기 말 대중 담론에서 과학의 중요성을 분명하게 확인시켜주었다. 과학적 발견에 대한 기사가 대서특필되었고, 이런 기사들이 단지 전문 분야에서만 논의되는 것이 아니라 일반 대중의 폭넓은 반응을 얻었다. 사람들은 이런 소식들을 자신들이 황금시대에 살고 있을 뿐 아니라 앞으로 세상이 더욱 나아질 것이라는 증거로 삼고 싶어 했다. 1896년 1월 5일, 빈의 언론은 1면에 "놀라운 발견"이라는 헤드라인을 실었다. 이틀 후 〈프랑크푸르터 차이퉁Frankfurter Zeitung〉은 다음과 같은 사설을 실었다.

이 발견이 애초의 약속을 지킨다면, 이는 과학계에서 획기적인 연구 결과를 의미할 것이고, 따라서 의학과 물리학의 응용을 통해 흥미로운 결과를 얻게 될 것이다.[6]

◆ 제1대 켈빈 남작 윌리엄 톰슨William Thomson은 글래스고 대학에서 50년 이상 이론물리학과장을 역임했다.

사회 최고층에서도 뢴트겐의 발견 소식을 듣고 개인 강좌를 부탁해왔다. 빌헬름 2세 황제는 뢴트겐에게 베를린으로 와달라고 요청했는데 그다지 유명세에 관심이 없었던 내성적 성격의 과학자 뢴트겐은 결국 1월 12일에 왕궁 별실에서 군주와 고위 관리들을 대상으로 광선을 시범 보이며 설명했다. 그런데 아마도 왕의 성격과 관련이 있겠지만 빌헬름 2세는 그 광선을 군사적 목적에 사용할 수 있는지 물었다. 그다지 전망이 없다는 답변에도 시범 결과에 만족한 그는 즉시 뢴트겐에게 프로이센 독수리 훈장 2급을 수여했다.

뢴트겐이 얼마나 박수나 명성을 중요하게 여기지 않았는지는 그가 자신의 발견에 관해 공개 강연을 단 한 번밖에 하지 않았다는 사실에서 알수 있다. 1월 23일, 그는 뷔르츠부르크에 있는 물리의학 협회에서 단 한차례 강연을 했다. 그는 히토르프 관을 가져와서 뷔르츠부르크 해부학과 생리학 교수인 알베르트 폰 쾰리커의 손을 찍었다. 또한 자신의 발견에 X선이라는 이름을 제안했다. 뢴트겐은 단 한 번 미국인 기자와 인터뷰를 했는데 기자는 다음과 같이 이 과학자를 묘사했다.

이 호리호리한 장신의 과학자는 외모에서부터 열정과 에너지를 발산한다. 목소리는 깊고도 울림이 있으며 말은 빠르고, 마치 자신을 매료시키는 비밀을 굳은 결심으로 밝히려는 사람처럼 보인다. 그가 자신의 시간을 길게 빼앗는 방문객보다는 크룩스 관을 들여다보는 데 더 많은 관심을 쏟는다는 것은 의심의 여지가 없어 보인다.[7]

독일에서 뢴트겐선이라고 불린 최초의 X선은 의학에 빠르게 사용되었다. 무엇보다도, 부러진 뼈와 골격의 이상과 같은 문제들이 사진으로 명확하게 기록될 수 있었다. 이 새로운 기술은 또한 당시 어마어마하게 골치 아픈 전염병이었던 폐결핵을 진단하는 데도 대체할 수 없는 수단으로 빠르게 자리 잡았다.

이때는 광선의 위험성에 대한 지식이 없었는데, 당시 방출되던 방사선량은 오늘날 X선 진단에 일반적으로 사용되는 값보다 때로 1,000배가량 더 많은 적도 있었다. 그 결과 어떤 환자들에게선 눈에 띄는 피부 변화가 나타났다. 하지만 대중은 이를 'X선 화상'이라 부르며 대수롭지 않게 여기곤 했다. 이 새로운 방법을 어떤 예방 조치도 없이 선택했던 의사들은 화상이나 탈모, 손의 변형을 경험했고 많은 이들이 암에 걸리기도 했다.

뢴트겐이 발견한 X선이 1896년에 주목을 받은, 우리의 삶을 변화시킨 유일한 방사선인 것은 아니다. 1896년 3월 1일 파리의 에콜 폴리테크니크에 있는 물리학자 앙리 베크렐Henri Becquerel의 작업실에서 뢴트겐의 실험실과 비슷한 우연이 일어났다. 앙리 베크렐은 우라늄 염을 가지고 연구 작업을 하고 있었는데 그날 샘플에 넣은 사진판이 빛과 접촉하지 않았는데도 검게 그을린 것을 발견했다. 베크렐은 이 물질들이 방사선을 방출하는 것으로 결론 내렸다. 뢴트겐에 의해 발견된 물질과는 달리 이 물질은 음극관에서 인공적으로 생성된 것이 아니라 자연적인 물질, 즉 우라늄 성질의 일부였다. 베크렐의 실험실에서 방사능이 발견된 순간이며 놀라운 순간이었다. 이 자연현상에 대한 설명과 더불어 인류가 그것을 다룬 방식은 히로시마와 나가사키, 후쿠시마, 체르노빌이라는 이름과 연관되어 영원히 우리 곁에 머물 것이다.

1896년 9월 9일에 의사 루트비히 렌Ludwig Rehn은 새로운 X선 사진이 필요치 않았다. 그리스하임과 뢰델하임의 병원에서 레지던트 의사로 몇 년을 일하다 마침내 프랑크푸르트암마인에 있는 시립 병원의 외과 주치의로 임명된 이 노련한 의사는 임상적 경험으로 볼 때 자신 앞에 누워 있는 환자가 죽음에 가까웠다는 걸 한눈에 알아보았다.

우심실을 흉기로 찔려 절망적인 상태에 놓인 환자의 계속된 출혈을 멈추기 위해 뭔가를 해야 했다. 환자를 구하려면 아무리 어려워도 그것 말고는 다른 선택의 여지가 없다는 것을 나는 깨닫게 되었다. 아니면 내 눈앞에서 환자는 피를 흘리며 죽어갈 것이기 때문이었다.[8]

환자는 정원사 조수였던 22세의 빌헬름 유스투스였다. 9월 7일 저녁에 그는 프랑크푸르트의 홍등가를 방문했다가 술에 잔뜩 취한 상태로 술집에서 말다툼을 벌였다. 술집에서 도망 나온 그는 가까운 공원의 자갈길에 넘어졌다. 달빛이 비치는 밤, 누워 있는 그의 몸 위로 시커먼 형상이 몸을 굽히더니 칼로 그의 가슴을 찔렀다. 한 경찰관이 새벽 3시쯤에 거의 의식이 없는 이 청년을 발견했다. 유스투스는 주립 병원에 입원했고 당직 의사가 조심스럽게 네 번째와 다섯 번째 갈비뼈 사이 칼에 찔린 상처로 탐지기를 삽입했다. 다소 깊숙이 들어갔던 탐지기를 빼내자 내부가 율동적으로 움직이는 것이 느껴졌다. 그것은 뛰는 심장의 리듬이었다. 빌헬름 유스투스는 조용한 병실로 옮겨졌고 죽음을 기다리고 있었다.

심장의 상처는 다른 인간 순환계의 중추 기관 손상과 마찬가지로 수술을 할 수 없는 부위로 여겨졌다. 그것은 영혼과 감정, 사랑이 자리 잡고 있는 곳으로 어떤 의학도 도달할 수 없는 미지의 땅이었다. 그곳을 건드린다는 상상만으로도 외과의들의 반감을 사기엔 충분했다. 1882년에 위대한 외과의 테오도어 빌로트조차도 심낭을 여는 일은 생각도 할 수 없는 일이라고 보았다.

> 내 생각에 이것은 일부 외과의들의 말마따나 외과 예술의 매춘 혹은 외과적 어릿광대짓이나 다름없는 행위다. …… 이 수술은 의사보다는 해부학자들이 더 관심을 두는 분야일 것이다. …… 물론 매우 대담한 수술을 계획하는 의사들도 있긴 하다. 다행히 이들의 계획은 아직 실행에 옮겨지진 않았다. …… 심장의 상처를 꿰매려고 시도하는 외과 의사는 분명 동료들의 존경을 잃게 될 것이다.[9]

9월 9일 여행에서 돌아온 루트비히 렌이 피가 더 흐르는 것을 막기 위해 붕대를 감은 채 약하고 불규칙한 맥박으로 죽어가는 빌헬름 유스투스의 모습을 보는 순간, 분명 그도 불가촉의 구역인 심장에 대한 규범을 위반할 경우 동료 의사들로부터 쏟아질 비난을 떠올렸을 것이다. 렌은 엑스레이 기계가 필요 없었고 기존의 청진법(청진기로 소리 듣기)과 타진법(가슴 어디에 공기나 액체가 위치하는지를 두드려서 알아내기)만으로도 결론을 찾아냈다. 심낭은 분명 약간의 상처만 입었을 뿐이지만 실제 상처 부위에서 나오는 혈액이 흉부(렌의 보고서에는 심실)에 축적되었고 상대적으로 밖으로 빠져나가는 혈액량은 적었다. 물론 혈액으로 가득 찬 눌린 심장은 그 기능이 제한적일 수밖에 없었고 렌은 사고 시점에서 만 하루가 지나면 심장이 멈출 것이라고 예상했다.

렌은 즉시 유스투스를 수술실로 데려갔고 마취가 시작되었다. 그 후 의사와 그의 조수는 심장 근처를 14센티미터 정도 절개하여 두 갈비뼈 사이의 공간을 열었다. 심낭이 드러났고 그 사이에서 피가 흘러나오는 것이 보였다. 흘러나온 피와 응고된 혈액을 제거하자 뛰고 있는 심장의 우심실에 약 1센티미터 길이의 상처가 보였다. 심장을 목격한 최초의 의사라고도 할 수 있을 렌은 집게손가락을 뛰고 있는 심장 위에 조심스럽게 올려놓았다. 그의 손가락에도 상관없이 심장은 계속 뛰었고 손가락에 짓눌린 부분에서 피가 새는 것도 아니었다. 그는 심장의 근육이 이완되고 피가 심방으로 흘러드는 1초의 심장 이완기 동안 바늘로 심장을 꿰매는 수술을 하기로 결정했다. 이 모든 과정은 근육이 수축되고 다시 혈액이 힘차게 순환되기 이전에 이루어져야만 했다. 첫 번째 봉합이 이루어지자마자 상처에서 피가 흐르는 것이 멈추었고 세 번의 봉합 후에 상처가 완전히 닫혔다. 그의 조수는 봉합 즉시 환자의 맥박이 강해졌다고 렌에게 보고했다. 렌은 열린 가슴 부위를 깨끗이 하고 상처 부위의 액체를 빼낸 다음 수술 부위를 닫았다.

렌과 의료진은 이후 며칠 동안 환자가 미열과 불규칙한 심장박동을 보이는 것에 한동안 걱정했다. 하지만 점차 상황이 나아졌다. 6개월 후 렌은 독일 외과 협회에 다음과 같이 보고했다.

오늘 저는 다 나은 환자를 여러분에게 보여드릴 수 있는 행운을 허락
받았습니다. 그는 현재 훌륭히 회복되었습니다. 물론 아직 육체적인
노동을 할 수 있는 상태는 아니고 가벼운 활동 정도만 할 수 있지만
심장은 규칙적으로 뛰고 있으며 상처를 입기 전보다 나을 정도입니
다. …… 그러므로 환자가 앞으로도 건강하게 살 가능성이 충분해
보입니다.[10]

심장 수술은 오늘날에도 의학에서 최고 수준의 실력과 대담성, 기술이
요구되는 분야이며, 외과의는 스타 외과의 크리스티안 바너드를 속칭하
던 별명처럼 흰옷을 입은 신으로 추앙받을 정도다.

**1840~1914
A GREAT
MEDICAL
EPOCH**

20장

세기의 전환

아이들의 목숨을 구해낸 혈청 개발자, 에밀 아돌프 베링

1898년 영국의 앨프리드 월리스란 자연학자는 다윈과 동시에 진화론을 발전시켰고 다윈보다 먼저 그 내용을 출판한 바 있다. 앞서 언급한 것처럼 당시 두 사람 사이에 우호적인 합의가 이루어졌고 《경이로운 세기》라는 근사한 제목을 가진 책이 출판되었다. 막바지에 접어들고 있던 19세기에 대한 월리스의 견해에 거의 모든 교양인이 찬성하지 않았을까 싶다. 그 당시 수십 년간의 추이를 돌이켜보면 영국인, 독일인, 프랑스인, 미국인 할 것 없이 특히 1900년 전후의 삶을 경험한 좀 더 나이 든 세대의 사람들은 자신들이 전례 없는 진보의 신기원을 목격하고 있다는 확신을 품었다. 그리하여 대부분은 이러한 변화가 계속될 것이며 다가오는 20세기 초 인류의 생활 환경은 더욱 완벽해질 것이라는 기대에 부풀었다.

물론 월리스의 책은 저물어가는 세기에 대한 찬가로만 가득 찬 것은 아니었다. 자연과 자연보호에 대한 헌신적인 노력을 아끼지 않은 초기 생태학자 중 한 명으로 평가받는 이 자연주의자는 산업화와 지구의 자원에 대한 무자비한 착취라는 문제를 분명히 자각하고 있었다. 이에 자신의 다른 저서에서는 다음과 같이 경고를 보냈다.

동물이든 무생물이든 자연이 이룬 모든 성과물을 이용하되, 남용하거나 무자비하게 파괴하거나 훼손하지 말아야 하며 발원지나 하천을 오염시키고 새나 동물을 말살시키는 것은 도덕적인 범죄이자 사회적 범죄로 여기도록 만들어야 한다.[1]

《경이로운 세기》의 부제에서 월리스는 찬란한 빛과 함께 그림자도 언급하니, 부제는 '그 성공과 실패'다. 19세기가 거둔 성공과 실패의 모델을 언급하면서 그는 철도와 증기선 같은 여행 방식의 발전과 노동을 줄여주는 기계, 그리고 그 무엇보다도 당시 사람들로서는 거의 이해할 수 없었던 '생각을 전달'하는 수단에 대해 얘기한다. 통신체계의 혁명과 전보를 통한 메시지 전달 그리고 세기가 바뀌기 불과 몇 년 전에 이루어진 전화의 발명이 그와 같은 수단에 속했다. 월리스의 책에 대한 논평을 낸한 명망가는 자신이 인도에서 공무직을 수행하던 때를 돌아보며 19세기의 혁신에 경탄을 보냈다. 해저에 놓인 전선을 통해 해지기 전에 인도 콜카타에서 보낸 전보가 영국 런던 시간으로 정오 12시가 채 되기도 전에 빅토리아 여왕에게 도착했는데 이는 인도의 표준시보다 5~6시간 빠른 시점에 도착한 것으로서 고정된 시간의 개념을 뛰어넘는 것이었다![2] 월리스가 거론한 부정할 수 없는 또 다른 성공의 모델은 엑스레이 발견과 세포와 세균 이론의 성공, 즉 미생물을 통한 수많은 질병의 전염에 대한 지식과 마취제 및 소독제 발견이었다.

한편 월리스는 전기나 사진의 발명 그리고 자연에 대해 한층 진일보한 인간의 이해와 같은 성과에 반하는, 그 시대의 실패와 위협 요소도 같이 다루었다. 오늘날의 관점에서 볼 때 천연두 예방접종에 대한 반감이나 골상학(두개골의 형상으로 인간의 성격과 심리적 특성 및 운명 등을 추정하는 학문으로 프랑스 해부학자인 프란츠 조제프 갈이 19세기 초에 창시했다)이 무시되는 세태에 대한 한탄을 비롯한 월리스의 몇몇 관점은 분명 잘못된 것이다. 하지만 탐욕이 현대 사회에서 너무나 큰 영향력을 얻었다는 월리스의 비판은 그보다 훨씬 더 현실적으로 다가온다. 앞서 언급한 것처럼 이 과학자는 자연에 대한 인간의 과잉 착취를 비판했으며 군국주의를 문명에 대한 저주라고 불렀다.

하지만 19세기의 부정적인 측면은 그 시대에 대한 전반적인 평가를 바꾸는 데까지는 이르지 못했다. 이는 시간이 더 흐른 뒤 과거의 시대를 돌아보며 19세기에 특별한 향수를 느꼈던 수많은 유명인의 말이나 글에서도 확인할 수 있다. 예를 들어 제1차 세계대전보다 훨씬 더 큰 재앙이라고 할 수 있을, 집단 학살의 광기에 휩쓸린 제2차 세계대전이 일어났을 때, 1881년에 태어나 활동했던 작가 슈테판 츠바이크는 스스로 자신의 삶을 마감하기 1년 전 그리움과 슬픔 속에서 1900년대의 분위기를 회고했다.

> 자유주의적 이상주의로 가득 찼던 19세기는 '모든 세상의 최고봉'에 이르는 길을 흔들리지 않고 곧바로 가고 있다고 진지하게 확신했다. 그 이전의 시대는 전쟁과 기근, 반란이 들끓는 시대로 멸시되었고 인류가 아직 제대로 성장하지 않았고 충분히 계몽되지 않은 시대로 여겨졌다. 하지만 이제 와 돌아보면 겨우 몇십 년 만에 세상은 다시 최

종적인 악과 폭력에 휩쓸리고 말았다.[3]

    슈테판 츠바이크가 '안전의 황금시대'라고 일컬었던 멋진 19세기의 마지막 몇 년 동안 진보의 속도는 점점 빨라졌고 세상은 숨 가쁘게 달려가는 것처럼 보였다. 차량을 끄는 동물이 필요 없는, 고장이 나거나 엔진이 손상되지 않는 한 운전자와 승객을 목적지까지 손쉽게 데려다주는 차량이 점점 더 많이 거리에 등장했다. 가솔린엔진으로 굴러가는 최초의 차량은 10킬로미터 떨어진 지겐과 도이츠 사이를 운행하는 5마력 엔진의 차량이었는데 이는 마차로부터 개발되었다. 지역 보고서에 따르면 최초 운행은 1895년 3월 18일에 이루어졌으나 같은 해에 기술적 문제로 인해 버스는 운행을 중단했다. 1886년 1월 카를 벤츠에 의해 해당 특허가 등록되었을 시기에 막 태동한 자동차 산업이 여전히 수많은 곳에서 선풍적인 화제를 일으키고 있었으며 특히 농촌 지역은 말할 것도 없었다. 1900년도에는 전 세계에서 내연기관을 장착한 차량이 약 9,500대가 생산되었다.

    브리짓 드리스컬의 운명은 미래에 대해 시사하는 바가 크다. 44세의 이 여인은 1896년 8월 17일 런던에서 자동차에 치여 치명상을 입었다. 드리스컬 부인은 차에 치여 죽은 최초의 사람으로 기록되었다. 불운했던 운전사는 법정에서 무죄 판결을 받았고 판사는 다시는 이런 일이 일어나지 않기를 바란다는 개인적 희망을 피력했다. 하지만 이 같은 희망은 우리가 알다시피 결코 이루어지지 않았다. 이 비극적인 사건의 장면은 시사하는 바가 많다. 1851년 만국박람회가 열린 수정궁 앞에서 일어난 사고였던 것이다.

그 뒤를 이어 1900년에 열린 만국박람회는 진보의 전시장이었다. 순수하게 인구통계학적인 관점으로 볼 때는 런던이 가장 큰 규모의 대도시였지만, 문화적 풍요로움과 앞선 스타일로 세계에 이름나 있던 대도시는 파리였기에 바로 이곳에서 박람회가 열렸다. 센강 양쪽 강변으로 다양한 참가국의 전시관과 거대한 증기기관차, 고속기관차, 전기 발전기, 세계에서 가장 큰 망원경과 수족관 전시장이 펼쳐져 어마어마한 박람회 풍경이 만들어졌다. 박람회장의 넓이와 이동 거리에 압도된 관람객들을 위해 각기 네 단계의 다른 속도로 이동하는 목재로 된 무빙워크가 설치되었다. 이 혁신 장치 위에 선 관중이 전시장을 천천히 지나가듯이 파리에서는 매우 느린 속도로 현대 들어 두 번째 올림픽이 천천히 치러지고 있었다. 하지만 스포츠 경기를 5개월 동안이나 질질 끄는 것은 좋은 생각이 아니었다. 거의 어떤 드라마도 없는 이 같은 방식의 경기는 얼마 지나지 않아 관객의 외면을 받았다.

1900년 만국박람회에서 대중에게 가장 인기를 끌었던 기계 전시관은 무려 4,800만 명 이상의 방문객을 끌어모았는데, 이곳에는 뤼미에르 형제가 만든 프랑스의 발명품이 있었다. 이 두 명의 발명가는 단편영화를 제작해 거대한 스크린 위에 상영했고 축음기(당시 부르주아들의 또 다른 오락기구)에서는 음악과 소리가 영화의 줄거리와 함께 흘러나왔다. 오귀스트 뤼미에르와 루이 뤼미에르는 아버지로부터 사업을 물려받아 사진판을 제작했으며, 베를린의 막스 스클라다노프스키 같은 다른 영화 개척자들보다 기술적으로 우수한 영화 촬영 기법을 개발했다. 프랑스에서 최초로 대중에게 영화를 상영한 것은 1895년 12월 파리에서였는데 이 영상은 뤼미에르 공장을 떠나는 노동자의 모습을 46초에 걸쳐 보여주었다.

뤼미에르 형제는 이후 빠른 속도로 여러 단편영화를 제작했으며 그중에는 관객들에게 매우 강한 인상을 남긴 작품도 있었다. 가령 이들이 만든 〈열차의 도착〉이라는 영상에는 증기를 뿜어내는 기관차가 역으로 진입하는 장면이 등장하는데 이는 관객들에게 불안감이나 공포감을 유발했고 맨 첫 줄에 앉은 관객이 투사실 뒤쪽으로 도망가는 일도 있었다. 파리 만국박람회가 열릴 즈음에는 뤼미에르 형제가 이미 단편영화를 1,000편가량 제작한 뒤였는데 영화 촬영을 위해 세계 곳곳으로 촬영기사를 보내고 있었다. 의심할 여지 없이 새로운 기술뿐 아니라 완전히 새로운 형태의 대중오락의 장이 열린 시기였다. 오로지 상업 영화 제작을 위한 최초의 대형 스튜디오가 12년 후에 문을 열었는데, 파리나 리옹이 아닌 포츠담 근처의 바벨스베르크라는 곳에서였다.

1900년경에 등장한 이 영화라는 꿈의 세계에 더해 한 오스트리아 의사는 다른 꿈의 세계를 탐험하고 나섰다. 그것은 그해에 출판된 한 책의 제목이기도 했다(실제로 1899년 11월에 출판되었지만, 출판 기념회는 새해로 연기되었다). 하지만 찰스 다윈의 《종의 기원》과는 대조적으로 이 책은 처음에는 대중의 관심을 거의 받지 못했다. 이 책의 초판 600권이 매진되기까지는 거의 10년이 걸렸다. 위키백과에서 "가장 널리 읽히고 가장 영향력 있는 20세기 도서"[4] 중 하나로 묘사되기까지 이 책은 먼 길을 가야만 했다. 이 책의 제목은 《꿈의 해석》이며 저자는 지크문트 프로이트 박사다.

프로이트는 자신이 영감을 주었으나 선구자의 자리를 아슬아슬하게 놓쳤던 국소마취제 발명 이후로 곧 개인적 행복을 찾았다. 1886년 9월, 그는 함부르크에서 사랑하는 마르타 베르나이스와 결혼했다. 그리고 이후 9년 동안 두 사람은 여섯 명의 자녀를 두었다. 막내딸 아나는 훗날 프로이트가 거의 20년에 걸쳐 기나긴 투병 생활을 한 후 의사로서의 삶을 마감하기까지 곁을 지켜준 주역이었다(시가를 지나치게 많이 피웠던 프로이트는 결국 구강암에 걸렸고 1920년대에 턱의 상부와 하부를 제거하는 외과 수술을 받기도 했다).

프로이트의 장모에게 중요한 부분이기도 했던 그의 수입은 그동안 빈에서 개업한 어린이 신경외과의원으로 인해 상당히 안정된 듯했다. 신경계의 질병에 대해 프로이트가 관심을 갖기 시작한 것은 상대적으로 새로운 분야의 위대한 선구자 중 한 명과 함께 수련하면서부터였다. 1885년 가을, 프로이트는 명성 높은 살페트리에르 병원의 신경학자인 장 마르탱 샤르코 밑에서 장학생으로 일하며 공부하기 위해 몇 달 동안 파리에 머물렀다. 살페트리에르 병원은 명성에 걸맞은 자격을 갖춘 최초의 특수 정신의학 병원 중 하나였으며, 과학적 지식을 갖춘 의사들이 어느 정도의 동정심과 공감의 태도로 정신질환자들을 돌보는 곳이었다. 이는 수세기 동안 만연한 '정신병원'과 '미치광이들의 수용소'라는 비인간적인 장소에서 소외되고 명예를 짓밟히며 억눌려 살아야 했던 소수자들이 그 공간을 벗어나 위대한 의학과 기술 진보의 혜택을 누릴 수 있게 된 하나의 모델이기도 하다.

살페트리에르 병원은 주로 히스테리에 대한 치료와 연구에 집중했다. 당시 이론에 따르면 오직 여성만이 이와 같은 질병에 고통을 받는 것으로 알려졌다. 자궁을 일컫는 그리스어 히스테라^{hystera}에서 질병의 이름이 유래한 것만 봐도 이를 알 수 있다(현재 많은 나라 산부인과 의사들이 자궁 절제술을 히스테렉토미^{hysterectomy}라고 부른다). 처음에 파리에서 병리해부학 교수로 재직했던 샤르코는 점점 신경계 질환의 전문가가 되었으며 또한 병리학자와 신경학자가 어떤 유기적 질병도 발견할 수 없는 질환에도 전문가의 능력을 발휘했다. 샤르코와 그 분야의 선구자들은 신경계의 질환을 정신 치료의 영역에 포함시켰다.

샤르코의 병원에서 열린 견습 과정의 하이라이트는 선택받은 동료들과 의사들을 대상으로 환자의 치료를 시연하는 시간이었다. 샤르코의 전문적인 영역은 대체로 여성 히스테리에 대한 치료였다. 프로이트는 샤르코와 여성 환자들의 상호작용을 홀린 듯 지켜보았다. 특히 샤르코가 인정받지도 반박의 여지가 없지도 않은 최면술을 사용한 치료를 시연할 때 더욱 그러했다. 프로이트가 살페트리에르 병원에서 수련의 생활을 한 지 2년이 지난 후 화가였던 앙드레 브루이에는 환자 블랑쉬 위트만과의 이 같은 치료 장면에 영감을 얻어 정신의학의 고전적 표현이라 할 수 있는 그림을 완성했다. 샤르코와 그의 치료 방법은 프로이트에게 결정적인 영향을 끼쳤다. 1885년 11월 24일, 파리에 도착한 지 두 달 만에 빈에서 온 손님, 프로이트는 다음과 같이 말했다.

가장 위대한 의사로 판단력과 재능을 골고루 갖춘 샤르코가 나의 생각과 계획을 몽땅 무너뜨리고 있다오. 마치 노트르담 대성당을 빠져나오듯 완벽함에 대한 새로운 생각을 가득 안고서 그의 강의 도중에 빠져나온 적도 있었지만, 그는 결국 나를 녹초로 만들어버린다오. 나 또한 그의 곁을 떠나면 만사가 너무나 하찮게 여겨져 의욕을 깡그리 잃어버리고 마는구려. 아무 일도 안 한 지가 벌써 사흘째인데 전혀 후회가 안 되오. 연극에서 야회가 끝났을 때처럼 나의 정신은 포만 상태에 있는 것 같소. 이 씨앗은 열매를 맺게 될까? 모르겠소. 단지 내가 아는 건 나에게 이만큼 큰 영향을 준 사람은 지금껏 없었다는 사실이오.[5]

결국 씨앗은 열매를 맺었다. 프로이트는 '신경성'이나 '신경과민'으로 요약되는 질병이나 이상징후를 전문으로 다루게 되었다. 그는 주로 최면술을 치료 방법으로 사용했는데 항상 성공을 거두는 것은 아니었다. 자주 등장하는 이 병증은 어쩌면 시대정신의 한 부분을 표현하는 것으로 신경쇠약증으로 불렸다. 19세기에서 20세기로 넘어가는 시대에 많은 이들이 이 문제로 고통받았다는 보고가 있다. 이는 대체로 신경의 문제로 인한 것이며 드물게는 육체적인 탈진을 동반했다.

'현대'의 조건. 느긋한 속도로 이동하고 움직였던 과거에 비해 정신없이 바삐 돌아가는 속도와 완전히 새로운 접근성을 가져온 전화기의 시대에 새로운 소식이 말 그대로 끊임없는 벨의 울림소리와 함께 전달되었고 많은 사람을 불안하게 만들었다. 적어도 자신이 불안하다는 느낌을 갖게 만들었다. 이러한 증세나 마음의 상태를 오늘날 우리는 번아웃 증후군이라 부른다. 프로이트는 또한 신경쇠약증을 거의 성적 신경증으로 보았고 이 같은 관점을 친구였던 이비인후과 의사 빌헬름 플리스에게 쓴 편지에서 표현했다.

우리 삶에 있어 성이 차지하는 중요성과 성욕이 가진 수많은 억압의 요소는 무의식에 대한 그의 연구의 초점이 되었고, 프로이트는 1890년대 중반부터 여러 차례에 걸쳐 '정신분석'이라는 용어를 사용하여 이 무의식을 의식 위로 끌어올리고자 했다. 의학과 심리학 사이의 접점에서 이 새로운 연구에 접근하려 했던 프로이트의 거점은 베르크가세 19번지에 있던 그의 개인 병원이었다. 완만하게 성공을 향해가던 프로이트와 그의 가족은 1891년에 상류층 아파트로 이사했고, 현재는 런던의 프로이트 박물관에 놓여 있는 유명한 그의 소파에서 환자들과 분석학에 기반을 둔 상담을 했다. 나치에 의해 오스트리아가 합병되면서 프로이트가 고국을 떠나야만 했던 1938년까지 거의 47년에 걸쳐 그의 치료를 받은 환자도 있었다.

1895년 7월 빈의 성문 근처에서 친구 가족과 함께 여름 휴가를 보내는 동안 프로이트는 자신의 꿈 연구의 출발점이 되기도 한 그가 꾼 꿈의 의미를 깨달았다. 꿈속에서 프로이트는 무의식의 흔적을 찾아다니다가 순간 깨달음을 얻었는데 이것이 '리비도'라고 불리는 그가 평생을 바쳐 연구한 성욕과 아동기 성욕의 중요성에 대한 주제의 기초가 되었다.

1900년에 공식적으로 출판된 꿈의 해석에 관한 책을 프로이트는 '왕의 길^Königsweg'(자기 자신을 좀 더 깊이 이해하기 위한 완전한 새로운 길을 열었다는 의미로 해석할 수 있다. ─옮긴이)이라고 불렀다.

> 하지만 꿈의 해석은 진정 우리 영원의 무의식으로 가는 왕도라 할 수

있다. 꿈의 분석을 통해 우리는 이 훌륭하고 신비로운 기관이 어떻게 구성되는지에 대한 통찰력을 얻을 수 있다. 물론 아주 작은 부분일 뿐이지만 이 기관은 병리학적 현상의 형성부터 그것이 분해되는 과정까지 골고루 영향을 끼치고 있다. 왜냐하면 (적어도 기능적으로는 올바르게) 질병이라고 부를 수 있는 이 질병은 신체 기관을 파괴하지는 않으며 그 자체 내부에서 새로운 구분을 창조하는 것을 전제로 한다. 이것은 정상적인 기능을 하는 동안 상호작용하는 힘의 요소들을 강화하거나 약화함으로써 은밀한 방식으로 많은 영향을 끼치는 역동적 힘이기도 하다. …… 무의식은 실제로 정신적이고 그것의 내적 본성은 마치 외부 세계의 실재처럼 우리에게 알려지지 않은 것인데, 우리 감각 기관이 제공하는 정보에 의해 외부 세계와 마찬가지로 불완전하게 우리에게 주어진다.[6]

한편 무의식과는 전혀 상관없이 한 시대의 상징적인 인물이 이 세상에 더는 존재하지 않는다는 소식과 함께 시대의 종말과 새로운 시대의 시작이라는 분명한 예감이 검은 부고 글씨에 실려 전 세계에 퍼져나갔다. 1901년 1월 22일 늦은 오후에 빅토리아 여왕은 와이트섬의 오스본 하우스에서 마지막 숨을 내쉬었다. 곁에서 임종한 사람은 독일의 황제 빌헬름 2세였다. 한 보도에 따르면 사랑과 증오의 감정, 시기심과 동경이 뒤섞인 채 평생 할머니의 나라와 운명적으로 얽혀 있던 황제는 여왕의 마지막 순간까지 그녀를 품에 꼭 안고 있었다고 한다. 빅토리아가 왕좌에 앉아 세계를 호령하지 않았던 때를 기억하는 사람은 영국에서건 어디건 아무도 없었다. 40년 후 슈테판 츠바이크가 전 세계적으로 평화로웠던 그 시대의 종말이 빅토리아 여왕의 죽음과 함께 찾아왔다고 회고했던 것도 전제주의와는 거리가 먼 (상대적으로) 자유주의적인 나라가 세상을 지배했기 때문이었다. 그리하여 전 세계 수많은 곳의 도시와 호수, 지역이 여왕의 이름을 따서 명명되었다. 역사학자 리처드 에번스는 이 팍스 브리태니카가 가져다준 긍정적인 효과를 다음과 같이 간결하게 표현했다.

> 영국이 패권을 잡음으로써 전 세계의 해양이 평화로워졌고 그로 인해 통신망, 전신 케이블, 해운 및 무역로, 대륙 간 철도의 확장이 가능해졌으며 이는 경제 성장을 더욱 촉진하고 전 세계를 촘촘한 그물망으로 이었다. 이러한 조건 속에서 세계 무역이 폭발적으로 증가했는데 이 같은 성장은 서로 전쟁을 벌이는 거대 산업국가들 사이에서는 절대로 불가능한 일이었다.[7]

산업국가의 지도자들은 여왕의 장례식장에서 다시 만났다. 그녀는 자신이 가장 좋아했던 살을 에는 듯한 추운 날씨에 프로그모어 영묘에 안장되었다. 하지만 1919년 여왕의 100번째 생일 즈음에는 이들 강력한 제국 중 세 곳은 더 이상 세상에 존재하지 않았다. 자그마한 체구의 여왕 빅토리아는 남편 앨버트가 일찍 죽은 후 극도로 은둔하는 자세로 여생을 보냈는데 이는 의료진과의 관계도 마찬가지였다. 여왕이 의사의 손길을 허락한 때는 조지프 리스터의 도움으로 아홉 번째 아이를 출산하는 과정 중이었을 것이며 그다음에는 마지막으로 종기의 고름을 짜기 위해서였을 것이다. 여왕의 마지막 개인 주치의인 제임스 리드가 영국 본섬으로 돌아가기 위해 오스본 하우스에서 여왕의 유해를 점검하던 중 복벽 탈장(복벽의 틈새를 통한 장 조직의 돌출)과 자궁 탈출 증세를 발견했다. 자궁이 원래 자리에서 이탈하여 아래로 탈출한 것은 수많은 출산을 거듭한 그녀의 개인적 이력과 비만이라는 신체 조건으로 인한 운명으로 추정된다. 이 당황스러운 질병에 대해 분명 여왕은 누구에게도 의학적 도움을 청하지 않은 것으로 보인다.

방탕한 스타일의 삶으로 유명했던 새로운 왕은 64년 동안이나 왕좌에 머물렀던 그의 어머니와는 거의 정반대의 기록을 세웠다(빅토리아 여왕의 기록은 2015년 엘리자베스 2세 여왕에 의해 겨우 깨졌다). 프랑스 음식 애호가이자 매춘부들과 어울리기를 좋아했던 에드워드 7세가 가장 짧게 군림한 영국 군주가 되지 않았던 것은 그의 생애 동안 엄청나게 높아진 수술 성공률 때문이었다. 독일어로 맹장의 염증이라고 다소 부정확하게 불리는 충수염(맹장염은 소장의 말단부에서 대장으로 이행하는 부위에 붙어 있는 10센티미터 정도의 충수 돌기에 생기는 염증을 의미하므로 충수염이라고 부르는 것이 정확하다. — 옮긴이)을 수술로 치료하는 것은 마취제와 소독제가 도입되기 전에는 거의 불가능했다. 충수염을 치료하지 못하고 거기서 악화해 복막염으로 진행되면 환자들은 거의 사형선고를 받는 것이나 마찬가지였다. 1735년 런던에서 프랑스 외과 의사 클라우디우스 아미가 처음으로 맹장 수술을 성공적으로 마쳤다고 하는 일화가 있지만, 이는 단지 일반적인 사형선고 중 매우 드문 예외에 속했다.

새로운 영국 왕에게 충수염은 매우 불리한 시기에 찾아왔다. 1902년 여름, 에드워드의 대관식을 위한 준비가 한창이었다. 예정된 식을 2주 앞둔 6월 14일, 에드워드는 불편함과 복통을 느꼈다. 영국에서 가장 존경받는 외과 의사였던 프레더릭 트리브스는 한때 코끼리 인간Elephant Man 으로 유명했던 조지프 메릭을 치료하기도 했다. 트리브스가 도착하고 나서 에드워드의 상태는 호전되었고, 그러자 왕은 런던에 도착한 다른 나라의 왕들을 위해 연회에 참석해야 한다고 고집을 부렸다. 하지만 6월 23일 그의 상태는 악화되었다. 트리브스를 비롯한 다른 의사들은 왕의 충수염이 종양으로 발전되기 직전이라고 확신했다. 이들은 왕에게 수술을 권했지만 그는 국민들과 그의 대관식에 와준 각국의 귀빈들을 실망시키고 싶지 않으므로 웨스트민스터 사원에 제시간에 도착할 것이라고 선언했다. 트리브스는 과감한 말로 상황의 심각성을 왕에게 알렸다. "그러시면 폐하는 시체로 그곳에 가시게 될 것입니다."[8] 그것이 왕의 마음을 돌려놓았다.

트리브스와 의료진은 라임 리지스의 백작이 된 조지프 리스터와 당시 가능한 최선의 소독법에 대해 상의를 했다. 왕의 몸속 세균을 줄이기 위한 수술은 40분이 걸렸고 성공적으로 끝났다. 대관식은 8월로 미루어졌고 의식도 계획보다 훨씬 단출한 규모로 치러졌다. 여러 국가의 지도자나 왕, 대통령을 또다시 영국으로 불러들일 수는 없었기 때문이다. 왕이 앓았던 충수염의 수혜자는 런던의 가난한 사람들이었는데, 화려한 의식과 연회를 위해 준비되었던 음식이 이들에게 배급된 것이다. 그리하여 짧았던 에드워드 왕의 재위 초기에 런던의 하층민들은 평생 먹어보지 못한 푸아그라와 메추라기 가슴 요리를 즐길 수 있었다.

1901년 미국에서도 정치 지도자의 세대교체가 일어났다. 하지만 대영제국과는 대조적으로 국가와 정부의 최고위층은 오히려 기력을 회복한 것이나 마찬가지였다. 게다가 미국에서 대통령은 군주제에서의 그것과 같은 단순한 대표 기관이 아니라 실질적인 정치 지배력을 가지고 있었다. 이는 북미 대륙을 개방하고 정복한 스스로를 젊은 세대로 여긴 미국의 진취적인 정신과 역동성을 그대로 반영한 것과 같았다. 또 당시 42세에 불과했던 역대 최연소 대통령이 백악관에 입성했다. 그의 이름은 시어도어 루스벨트Theodore Roosevelt였다. 부통령이었던 루스벨트가 대통령이 된 데는 비극적인 이유가 있었다. 에이브러햄 링컨과 제임스 가필드 이후 또다시 미국의 대통령이 암살된 것이다.

1896년에 처음 당선되었고 1900년에 재선된 윌리엄 맥킨리 대통령은 1901년 9월 6일 오후 버펄로에서 열린 범미주 박람회에서 대중 환영회를 개최했는데 길게 늘어서 있던 수많은 방문객이 대통령을 밀고 지나가며 악수를 했다. 환영회를 연 주최 측은 1분당 50명의 사람들과 악수를 한 것으로 계산했다. 이러한 방식으로 미국인들은 최고 통치자와의 악수를 즐기고 있었다. 맥킨리는 손수건을 손에 두르고 있는 남자에게 이미 기력이 쇠한 손을 내밀었다. 손수건 안에는 작은 권총이 숨겨져 있었고 무정부주의자 레온 촐고츠는 아주 가까운 거리에서 맥킨리의 배에 두 발의 총알을 발사했다. 그중 한 발은 아무런 상처를 주지 않았지만 다른 한 발은 대통령의 췌장과 소장을 뚫었다.

현장에 일찍 도착한 외과 의사 몇 명이 그날 저녁 대통령을 수술했다. 이들은 열악한 조건하에서 최선을 다해 손을 씻고 소독제를 처방했다.

맥킨리는 2시간 동안 마취 상태에 빠져 있었다. 하지만 의사들은 총알을 찾지 못했다. 탐색에 적합한 도구도 없을 뿐만 아니라 조명 상태도 전혀 만족스럽지 않았다. 환영회장에서 가까운 병원의 응급실은 적절한 인공 광원을 가지고 있지 않았다. 수술 부위는 과산화수소와 다른 소독약으로 소독을 했고 장의 상처와 외과 의사가 만든 절개로 인한 12센티미터 정도의 수술 부위는 봉합되었다. 맥킨리는 수술에서 겨우 살아남았고 전기 구급차를 타고 밀번에 있는 개인 자택으로 이동했다. 그곳에서 그는 마지막 8일을 보냈다. 총알을 통해 몸 안으로 들어온 세균을 완전히 제거하는 것도 수술하는 것도 불가능했다. 맥킨리는 9월 14일 내장의 박테리아 괴저로 인해 목숨을 잃었다.

그해인 1901년에 과학의 대중화가 시작되었고, 때때로 뛰어난 연구자나 과학자를 영웅시하는 현상도 일어났다. 노벨상 수여가 처음으로 시작되었고 이로 인한 대중의 관심도 엄청나게 커졌다. 그때부터 이러한 상의 수여는 대중에게 모든 것에 대한 척도가 되었다. 다이너마이트 발명으로 재산을 모은 스웨덴의 산업가이자 화학자인 알프레드 노벨^{Alfred Nobel}은 1895년 그가 남긴 유언에서 자신의 재산이, 군대의 해체를 이끌거나 사람들 간의 친교를 도모함으로써 매년 인류에게 평화를 가져오는 데 크게 이바지한 물리학, 화학, 의학, 생리학, 문학, 평화 분야의 상을 수여하는 데 기초가 되어야 한다고 단언했다. 노벨상 시상식은 1901년 12월 10일 노벨이 세상을 떠난 5년째 되던 날에 개최되었는데 스톡홀름에서는 과학 및 문학상을 수여했고 오슬로에서는 노벨 평화상을 수여했다.

최초의 수상자들은 우리에게도 매우 잘 알려진 과학자들이었다. 오늘날에는 올해의 수상자가 발표된 후에 신문이나 과학 잡지, 혹은 TV 특별 프로그램에서 수상자들의 성취를 알리고 명예를 기리기 위해 부지런히 애를 쓰지만 적어도 1901년의 수상자들의 경우에는 이런 절차가 필요 없었다. 물리학상과 의학상의 수상자들은 이미 전 세계적으로 훌륭한 평판을 가지고 있었다. 최초의 노벨 물리학상은 빌헬름 콘라트 뢴트겐에게, 노벨 의학상은 같은 해 황제 빌헬름 2세로부터 작위를 받아서 에밀 폰 베링이 된 에밀 아돌프 베링Emil Adolf Behring에게 돌아갔다.

베링이 평생 이룬 업적을 제대로 알아보려면 그의 세기적 발명이 있기 전 어린아이가 있는 가정이나 부모들에게 엄청나게 커다란 공포를 안겨 주었던 질병에 대해 생각해볼 필요가 있다. 바로 디프테리아다. 당시 아동 사망률은 이 책에 묘사된 시대에도 상당히 높았는데 그 원인은 전염병에서부터 영양 결핍 질환에 이르기까지 다양했다. 하지만 어린아이의 죽음 중에서도 디프테리아로 인한 사망만큼 잔인한 것은 없었다. 과거에 인두염이라고도 불린 이 병은 호흡기에 끔찍한 고통을 몰고 왔다. 1884년 로베르트 코흐와 함께 일했던 프리드리히 뢰플러에 의해 발견된 병원체 디프테리아 독소는 매우 유독한 성분을 분비하는데 이는 편도와 후두를 비롯하여 목구멍에 거짓막을 형성하는 특징을 가지고 있다.

이 병에 걸린 아이들은 기침과 함께 호흡곤란 증세에 시달린다. 숨을 들이쉬는 것이 점점 힘들어지고 부모가 듣기에 괴로운 소음이 동반되며 아이의 이에서는 악취가 나기 시작한다. 마지막 단계에서 호흡기의 거의 모든 부위가 거짓막으로 뒤덮이면 아이가 말 그대로 질식하기 때문에 디프테리아는 '아이들을 목 조르는 천사'라는 별명을 얻기도 했다. 이 질병은 주로 어린아이들에게 영향을 미쳤고, 신생아나 10대들에게는 거의 영향을 미치지 않았다. 베링은 1893년에 출판된 한 연구에서 다음과 같이 묘사했다.

따라서 우리는 만 세 살이 될 때부터 디프테리아에 걸려 아이를 잃게 될 것을 두려워하는 많은 부모를 볼 수 있다. 이 끔찍한 질병에 대해 부모들이 두려워하는 것은 너무나 당연하다. 이 시기야말로 아이들의 생각이 훌쩍 커지고 영양 장애로 인한 질병의 위험이 점점 줄어들면서 유아기의 무력함 대신에 어린이들이 활기와 기쁨에 가득 찬 아름다운 몸과 마음으로 성장해가는 시기인 것이다.[9]

1888년 파스퇴르의 두 동료인 에밀 루와 알렉상드르 예르생은 다른 여러 전염병과 마찬가지로 병증 발생은 박테리아 자체의 증식이 아니라 병원체가 유발하는 독소의 분비에서 비롯된다는 것을 증명했고, 예르생은 페스트의 원인 물질을 발견한 사람으로 유명해졌다. 그 이후로 이 박테리아는 예르시니아 페스티스Yersinia pestis라고 불려왔다. 디프테리아 독소에 의해 만들어진 독성을 해독해줄 수 있는 물질인 항독소를 찾는 것이 베링의 연구 목표였는데, 이는 독일제국에서 매년 약 5만 명의 아이들의 목숨을 앗아가는 디프테리아와 싸울 무기를 얻기 위한 것이었다.

에밀 베링은 1854년 3월 서프로이센에서 태어났으며, 자녀가 많은 교사 집안에서 12명의 형제자매와 함께 성장했다. 이처럼 자녀가 많은 집안에서 경제적인 여건이 풍족지 않은 환경에서 자랐으므로 젊은 베링은 군의 지원을 받아서 의학을 공부할 수 있었다. 다만 이 지원을 받기 위해서는 공부를 마친 후 군의관으로 8년 동안 근무해야 하는 의무 조건이 있었다. 군의관의 의무를 마친 후 베링은 본에 있는 약리학 연구소에서 일했고, 1889년부터는 베를린에 있는 국립 전염병 연구소에서 일했다. 이 연구소는 로베르트 코흐가 이끄는 연구소로서 그의 이름을 따서 로베르트 코흐 연구소라 불렸다. 베링의 가장 가까운 동료로는 일본인 연구원인 기타사토 시바사부로北里柴三郎와 코흐가 파울 콘하임의 거처에서 처음 만난 슐레지엔 출신의 파울 에를리히가 있다. 이들은 기니피그와 같은 동물을 대상으로 디프테리아와 파상풍 병원체를 실험하는 수많은 동물실험을 시도했고 마침내 성공하여 박테리아에 대한 면역 물질을 만들어냈다. 1890년 11월 23일 실험대 테이블 위에 놓인 종이에 쓴 유명한 메모에서 베링은 스스로 (물음표 없는) 질문을 던졌고 즉시 자신의 질문에 대한 답을 적었다. "면역 동물의 혈액이 독성 효과를 중화시킬 수 있을까? 그렇다!"[10]

베링과 기타사토는 11일 후에 다른 과학자들에게 자신들이 발견한 내용을 보고했다. 이후 1890년 12월 4일 동물에게서 디프테리아와 파상풍 면역 물질이 형성되었다는 내용이 독일 의학 주간지에 실렸으며 대다수 의사가 이 글을 읽었다. 베링과 기타사토의 견해는 다음과 같았다. 만약 동물들이 혈액을 통해 온몸을 순환하는, 디프테리아에 대항하는 항독소를 생산할 수 있다면 이를 한번 디프테리아에 걸렸다가 면역력이 생긴 동물의 혈청에서 분리하여 아이들을 구하는 데 사용할 수 있을 것이다. 기니피그와 토끼는 크기가 작으므로 이와 같은 혈청의 생산자로는 적합하지 않았다. 이 혈청은 예방접종을 통해 백신 접종자의 면역 체계를 형성하는 적극적인 면역과 달리 외부에서 공급하여 환자의 면역력을 형성시키는 수동적인 면역에 필요한 물질이기 때문이었다. 따라서 두 사람은 염소나 양과 같은 더 큰 동물을 사용해서 혈청을 확보했다.

1891년 베를린 외과대학 병동에서 어린이를 대상으로 한 첫 실험은 성공적이지 못했다. 그 이유는 혈청의 양이 너무 적었기 때문인데 이 문제를 나중에 파울 에를리히가 해결했다. 1894년 9월 부다페스트에서 열린 국제 보건 회의에서 마침내 돌파구가 열렸다는 사실이 보고되었다. 디프테리아에 걸린 아이들을 호흡곤란 상황에서 구하기 위해 기관절개를 하지 않고도 목숨을 구할 방법이 처음으로 등장한 것이다. 이들에게 필요한 것은 오로지 베링의 이름과 밀접하게 연결된 혈청일 뿐이었다.

베링은 훼히스트 Hoechst 페인트 회사와 긴밀한 협력을 시작했는데, 이 회사에서는 말을 생산자로 삼아 대규모 혈청 제조에 착수했다. 1894년 11월 회사의 생산 기념식에는 57마리의 말이 혈청 생산을 위해 등장했다. 그 이후에 베링은 수많은 감사의 편지를 받았는데 한 보헤미아 지방의 귀족은 다음과 같은 편지를 보냈다.

> 치료용 혈청주사를 맞고 나서 디프테리아를 앓고 있던 아이 여덟 명이 크게 효과를 보았답니다. 존경하는 교수님, 고마움에 가득 찬 아이들의 어머니를 위해 편지에 동봉된 사진에 사인해주실 수 있을지요?[11]

'아이들의 구세주'이자 '인류의 후원자'가 된 베링은 명성을 얻었을 뿐 아니라 부자가 되었다. 미혼이었던 그는 1896년 12월에 20세 엘제 스피놀라와 결혼했다. 때때로 거친 모습을 보이기도 했던 그에게 노벨상은 그가 받은 수많은 영예 중 하나가 되었다.

디프테리아에 대한 승리는 세기가 바뀌는 시기에 사람들이 미래에 대한 희망을 자신 있게 피력했던 많은 이유 중 하나이기도 했다. 일반 대중은 1900년 1월 1일 자정에 '1900년'이라는 새로운 숫자와 함께 20세기가 등장했다고 생각하지만 사실 순수 수학자들은 20세기가 1901년 1월 1일에야 시작된다는 것을 당연히 알고 있었다. 100년 후인 2000년 1월 1일, 인류가 새천년을 맞이하면서 컴퓨터 시스템이 한꺼번에 파괴되는 일이 벌어지지 않은 것에 안도하는 동안 비슷한 얘기가 나오긴 했지만 인류의 큰 관심을 끌지 못하고 사라졌다. 그런데 〈뉴욕 월드New York World〉 (1860년부터 1931년까지 미국 뉴욕에서 발행된 신문 — 옮긴이)는 영리하게도 1901년 1월 1일 저명한 작가들에게 다가올 세기를 평가해달라고 요청했고 이들의 답변을 지면에 실었다. 편집자는 다음과 같이 썼다.

이 세계는 20세기가 모든 역경을 이겨내고 우리 행성이 이제껏 경험하지 못한 최고의 시간을 만들어낼 것이라 믿을 만큼 충분히 낙관적이다.[12]

**1840~1914
A GREAT
MEDICAL
EPOCH**

21장

유대인 개척자

매독의 위협에서 인류를 구원한 파울 에를리히,
콤플렉스를 치료하는 신의 손 자크 요제프

1940년에 할리우드에서 만든 영화 〈에를리히 박사의 마법 탄환^{Dr. Ehrlich's} ^{Magic Bullet}〉에는 특히 기억에 남는 장면이 있다. 여러 가지로 과학계에 오랫동안 공헌해왔으며 특히 에밀 폰 베링과 함께 개발한 디프테리아 치료 혈청 덕분에 명성과 존경을 받아온 파울 에를리히가 부유한 은행가의 미망인인 프란치스카 슈파이어의 식탁에서 프랑크푸르트암마인의 상류사회 인사들과 앉아 있는 장면이다. 술잔에서 샴페인이 빛나고 하인들은 각종 진미를 대접하고 있다. 하지만 그날 저녁 에를리히의 관심사는 훌륭한 요리와는 아무런 관련이 없다. 그는 자신의 연구소를 위한 기금을 모으고 있었다. 유명한 프랑크푸르트 상류사회의 후원자는 에를리히에게 현재 무엇을 연구하고 있는지 상냥하게 물었다. 에를리히가 대답하는 순간, 좌중은 금세 쥐 죽은 듯 고요해지고 초대받은 손님들의 얼굴에 공포와 혐오감이 나타난다. "매독이라니!" 다음 장면에서 파울 에를리히와 프란치스카 슈파이어는 아직 음식이 차려진 식탁에 단둘이 앉아 자세한 이야기를 나누는데, 고위층과 그들의 아내들은 연회장을 서둘러 도망친 듯하다.

영화에서와 마찬가지로 실제로도 에를리히는 자선가의 도움을 받는데 성공했다. 4년 전 사망한 프란치스카의 남편 이름을 따서 1906년에 개원한 게오르크 슈파이어 하우스^{Georg Speyer Haus}는 분명 에를리히의 풍부한 연구 경력에서도 가장 유명한 발견이 이루어진 현장일 것이다. 오늘날에도 여전히 게오르크 슈파이어 하우스 — 종양 생물학 및 실험 치료 연구소라는 더 공식적인 이름하에 화학요법의 발전을 전문으로 하는 연구 기관으로 존재한다.

1899년 베를린에서 프랑크푸르트로 이주하면서 파울 에를리히는 에밀 폰 베링과의 공동 작업뿐 아니라 그의 그늘에서도 벗어나게 되었다. 디프테리아 혈청 생산으로 얻는 이익을 둘러싼 논쟁으로 우정이 깨졌지만 오랫동안 먼 거리를 오갔던 이 두 과학자의 삶은 우연히도 일치하는 바가 많았다. 파울 에를리히는 1854년 3월 14일 슐레지엔의 슈트레흘렌에서 태어났다. 그는 에밀 폰 베링보다 정확하게 한 살 더 많았다.

에를리히의 과학자로서의 초기 업적은 주로 세포를 염색하는 기술의 개발이었다. 그런 그의 능력은 로베르트 코흐의 결핵균 발견에 중요한 역할을 했다. 혈액 속 여러 가지 세포 성분을 성공적으로 염색함으로써 다양한 형태의 백혈병 진단을 할 수 있는 초석이 되기도 했다. 에를리히는 염색 기술 연구에 매우 열정적이었는데 그는 염색 기술의 체계화를 위해 수많은 색깔을 사용하여 문서를 남겼고 그의 연구복 주머니에는 항상 온갖 색의 크레용이 가득 차 있었다. 코흐는 에를리히를 매우 높이 평가했으며 그가 건강상의 이유로 사임하자 충격을 받았다. 에를리히가 몸이 나빠진 것은 실험실에서 결핵에 걸린 탓임이 분명했다.

에를리히는 1883년 8월에 결혼한 젊은 아내 헤트비히 핀쿠스와 함께 이집트로 가서 거의 2년을 지냈다. 건조하고 더운 기후의 이집트는 어쩌면 에를리히가 복용했던 코흐의 발명품인 투베르쿨린보다 그의 건강에 더 많은 도움이 되었을 것이다. 다행히 코흐의 중대한 실수이기도 한 발명 약의 심각한 부작용을 그는 잘 모르고 있었다. 헤트비히와의 결혼을 통해 에를리히는 개인으로서뿐 아니라 재정적으로도 상당히 여유로워졌고 장기간 휴식을 취할 수 있었다. 그리하여 베를린 대학의 교수이자 혈청 연구소의 소장으로 임명되기 전 안정된 직업 없이 오로지 자신의 실험실에서 2년가량 머무는 것이 가능했다.

에를리히는 세포 염색에 대한 연구를 통해 그가 자주 사용하는 염색약인 메틸렌블루와 같은 특정 분자들이 다른 분자들과는 달리 세포에 결합할 수 있고 핵과 같은 개별적인 요소들을 염색시킬 수 있다는 것을 증명했다. 분명 세포는 마치 특정한 열쇠만이 자물쇠에 맞는 것처럼 특정한 분자와 결합하는 수용체를 가지고 있음이 틀림없었다. 고전적 언어를 즐겨 쓰던 에를리히는 이를 다음과 같이 표현하곤 했다. "신체는 결합되지 않으면 작용하지 않는다Corpora non agunt nisi fixata." 여기서 신체는 염료를 의미할 수도 있지만 또한 약물을 의미할 수도 있다. 이를 바탕으로 에를리히는 자신을 화학요법의 아버지 혹은 창시자라는 칭호를 얻게 한 아이디어를 발전시켰다.

그는 특정한 종류의 세포에만 결합되며 다른 세포에는 손상이나 결합을 야기하지 않는, (성공적인 약이 될 수도 있는) 화학 결합물을 찾는 연구를 계속했다. 이것은 항암 치료의 기본 개념인데 주로 암 치료에 사용되는 활성 성분이 부작용의 가능성을 가지고 있으므로 실제로는 그 한계에 부딪히는 경우가 많다. 암세포는 화학요법이 가장 보편적으로 사용되는 대상인데 이는 전염병을 일으키는 미생물도 마찬가지다.

이 중 하나는 1905년 베를린 샤리테 병원의 피부과 의사 에리히 호프만과 동물학자 프리츠 샤우딘에 의해 발견되었다. 현미경 아래에서 나선 모양의 세균인 스피로헤타처럼 생긴 박테리아가 목격되었다. 이는 독특한 근골격계 시스템을 갖추고 있는 박테리아로 마치 코르크 마개를 뽑는 기구처럼 매우 빠르게 돌면서 움직이는 특징이 있었다. 이 특이한 생명체에는 트레포네마 팔리덤^{Treponema pallidum}이라는 이름이 붙여졌다. 호프만과 샤우딘이 발견한 것은 400년간 유럽인을 괴롭혀 온 병균으로 이른바 인류의 재앙이었다. 바로 매독의 원인이 되는 병원체였다.

의학자들과 인류학자들은 이 성병의 역사와 기원에 대해 오랫동안 논쟁을 벌여왔지만 크리스토퍼 콜럼버스가 신대륙을 발견('신대륙'이나 '발견' 같은 용어는 유럽 중심주의적 시각을 보여준다)했던 최초의 항해를 통해 유럽으로 건너왔다는 증거가 상당하다. 실제로 그렇다면 이 전염병은 유럽인에게 축출당하고 살해되고 소외되고 노예로 시달렸던 아메리카 원주민이 '백인들'에게 일종의 선행적 복수를 한 셈이라고도 볼 수 있다. 어떤 경우든 매독은 1494년경부터 유럽을 초토화시켰다. 이것이 전파되는 속도는 현재의 어떤 질병보다도 더 빨랐다. 감염된 후 첫 증상이 출현하여 사망에 이르는 데까지는 종종 몇 주밖에 걸리지 않았다.

'욕망의 전염병'은 유럽인들의 성생활을 영원히 바꾸어놓았다. 새로운 파트너와 사랑을 나누는 것은 갑작스러운 질병과 죽음을 가져올 수도 있었다. 이 새로운 위험에 대한 인식에서 매우 특징적인 부분은 중세에 큰 인기를 끌었던 목욕탕이 자취를 감춘 것이었다. 중세의 목욕탕은 감각적 쾌락을 위한 용도로 인기가 많았는데 근대 초기에 와서는 신체의 청결만을 위해 사용되는 곳이 거의 없을 정도였다. 매독으로부터 안전한 사람은 아무도 없었으며 감염으로 인해 일찍 예술 작업의 막을 내릴 수밖에 없었던 환자의 목록에는 프란츠 슈베르트, 폴 고갱, 오스카 와일드와 같은 수많은 명사들도 포함되어 있다.

에를리히와 그의 동료들은 거의 매일 매독으로 인해 중증에 빠진 사람들을 만났다. 중추신경계가 매독균에 감염되면 정신쇠약과 시각장애, 청각장애를 비롯한 여러 징후가 나타났다. 특히 비극적인 것은 매독이 성적 행위뿐만 아니라 출산 행위를 통해서도 전염될 수 있다는 것이었다. 매독에 걸린 어머니의 자궁에서부터 감염된 아이들은 이로 인해 맥주통 모양으로 변형되는 치아나 지적장애, 청각장애나 실명에 이르기까지 무섭고도 다양한 질병을 안고 살아야 했다.

일본의 세균학자 하타 사하치로秦佐八郎를 포함한 프랑크푸르트 연구소의 에를리히와 그의 동료들은 트레포네마 팔리덤에 결합하여 그 생명 주기에 영향을 미침으로써 인체에서 병원균이 증식하고 확산되는 것을 멈추도록 할 분자를 찾고 있었다. 이것을 과학자들은 '마법의 탄환'이라 불렀다. 연구자들은 주로 매독과 유사한 병원균에 감염된 기니피그와 토끼를 대상으로 연구를 계속했고, 비소를 함유한 분자가 트레포네마와 결합할 가능성이 가장 큰 것을 발견했다.

에를리히와 그의 팀은 꼼꼼하게 시험 물질을 모두 확인해야 했다. 이는 길고 고달픈 작업이었다. 드디어 606번째 화합 물질에서 성공의 신호가 왔다. 그것은 염료와 결합한 비소 화합물이었다. 이것을 발견한 날은 에를리히가 면역학에 관한 연구로 노벨상을 받은 지 8개월 후인 1909년 8월 31일이었다. 임상시험이 곧바로 시작되었고 이를 통해 에를리히와 부하 직원들 그리고 훼히스트 회사는 성공을 확신할 수 있었다.

에를리히는 1910년 독일 비스바덴에서 열린 국제 의학회에서 확실한 결과를 보여주었다. 그는 그 자리에 오기 전에 살바르산이라는 상표로 판매된 약 6만 5,000개의 약품 샘플을 전 세계 의사들에게 보냈다. 그가 거둔 성공은 무척 눈부셨다. 에를리히 박사는, 매독성 척수염으로 '불구'가 되었다고 여겨졌지만 살바르산으로 치료를 받고 나서 이미 출발한 전차에 뛰어 올라탈 정도로 건강을 회복한 한 환자의 이야기를 활기찬 목소리로 동료들에게 들려주었다. 그러면서도 에를리히는 경고했다. 비소는 당시 끔찍한 살인에 관한 선정적인 뉴스에 단골로 등장하던 강력한 독극물이기도 했다. 실제로 합병증과 사망 사고가 발생했다. 이듬해에는 부작용이 적은 네오살바르산이 시장에 출시되었다. 하지만 새로운 치료법과 함께 나타난 부작용은 에를리히에 대한 적개심으로 이어졌고, 이는 반유대주의와 뚜렷하게 관련된 것이기도 했다. 1915년 8월에 사망할 때까지도 에를리히는 혁신적인 그의 발명에 대해 완전하고 편견 없는 인정을 받지 못했다. 에를리히가 발명한 혁신적인 치료제가 제2차 세계대전 이후 항생제가 나올 때까지 매독의 치료를 위한 표준 치료제로 사용되었음에도 말이다.

에를리히와 프로이트는 아마도 의학의 황금기에 가장 많이 이바지한 유명한 유대인 의사일 것이다. 느닷없이 등장하여 수십만 환자의 치유를 약속한 에를리히의 '마법의 탄환'보다는 일반 대중의 시선을 덜 사로잡았지만, 카를 란트슈타이너Karl Landsteiner의 위대한 발견의 긍정적 효과 역시 그에 못지않았다. 빈 근처 바덴 출신으로 22세 때 가톨릭으로 개종한 카를 란트슈타이너는 의사로서는 활동한 기간이 짧았고 대부분은 연구소에서 시간을 보냈다. 1896년 1월부터 그는 빈 대학 위생 연구소의 조교로 일했고 2년 후에는 병리학과 해부학 연구소로 옮겼으며 1911년에는 병리학 부교수가 되었다.

1908년에 당시 근무지였던 빈 오타크링 지역의 빌헬미넨 병원에서 그는 동료 의사 에르빈 포퍼와 함께 소아마비 중에서도 척수성 소아마비poliomyelitis가 전염병이라는 것을 입증했다. 소아마비는 그 당시에 널리 퍼져 있던 불치병이었는데, 같은 해에는 유명한 외과 의사 페르디난트 자우어브루흐의 어린 딸이 소아마비의 희생양이 되었다. 15년 후 란트슈타이너가 뉴욕의 록펠러 연구소에서 일하기 위해 미국으로 건너왔을 때 한 젊은 정치인이 척수성 소아마비에 걸린 뒤 휠체어에 의존하는 삶을 살게 되었다. 그는 1932년에 대통령직에 오른 프랭클린 루스벨트Franklin D. Roosevelt였다.

그런데 란트슈타이너의 가장 중요한 발견은 1900년에 이루어졌다. 그는 각기 다른 개인의 혈액 샘플을 함께 모으면 늘 그런 것은 아니지만 종종 혈액이 엉기는 현상을 발견했다. 의사들은 이를 오래전부터 알고 있었지만 다만 이를 병리학적 과정이라 생각했다. 연구를 통해 그는 혈액이 A, B, C라는 세 그룹으로 나뉠 수 있다는 것을 증명했다. 혈액형 C

는 현재 O형으로 불리고 있는데 O형 혈액은 어떤 항원 반응도 유발하지 않으므로 모든 사람에게 혈액을 전달할 수 있다. 혈액형 O를 가진 사람은 소위 만능공혈자라고 불린다. 혈액형이 AB형인 사람은 그 반대다. 이들은 어떤 혈액형의 피든 상관없이 받을 수 있으므로 만능수혈자이다.

또 다른 두드러진 특징인 아르에이치^{Rh} 인자(아르에이치 양성과 아르에이치 음성으로 나뉨)에 대해 란트슈타이너는 40년 후 뉴욕에서 연구를 시작했다. 그가 확립한 혈액형 차별화는 수혈의 기초가 되었고 매년 수많은 사고 피해자나 심각한 출혈을 동반하는 수술 환자들의 목숨을 구하는 데 큰 도움이 되었다.

의학의 진보에 대한 상징으로 삼을 만한 것이 있다면 세기가 바뀔 무렵에 수술에 대한 대중의 인식이 바뀌었다는 사실이다. 수 세기 동안 수술은 절박한 상황에서만 이루어지던 마지막 치료 단계였다. 하지만 마취와 소독법이 보편화하면서 기존의 난치병도 수술을 통해 치료할 수 있게 되었고 지금까지 한 번도 사람의 손이 닿지 않았던 인체 장기도 하루아침에 수술이 가능한 영역으로 전환되었다. 루트비히 렌은 가슴을 열고 여전히 뛰고 있는 심장을 수술했다. 외과 수술 지도에서 그때까지 비어 있던 영역 중 하나가 위암 수술이었는데 테오도어 빌로트가 새로운 위암 수술 기법을 도입했고 그의 이름은 여전히 수술 기법으로 명명되어 불리고 있다. 또한 갑상샘 제거법에 선구적인 스위스의 외과 의사 에밀 테오도어 코허도 빼놓을 수 없다. 지금은 생명을 위협하는 병이 전혀 아니지만 1900년경에는 사람들이 수술을 통해서만 치료할 수 있었던 심각한 질병이었다.

그에 더해 사람들의 욕망이 투영된 선택적 수술도 생겼다. 이 수술에 대한 욕망을 부추기는 것은 질병으로 여겨지지는 않지만 사람을 괴롭히는 고통으로부터 벗어나고자 하는 마음이었다. 특히 얼굴과 머리에 나타난 외모의 특이성은 단지 보통의 기준에서 벗어났다는 이유로 사회적 차별과 배척의 원인이 되었고 이 때문에 엄청난 자존감 상실을 불러왔다. 이런 사람들에게 성형수술은 종종 구원을 약속해주는 선택지였는데 이 분야의 선구자 중 한 명이 자크 요제프^{Jacques Joseph}였다.

아마 고등학교 때 이름을 '자크'로 바꾼 것으로 추정되는 이 의사는 1865년 9월 6일 쾨니히스베르크에서 야코프 레빈 요제프^{Jakob Lewin Joseph}라는 이름을 가지고 랍비의 아들로 태어났다. 14세가 되던 해 그의 부모는 그를 기차 칸에 태워 독일제국 프로이센 동쪽 도시에서 제국의 수도가 있는 베를린으로 보냈다. 요제프는 처음에는 베를린에 있는 유명한 조피엔 김나지움을 다녔고 1885년 4월에는 프리드리히 빌헬름 대학의 학생으로 등록했다. 의사 면허를 딴 후 처음에는 어린이병원에서 보조 의사로 일하다가 이후 드레스너슈트라세^{Dresdner Strasse}에서 일반 개업의로 개업했다.

지크문트 프로이트와 마찬가지로 요제프도 부유한 곡물 상인의 딸이었던 약혼녀 레오노레 콘과 결혼을 하기 전 자신이 얼마나 능력 있는 사람인지, 아내에게 얼마나 멋진 상류사회의 삶을 제공할 수 있는지를 증명해야 했다. 그래서 요제프는 명망 높았던 유대인 의사인 율리우스 볼프 교수 밑에서 베를린 정형외과 병원의 보조 의사로 일하게 되자 무척 기뻐했다. 고만고만한 일반의로 사는 것보다는 훨씬 전문적인 미래를 약속하는 자리로 보였기 때문이다.

1896년 요제프는 '치료'라는 용어를 넓게 해석하더라도 도무지 전문 정형외과에는 맞지 않는 외과적 개입을 했다. 어느 날 10살짜리 아들을 둔 어머니가 찾아와 아들의 귀가 튀어나와서 학교에서 놀림을 많이 당했다고 하소연했다. 요제프는 자신도 아웃사이더인 입장에서 신체나 생물학적 특이함으로 인해 너그럽지 않은 동시대 사람들로부터 받는 정신적 괴로움을 이해했다. 유럽의 동화 정책과 법적 평등 보장 그리고 뛰어난 유대인들의 수많은 성취에도 불구하고 반유대주의는 베를린이라는 대도시에서도 예외가 아니었다. 요제프는 소년의 귀를 수술하기로 했고 수술은 성공했다. 며칠 후 요제프가 붕대를 제거했을 때 '당나귀 귀'가 다시는 튀어나오지 않자 환자와 그의 어머니 모두 크게 기뻐한 것은 당연했다.

단 한 사람 기뻐하기는커녕 몹시 화를 낸 사람이 있었으니 그의 상사였던 율리우스 볼프였다. 정형외과에서 이러한 '미용' 시술을 하는 것은 부적절하다고 생각한 그는 인정사정없이 요제프를 내쫓았다.

남아 있는 사진 속에서 항상 엄격하고 거의 오만한 모습으로 세상을 쳐다보고 있는 이 의사는 자신이 걸어온 길이 방해받는 것을 스스로 용납하지 않기로 결심했다. 이후 요제프는 개인 진료실을 개업해서 성형수술 쪽으로 눈을 돌렸다. 특히 인간의 관상에서 중요한 부분을 차지하며 얼굴의 정중앙에 자리한 코를 위주로 다루었고 진료실은 이후 확장되었다. 35년 이상 이어진 성형 의사로서의 경력에서 가장 결정적인 순간은 1898년 1월, 28세의 남성 환자가 찾아온 때였다. 환자의 문제는 보기에도 너무나 명백했다. 코가 어마어마한 크기였다. 당시로는 '대단한 외모'

라고 불리던 모습을 한 그 남성은 커다란 콧수염을 기르고 있었는데 낮에는 항상 손가락으로 말고 밤에는 턱수염 크림을 바르고 턱수염 붕대를 감은 덕에 그 끝이 위로 말려 올라가 있었다. 하지만 이 근사한 콧수염조차도 그의 거대한 후각 기관으로부터 사람들의 시선을 떼어놓는 데는 성공하지 못했다.

몇 년 전 어린 소년을 만났을 때와 마찬가지로 요제프는 자연이 내린 해부학상의 모습임에도 그 남자 앞에서 어쩔 수 없이 고개를 돌리고 말았다. 남자 또한 외모에 대한 주위 사람들의 반응으로 인해 고통받고 있었고 이로 인해 몸과 마음이 끊임없이 시달리고 있었다. 그 남자는 대지주였으므로 프로이센에서는 가장 특권층에 속했다. 하지만 처음 만난 날 요제프에게 털어놓은 것처럼 그는 최근에 점점 사람들과 만나는 즐거움을 잃어가고 있었다. 사람들이 자신을 쳐다보며 뒤에서 숙덕거리는 모습이 그를 지독하게 우울하게 만든 것이다. 베를린 의학 협회의 모임에서 요제프는 다음과 같이 발표했다.

> 저는 지성이 넘치는 이 신사가 그가 가진 특이한 코 모양으로 인해 심각한 정신적 우울 상태에 빠져 있다는 인상을 받았습니다. 그리하여 저는 코 축소 수술만이 유일하게 그를 도울 수 있는 방법임을 확신하게 되었습니다. 눈에 띄게 크거나 특이한 모양의 코를 눈에 띄지 않는 모양으로 만들 수 있는 방법은 아무리 고민해봐도 수술밖에 없었습니다.[1]

요제프는 자신이 고안하긴 했으나 그때까지는 한 번도 시도하지 않았던 수술을 꼼꼼하게 준비했다. 계획된 수술 일자 전날에는 유명한 해부학자 하인리히 빌헬름 고트프리트 발데이어의 연구소에서 비록 다른 모양이긴 하지만 최근 사망한 사람의 코("비슷한 코는 찾을 수 없었다."[2])을 가지고 수술을 해보기도 했다. 그다음 자신의 환자에 대한 수술을 시작했다.

수술은 총 1시간이 걸렸다. 당시 관례대로 환자는 입원 치료를 받았고 수술 후 13일째 되는 날 퇴원했다. 합병증은 없었다. 수술 부위도 문제를 일으키지 않고 남은 상처는 염증 없이 선모양으로 아물었으며 나중에는 눈에 잘 띄지 않았다. 과묵한 표현과 때로 거친 언동으로 잘 알려진 요제프조차 수술로 인해 환자의 심리적 건강이 호전되자 동료들에게 흐뭇한 감정을 숨기지 않았다.

> 심리학적 효과는 수술의 가장 중요한 요소입니다. 우울하던 환자의 모습이 완전히 사라졌습니다. 이제 그는 눈에 띄지 않는 모습으로 다닐 수 있어서 매우 행복해하고 있습니다. 환자의 부인이 기쁜 표정으로 저에게 말하길 그토록 사회적 교류를 기피하던 환자가 이제는 사람들을 방문하고 사교 모임을 여는 데 적극적이라고 합니다. 그것만 봐도 그의 삶에 전반적으로 활력이 생겼다는 사실을 알 수 있지요. 한마디로 환자는 수술의 성공에 대해 기뻐하고 있습니다.[3]

요제프는 그 후 몇 년에 걸쳐 자신의 기술을 완성했고 매우 유명한 코 성형술 전문가가 되었다. 이는 (훨씬 더 어려운 조건하에서) 거의 1세기 전에 알브레히트 폰 그레페의 아버지 카를 페르디난트 폰 그레페가 시도했던 수술이기도 했다. 독일 전역뿐 아니라 해외에서도 요제프를 찾는 환자들이 몰려들었다.

요제프는 주로 수술 전후 사진을 비교해서 지역의 의사들에게 자신의 환자들에 관한 보고를 했다. 굳이 사진을 보지 않더라도 흉측한 외모로 인해 얼마나 큰 감정적 괴로움을 겪어왔는지 베를린의 동료 의사들은 잘 이해할 수 있었다. 요제프는 시각 언어의 달인이었고 각 환자의 사례를 매우 명확한 언어로 표현했다. 24세의 한 남자는 "오리처럼 생긴" 코를 가지고 있었다. 19세의 한 여성은 "코가 길고 아래쪽이 마치 피스톤처럼 두꺼웠다." 그뿐 아니었다. 26세의 한 엔지니어는 "소위 얼간이 코"로 불리는 끝이 뾰족한 코를 가지고 있었고, 38세의 한 여성은 혹이 달린 삽 모양의 코를 가지고 있었으며, 그저 "크고 추하다"고밖에 할 수 없는 코를 가진 25세의 한 예술가도 있었다.[4] 환자들의 낙인을 지워줌으로써 이들의 몸과 마음을 회복시켰다는 요제프의 말을 듣고 동료 의사들도 거의 희열을 느꼈다.

마지막으로 위의 환자들이 수술대에 오르도록 한 동기에 대해 말해 보겠습니다. 잘 모르는 사람들은 이들이 수술을 받기로 결정한 유일한 동기가 환자들의 허영심이 아닐까 의심합니다. 하지만 수술 환자들은 결코 그런 사람들이 아니었습니다. 오히려 이들에게서는 사람들에게 괴롭힘을 당하지 않고 조용히 살고 싶다는 진심 어린 소망밖에 볼 수 없었습니다. 위에 언급한 38세 여성이 특히 더욱 그러했습니다. 그녀는 수술 후 11일째 되는 날 병원 밖을 나섰다가 돌아와서는 내 두 손을 잡고 행복에 겨워 말했습니다. "선생님, 이제 아무도 절 쳐다보지 않네요."[5]

베를린의 어느 누구도, 어쩌면 요제프 자신조차도[6] 가까운 미래에 미용의 목적과 다른 이유로 코 성형수술을 해야 할 날이 올 것이라고는 전혀 상상할 수 없었을 것이다. 그의 병원은 짓이겨지고 파괴되거나 화상을 입은 얼굴의 환자들로 가득 찼는데 그는 경이로운 기술로 몇 번에 걸친 수술을 통해 이들의 얼굴을 복원시키는 데 성공했다. 이 엄청난 부상이 발생한 장소가 지금도 의료 기록에 남아 있다. 이퍼르Ypres와 마른Marne, 솜Somme과 베르됭Verdun이 바로 그곳이다(1914년 가을에 일어난 제1차 세계대전의 전장을 가리킨다. ―옮긴이).

22장

불길한 경고

1912년 4월 타이타닉호의 침몰

인류 진보의 세상과 과학기술의 성취는 수요일 아침에 메카를 발견했다. 이 메카는 사우샘프턴이라 불리는 도시에 있었다. 수천만 명이 아침 일찍부터 부두에 모여들었다. 새로운 시대의 상징이 된 이곳으로 영원히 잊을 수 없을 여행을 온 이들은 영국 남부의 항구도시 사우샘프턴의 수많은 시민을 비롯하여 이웃한 지역의 주민들, 그리고 무엇보다도 급행열차 덕분에 연결이 한결 쉬워진 런던의 시민들이었다. 이들은 거대한 선박을 마주하기 위해 몰려들었다.

거대한 배는 시대정신을 가장 완벽하게 구현하고 있었다. 마치 대영제국처럼, 현대적이며 천하무적의 위용을 자랑하던 유럽인들이 지배하는 서구 세계처럼, 이 배는 강력하면서도 우아했다. 해양 언어로 말하자면 침몰하지 않는 배였다. 육지에서와 마찬가지로 선상 사회는 계급이 나뉘어 있었다. 하지만 이는 인류가 진보했다는 찬란한 증거이기도 했다. 육지에서는 하층민이라고 불리었을 삼등실 승객조차도 깔끔한 선실에서 생활했고 비록 일등실 승객처럼 식사 메뉴에 굴이나 랍스터 요리가 포함되지는 않았지만 직원들에게 공손한 대접을 받았고 점심 식사도 제공되었다. 런던의 이스트엔드 지역이나 베를린의 보르지히 산업 지역에서 사는 시민들이라면 꿈도 꿀 수 없거나, 기껏해야 일요일에나 즐길 수 있는 식사였다. 부용(고기나 채소를 끓여 만든 육수로서 맑은 수프나 소스용으로 사용 — 옮긴이), 콩을 곁들인 로스트비프, 포테이토 칩과 건자두를 넣어 지은 밥. 새로운 삶에 대한 약속이 수평선 위로 아른거렸다.

이 배는 벨파스트의 할랜드 앤드 울프Harland and Wolff 중공업사에서 건설되었는데 영국 기술공학의 자존심이자 역사상 가장 크고 호화로운 배로서 첫 항해의 목적지인 신대륙 뉴욕의 시민들에게 깊은 인상을 남길 예정이었다.

선원 약 900명이 배에서 항해가 시작되기를 기다렸는데 1,300명에 달하는 승객이 모두 배에 타기까지는 몇 시간이 걸렸다. 1,000명가량 되는 삼등실 승객들이 배를 타기 전 우선 건강 진단을 받아야 했기 때문이다. 검사를 맡은 책임자는 이민국 직원 모리스 하비 클라크였다. 클라크는 단지 몇 가지 정도만 겉치레로 확인하는 데 그쳤다. 미국에서 새로운 삶을 시작하려는 남유럽이나 동유럽 출신 승객들의 머리에 이가 많은지, 아열대 지방의 사악한 안과 질병인 트라코마에 걸린 사람이 있는지를 주로 확인했다. 실제로 시리아 출신 아이들 셋의 눈꺼풀을 올려서 확인하자 클라크는 트라코마로 인해 안구가 변화된 것을 발견했고 아이들의 가족은 승선이 거부되었다. 아마 이 검사가 이들의 목숨을 구했을 것이다.

1912년 4월 10일, 호기심에 찬 부두 구경꾼들의 시선은 위엄이 가득한 두 신사에게로 향했다. 둘 다 매우 인상적인 푸른색 군복을 입고 고위 장교만 쓸 수 있는 흰색 챙모자를 썼다. 분명 서로 친밀하게 보이는 두 신사는 둘 다 62세로 동갑이었고 백발에다 지혜로운 노년의 상징인 멋진 은색 턱수염을 기르고 있었다. 둘 중에 좀 더 살집이 있는 얼굴의 신사는 에드워드 존 스미스Edward John Smith 선장이었다. 스미스 선장에게 다가오는 항해는 그의 길고 영예로운 경력에 정점을 찍을 터였다. 배를 타기 시작한 뒤 처음으로 이 침착하고 사려 깊은 인물은 언론의 주목을 받게 되었다. 화이트 스타 라인White Star Line(1845년에 창업한 영국의 해운 기업 — 옮긴이)은 이 거대한 강철 선박이 대서양 양쪽 언론에 모두 자세히 보도될 수 있도록 최선을 다했다.

이 거대한 선박이 첫 항해에서 대서양 횡단 속도 기록을 모두 깨고 탐나는 블루리본을 받게 될 수도 있다는 기대를 일등실에 타고 있던 선박 소유주 조지프 브루스 이즈메이Joseph Bruce Ismay 회장도 당연히 했음 직하다. 게다가 승객의 안녕을 책임지고 있는 두 명의 신사 외에도 친구인 선장과 마찬가지로 화물선과 여객선에서 오랫동안 훌륭한 경력을 쌓아온 전문가가 또 있었다. 그의 이름은 윌리엄 프랜시스 노먼 오로클린William Francis Norman O'Loughlin 박사로, 이 거대한 배의 의사였다. 아니 그의 전문성과 능력을 볼 때 선상의 외과의라고 부르는 것이 정확했다.

오로클린 박사도 스미스 선장도, 그날 아침 선박의 모습과 앞으로의 여정을 생각했을 때 뿌듯함 이외에는 느낄 수 없었을 것이다. 출항 시기 대서양의 차가운 수온에 대한 걱정 따위는 두 사람의 가슴속에 들어찰 여지가 없었다. 관중의 환호와 사우샘프턴 항구의 사방에서 들려오는 경적과 사이렌의 굉음 속에서, 거대한 보일러가 6만 마력에 달하는 힘을 분출하기 시작하면서 마침내 배는 항구를 떠났다. 아마도 스미스 선장은 직업적 긍지에 잠시 도취되었을 것이다. 선수파가 너무 강력해서 인근 부두의 정박지에 있던 뉴욕 해상 여객선을 부술 정도였고 서로 아슬아슬하게 충돌을 피할 수 있었다.

오로클린 박사는 닻을 내린 직후 자신의 병동으로 갔다. 첫 번째 환자가 뱃멀미에 시달리는 사람일지 아니면 화려한 식당의 산해진미에 위장이 탈 난 일등실 승객일지 알 수 없었다. 아니면 선박 내부 깊숙한 곳에 자리한 기관실에서 일하는 화부가 외과의의 손길을 필요로 할 수도 있었다. 오로클린은 그 이름에서 확실히 알 수 있듯이 아일랜드 출신이었다. 어린 나이에 고아가 된 소년은 삼촌의 도움을 받아서 더블린의 트리니티 대학에서 의학을 공부할 수 있었다. 아일랜드의 수도 더블린(아일랜드는 1922년까지 영국의 일부였다)에서 외과의로서의 수련에 전념한 오로클린은 이후 왕립 외과 대학의 일원이 되었다. 젊은 의사 오로클린의 건강은 그리 좋지 않았고 그는 바다의 공기가 자신의 건강에 도움이 될 것이라 확신했다. 그리하여 배의 외과 의사로 고용되어 40년 동안 활약해왔다.

하지만 그의 존재에는 어두운 면도 있었다. 오로클린은 육지 어디에도 진정한 집이 없었고 가정을 이룬 적도 없었다. 어쩌면 1912년 4월, 운명의 그날에도 그는 배 위에서의 삶에 싫증을 느끼고 있었을지 모른다. 오로클린은 이미 바다에서 수많은 위기와 비상사태를 겪었다. 오로클린과 관련하여 언론에 보도된 극적인 사건은 같은 화이트 스타 라인에 소속된 기선 오셔닉Oceanic호가 격렬한 폭풍우에 휩쓸리면서 배의 선장 존 G. 캐머런이 캐비닛에 부딪혀 쓰러진 일이다. 오로클린은 몇 분 만에 인공호흡으로 선장을 소생시켰을 뿐 아니라 유리 파편이 날아와 생긴 얼굴의 상처도 침착하고 신속하게 수술로 치료해주었다.

대서양을 횡단하면서 의학적 도전을 해나간 사람은 오로클린 혼자만이 아니었다. 37세의 존 에드워드 심슨^{John Edward Simpson} 박사는 오로클린 밑에서 일한 보조 외과의였다. 대형선에 고용된 의사들이 대개 그러하듯 벨파스트 출신으로 아일랜드 왕립 대학의 전신인 퀸스 대학에서 의대를 다녔다. 심슨은 왕립 육군 의료단에서 대위 계급장을 받았다. 의료진 중에는 특별히 삼등실 승객을 관리하는 책임자들도 있었는데, 아직 낯선 수세식 화장실 사용법을 알려주는 역할을 맡았던 캐서린 월리스, 병원 관리책임자 윌리엄 던퍼드, 간호사 에벌린 마스든 등이 포함되어 있었다.

오로클린과 의료진들은 주로 D 데크 우현 쪽, 그러니까 병원으로 쓰이는 공간에 머물렀을 것이다. 그곳은 일등실과 이등실 승객을 위한 배의 병원이었다. 선박 병원에는 12개의 침대와 여섯 개의 침대가 있는 격리 병동이 있었다. 좀 더 저렴한 객실 근처에는 삼등실 승객을 위한 별도의 병원이 준비되어 있었다. 원래 계획대로 준비가 됐다면(병실은 사진 기록이 존재하지 않는 이 선박의 몇 안 되는 부분 중 하나다) 병원에는 수술대와 같은 기구들이 있었을 테다. 오로클린은 그곳에서 외과 수술도 할 수 있었다. 치과 치료를 포함해서 필요한 모든 도구가 그곳에 놓여 있었다. 오로클린은 심지어 출산의 경우에도 대비했다. 당시 배에는 만삭의 임산부도 몇 명 있었는데 이들은 재난이 일어난 직후 구조되어 아이를 출산했다(1912년 4월 항해 이후 정확히 9개월 만에 세상에 태어난 아이들도 있는데 아마도 이들은 항해 중에 잉태되었으리라 짐작된다).

바다에 머물렀던 짧은 기간 동안 의사 오로클린에게는 그다지 할 일이 없었다. 승객 단 한 명만이 응급치료를 받았다고 전해지는데 그것도 의사인 승객이 치료해주었다. 물론 이는 오로클린에게는 유쾌한 일이 아니었을 것이다. 4월 14일 아침 일등실 승객이었던 아이린 월릭 해리스가 계단에서 떨어져 팔이 부러졌는데, 해리스 여사는 역시 일등실 승객이자 정형외과 의사였던 뉴욕 출신의 윌리엄 헨리 프라우엔탈 박사에게 치료를 받고 깁스를 했다.

1912년 4월 14일 오후 11시 40분, 오로클린은 배의 다른 사람들과 마찬가지로 가벼운 충격을 느꼈다. 이것은 배에 타고 있던 1,514명의 영혼과 선박의 죽음을 알리는 신호였다. 얼마 지나지 않아 기계가 멈추고 승객들의 대피가 시작되었다. 빙산과 충돌한 직후 오로클린은 스튜어디스 메리 슬론에게 조용히 속삭였다. "애야, 상황이 아주 안 좋구나." 이후의 혼란스러웠던 2시간 40분 동안 의사 오로클린은 자신의 자리에 남아 구조를 도왔고 마지막까지 임무를 다했다. 부상자가 거의 없는 상황에서 그의 역할은 의사보다는 경험이 풍부한 뱃사람으로서 더 컸을 것이다. 선장 스미스와 더불어 윌리엄 프랜시스 노먼 오로클린 박사는 배와 함께 깊은 바닷속으로 내려갔다.

오로클린 박사를 비롯해 당시 사람들은 현실에서건 상징적으로건 침몰이라는 재앙을 상상할 수 없는 세상에 살았다. 또 예기치 못한 일에 대한 준비도, 그것을 멈출 수 있는 능력도 갖추지 못한 시대에 살았기도 했다. 생존자가 오로클린에게 들은 마지막 말이 남아 전해진다. 구명조끼를 건네받자 그가 대답했다. "그런 옷을 내가 입을 것 같지는 않다네."[1]

23장

폭발하는 진보의
새 발걸음

혈액형의 구분, 혈압계의 발명, 수혈의 시작

에드워드 그레이Edward Grey는 자연을 사랑하는 사람이었다. 그는 낚시를 하고 새를 관찰하는 데 몇 시간씩 보내곤 했다. 그리하여 그는 영국의 대표적인 조류학자가 되었다. 엘리트 계층에 속했던 에드워드 그레이는 태어날 때부터 최고의 지위를 누렸다. 그의 할아버지는 여러 장관직을 역임했고 그의 증조할아버지였던 제2대 그레이 백작은 1830년대에 영국 수상을 역임했다. 옥스퍼드 대학에서 재학하는 동안 에드워드 그레이는 가문을 또 한 번 완성시켰다. 1889년과 1896년 사이 다섯 번 이상 영국 테니스 챔피언으로 활약한 것이다. 그다음에는 정치에 뛰어들었다. 정치에서도 두각을 나타낸 그는 1905년에 영국 외무장관이 되어 11년 넘게 그 자리를 지켰다. 이는 그의 사촌인 핼리팩스 백작이나 이후 20세기에 외무장관을 역임했던 앤서니 이든조차도 감히 넘볼 수 없었던 재임 기간이다.

하지만 이러한 에드워드 그레이의 머리 위에는 다모클레스의 검이 걸려 있었다. 운동에 뛰어나고 매우 외향적으로 보이는 이 정치인에게도 비밀이 있었다. 산더미처럼 쌓인 파일을 모두 검토하는 것이 점점 어려워지고 쌍안경에 눈을 대고 영국의 다양한 새들을 관찰하는 것도 이전과 달리 그리 편안하지 않았다. 그의 시력이 걱정스러우리만큼 악화되고 있었다. 몇 년 동안 꾸준히 저하된 시력이나 의사에게 병을 멈출 힘이 없는 상황을 따져보았을 때 녹내장이 의심되었다.

알브레히트 폰 그레페는 희귀하고 다양한 형태로 나타나는 급성 녹내장의 수술법을 개발했다. 그런데 유럽에서 만연한 만성 녹내장을 치료하기 위해서는 1870년대에 소개된 필로카핀pilocarpine과 같은 부작용이 있는 약을 비롯하여 몇 종류 약품밖에 방법이 없었다. 이 약물은 동공을 바늘귀 크기로 줄여서 이미 시력이 약해진 사람의 눈에 빛이 들어오는 것을 거의 차단했다. 다시 말해 이 같은 치료 방식은 수없이 많은 자잘한 인쇄물이나 손으로 쓰인 문서를 읽어야 하는 사람에게는 고역이었다.

에드워드 그레이가 점점 세상을 어둡게 바라보게 된 것은 단지 개인적 고통 탓만이 아니었다. 전 세계에, 특히 유럽에 암운이 드리우고 있었다. 세계 권력 1위였던 영국 외무부는 여전히 세계 정치의 복잡한 실타래가 모여 있는 곳이었다. 하지만 점점 더 복잡해지는 정치 역학과 상호작용에 직면하여 실타래를 푸는 일이 점점 어려워지고 있었다. 아무리 호주에서부터 인도, 아프리카, 캐나다까지 소유권과 지배권을 자랑하던, 해가 지지 않는 대영제국이라 해도 어쩔 수 없는 일이었다. 마치 자연의 법칙처럼 흔들림 없이 그 자리를 지키던 제국의 위상도 이제 더는 예전처럼 굳건하지 않았기 때문이다. 1907년 노벨 문학상 수상자인 제국주의 시대의 작가 조지프 러디어드 키플링Joseph Rudyard Kipling이 '백인의 짐'이라는 표현으로 묘사한 것처럼 미개하고 뒤떨어진 먼 나라의 백성들에게 문명을 가져다준 자애로운 세력이었던 대영제국의 자신감과 자기 이미지는, 미국의 독립 이후 처음으로 사방에서 저항을 받으며 비틀거리기 시작했다.

영국의 군사력은 1879년 줄루 전쟁 때는 상당한 손실을 입었지만 인도의 봉기를 비롯하여 아프리카 토착민들과의 소소한 전쟁에는 별 무리 없이 대처할 수 있었다. 그러나 1899년 시작되어 거의 3년간 지속된 보어인과의 전쟁에서 영국군은 불명예스러운 패배를 맛보았다. 런던 주요 신문사들이 늘어선 플리트가에서는 어마어마한 영국의 군사 수를 들먹이며 상대가 전력 면에서 열세였음에도 패배한 굴욕적인 전쟁에 대해 대서특필하고 있었다. 1902년 전쟁이 끝나갈 무렵에도 25만 명의 영국군 병사가 전쟁이라는 무대에 끌려갔다. 적군 전사들의 가족이나 친척에 대한 처우는 특히 비도덕적이었다. 많은 보어인 여성과 아이들이 강제수용소에 갇혀 살았다. 약 12만 명의 포로 중 약 2만 8,000명이 수용소 철조망을 넘지 못하고 죽음에 이르렀으며 10만 명이 넘는 억류된 아프리카인 중에서 약 1만 4,000명이 죽었다.

불과 2년 후 유럽의 또 다른 강대국이 분쟁에 휘말렸는데 그 결과는 유럽뿐 아니라 전 세계에 충격적이었다. 러시아제국이 급속하게 팽창하며 현대화되던 일본과 전쟁을 벌인 것이다. 1905년 5월 27일 쓰시마에서 러시아 함대가 파괴된 것은 유럽 식민지 열강들에게 무서운 전조처럼 보였다. 최초로 근래에 아시아인이 '백인' 강대국을 물리친 것이다. 이 같은 균열과 더불어 차르의 제국은 같은 해에 일어난 첫 번째 대혁명으로 인해 엄청나게 흔들리고 있었다. 다만 앵글로·색슨의 세계에서는 독재

정권하의 매우 열악했던 언론으로 인해 조용한 시대를 지나고 있었다. 차르 정권은 지배 정권의 본성을 드러내며 가능한 한 신속하게 저항 세력에 대한 양보 전략을 철회했다.

이러한 사건과 상관없이 러시아는 인구 자원만으로도 유럽의 균형을 꾸준히 불안하게 만드는 중요 요소로 존재했다. 영국의 외교 정책을 책임지던 에드워드 그레이로서는 공중에서 돌아가는 다섯 개의 공을 점점 통제하기 어려워지는 저글러가 된 기분이었을 것이다. 영국은 거의 1세기 동안 균형을 잡는 역할을 훌륭히 수행해왔다. 유럽 대륙의 동맹과는 거리를 두며 자신의 세력이 닿는 한 다른 네 강대국(프랑스, 러시아, 오스트리아·헝가리, 프로이센 그리고 1871년 이후로는 독일제국 등) 중 어느 한 나라가 지나치게 강해지지 않도록 돕는 역할을 한 것이다. 그런데 20세기의 첫 10년 동안에는 이 네 국가 사이에 눈에 띄게 블록이 형성되고 있었다. 두 개의 큰 별 주위에 작은 두 개의 별이 마치 행성처럼 돌고 있는 형국이 만들어진 것이다. 나토나 바르샤바조약과 같은 후대의 동맹과는 비교가 안 될 정도로 일관성이 없는, 공개적 혹은 비밀 조약과 협정의 네트워크는, 비스마르크가 우려한 '연합의 악몽'을 현실화하는 결과를 불러왔다.

독일제국의 초대 수상이었던 비스마르크는 제국이 (공공연하게 1870~1871년의 전쟁에 대한 복수를 갈망하던) 프랑스와 러시아에 둘러싸이게 되는 상황이 그보다 외교적 전략적 재능이 덜한 후계자에게 피할 수 없는 악몽임을 예견했다. 에드워드 그레이와 같은 지견이 높은 정치가는 프랑스와 러시아가 실제로 대대로 영국의 주요 라이벌이라는 점을 알고 있었다. 영국의 정책 입안자들은 러시아의 아시아 확장 정책을, 특히 제국의 노른자위인 인도의 관점에서 잠재적 위협으로 보았다. 게다가 프랑스는 두 번째로 큰 식민지 강국임에도 이미 차지하고 있는 식민지 외의 식민지 확장에 대한 야망을 드러내 두 나라 사이에는 다양한 마찰이 있었다. 이러한 갈등의 절정이 1898년 수단의 파쇼다에서 두 나라의 군부대가 서로 대치하는 방식으로 터져 나왔다. 하지만 프랑스와 영국의 관점에서 보자면 이 같은 문제는 분명 해결이 가능했다. 독일 외교 정책을 본받은 두 '서방 강대국'이 대립을 피하고 1904년에 체결된 영불협정의 기초를 닦은 것이다.

공식적인 동맹 체결을 꺼리게 만드는 온갖 어려움에도 불구하고 세계 강대국 영국은 점점 더 프랑스 쪽으로 기울었다. 그리고 이는 간접적으로 러시아와 가까워지는 결과를 낳았다. 하지만 동시에 영국 정부는 독일과 점점 더 소원해지는 것에 대해 상당한 죄책감을 가지고 있었다. 그런데 그 무엇보다 독일 해군의 무장(사실 두 국가의 해군력은 상당한 차이가 있었으므로 위협은 과장된 것이었다)이 두 나라 사이 불화에 중요한 쐐기를 박았다. 영국의 정치인과 제독들, 언론이 세계의 바다를 호령하던 자신들의 패권에 위협이 된다고 난리 법석을 떤 탓도 있었다.

당시 산업과 과학 국가였던 독일의 지도자는 불행한 역할을 맡고야 말았다. 빌헬름 2세는 '1인 지배'를 추구했는데 1900년 중국에서 의화단의 봉기(청나라 말기에 산둥, 화베이 지역에서 의화단이 일으킨 외세 배척 운동 — 옮긴이)를 진압하기 위해 상륙한 독일군을 훈족에 비교해버린 것이다. 이 어리석은 발언으로 그는 독일의 자유주의자들과 지성인들에게 말할 수 없는 혐오와 반감을 샀다. 1908년에 독일 황제가 〈데일리 텔레그래프Daily Telegraph〉

와 나눈 이 눈치 없고 목소리만 큰 인터뷰 이후로 훈족이라는 단어는 1914년 전쟁이 발발했을 때 연합군이 독일의 모든 것을 조롱하는 의미로 사용되었다. 위대한 사회학자인 막스 베버는 다음과 같은 자조의 표현을 남겼다.

> 우리가 이 남자의 정권을 '참은 결과' 여러 외국이 우리를 향해 공공연히 보여주는 경멸은 우리가 '세계 정치'에서 감당해야 할 가장 중요한 숙제이다. '민주주의'와 '국가 정치'의 이상을 동시에 키우는 정당이라면 절대로 이 정권에 대한 책임을 질 수 없으며 이런 정권이 지속된다는 것은 어떤 종류의 식민지 문제보다도 세계에서의 우리의 위치를 위협하고 있다.[1]

외교 전선의 강화와 1912년부터 1913년까지 이어진 발칸전쟁까지, 유럽 내에서의 크고 작은 갈등이 연속적으로 이어지면서 역사학자 카를 람프레히트가 '자극성의 시대'라고 부른 사회적 분위기가 팽배했다. 특히 베를린, 런던과 같이 빠르게 성장하는 도시에서는 소음과 혼잡한 교통이 도시인의 신경쇠약을 증폭시키는 성가신 요소로 받아들여졌다. 역사학자 폴커 울리히에 따르면 피곤한 현대인들에게 즐거움과 휴식을 주기 위해 만들어진 이 시대의 기술적 진보 중 하나가 이러한 증상을 더욱 심화시키는 상징이 되었다.

초기의 무성영화는 그 일렁거리는 이미지를 통해 다른 어떤 대중오

락 매체도 전하지 못한 불안한 시대의 기본 정서를 전달했다. 이 몽
타주 언어는 대도시의 동시대인들이 겪어야 했던 혼란스러운 감각적
자극의 메아리와도 같은 것이다.**²**

분쟁 지역 위에 드리운 암운이나 신경전, 정부 간의 최종 외교 문서 교
환 등의 뉴스를 접하는 불안한 대중들 사이에서는 차라리 큰 전쟁을 시작
하여 재**빠르게** 끝내고 분명한 결과를 보는 것이 유럽 전역에 으르렁거리
는 천둥 번개를 씻어내는 가장 좋은 해결책이라는 의견이 적지 않았다.

전쟁을 바라는 목소리가 날로 높아졌다. 영국 작가 힐레어 벨록은 다
음과 같이 썼다. "나는 대전쟁을 얼마나 갈망하고 있는가! 그것은 빗자
루처럼 유럽을 쓸어버릴 것이다." 작가는 그 대전에서 아들 둘을 잃었다.
독일 참모총장이었던 헬무트 폰 몰트케(1864년, 1866년, 1870년 전쟁을 지휘
했던 프로이센 사령관과 같은 이름을 가진 조카)는 1912년에 전쟁은 "**빠르면 빠**
를수록 좋다."라는 말을 남겼다. 오랫동안 영국 해군의 제독 자리를 지켰
던 존 '재키' 피셔 제독은 1902년경의 분위기를 다음과 같이 회상했다.
"우리는 아침부터 저녁까지 전쟁을 준비했다. 전쟁은 우리의 대화와 생
각과 소망을 지배했다."**³** 피셔는 근 10년간 이어진 평화기 동안 가장 위
대한 전쟁광 중 하나였고 결국 그가 꿈꾸던 바를 이루었다.

그러나 모든 관측가가 이 거대한 전쟁(이미 그 이름이 예상된 바였고 발발하
자마자 세계대전이라는 이름을 얻은)이 군대의 칼로 세상을 치유할 것이라는
관점을 공유한 것은 아니었다. 발트 지역의 귀족 니콜라스 알렉산드로비
치 폰 랑겔은 1914년 파리에서 지인에게 우울한 예언을 했는데 그 예언

은 대부분 현실이 되었다.

> 우리는 게르만 민족의 대이동 이후로 보지 못한 격변의 상황에 처해
> 있습니다. 오늘날 우리의 삶을 구성하는 모든 것들은 곧 쓸모없는 것
> 으로 여겨질 것입니다. 야만의 시대가 다가오고 있으며 이는 수십 년
> 동안 지속될 것입니다.[4]

개혁 교육학자인 빌헬름 람슈스는 1912년에 출판된 매우 예언적인 책
《인간 도살장》에서 비슷한 관점으로 시대를 바라보았다. 람슈스는 죽음
이 낫을 버리고 기계공으로 돌아온다고 썼다. "기계가 버튼과 바늘을 만
들어내는 것처럼 다가오는 전쟁은 수많은 죽음과 불구자를 만들어낼 것
이다."[5]

세기가 바뀔 무렵에 만연했던 발전된 의료에 바탕을 둔 기술과학의 진
보에 대한 믿음과는 극명하게 대조되는, 미래에 대한 비관적인 전망이
유럽 여러 나라의 예술가와 작가들에게 번져갔다. 미래에 대한 기대와
미래에 대한 두려움이 서로 충돌했는데 이는 부분적으로는 기술의 진보
와 이로 인한 현상에 기반을 둔 것이었다. 생활 구석구석의 기계화나 시
골에서 도시로의 이주, 이로 인한 대도시의 급격한 성장과 그 결과 넘쳐
나는 방종함과 경박함, 냉소주의의 분위기를 비롯하여 모든 것이 너무
급격하고 빠르게 변하고 있었다. 특히 독일 미술계에서는 기성 예술에서
벗어나 새롭게 꽃을 피우고자 한 표현주의적 사조가 대두되었다. 에른스
트 루트비히 키르히너나 에밀 놀데와 같은 화가들이 이에 속했는데, 프

란츠 마르크와 바실리 칸딘스키, 아우구스트 마케를 필두로 한 뮌헨의
'청기사'도 표현주의 유파에 속했다.

한편 문화계 종사자들과 수많은 문화 소비자들 사이에서 빈만큼 말세
의 분위기가 두드러진 도시는 유럽 어디에서도 볼 수 없었다. 익숙하고
친근한 세계가 더는 지속되지 않을 것이라는 느낌이 마치 촉매제가 되기
라도 한 듯이 200만 인구의 오스트리아·헝가리제국 수도의 사상과 예술
은 다시 전성기를 맞이했다. 도저히 피할 수 없는 정치와 국가의 석양 앞
에서 맞이하는 전성기에서는 살짝 병적인, 거의 죽음에 임박한 듯한 분
위기가 느껴졌다. 1914년, 85세가 다 된 프란츠 요제프 황제와 귀족과
군인으로 이루어진 과두정치가 내각을 지배하는 오스트리아·헝가리제
국의 권력 구조는 점점 시대착오적으로 보였다. 중세 이래 이 지역을 통
치해온 합스부르크 왕조조차 말 그대로 피를 흘리며 죽어가는 듯했다.

1898년 살해된 바이에른의 엘리자베스와 황제 사이에서 태어난 유일
한 아들인 루돌프 황태자는 아마도 1889년 마이어링^{Mayerling} 성에서 자살
로 사망한 것으로 추정되는데 정확한 진실은 아직 확실히 밝혀진 바 없
다. 매독균이 뇌에까지 침투하여 고통을 받은 것으로 알려진 황태자는
자살 전에 17세 정부였던 마리 베체라를 살해한 것으로 보인다. 그리하
여 별로 인기가 없던 황제의 조카 프란츠 페르디난트가 1896년부터 왕
위 계승자가 되었다. 그런데 그가 조피 폰 호엔베르크라는 '적합하지 않
은' 여성과 결혼을 한 까닭에 황태자의 자녀들은 그의 뒤를 이어 왕위에
오를 자격이 없었다. 오스트리아·헝가리제국의 군대는 여전히 상당한
규모를 자랑하고 있었지만 1913년의 '레들 사건'에서 볼 수 있듯이 널리

존경받던 장교 군단의 치부가 수면 위로 떠오르고 있었다. 정보국의 대령이었던 알프레트 레들이 수년 동안 러시아를 위해 열심히 간첩 활동을 한 것이다.

몰락의 징후와 여러 국가 간의 갈등이 종말을 예고하는 것처럼 보였지만, 카를 크라우스가 "세계 종말을 위한 실험 정거장"[6]이라고 불렀던 빈은 지크문트 프로이트를 필두로 한 정신분석학파들의 거점으로 위세를 떨치고 있었다. 하지만 프로이트는 열성적인 학자들로 이루어진 작은 공동체조차도 경쟁과 예민한 자존심에서 자유로울 수 없음에 비통함을 느껴야 했다. 프로이트의 초기 추종자에 속했던 오스트리아인 알프레트 아들러와 스위스인 카를 구스타프 융은 1912년경에 그와 멀어져 자신들만의 집단을 형성했다.

빈은 다시 한번 문화와 예술의 도시로 빛을 뿜고 있었다. 〈윤무〉라는 희곡으로 사회에 거울을 비춘 아르투어 슈니츨러는 '빈 모더니즘'의 기수가 되기 전에는 프로이트처럼 정신과 의사로 활동했다. 빈의 중요한 예술가로는 오스카어 코코슈카와 에곤 실레, 그리고 빈 유겐트양식의 가장 핵심적인 예술가였던 구스타프 클림트 등이 있는데 클림트는 마치 "슈니츨러의 무대나 프로이트의 상담실에서 본 것 같은 여성들을 묘사했다."[7]라고 전해진다.

평화기의 마지막 해에 의학은 새로운 분야를 개척했다. 로베르트 코흐는 1910년에 사망했고, 조지프 리스터는 그 2년 뒤 세상을 떠났다. 코흐는 1908년 노벨 의학상을 수상했는데 이처럼 때늦은 수상은 분명 그가 앓았던 결핵과 관련이 있지 않나 추정된다. 게다가 그를 헌신적으로 지지했던 젊은 여성과의 행복한 삶이 보수적인 과학 엘리트들의 반감을 산 탓도 있을 것이다. 두 선구적인 과학자의 죽음은 박테리아와 수술 혁신에 관한 위대한 시기의 종말을 의미했다. 물론 신문 헤드라인에 등장하지는 않았지만 이후에도 두 분야는 발전을 거듭했는데 여기에는 1904년 페르디난트 자우어브루흐가 폐 수술에 처음 사용한 음압실의 발명도 포함된다.

보수적 의료 분야인 내과 분야에도 수많은 새로운 발전이 있었고 만성질환에도 점점 더 많은 관심을 기울이게 되었다. 만성질환은 소위 문명병이라 불렸는데 이는 대체로 '현대'의 라이프 스타일로 인한 것으로 여겨졌다. 점점 더 많은 사람이 행정직이나 사무직에 종사했고 앉은 자세로 일하기 시작했으며 스트레스와 운동 부족에 시달렸다. 과체중 인구도 더 많이 늘어나게 되었다. 농업과 식량 생산 기술의 발전은 도시의 부유층에게 풍부하다 못해 넘쳐나는 식량을 제공해주었고 이는 그 시대에 찍은 단체 사진에서도 볼 수 있는 것처럼 도시의 수많은 비만인을 낳았다. 하지만 당시 많은 사람들이 뚱뚱한 체구를 지위의 상징으로 여겼고 몸에 해롭다는 사실을 받아들이지 않았다. 금융, 기업, 정치의 주요 대표들이 지위에 맞는 몸매로 사회적 무게를 표현하던 시절 남성들은 '육중한 신사'가 되고자 했다. 그런 점에서 활력 넘치고 다부진 인상을 주려고 애썼던 고위 장교들이 있는 군대의 고위직은 일종의 아웃사이더라 볼 수 있었다.

이 풍채 좋은 인물 중 가장 높은 순위에는 의심할 여지 없이 1909년부터 1913년까지 미국을 통치했던 윌리엄 하워드 태프트 대통령이 올라 있다. 이 정치가는 고도 비만인으로서는 특이할 것도 없이 반복적으로 다이어트에 도전했는데 거의 성공하지 못했다. 가장 체중이 늘었을 때는 거의 160킬로그램에 해당하는 약 350파운드까지 갔다. 그는 매우 뚱뚱한 사람들에게서 흔한 증상인 수면 무호흡 증후군을 앓았다. 거의 모든 고도 비만자들과 마찬가지로 호흡이 불규칙해 잠이 잘 오지 않는 탓에 낮에는 피곤한 경우가 많았고 선 채로 잠깐씩 졸기도 했다. 하지만 그것이 그가 이끌고 가는 나라나 세계에 해를 끼치는 일은 전혀 없었다. 미국은 그 시대에 경제적으로 번영했고 유럽의 국가들이 겪고 있는 위기에서 벗어났다.

점점 더 많은 연구가 심각한 비만의 결과로 찾아올 수 있는 혈압 증가 문제에 집중하기 시작했다. 수년 동안 기구를 동맥에 삽입하는 고통스럽고 불편하기 짝이 없는 방법으로 혈압을 측정해온 의사들은 고혈압을 신장 질환의 결과로 보았다. 하지만 기발하고 간단한 장치의 발명 덕에 환자에게 스트레스를 주지 않는 간단한 검사만으로도 동맥 고혈압을 추적할 수 있게 되었다. 이탈리아의 의사 시피오네 리바로치는 1896년 환자의 위팔에 자전거 튜브를 감싸고 팽창시킨 후 압력 측정기로 혈압을 재는 방법을 개발했다. 튜브의 공기가 천천히 방출될 때 특정한 수치에서 진찰받는 사람의 맥박을 측정하는 방식이다. 청진기(이 보조제는 러시아의 의사 니콜라이 코롯코우가 이바지했다)를 일시적으로 '수축된' 팔의 동맥(상완동맥)에 갖다 대면 심지어 거기서도 맥박을 들을 수 있었다. 이러한 방법으로 심장이 활동할 때 동맥의 압력(높을수록 수축기 값이 커짐)과 심장 근육이 수축할 때 동맥의 압력(낮을수록 확장기 값이 커짐)이 결정된다.

동맥경화가 고혈압의 원인이 아니라 그 결과라는 공감대가 형성되기까지 어느 정도 시간이 걸리긴 했지만, 이 검진 기법이 급속히 확산하면서 고혈압은 내과에서 가장 시급히 다루어야 할 문제로 부상했다. 혈관 벽에 퇴적물이 생기는 현상(동맥경화)을 병리학자들은 심장마비나 뇌졸중과 같은 혈관 질환의 원인으로 확인하기 시작했다. 이를 가장 뚜렷하게 보여주는 시각적 자료로는 러시아 혁명 지도자 레닌만 한 사람도 없었을 것이다. 레닌은 몇 차례 뇌졸중을 앓았는데 사망 후 부검 중 병리학자들은 단단하고 석회화된 혈관을 우연히 발견했고 핀셋으로 이 혈관을 건드리자 쇳소리가 났다고 한다. 국제 의학 문헌에 소개된 리바로치 혈압계(RR 혈압계)는 밀리미터 단위로 수은계에 혈압을 표현할 수 있었고 청진기와 결합하여 일반 진료과와 내과의 상징이 되었다.

좀 더 먼 미래에 대량생산 체제가 구축되면서 20세기 후반과 21세기 초반에는 값싼 혈압계가 많은 가정에 보급되었고 체중계와 함께 스스로 건강을 조절할 수 있는 개인 기기로 자리 잡았다. 물론 커피하우스 체인점에서도 구할 수 있는 리바로치의 발명품과 그 후속 모델들은 의학 시험의 딜레마를 드러냈다. 즉 의학 진단기가 간단할수록, 그리고 더 자주 사용될수록 많은 데이터를 제공하며, 이러한 데이터의 범람으로 인해 선택적 평가와 잘못된 해석이 발생할 가능성도 높아진다는점이다. 'RR 160/110'으로 진단된 사람이라도 건강하고 활력이 넘칠 수 있다. 중합효소사슬반응PCR 검사에서 바이러스 '양성'으로 확진된 사람도 건강할 수 있고 반드시 감염원이 아닐 수 있는 것이다.

앞으로는 한동안 심장 질환과 순환기 질환이 산업국가에서 가장 큰 사망 원인으로 남을 것이며 암과 함께 사망 원인의 선두 자리를 번갈아 가며 차지할 것이다. 심장의 활동, 즉 가슴에 있는 이 필수 기관의 박동을 가능하게 하는 전도 체계에 대한 연구는 심장의 기능과 그에 따른 질병을 좀 더 잘 이해할 때 비로소 가능하다. 어거스트 월러는 전압을 측정하는 전압계를 발명하여 1887년 패딩턴의 세인트 메리 병원에서 심장의 전기 자극을 기록하는 데 사용했다. 하지만 월러는 그것이 실용적으로 사용될 것이라고는 생각지 못했다.

> 나는 심전술이 병원에서 널리 사용될 것이라고는 상상도 할 수 없었다. …… 비정상적인 심장 활동을 기록하는 데만 드물게 사용될 것이라 생각했다.[8]

하지만 빌럼 에인트호번Willem Einthoven은 전혀 다른 시각을 가지고 있었다. 1860년 네덜란드령 동인도 식민지(지금의 인도네시아)에서 태어난 그는 종교재판 시기 스페인에서 네덜란드로 피란을 갔던 유대인의 후손으로 거주 지역의 이름을 따서 가족의 성으로 삼았다. 이 과학자는 위트레흐트에서 공부하면서부터 품었던 질문에 대해 줄곧 관심을 보였다. 초기 저작물에서 그는 신체 활동이 근육량과 관절 기능에 미치는 긍정적인 영향을 설명했다. 에인트호번은 자신이 얻은 지식에서 얻은 결론으로 나이가 들 때까지 운동을 계속했다. 연구 활동을 하면서도 규칙적으로 운동을 했고 위트레흐트 대학에 학생 조정 클럽을 설립하기도 했다. 뛰어난 과학적 재능으로 인해 에인트호번은 25세 나이에 두 개의 박사 학위를 가지고 레이던 대학의 생리학과장에 임명되었다. 이곳의 국립 박물관은 에인트호번이 삶의 말기까지 일하던 곳으로 의학사에 관심이 있는 모든 사람에게 충분히 여행할 가치가 있는 장소이기도 하다.

결국 심전계라는 이름이 붙여진 걸이검류계string galvanometer에 대한 오랜 실험에서 에인트호번은 심장 활동을 전기 장치로 기록했고 여러 출판물을 통해 이를 보고했다. 1895년에는 〈인간의 심박동 곡선에 대하여〉라는 논문을 독일에서 발표했다.[9] 20세기 초에 들어서 에인트호번은 검사 기술을 향상시켰고 자신이 도입한 방식을 이용해 심장 활동의 불규칙성을 기록할 수 있었다. 에인트호번은 심장 활동의 기록에서 특유의 움직임을 P, Q, R, S, T라는 철자로 표현했다. 이는 오늘날에도 여전히 심전도EKG라는 이름으로 사용되고 있는데 역사상 매우 중요한 검진 방법 중 하나이기도 하다.

레이던에 있는 에인트호번의 근무지에서 남쪽으로 180킬로미터 정도 떨어진 벨기에의 수도 브뤼셀의 생장St. Jean 병원에도 과학 연구에 비슷한 열정을 보인 젊은 의사가 근무하고 있었다. 1882년 벨기에 남부의 비르통 근처에서 태어난 알베르트 후스틴Albert Hustin은 브뤼셀에서 공부했고, 그 당시 매우 이례적으로 마지막 해에는 필라델피아에서 공부했다. 졸업 후 그는 수술의가 되기로 결심하고 존경받던 외과 의사 앙투안 드파주가 있는 생장에서 외과 의사직을 맡기로 한다. 가까운 미래에 드파주는 제1차 세계대전 중 가장 큰 관심과 논란을 불러온 두 사건과 관련되었다. 하나는 그의 병원에서 일하던 간호사가 1915년 독일인들에 의해 배신자로 처형된 영국인 여성 이디스 카벨이었다는 점이다. 그녀의 처형은 전 세계의 분노를 불러일으켰고 독일 황제와 군대의 평판에 손상을 입혔다. 카벨은 이후 영국 성공회에서 성인으로서의 지위를 얻었다. 또 하나, 드파주의 아내 마리는 같은 해 독일 잠수함에 의해 루시타니아호가 침몰했을 때 사망한 희생자 중 한 명이었다.

수술을 거듭하면서 후스틴은 수술대 위에서나 사고를 당했을 때 혈액을 손실하는 것이 생명을 위협할 수 있는 일이라는 사실을 절감했다. 당시 우후죽순 격으로 행해지던 복부 수술 중에는 큰 혈관을 건드려 대규모 출혈이 일어나 생명을 앗아가는 일이 비일비재했다. 이미 17세기에 외부에서 피를 공급받으려 시도한 대담한 의사도 있었다. 프랑스의 장 바티스트 데니스는 1667년에 한 환자에게 양의 혈액을 수혈하는 데 성공했다고 한다. 런던에서 영국의 산부인과 의사 제임스 블룬델은 출산 중에 많은 양의 출혈을 한 환자의 생명을 최초의 인간 대 인간 수혈을 통해 구했다. 그때가 1819년인지 1829년인지 혹은 그사이에 일어난 일인지는 확실하지 않다. 하지만 이 방법이 전파되는 데는 몇 가지 중요한 장애 요인이 있었다. 그중 하나는 기증자에게서 받은 혈액을 다른 사람의 정맥에 바로 보낼 수 있는 기술의 부족이었다. 이를 가능하게 할 한 가지 방법은 기증자의 동맥에 구멍을 내는 것이었다. 동맥의 압력은 정맥의 그것보다 훨씬 높다. 이런 방법을 시도해본 의사라면 구멍 난 동맥에서 얼마나 많은 피가 뿜어져 나오는지 잘 알고 있었다. 다시 출혈이 발생하는 것을 막기 위해 이를 신속하게 중단시키는 일은 매우 중요했다. 그렇지 않으면 수혈 절차가 마무리되기 전에 혈액이 교착되기 때문이었다.

두 번째 문제는 기증자와 수신자의 혈액이 서로 맞지 않아서 종종 수혈 과정에서 생명을 위협받는 일이 생겼다는 것이다. 카를 란트슈타이너는 혈액형을 구별함으로써 이런 문제에 대한 돌파구를 찾아냈다. 실제로 수혈 전에 기증자와 수신자의 혈액 한 방울씩을 가지고 이들의 혈액이 서로 호환되는지 아니면 엉기는지를 실험할 수 있었다. 이런 교차 일치 검사는 1907년 루번 오텐버그라는 미국 의사가 개발했고 이후에 보편화되었다.

또 이전에는 모든 수혈 과정에서 기증자와 수신자는 가까이에 나란히 서서 수혈에 참여해야 했다. 만약 혈액을 짧은 시간이나마 보존할 수 있다면, 다시 말해 피를 뽑아낸 다음에도 혈액이 응고되는 것을 방지할 수 있다면 이는 획기적인 인명 구조의 가능성을 여는 것이었다. 1913년 수많은 시도 끝에 알베르트 후스틴이 이에 대한 해결책을 찾아내었다. 그는 구연산나트륨을 넣으면 혈액이 응고되지 않는다는 사실을 발견했다. 그의 발견 덕분에 한 사람에게서 (가령 상담실에서) 혈액을 채취하여 수술실에 있는 다른 환자에게 수혈하는 것이 가능해졌으며 짧은 시간이지만 몇 시간 동안 혈액을 보관하는 것도 가능해졌다. 2년 후 미국인 의사 리처드 웨일은 기증된 혈액에 항응혈제로 알려진 구연산나트륨을 다량으로 넣어 처리하면 냉장고에 2~3일 동안 보관될 수 있다는 것을 발견했다. 하지만 진정한 선구자적 행동은 30세가 된 후스틴에 의해서였다. 그는 고혈압 환자에게서 채취한 혈액에 구연산나트륨을 넣어 응고되지 않게 한 다음 극단적인 빈혈(헤모글로빈의 부족)로 고통받는 환자에게 수혈했다. 이는 사람과 사람 사이에서 직접적으로 이루어지지 않은, 최초의 혈액 전달 방식이었다.

그날은 1914년 3월 27일이었다.

그 후 3개월하고도 하루가 지나 어떤 의사도, 수혈도 막을 수 없었던 사건이 발생했다. 이 사건은 세계 역사를 소용돌이 속으로 밀어 넣었다. 사라예보에서 발생한 두 발의 총성은 며칠 몇 주가 지나는 사이 서서히 정치적 동력을 얻어서 전 세계로 울려 퍼졌다. 총알의 외상 효과는 그보다 더 효율적일 수 없었다. 총알은 황태자 프란츠 페르디난트의 경정맥과 기도를 뚫고 지나갔고 두 번째 총알은 (자동차 벽을 뚫은 다음 무시무시한 힘을 잃기는커녕 오히려 더 날카롭고 파괴적인 힘을 얻어서) 그의 아내 조피의 복부에 있는 여러 기관에 치명상을 입혔다. 두 사람 모두 출혈 과다로 숨졌다. 왕위 계승자는 제복 상의가 갑자기 피로 젖어가는 것을 깨달으면서 숨을 거두었고 그의 아내 또한 내출혈로 인해 몇 분 내에 사망했다.

위대한 역사학자 골로 만은 1914년 여름을 가리키며 어떤 일이 일어나기 전까지는 그것이 불가피한 일이라고 단언해선 안 된다고 말했다. 그 여름이야말로 모든 사람이 아름다운 시절로 기억하며 그 시절을 잃어버린 슬픔에 애도하는 계절이다.

전쟁은 공기 속에 떠다녔다. 몇 년, 몇십 년 동안 '위험의 정치'가 반복될 때마다 외교 경기는 조금씩 더 위험해졌고, 이것이 계속되면서 외교관들의 공은 손에서 떨어져 나와 경기장을 가로질러 잠복해 있던 군대로 미끄러져 들어갔다. 이런 상황이 오리라는 것은 천재가 아니라도 누구나 알 수 있었다. 하지만 한편으로 공기 중에는 평화가 깃들어 있었고 마지막 순간까지도 사람들에겐 선택의 여지가 있었다.[10]

사라예보 사건 발생 5주 후 결정을 내린 지도자와 정치가들은 평화를 선택하지 않았다. 역사학자들은 그해 여름의 결정권자들에게 종종 특정한 성격을 부여했는데 가령 크리스토퍼 클라크와 같은 역사학자는 자신의 책 제목대로 이들을 '몽유병자'라는 지나치게 무해한 인물들로 묘사했다. 미국의 역사학자 바버라 터크만은 그보다 먼저 이들을 '어리석은 지도자들'이라는 표현으로 꼬집었다. 정치인들과 군대 관료로 이루어진 남성 권력자들이(오로지 남자들밖에 없었다) 의학의 발달에 힘입어 희망의 꽃을 막 피우기 시작했던 미래의 세상을 강탈해버린 것이다.

인간이 세상을 치유할 수 있다는 생각은 키메라(사자의 머리에 염소 몸통에 뱀 꼬리를 단 그리스 신화 속 괴물, 즉 불가능성을 은유하는 동물이다. — 옮긴이)와 같은 것임이 1914년 이후로 거듭 밝혀졌다. 1914년 8월 3일 자에 등장한, 에드워드 그레이의 은유적 표현은 전무후무한 그 시대 백조의 노래가 되었다. 이 외무장관은 진보의 맹목성이 가져온 운명과 비틀거리는 대륙의 운명을 단순하지만 잊을 수 없는 표현으로 압축했다.

유럽 전역에 등불이 꺼졌다. 우리는 살아 있는 동안 다시는 빛을 보지 못할 것이다.[11]

팬데믹,
아직 끝나지 않았다!

몇 장의 흑백사진이 느닷없이 화제의 중심에 섰다. 시선이 오늘날 박물관에서만 볼 수 있을 듯한 포드 모델 T와 같은 거리의 자동차들, 똑같은 모양의 수염을 기른 남자들, 클래식한 드레스를 걸친 여자들을 훑고 지나간다. 그러다 100년이 넘은 옛날조차도 없어선 안 될 것처럼 보이는 한 가지 도구가 사람들의 시선을 사로잡는다. 행인과 경찰관, 구급차 옆에 대기하고 있는 대원까지 모두 마스크를 쓰고 있다. 시민들이 산책할 의욕조차 잃어버린 듯 황량하고 한산한 뉴욕의 거리에서 한창 일에 열중한 거리 청소부도 마스크를 착용하고 있다. 또 다른 사진에는 거대한 임시 병동들이 보이는데, 환자로 가득 찬 병실이 있는가 하면 어떤 병실은 여전히 빈 채로 곧 들이닥칠 환자들을 기다리고 있다. 위키 백과에서 볼 수 있는 여러 사진 중 특히 인상적인 것은 마스크를 쓰지 않았다는 이유로 전차의 차장이 손님 태우는 것을 거절하는 장면을 찍은 사진이다. 이

사진이 찍힌 때는 1918년이지만, 그 상황은 마치 오늘날과도 같다.[1]

코로나바이러스 대유행과 함께 흔히 스페인 독감이라 불리는 전염병은 사람들 사이에서, 특히 출판계에서 진정한 르네상스를 맞이하고 있다. 중세 후기의 흑사병(절대적 숫자 면에서는 아니지만 적어도 유럽에서는 훨씬 더 큰 재앙이었다) 이후 가장 큰 재앙을 불러온 이 전염병에 대해 기사나 다큐멘터리를 통해 언급하지 않은 신문이나 방송국은 거의 없다. 어제와 오늘을 비교하고, 선조들과 2020년 초 우리 상황의 차이점을 들여다보는 일은 매우 매혹적이다. 그때의 상황이 얼마나 심각했는지는 당시에 마스크 착용을 얼마나 중요시했는지를 보면 잘 알 수 있다.

1918년부터 1920년까지 유행했던 인플루엔자의 역사에 대해 자세히 설명한 책은 다른 곳에서도 얼마든지 찾아볼 수 있다.[2] 이 책에서는 그 당시 전 세계로 퍼진 바이러스 감염의 몇 가지 본질적 특징을 지적하려 한다. 의학사와 대중의 의학적 인식 사이에서 흔히 발생하는 일이지만, 스페인 독감이라는 용어는 일단 완전히 부적절한 것이다. 흔히 말하는 스페인 독감은 이베리아반도의 국가 스페인에서 발생한 것이 아니며 전염병이 확산하는 데 특별히 기여한 것도 아니다. 다만 제1차 세계대전 당시 중립국이었던 스페인은 호전적인 열강들보다 언론의 검열이 덜 했기 때문에 새로운 전염병에 대해 더 자유롭게 보도할 수 있었다. 그리하여 참전 병사 중 많은 이들이 병에 걸려 전쟁터를 떠났음에도 병력 약화가 알려지는 것이 두려워 그 사실을 쉬쉬하던 다른 열강들을 대신하여 스페인 독감이라는 이름이 붙여진 것이다.

스페인 독감을 지리적 특성과 관련해 다시 이름 짓는다면 오히려 '미국 독감'이라고 하는 편이 더 적절할 것이다. 이 인플루엔자의 기원에 대해서는 다양한 가설이 있지만 현재로서는 미국 하트랜드에서 처음 동물에서 사람에게 바이러스가 전염되었다는 것이 가장 유력한 설로 여겨진다. 1918년 초, 대도시와 멀리 떨어진, 캔자스주 서부에 위치한 인구밀도가 극히 낮은 해스컬 카운티에서 로링 마이너^{Loring Miner}라는 시골 의사는 그가 '심각한 인플루엔자'에 걸렸다고 진단한 몇몇 환자를 치료했다.[3] 일부는 젊은 남자 환자였는데 이들은 이후 몇 달 동안 특히 독감의 영향을 많이 받은 그룹으로, 이들 사이에서 과도한 반응 면역 체계를 야기한 강력한 돌연변이 바이러스가 퍼져나간 것으로 추정된다. 마이너는 자신의 관찰 결과를 공중 보건국에 보고했고 공중 보건국은 4월 초에 공보를 통해 이를 알렸다. 하지만 그때쯤 이미 이 '심각한 인플루엔자'는 널리 퍼져나가기에 매우 적합한 환경을 찾은 후였다.

제1차 세계대전이 발발하지 않았더라도 1918년의 독감 대유행이 발생했을 것이라는 추정은 여러 징후를 통해 알 수 있다. 물론 이에 대한 증거는 거의 없다. 다만 독감의 확산과 군사적 흐름 간의 연관성은 매우 명백하다. 이미 감염된 해스컬 카운티의 시골 청년 중 일부가 다른 수백만의 젊은 미국 청년들과 마찬가지로 군대에 징집되었다. 이들은 캔자스에 있는 가장 큰 군대 캠프 중 하나인 펀스턴 캠프에서 군사 훈련을 받았다. 그곳에서 6만 5,000명이 좁은 공간에서 땀을 흘리고 기침을 하면서 부대끼는 생활을 해야 했다. 1918년 4월 4일, 펀스턴 캠프의 요리사가 독감에 걸려 일을 그만둬야 했다. 3주 안에 고열에 시달려 병원에 입원하는 젊은이의 숫자가 1,100명으로 증가했다. 그것은 시작에 불과했다.

에필로그

이런 상황에서 미국 대통령은 1918년에 상당한 악역을 자처했다. 우드로 윌슨 대통령은 대규모 군인을 수송선(대형 기선으로 최대 9,000명을 수용할 수 있었다)에 태워 유럽으로 보내는 것을 반대하는 의사와 전염병학자들의 목소리를 무시했다. 전쟁이 더 중요했기 때문이다. 높은 사망률을 불러온, 8월에 발생한 제2전염병 물결이 몰아친 곳 중 하나는 몇 달 동안 거의 80만 명에 달하는 미국 병사들이 유럽으로 들어가기 위해 지나갔던 프랑스의 항구도시 브레스트였다.

독일은 1918년 10월까지는 국민 대부분이 전염병의 존재에 대해 알지 못했는데 이후 패배를 거듭하고 점점 제국주의 정부가 무너지면서 언론도 부정적인 사건들에 대해 좀 더 자유롭게 보도할 수 있게 되었다. 당시 연합군의 봉쇄 정책으로 독일 국민의 식량 사정은 극도로 열악했다. 하지만 병원균과 질병의 원인에 대한 온갖 저항과 노력의 역사 덕분에, 영양실조로 인해 저하된 독일인의 면역 체계는 전염병의 사망률에 큰 영향을 미치지 않았다. 가장 영양 상태가 좋지 않았던 독일에서 독감으로 사망한 사람의 숫자는 아마도 유럽 대륙에서 가장 영양 상태가 양호했을 미군 병사들의 사망자 수보다 더 적었다.

윌슨 대통령도 1919년 베르사유 회의를 방문한 동안 이 독감에 걸렸다. 이 일만 미국 대통령 역사상 바이러스와 연관된 것은 아니다. 1918년 5월, 뉴욕의 한 사업가가 독감에서 비롯된 폐렴에 걸려 사망하면서 그의 아내와 아들에게 상당한 재산을 남겼다. 그 후 아들은 성공한 사업가이자 명망가가 되었고 그의 아들이 정치가로서 경력을 시작할 수 있었던 기반을 마련해 주었다. 1918년 독감으로 사망한 사업가의 이름은 프레더릭 트럼프였다.

1918년부터 1920년까지 세 차례의 독감 파동으로 인한 전 세계 사망자 수는 이후 몇 번에 걸쳐 수정되었다. 오늘날에는 보통 5,000만 명의 사망자가 발생했을 것이라고 추정되는데 어쩌면 그 수는 두 배까지 차이가 날 수 있다. 이 정도의 사망자 규모는 2020년부터 시작된 코로나바이러스 유행병과는 차이가 있다. 하지만 후자의 사망률이 현저히 낮다고 해서 결코 그 위험이 적다는 것을 의미하지는 않는다. 1918년도의 사진에서 마스크를 쓴 사람들을 보는 반가움, 그리고 그것이 100년 전 사람들이 사용했던 방식이라면 오늘날에도 사회적 거리를 지키고 마스크를 쓰는 것이 올바른 선택일 것이라는 안도감과는 별개로 우리는 유사점과 함께 차이점도 볼 수 있어야 한다.

의학의 발달이 빠르게 이루어졌고, 심지어 이 책에 묘사된 황금기 이후로도 의학이 계속해서 발달했다는 것은 말할 필요가 없다. 100년 전만 하더라도 병원균을 실제로 식별하는 것은 불가능했다(바이러스의 세계는 전자현미경의 발명으로 비로소 밝혀졌다). 따라서 박테리아가 질병의 원인으로 여겨지는 경우가 많았는데 그동안 기존의 바이러스에서 감염이 이어져 슈퍼 감염으로 진행되곤 했다. 하지만 오늘날에는 병원체가 전 세계에 퍼져나가기 전 그 존재를 알아채고 식별하고 추적할 수 있게 되었다. 또한 의학적 노하우의 구축과 현대식 장치(산소 공급 장치 등) 덕으로 많은 중증 환자의 생명을 구할 수 있게 되었다. 그러나 1918년에는 치료의 가능성이 훨씬 적었다.

현대의 높은 의학 수준에 덧붙여 오늘날의 관점에서 충격적으로 여겨지는 것은 '스페인 독감'과 '코비드COVID-19' 사이에 놓인 사회적, 보건 정책적 격차뿐 아니라 일반 대중의 심리적 수용의 차이다. 심리적인 요소는 아마도 오늘날 가장 놀라운 차이를 보이는 부분일 것이다. 희생자의 수만큼이나 끔찍한 사실은 당시 몇 가지 예외를 제외하고는 일반 대중이 시대를 휩쓴 유행병을 획기적인 상황으로 인식하지 못했다는 점이다. 개인적 불행이나 독감으로 목숨을 잃은 가족의 상실을 넘어서 삶의 방식이 '유행병 이전'과 '유행병 이후'로 나뉠 것이라는 인식이 사실상 부재했다.

1920년에 마침내 스페인 독감의 위력이 약해지자 생활은 곧바로 예전으로 돌아갔다. 특히 독일과 오스트리아에서 제국이 몰락하고 공화국이 수립되면서 시대의 상황이 극적으로 변하기 시작했다. 독일어권 바깥에서는 오스만 제국의 붕괴라는 엄청난 변화가 일어났다. 또 러시아에서는 혁명에 의한 차르 제국의 붕괴라는 엄청나게 심각한 역사적 단절이 일어났다. 그리하여 몇몇 국가가 참여한 세계대전과 그 이후의 혁명과 격변기는 그 시대에서 독감보다 더 결정적인 자리를 차지했다.

스페인 독감이 상대적으로 그 시대에서 평가 절하되었던 다른 요인도 있다. 오늘날의 관점에서 볼 때 이 독감은 이상하게도 극적인 요소가 덜했다. 사람들은 호흡기 질환인 결핵으로 인한 높은 사망률에 익숙해져 있었다. 비록 유럽에서 디프테리아는 에밀 폰 베링을 비롯한 의학자 덕분에 정복되었고 존 스노 덕분에 콜레라도 정복되었지만 다른 전염병은 여전히 만연했다. 반면에 코로나바이러스는 급속한 전염병으로 고통받을 것이라고는 상상할 수 없었던, 서구의 혜택받은 국민들까지 타격했다.

1918년 이후와 2020년 이후의 시간 사이에 놓인 가장 큰 간격은 대유행을 다루는 데 있어서 정치인과 통치자, 그리고 언론의 역할이다. 그 시대의 사회적 봉쇄 흔적을 찾고자 하는 시도나, 과거의 예를 통해 현재를 정당화하려는 시도는 이해할 만하지만 사실 현대 국가에서 벌어지는 것과 같은 수준의 통제는 1918~1919년에는 찾아볼 수 없었다. 많은 학교가 문을 닫았고 큰 인기를 누리던 극장도 한동안 문을 닫았다. 스포츠 경기도 취소되었고 1918년 11월 미국 의회 선거에서 볼 수 있는 것처럼 투표율은 낮아졌다. 그러나 거의 모든 곳에서 봉쇄나 제한 조치는 국지적으로만 이루어졌으며 전 국민을 보호하기 위한 국가적 접근은 소규모 국가에만 국한된 예외였다. 국제적 차원의 대응은 더 말할 것도 없었다.

반면 100년이 넘게 지난 후에는 유럽에서(그리고 정도는 다르지만 세계 곳곳에서) 대규모의 국가 개입이 있었는데, 이 같은 현상은 평상시는 물론이고 전쟁 중에도 볼 수 없는 규모다. 세계 경제는 전체는 아니더라도 거의 모든 부문이 봉쇄되는 경험을 했고 이는 기존의 기업과 산업체, 수많은 일자리에 전례 없는 위협이자 손실을 가져왔다. 모든 민주주의 국가의 만인에게 신성불가침으로 여겨지던 헌법에 보장된 기본권도 일시적으로 폐지되기에 이르렀는데 이 또한 역사상 볼 수 없었던 새로운 현상이다. 감염보호법에 의해 집회의 자유, 여행의 자유, 집회 시위의 자유를 비롯한 여러 권리가 빠르게 중단되었고 대체로 대중의 찬성을 얻었으며 이를 감사해하는 목소리도 있었다.

하지만 언론의 부추김에도 불구하고 이 같은 조치에 반대하는 목소리도 독일을 포함한 일부 국가에서 빠르게 확산되었다. 의심스러운 배경을 가진 사람들뿐 아니라 충분한 논거를 가진 과학자들이 제기하는 다른 생각조차도 무차별적으로 배척하는 방식이 오늘날 만연해 있다. 그리하여 이 고난의 시기를 민주주의적 사고가 넘쳐나던 눈부신 시대로 기억하기는 어려울 것이다. 언젠가는 역사가들이 팬데믹이 끼친 그 모든 영향과 이를 통제하기 위해 취한 조치들에 대해 분석함으로써 지금의 TV 평론가나 언론인들보다는 좀 더 세밀한 평가를 할 수 있기를 바란다.

마지막으로 중요하게 언급하고자 하는 점은 오늘날 전염병에 대한 사람들의 인식은 감염자나 사망자의 수가 1918년보다 월등히 적음에도 불구하고 훨씬 지대하다는 것이다. 당시 사람들은 정부의 발표나 공보 외에는 새로운 소식을 들을 수 있는 통로가 신문밖에 없었다. 반면 21세기에는 아날로그와 디지털 수단을 망라해 수많은 정보가 넘쳐나므로 '코로나바이러스'나 '코비드-19' 혹은 '팬데믹'과 같은 용어가 366일(2020년은 윤년이었다) 24시간 내내 전 세계에 울려 퍼졌다.

팬데믹은 수개월에 걸쳐 이 유행병과 아무런 접점이 없거나 개인적 경험이 없는 사람들에게까지 단일한 주제로서 일상을 지배하고 있다. 그 결과 사람들은 도처에 위험과 병균이 득시글거리는 세상이라는 현실 속에서 네 개의 벽으로 둘러진 자기만의 공간 속으로 몸을 숨기려 하고 있다. 그리하여 우리의 정신적 상황은 의학의 발전이 이루어지기 전이자 콜레라 대유행이 휩쓸고 있던 1840년대와 그리 멀지 않다.

그 당시 주요 작가 중 한 명인 영국인 허버트 조지 웰스는 동시대 사람들의 낙관적인 이상향과 거의 공통점이 없는 미래를 거듭해서 보여주었다. 기술과 과학에 대한 매혹이 이에 대한 두려움과 함께 뒤섞여 펼쳐지는 그의 소설《우주 전쟁》에서는 화성에서 온 외계인들이 지구를 정복하려고 공격을 가한다. 영국 육군과 영국 해군 연합군에게는 그들의 뛰어난 기술에 맞설 수 있는 수단이 아무것도 없다. 지구의 문명은 멸망 위기에 놓이지만 결국 자연과 진화의 법칙이 개입함으로써 이들을 구원한다. 웰스의 표현대로 "모든 인간의 시도가 실패한 후, 하나님께서 지혜로 만드신 가장 낮은 존재"에 의해 침략자들은 패배하고 만다. 외계인들은 웰스 시대의 연구자들이 현미경으로 확인한 세균이나 미생물에 대한 면역력이 없었기 때문이다. 웰스는 계속해서 다음과 같이 말한다.

> 지구에 생명체가 존재한 순간부터 이 같은 세균들은 인류에게 해를 끼쳐왔다. 하지만 우리 종족은 자연선택을 통해 이들에 대한 저항력을 키워왔다. 우리는 싸우지 않고도 이 세균들에 패배하지 않는다. 예를 들어 시체를 부패시키는 세균에 대한 면역력이 우리에게는 확실하게 존재한다. 하지만 화성에는 박테리아가 없다. 침입자들이 지구에 도착한 순간부터 이들은 먹고 마셨고, 우리의 작은 동맹군들은 침략자들을 파괴하기 위해 싸움에 나섰다. …… 피할 수 없는 싸움이었다. 수백만의 목숨을 희생시킴으로써 인류는 태어날 때부터의 권리를 수호했고 수많은 외계의 침략에도 불구하고 지구의 소유권을 지킬 수 있었다.[4]

질병과 병원균 그리고 이것들의 원인에 대한 내성을 기르면서 지구에서 살아갈 수 있는 선천적인 권리야말로 우리가 지켜야 하고 소중히 여겨야 하는 특권이 아닐까.

에필로그

| 미주 |

나는 상당히 오래전 학생 시절부터 의학의 역사에 관심을 가져왔고, 뒤셀도르프 대학에서 의학과 역사를 동시에 공부했다. 이후 30여 년 동안 나는 이 책에서 묘사된 사건들과 사람들의 이야기를 글로 써서 종종 출판하는 즐거움을 누려왔다. 하이델베르크에 있는 라인하르트 카덴 출판사Dr. Reinhard Kaden Verlag에서 발간한 의학 저널 〈일반외과Chirurgische Allgemeine〉에 글을 기고했고 때때로 〈차이트 ZEIT〉와 같은 매체에 기고하기도 했다. 이 책을 쓰면서 나는 필요하다면 가지고 있던 원본 원고에서 현대의 연구 상황에 맞추어 내용을 발췌하거나 수정한 후 사용하기도 했다.

프롤로그

1. Ferdinand Sauerbruch: 《그것이 나의 삶이다Das war mein Leben》. München 1978, 11쪽.

1장 죽음의 손

1. Erna Lesky: 《19세기의 빈의 의대The Vienna Medical School of the 19th Century》. Baltimore 1976, 108쪽.

2. Theodore G. Obenchain: 《공격받은 천재. 산욕열과 이그나즈 제멜바이스의 비극적인 삶Genius Belabored. Childbed fever and the tragic life of Ignaz Semmelweis》. Tuscaloosa, Alabama 2016, 63쪽.

3. 같은 책.

4. Ignaz Semmelweis: 《병인학, 산욕열 병리 개요 및 예방법Die Aetiologie, der Begriff und die Prophylaxis des Kindbettfiebers》. Pest, Wien und Leipzig 1861, 33~34쪽.

5. Robert Collins: 《조산 작업에 관한 실용적 논문A Practical Treatise on Midwifery》. Boston 1841, 232쪽. Peter M. Dunn: 〈로버트 콜린스 박사(1801-1868)와 그의 산부인과 보고서Dr. Robert Collins (1801-1868) and his Rotunda obstetric report〉. Archives of Disease in Childhood 1994; 71: F 68 참고.

6. 여전히 읽히고 있는 Jürgen Thorwald: 《외과의 세기Das Jahrhundert der Chirurgen》. Stuttgart 1974, 106쪽에서 인용. 이 책은 토르발트가 시적 상상력을 보태 썼다.

7. Richard J. Evans: 《유럽의 세기. 격변의 대륙Das europäische Jahrhundert. Ein Kontinent im Umbruch》. V. Richart Barth 역. München 2018, 271쪽.

8. Golo Mann: 《19세기와 20세기의 독일 역사Deutsche Geschichte des 19. und 20. Jahrhunderts》. Frankfurt am Main 1980, 193~194쪽.

9. Ralf Zerback: 《로베르트 블룸Robert Blum》. Leipzig 2007, 266~267쪽.
10. 같은 책, 282쪽.

2장 인간의 초상

1. Carol Johnson: 〈로버트 코닐리어스(1809-1893). 선구적인 도예가이자 사업가Cornelius, Robert (1809–1893). Pioneer daguerreotypist and businessman〉. John Hannavy 편: 《19세기 사진 백과사전 Encyclopedia of Nineteenth-Century Photography》. 제1권: A-I, 색인. New York 2008, 338~340쪽.
2. Steffen Siegel 편: 《새로운 빛. 다게르, 탤벗과 1839년의 사진 출판.Neues Licht. Daguerre, Talbot und die Veröffentlichung der Fotografie im Jahr 1839》. München 2014.
3. Aristides Diamantis, Emmanouil Magiorkinis, und George Androutsos: 《알프레드 프 랑수아 도네(1801-78): 현미경, 미생물학, 혈액학의 선구자Alfred François Donné(1801-78): a pioneer of microscopy, microbiology and haematology》. Journal of Medical Biography 2009; 17: 81~87쪽.
4. 이 이미지는 스코틀랜드 국립 박물관 웹사이트에서 찾을 수 있다. https://www.national galleries.org/art-and-artists/features/hill-adamson (2020-09-23).

추가 문헌:
다음 두 권의 저작물은 19세기 정치, 사회, 그리고 (어느 정도는) 기술적·과학적 발전에 대한 훌 륭한 개요를 제공한다.
Richard J. Evans: 《유럽의 세기. 격변의 대륙Das europäische Jahrhundert. Ein Kontinent im Umbruch》. V. Richart Barth 역. München 2018.
Jürgen Osterhammel: 《세상의 변혁. 19세기의 역사Die Verwandlung der Welt. Eine Geschichte des 19. Jahrhunderts》. München 2020.

3장 침묵 속의 보스턴

1. Julie M. Fenster: 《에테르 데이Ether Day》. New York 2001, 80쪽.
2. 이 인용문과 다른 모든 인용문은 Ronald D. Gerste: 〈신사 여러분, 이건 사기가 아닙니다! Gentlemen, dies ist kein Humbug!〉. Die Zeit, 1996년 10월 18일. 여기서 반복적으로 간접 인용된다. 다만 그 당시 사용된 출처는 불행하게도 저자가 2001년에 대서양을 횡단하여 이동하는 과정에 서 분실했다.
3. Archive für Klinische Chirurgie 1871; 13: 744쪽.

추가 문헌:
Stephanie Snow: 《마취제의 축복된 나날Blessed Days of Anesthesia》. Oxford 2013.

4장 만국박람회

1. Trevor Royle:《크림반도. 대크림전쟁, 1854-1856^{Crimea. The Great Crimean War 1854-1856}》. New York 2000, 1쪽에서 인용.

2. David Canadine:《승리의 세기. 대영제국 1800-1906^{Victorious Century. The United Kingdom 1800–1906}》. New York 2017, 277쪽에서 인용.

3. 빅토리아 여왕, 1851년 5월 1일 일기. Ronald D. Barley:《빅토리아 여왕^{Queen Victoria}》. Regensburg 2000, 103~104쪽에서 인용.

4. Canadine, 277쪽에서 인용.

추가 문헌:

Michael Leapman:《실링의 세계. 1851년의 대박람회는 어떻게 국가를 형성했는가^{The World for a Shilling. How the Great Exhibition of 1851 shaped a nation}》. London 2001.

5장 클로로폼

1. Stephanie J. Snow:《마취의 축복받은 날들^{Blessed Days of Anaesthesia}》. Oxford 2013, 45쪽에서 인용.

2. 같은 책, 46쪽.

3. Neue Medicinisch-Chirurgische Zeitung, 1848; 6: 29~30쪽(축약).

4. 카를 크리스티안 슈미트의 국내외 종합 의료 연감^{Carl Christian Schmidt's Jahrbücher der In- und Ausländischen Gesammten Medicin} 1849; 63: 72쪽.

5. Julia Barker:《브론테 가문^{The Brontës}》. London 1994, 519쪽.

6. Sandra Hempel:《의학 탐정. 존 스노와 콜레라의 미스터리^{The Medical Detective. John Snow and the Mystery of Cholera}》. London 2006, 85쪽.

7. Peter Vinten-Johansen und David Zuck: 〈1847 ― 존 스노의 환상의 기적, 평온의 해^{1847 – John Snow's annus mirabilis, year of consilience}〉. 미국 앨라배마주 버밍엄 마취 역사협회 제12차 봄 학술대회 기조 강연. 2005년 4월 6~7일(http://kora.matrix.msu.edu/files/21/120/15-78-A4-22-johnsnow-a0a0y7-a_11479.pdf (2020-09-23)).

8. Steven Johnson:《유령 지도. 런던의 가장 무서운 전염병 이야기 ― 그것이 어떻게 과학과 도시, 그리고 현대 세계를 변화시켰는가^{The Ghost Map. The Story of London's most terrifying epidemic ― and how it changed science, cities, and the modern world}》(한국어판 제목《바이러스 도시》). New York 2006, 65쪽.

9. John Snow:《에테르 기체의 흡입에 관하여^{On the Inhalation of the Vapor of Ether}》. London 1847 (http://www.ph.ucla.edu/epi/snow/oninhalationvapourether.pdf (2020-09-23)).

10. Michael A. E. Ramsay: 〈존 스노: 영국 여왕을 마취시킨 마취학자이자 선구적 역학자^{John Snow, MD: anaesthetist to the Queen of England and pioneer epidemiologist}〉. Proceedings (Baylor University

Medical Center) 2006; 19: 26쪽.

11. Stephanie J. Snow, 109쪽.

12. 같은 책.

13. The Lancet 1848, 97~98쪽.

14. 〈새로운 출생 연구 저널Neue Zeitschrift für Geburtskunde〉, Berlin 1847; 22: 278~279쪽.

15. Edward Wagenknecht: 《롱펠로 부인. 편지와 일기Mrs. Longfellow. Selected letters and journals》. London 1959, 129~130쪽.

16. Richard H. Ellis 편: 《존 스노 박사의 사례집The Case Books of Dr. John Snow》. London 1994, 271 쪽. https://www.ph.ucla.edu/epi/snow/leopold.html (2020-09-23)

17. A. N. Wilson: 《빅토리아Victoria》. New York 2014, 172쪽.

추가 문헌:

존 스노 관련 자료 보관 및 연구 협회John Snow Archive and Research Companion는 존 스노의 작업에 대해 접근할 수 있도록 보장한다(https://johnsnow.matrix.msu.edu/work.php?id=15-78-1B (2020-09-23)).

6장 등불을 든 여인

1. Royle, 96쪽에서 인용.

2. Ronald D. Gerste: 〈외과 최초의 '현대전'과 등불을 든 여인Der erste "moderne" Krieg für die Chirurgie und die Lady mit der Lampe〉. Chirurgische Allgemeine 2020; 7/8: 341~343쪽에서 인용.

3. Royle, 140쪽에서 인용.

4 Royle, 247쪽에서 인용.

5. Royle, 179쪽에서 인용.

6. The Times, 1854년 8월 2일.

7. Philipp Knightley: 《첫 번째 사상자. 크림에서 코소보까지 영웅과 신화 제작자 역할을 한 종군 기자들The First Casualty. The war correspondent as hero and myth-maker from the Crimea to Kosovo》. Baltimore 2002, 6쪽에서 인용.

8. 같은 책, 13쪽.

추가 문헌:

Orlando Figes: 《크림전쟁Krimkrieg》. Berlin 2011.

Nicolette Bohn: 《플로렌스 나이팅게일: 오직 행동만이 세상을 변화시킨다Florence Nightingale: Nur Taten verändern die Welt》. Düsseldorf 2020.

7장 강철로 만든 바퀴

1. Cannadine, 175쪽에서 인용.

2. 〈철도. 철도의 사용과 관리Railways. Their uses and management〉. London 1842, 63쪽. Ronald D. Gerste: 〈철도 척추 — 존 에릭 에릭센과 이동성의 대가Railway Spine — John Eric Erichsen und der Preis der Mobilität〉. Chirurgische Allgemeine 2004, 5: 130~135쪽 참고.

3. Gerste: 〈철도 척추Railway Spine〉, 133쪽에서 인용.

4. Wolfgang Schivelbusch: 《철도 여행의 역사. 19세기 공간과 시간의 산업화Geschichte der Eisenbahnreise. Zur Industrialisierung von Raum und Zeit im 19. Jahrhundert》. München und Wien 1973, 33쪽.

5. Heinrich Heine: 《루테치아Lutetia》 LVII. 1843년 5월 5일 (완성본, Hans Kaufmann 편, 12권. München 1964, 65쪽). http://www.heinrich-heine-denkmal.de/heine-texte/lutetia57. shtml (2020-09-23).

6. Schivelbusch, 117쪽에서 인용.

7. Schivelbusch, 119쪽에서 인용.

8. Gerste: 〈철도 척추Railway Spine〉, 134쪽에서 인용.

9. John Eric Erichsen: 《척추의 뇌진탕에 관하여. 신경 쇼크 및 기타 의료법적 측면에서 신경계의 불명확한 부상On the Concussion of the Spine. Nervous shock and other obscure injuries of the nervous system in their clinical and medico-legal aspects》. 제2판. London 1882, 230쪽. Gerste: 〈철도 척추Railway Spine〉, 131쪽 참고.

10. John Eric Erichsen: 《철도 관련 및 신경계의 기타 부상On Railway and Other Injuries of the Nervous System》. London 1866, 78쪽. Gerste: 〈철도 척추Railway Spine〉, 131쪽 참고.

8장 죽음의 지도

1. Ronald D. Gerste: 《날씨는 어떻게 역사를 만드는가. 고대부터 오늘날까지 재해와 기후 변화Wie das Wetter Geschichte macht. Katastrophen und Klimawandel von der Antike bis heute》. 제3판. Stuttgart 2016.

2. Michael Dorrmann: 〈아시아의 괴물. 19세기 콜레라Das asiatische Ungeheuer. Die Cholera im 19. Jahrhundert〉. Hans Wilderotter 편: 《대멸종. 전염병은 역사를 만든다Das große Sterben. Seuchen machen Geschichte》. Dresden 1995, 214쪽.

3. Johnson, 126쪽.

4. Henry Mayhew: 〈버몬지의 콜레라 지역 방문A Visit to the Cholera Districts of Bermondsey〉. Morning Chronicle, 1849년 9월 24일.

5. The Times, 1849년 9월 13일.

6. Florence Nightingale: 《간호에 대한 노트: 참간호와 그릇된 간호Notes on Nursing: what it is and what it is not》. London 1860, 8쪽.

7. Jerry White: 〈19세기 슬럼가의 삶: 빅토리아 시대 런던의 지옥과도 같은 집Life in 19th-century Slums: Victorian London's homes from hell〉. BBC History (https://www.historyextra.com/period/victorian/lifein-19th-century-slums-victorian-londons-homes-from-hell/ (2020-09-23).

8. 같은 글.

9. John Snow: 《콜레라 전파 방식에 대하여On the Mode of Communication of Cholera》. London 1849, 30쪽.

10. London Medical Gazette 1849, No. 9, 466쪽.

11. John Snow: 《콜레라 전파 방식에 대하여On the Mode of Communication of Cholera》. 제2판. London 1855, 39~40쪽.

12. Gnananandan Janakan und Harold Ellis: 〈닥터 토머스 애치슨 라타(c 1796-1833): 콜레라 치료에서 정맥 내 액체 대체의 선구자Dr Thomas Aitchison Latta(c 1796–1833): Pioneer of intravenous fluid replacement in the treatment of cholera. Journal of Medical Biography〉. Journal of Medical Biography 2013; 21, 70~74쪽.

13. The Times, 1858년 6월 18일.

14. Johnson, 234~235쪽(축약).

9장 세계를 뒤바꾼 책

1. Ronald D. Gerste: 〈찰스 다윈Charles Darwin〉. Charles Darwin, Schweizerische rrztezeitung 2009; 90, 599쪽에서 인용.

2. Hanne Strager: 《겸손한 천재. 다윈의 삶과 그의 생각이 어떻게 모든 것을 바꾸었는지에 대한 이야기A Modest Genius. The story of Darwin's life and how his ideas changed everything》. Middletown, Delaware 2016, 11쪽.

3. Süddeutsche Zeitung, 2006년 6월 24일,

4. Johannes Hemleben: 《찰스 다윈. 개인적인 증언과 사진 문서Charles Darwin. Mit Selbstzeugnissen und Bilddokumenten》. Reinbek bei Hamburg 1968, 54쪽.

5. Strager, 33쪽에서 인용.

6. Strager, 58~59쪽에서 인용.

7. Hemleben, 69쪽에서 인용.

8. Hemleben, 73쪽에서 인용.

9. Hemleben, 101쪽에서 인용.

10. Hemleben, 118쪽에서 인용.

11. Strager, 169쪽에서 인용.

12. Semmelweis: 《병인학Aetiologie》.

13. Semmelweis: 《병인학Aetiologie》, 481~482쪽.

14. Theodor Wyder: 《산욕열의 원인과 제멜바이스에 의한 발견Die Ursachen des Kindbettfiebers und ihre Entdeckung durch I. Ph. Semmelweis》. Berlin und Heidelberg 1906, 35쪽에서 인용.

10장 적십자

1. Elke Endraß: 《은인. 왜 앙리 뒤낭은 적십자사를 설립했는가Der Wohltäter. Warum Henry Dunant das Rote Kreuz gründete》. Berlin 2010, 36쪽에서 인용.

2. Jürgen Osterhammel: 《세상의 변혁. 19세기 이야기Die Verwandlung der Welt. Eine Geschichte des 19. Jahrhunderts》. München 2020, 194쪽.

3. Hans Schadewaldt: 〈솔페리노 전투. 적십자의 발상지Die Schlacht von Solferino. Ausgangspunkt des Rot- Kreuz-Gedankens〉. G. W. Parade 편: 《출산 전후 질환, 영양 장애Abususprobleme, Perinatale Erkrankungen, Ernährungsstörungen》. Munich 1972, 109~117쪽.

4. Endraß, 15쪽에서 인용.

5. Endraß, 23쪽에서 인용.

6. Endraß, 24쪽에서 인용.

7. Endraß, 26쪽에서 인용.

8. Endraß, 34~35쪽에서 인용.

9. Endraß, 37쪽에서 인용.

10. Endraß, 37쪽에서 인용.

11. Endraß, 45쪽에서 인용.

12. Endraß, 41쪽에서 인용.

13. Endraß, 43쪽에서 인용.

14. Endraß, 48쪽에서 인용.

15. 이 책은 이북으로 다운로드할 수 있다. https://www.roteskreuz.at/fileadmin/user_upload/Multimedia/Eine_Erinnerung_an_Solferino_-_Henri_Dunant_1_.pdf

16. Endraß, 54쪽에서 인용.

17. Endraß, 62쪽에서 인용.

18. Endraß, 67쪽에서 인용.

19. Endraß, 77쪽에서 인용.

11장 남북전쟁

1. Fergus M. Bordewich: 《가나안행. 지하 철도와 미국의 영혼을 위한 전쟁Bound for Canaan. The Underground Railroad and the war for the soul of America》. New York 2005, 216쪽에서 인용.

2. Osterhammel, 768쪽.

3. Ronald D. Gerste: 《에이브러햄 링컨Abraham Lincoln》. Regenburg 2008, 7쪽에서 인용.

4. Gerste: 《링컨Lincoln》, 96쪽에서 인용.

5. Ronald D. Gerste: 〈미국 남북전쟁 — 영웅주의와 절망 사이의 외과 의사Der Amerikanische Bürgerkrieg — Chirurgen zwischen Heroismus und Verzweiflung〉. Chirurgische Allgemeine 2011; 12: 401쪽에서 인용.

6. https://ehistory.osu.edu/exhibitions/cwsurgeon/cwsurgeon/introduction (2020-09-23).

7. Gerste: 〈남북전쟁Bürgerkrieg〉, 397~403쪽에서 인용.

8. Irving H. Watson 편: 《미국의 내과 의사와 외과 의사. 일반 의료 직업에 대한 전기적인 묘사Physicians and Surgeons of America. A collection of biographical scetches for the regular medical profession》. Concord, New Hampshire 1896, 805쪽.

9. Watson: 《내과 의사와 외과 의사Physicians and Surgeons》, 805쪽.

10. Watson: 《내과 의사와 외과 의사Physicians and Surgeons》, 806쪽.

11. Gerste: 〈신사 여러분Gentlemen〉에서 인용.

12장 소독제

1. John Eric Erichsen: 《수술에 관한 연구On the Study of Surgery》. London 1850, 8쪽.

2. John Rudd Leeson: 《내가 아는 리스터Lister as I Knew Him》. New York 1927, 53쪽.

3. Joseph Lister: 〈소독제 시스템. 복합 골절에 관하여The Antiseptic System. On compund fracture〉. The Collected Papers of Joseph Baron Lister. Oxford 1909, Vol. II, 1쪽.

4. Lister, Collected Papers, Vol. II, 2쪽.

5. Lister, Collected Papers, Vol. II, 3쪽.

6. Lister, Collected Papers, Vol. II, 45쪽.

6. George Eearl Buckle 편: 《빅토리아 여왕의 편지The Letters of Queen Victoria》. Vol. II 2: 1870-1878. London 1926, 432쪽.

8. Thomas Dormandy: 《진실의 순간들Moments of Truth》. Chichester, UK 2003, 329쪽에서 인용.

13장 시력

1. Julius Hirschberg: 〈A. v. 그레페 기념물의 공개 1882년 5월 22일Enthüllung des A. v. Gräfe-Denkmals〉. Centralblatt für Praktische Augenh eilkunde 1882; 6: 185~186쪽.

2. Jens Martin Rohrbach: 《알브레히트 폰 그레페(1828-1870). 독일 안과의 양심Albrecht von Graefe (1828-1870). Das Gewissen der Augenheilkunde in Deutschland》. Berlin 2020, 11쪽.

3. Rohrbach, 4쪽에서 인용.

4. Ronald D. Gerste: 《드레스덴의 안과Augenheilkunde in Dresden》. Heidelberg 2018, 44쪽에서 인용.

5. Rohrbach, 36에서 인용.

6. Rohrbach, 5쪽에서 인용.

7. Otto Pflanze: 《비스마르크. 제국의 창시자Bismarck. Der Reichsgründer》, München 1997, 187쪽에서 인용.

8. Pflanze, 191~192쪽.

9. Josef Becker 편: 《1870년 비스마르크의 스페인 '분리'와 제국 확립을 위한 1870년 프로이센-독일전쟁: 1866~1932년 마드리드에서 호엔촐레른 왕위 계승을 둘러싼 전후 자료Bismarcks spanische "Diversion" 1870 und der preußisch-deutsche Reichsgründungskrieg: Quellen zur Vor- und Nachgeschichte der Hohenzollern-Kandidatur für den Thron in Madrid 1866-1932》, 제3권. Paderborn u.a. 2007, 58~60쪽.

14장 대대로 원수

1. 1870년 8월 27일 로베르트 코흐의 편지. Johannes W. Grüntzig und Heinz Mehlhorn: 《로베르트 코흐. 전염병 사냥꾼과 노벨상 수상자Robert Koch. Seuchenjäger und Nobelpreisträger》. Heidelberg 2010, 128~129쪽에서 인용.

2. 1866년 6월 24일 편지. Grüntzig und Mehlhorn, 123쪽에서 인용.

3. Osterhammel, 273쪽.

4. Louis Pasteur Vallery-Radot 편: 《파스퇴르와의 편지 2권Correspondance de Pasteur. Volume 2: La seconde étape. Fermentations, générations spontanées, maladies des vins, des vers à soie, de la bière 1857–1877》. Paris 1951, 492쪽. 파스퇴르의 서신의 편집은 그의 손자에 의해 이루어졌다.

5. Thomas Goetz: 《치료. 로베르트 코흐와 아서 코난 도일 그리고 결핵을 치료하기 위한 탐색The Remedy. Robert Koch, Arthur Conan Doyle, and the quest to cure tuberculosis》. New York 2014, 54~55쪽에서 인용.

6. Goetz, 57쪽.

7. B. Lee Pignon: 〈루이 파스퇴르. 과학 윤리에 관한 논쟁에서 논란이 되는 인물Louis Pasteur. A Controversial Figure in a Debate on Scientific Ethics〉. Seminars in Pediatric Infectious Diseases 2002; 13: 134~141쪽.

8. Grüntzig und Mehlhorn, 137~138쪽.

9. Goetz, 40쪽에서 인용.

10. Grüntzig und Mehlhorn, 145쪽.

11. Goetz, 70쪽에서 인용.

12. Goetz, 87쪽에서 인용.

15장 과학의 나라, 독일

1. Rudolf Virchow: 《병리학 강의Vorlesungen über Pathologie》. Berlin 1871, 1쪽.

2. 같은 책.

3. 같은 책, 4쪽.

4. Petra Lennig: 〈의회 결투. 루돌프 피르호의 시민 발의안Ein parlamentarische Duell. Bürgerinitiative für Rudolf Virchow〉. Beate Kunst, Thomas Schnalke und Gottfried Bogusch 편: 《두 번째 시선. 샤리테의 역사적 컬렉션에서 나온 특별한 물건Der zweite Blick. Besondere Objekte aus den historischen Sammlungen der Charité》. Berlin und New York 2010. 169~171쪽.

5. Kay Lutze: 〈다이어트하는 재상Ein Kanzler auf Diät.〉. ZMZahnärztliche Mitteilungen online, 2015년 3월 31일 (https://www.zmonline.de/news/gesellschaft/ein-kanzler-auf-diaet/ (2020-09-23)).

6. Ronald D. Gerste: 《질병은 어떻게 역사를 만드는가?Wie Krankheiten Geschichte machen》. Stuttgart 2020.

7. Gerste: 《질병Krankheiten》, 31쪽에서 인용.

8. Osterhammel, 292~293쪽.

16장 코카인

1. Jürgen Thorwald: 《의사들의 제국 세계Das Weltreich der Chirurgen》. Stuttgart 1974, 185쪽.

2. Sigmund Freud und Martha Bernays: 《결혼을 앞둔 편지. 제3권: 휴식과 항복 속에서, 괴로움과 흥분 속에서 기다리다. 1884년 1월~9월Die Brautbriefe. Bd. 3: Warten in Ruhe und Ergebung, Warten in Kampf und Erregung. Januar 1884 – September 1884》. B. Gerhard Fichtner, Ilse Grubrich-Simitis, und Albrecht Hirschmüller 편. Frankfurt am Main 2015(1884년 5월 9일 편지 번호 664F). Michael Goerig, Douglas Bacon, und André van Zundert: 《카를 콜러, 코카인 및 국소마취제Carl Koller, Cocaine, and Local Anesthesia》. Regional Anesthesia and Pain Medicine 2012; 37: 318쪽 참고.

3. 영어로 번역된 Goerig 외, 320쪽 인용.

17장 간호사 캐럴라인의 장갑

1. John L. Cameron: 〈윌리엄 스튜어트 할스테드. 우리의 수술 유산William Stewart Halsted. Our Surgical Heritage〉. Annals of Surgery 1997; 225: 446쪽.

18장 코흐와 파스퇴르

1. Grüntzig und Mehlhorn, 186쪽에서 인용.

2. Grüntzig und Mehlhorn, 179쪽에서 인용.

3. 같은 글에서 인용.

4. Goetz, 164쪽에서 인용.

5. Grüntzig und Mehlhorn, 187쪽에서 인용.

6. Deutsche Medicinische Wochenschrift 1890; 16: 1029쪽 (1890년 11월 13일).

7. Grüntzig und Mehlhorn, 241쪽에서 인용.

8. Richard J. Evans: 《함부르크에서의 죽음. 콜레라 시대의 도시, 사회, 정치 (1830-1910년)Tod in Hamburg. Stadt, Gesellschaft und Politik in den Cholera(Jahren 1830–1910)》. Karl A. Klever 역. Reinbek bei Hamburg 1996, 398쪽에서 인용.

19장 방사선 사진과 심장 봉합

1. Peter Rathert, Wolfgang Lutzeyer, und Willard E. Goddwin: 〈필리프 보치니(1773-1809)와 빛의 가이드Philipp Bozzini (1773–1809) and the Lichtleiter〉. Urology 1974; 3: 113~118쪽.

2. Wilhelm Konrad Röntgen: 〈새로운 종류의 광선에 대하여Über eine neue Art von Strahlen〉. Würzburg 1896, 1쪽.

3. 같은 글, 11쪽.

4. Otto Glasser und Margret Boveri: 《빌헬름 콘라트 뢴트겐과 엑스레이의 역사Wilhelm Conrad Röntgen und Die Geschichte der Röntgenstrahlen》. Heidelberg 1931. 64쪽.

5. Gerd Rosenbusch und Annemarie de Knecht-van Eekelen: 《빌헬름 콘라트 뢴트겐. 방사능의 탄생Wilhelm Conrad Röntgen. The Birth of Radiology》. Cham 2019, 93쪽.

6. 영어로 번역된 Rosenbusch und de Knecht-van Eekelen, 94쪽에서 인용.

7. Rosenbusch und de Knecht-van Eekelen, 99쪽에서 인용.

8. Ludwig Rehn: 〈관통된 심장의 상처와 심장 봉합에 대해서Ueber penetrierende Herzwunden und Herznaht〉. Archiv für Klinische Chirurgie 1897; 55: 315쪽.

9. Ulrich Mueller: 〈윤리적 우려에 대항하는 심장 봉합Herznaht wider ethische Bedenken〉. Deutsches Ärzteblatt 2007; 104 (1-2): A 26.

10. Rehn, 328쪽.

20장 세기의 전환

1. Alfred Russell Wallace: 《생명의 세계. 창조적 힘, 지시적 마음, 궁극적 목적의 표현The World of Life. A Manifestation of Creative Power, Directive Mind and Ultimate Purpose》. London 1910, 247쪽(https://de.wikipedia.org/wiki/Alfred_Russel_Wallace#cite_note-57 (2020-09-23)).

2. Calcutta Review 1899; 109 (217): 33쪽. https://people.wku.edu/charles.smith/wallace/writingson_reviews.htm (2020-09-23).

3. Stefan Zweig: 《어제의 세계. 유럽인의 추억Die Welt von gestern. Erinnerungen eines Europäers》(한국어판 제목 《어제의 세계》). Stockholm 1942, 18쪽.

4. https://de.wikipedia.org/wiki/Die_Traumdeutung (2020-09-23).

5. Octave Mannoni: 《프로이트Freud》. Reinbek bei Hamburg 1971, 25~26쪽에서 인용.

6. Sigmund Freud: 《연구판. 제2권: 꿈의 해석Studienausgabe. Band 2: Die Traumdeutung》. Frankfurt am Main 1982, 577과 580쪽.

7. Evans: 《유럽의 세기Das europäische Jahrundundt》, 882쪽.

8. Ronald D. Gerste: 〈프레더릭 트리브스 경Sir Frederick Treves〉. Chirurgische Allgemeine 2004; 5: 241쪽에서 인용.

9. Emil Behring: 《디프테리아 역사Die Geschichte der Diphtherie》. Leipzig 1893, IV~V쪽.

10. Ulrike Enke: 〈베링의 금Das Behringsche Gold〉. Deutsches Ärzteblatt 2015; 112: A 2088-2090에서 인용.

11. Martin Winkelheide: 〈디프테리아와의 싸움에서 획기적인 사건Ein Meilenstein im Kampf gegen die Diphterie〉. Deutschlandfunk Kalenderblatt 2015년 12월 4일 (https://www.deutschlandfunk.de/medizingeschichte-ein-meilensteinim-kampf-gegen-diphterie.871.de.html?dram:article_id=338673 (2020-09-23))에서 인용.

12. Evans, 844쪽.

21장 유대인 개척자

1. 〈코의 외과적 크기 축소에 관하여Ueber die operative Verkleinerung einer Nase Rhinomiosis〉. Berliner Klinische Wochenschrift 1898; 35: 882쪽(1898년 10월 3일).

2. 같은 글.

3. 같은 글, 884쪽.

4. 〈다른 비강 절제술에 관하여Ueber einige weitere operative Nasenverkleinerungen〉. Berliner Klinische Wochenschrift 1902; 39: 851~852쪽(1902년 9월 8일).

5. 같은 글, 853쪽.

6. 이 의사에 대한 추가 정보는 다음을 보라. Ronald D. Gerste: 《자크 요제프. 위대한 성형수술의 운명과 코 수술의 역사Jacques Joseph. Das Schicksal des großen plastischen Chirurgen und die Geschichte der Rhinoplastik》. Heidelberg 2015.

22장 불길한 경고

1. http://medicalhistory.blogspot.com/2012/04/ship-of-fools.html (2020-09-23)에서 인용.

23장 폭발하는 진보의 새 발걸음

1. Volker Ullrich: 《불안한 거대 권력 1871-1918. 독일제국의 상승과 하락Die nervöse Großmacht 1871-1918. Aufstieg und Untergang des deutschen Kaiserreichs. Frankfurt am Main 1997, 216쪽에서 인용.

2. 같은 책, 374쪽.

3. Evans: 《유럽의 세기Das europäische Jahrhundert》, 948쪽에서 전부 인용.

4. 같은 책, 947쪽에서 인용.

5. Wilhelm Lamszus: 《인간 도살장. 전쟁의 전망Das Menschenschlachthaus. Visionen vom Krieg》. Andreas Pehnke 편. Bremen 2014.

6. Die Fackel, 1914년 7월 10일, 2쪽.

7. Franz Herre: 《1900년의 세기 전환Jahrhundertwende 1900》. Stuttgart 1998, 197쪽.

8. Christian Cajavilca und Joseph Varon: 〈빌럼 에인트호번. 인간 심전도의 발달Willem Einthoven. The development of the human electrocardiogram〉. Resuscitation 2008; 76: 325~328쪽.

9. Archiv für die gesamte Physiologie des Menschen und der Thiere 1895; 60: 101~123 쪽.

10. Golo Mann: 《19세기와 20세기의 독일 역사Deutsche Geschichte des 19. und 20. Jahrhunderts》. Frankfurt am Main 1980, 570쪽.

11. Edward Gray: 《정치의 25년, 1892-1916Fünfundzwanzig Jahre Politik, 1892-1916》. Else Werkmann 역. München 1926, 제2권, 18쪽.

에필로그

1. https://de.wikipedia.org/wiki/Spanische_Grippe (2020-09-23).

2. 그중에서도 Ronald D. Gerste: 《질병은 어떻게 역사를 만들었는가Wie Krankheiten Geschichte machen》. Stuttgart 2019, 215~218쪽.

3. John M. Barry: 《대인플루엔자The Great Influenza》. New York 2018, 94~95쪽.

4. H. G. Wells: 《우주 전쟁Der Kriegder Welten》. G. A. Cruwell und Claudia Schmolders 역. Zurich 1974, 164쪽.

거대한 운명의 수레바퀴 아래

운명1_피니어스 게이지
: 얼굴을 관통한 쇠창살도 그를 죽음에 이르게 하지는 못했다

젊고 꽤 자신감 있어 보이는 남자가 카메라를 응시하고 있다. 그의 왼쪽 눈이 마비되어 처진 윗눈꺼풀에 가려져 있음에도 그 시선의 대담성은 줄어들지 않는다. 상처는 이 남자를 주눅 들게 하지 않는 듯하다. 남자는 절제된 활력을 발산하고 있다. 이 다게레오타이프 사진은 19세기 중반쯤에 찍힌 것으로, 불과 몇 년 전 미국 메릴랜드주 사진작가 부부의 개인 소장품에서 발견되었다.

이 사진의 주인공은 처음에 고래잡이로 오해받았는데 그가 손에 1미터가 넘는 금속 막대기를 들고 있었기 때문이다. 처음에 작살로 오인되었던 이 막대기에 새겨진 섬세한 문장을 해석한 끝에 이 물체와 그 주인의 정체를 파악할 수 있었다. 과학 잡지 〈사이언스〉는 2009년 7월 31일 자 지면에 이 옛날 사람의 초상사진을 독자들에게 소개했다. 의심할 여지가 없는 사진이었다. 사고로 인해 거대한 길이의 철 막대기가 희생자의 부비강을 포함하여 안면과 눈을 뚫어버린, 의학 역사상 가장 유명한 외상 사건의 증거였다. 당시의 의사들과 현대 의사들에 따르면 이 사진은 부상에도 불구하고 기적적으로 살아남은 환자의 모습을 보여주고 있다. 바로 피니어스 게이지Phineas Gage의 사진이다.

1848년 9월 13일 수요일, 25세의 피니어스 게이지는 그날 오후 자신 앞에 어떤 운명이 기다리고 있을지 짐작도 하지 못했고, 이후 인간 두뇌 기능을 이해하고자 하는 신경생물학과 인류학에서 그가 얼마나 확고한 위치를 점하게 될지 전혀 알지 못한 채 출근길에 나섰다. 게이지는 미국 버몬트주에 있는 러틀랜드와 벌링턴을 잇는 철로의 건설 작업을 하고 있었다. 그가 하는 일은 발파용 바위에 구멍을 뚫어 화약을 채운 다음 모래로 다져놓는 것이었다(다이너마이트는 20년 후에야 알프레드 노벨에 의해 발명되었다). 이 작업에는 1미터의 길이에 약 5킬로그램 무게가 나가는 철 막대기가 사용되었다.

오후 4시 30분, 캐번디시(몇 년 전 이곳에서 게이지를 기리는 의미에서 기념비적인 바위가 공개되었다) 마을에서 남쪽으로 1.6킬로미터 떨어진 공사장에서 게이지는 아마도 부주의 탓이겠지만 모래로 밀봉하기 전에 철 막대기를 바위 구멍 안에 넣었다. 순간 불꽃이 튀어 가루가 폭발했고, 철 막대기는 왼쪽 눈 밑을 관통해 게이지의 머리를 뚫고 들어가 왼쪽 전두엽을 통과해 머리 윗부분 정점선 바로 옆 두개골로 나와 20센티미터가량 더 나아갔다.

끔찍한 부상에도 불구하고 게이지는 의식을 잃지 않았고 캐번디시의 한 여관으로 후송되어 의사를 맞이할 때도 유머러스한 한마디를 잊지 않았다. "선생님, 할 일이 많으시겠네요." 그의 운명을 죽음에서 벗어나게 해준 두 번째 의사, 존 할로John Harlow가 곧 도착했는데 그는 반쯤 채워진 찻잔이라고 묘사했듯 게이지의 뇌에서 뇌 물질이 손실된 것을 관찰했다.

그 후 게이지에 일어난 일은 수십 년 동안 신경생물학자와 의사들 사이에서 논의되어온 주제가 되었다. 전두엽의 명백한 손상과 이에 따른 증상에 대한 해석이 그만큼 분분했기 때문이다. 게이지는 왼쪽 눈이 파괴된 탓에 실명한 것을 제외하고는 놀라울 정도로 건강하게 회복했고 감각이나 지각 능력, 언어 능력의 감소나 신체 활동의 문제도 따르지 않았다. 이러한 기능은 분명 손상된 뇌 영역과는 관련이 없는 듯했다.

하지만 변하기 시작한 것은 게이지의 정신 영역이었다(물론 그에 대한 모든 이야기를 완전히 신뢰할 수 있는 것은 아니므로 신중할 필요는 있다). 이전에는 균형 잡힌 성격으로 묘사되었던 게이지가 참을성 없고 쉽게 흥분하며 상스러운 말을 자주 내뱉는 아웃사이더로 변했다. 할로는 소위 정신 능력과 동물적 기능 사이의 장벽이 무너졌다고 진단했다. 그럼에도 게이지는 금방 직장으로 돌아갔고 곧이어 칠레로 건너가 몇 년 동안 우편 마차를 모는 마부로 일하기도 했다. 1859년 그는 간질 증세를 겪은 후 가족들이 살고 있던 샌프란시스코로 이사했고 사고 후 12년 만인 1860년 5월에 사망했다.

피니어스 게이지가 오늘날 과학자들에게 중요한 인물로 여겨지는 이유는 그의 뇌 손상 사건을 통해 인간의 뇌에서 좀 더 높은 인격을 결정하는 기능을 담당하는 부위가 어디에 위치하는지 처음으로 명확하게 밝혀졌기 때문이다. 이로써 특정 뇌 부위에서 하는 일과 기능을 알 수 있는 '뇌의 지도화'로 가는 길이 열렸다.

전두엽 손상 환자의 경우 합리적인 의사 결정과 감정 처리에 어려움을 겪는 경우가 꾸준히 발견되고 있는데 이와 관련하여 '피니어스 게이지 증후군'이라는 말이 신경 병리학 문헌에 은근슬쩍 등장한다. 증상의 흔적이 남아 있는 게이지의 두개골과 애초 게이지와 함께 묻혔던 철 막대기는 유실되지 않고 발굴되어 현재 하버드 대학의 워런 해부학 박물관에 보관 중이다.

운명2_아델레 블로흐 바우어

: 황금 옷을 입은 여인

수많은 관람객이 뉴욕 뉴 갤러리의 모더니즘 예술 작품 중 가장 유명한 그림 앞에서 참을성 있게 줄을 서 있다. 1907년 구스타프 클림트가 그린 〈황금 옷을 입은 여인〉은 유겐트양식의 아이콘이다. '아델레 블로흐 바우어Adele Bloch-Bauer 1'로도 알려진 이 초상화는 마치 예술가가 예견이라도 한 듯이 연약함이 배어 나오는 모델의 모습이 관객을 압도한다. 빈 은행가의 아내였던 초상화 모델은 1925년 45세에 뇌염으로 사망했다.

브라질 의사 팀은 몇 년 전 임상적 관점에서 이 그림을 평가했고 그 결과를 〈의학 전기 저널Journal of Medical Biography〉에 발표했다. 아델레 블로흐의 얼굴에서 가장 주목할 만한 특징은 승모판 부전 안모라 할 수 있다. 일반적인 심장 판막 결함인 승모판협착증의 전형적 증상인 붉게 상기된 볼을 보라. 이 심장 질환은 혈액 공급이 원활하지 않아서 생기는 것으로 호흡곤란과 기능 저하라는 증세를 보이기 쉬우며 피부가 붉게 상기되거나 어떤 부위는 다소 푸르스름하게 보이기도 한다. 승모판협착증은 종종 류머티즘으로 인한 열에 의해 발생하기도 한다. 초상화를 위해 앉아 있는 이 여인 역시 분명 류머티즘 질환의 영향을 받은 듯하다. 그녀의 손가락 중 하나가 기형이기 때문이다.

아델레 블로흐의 생애에 관해 알려진 세부적인 사항을 고려해보면 그녀가 승모판협착증이었을 것이라는 진단은 맞는 듯하다. 그녀는 매우 자주 피곤함에 시달렸는데 이는 심박출량 감소의 결과였으리라 짐작된다. 그녀의 이른 죽음도 새롭게 드러난 병증으로 설명할 수 있다. 그녀가 삶의 말기에 시달렸던 열은 기형이 된 승모판막의 감염으로 인한 것일 가능성이 있다. 당시 심장 근육에 발생하는 이 감염성 염증은 류머티즘 병력이 있는 사람들에게서 비교적 흔한 증세였다. 구스타프 클림트 또한 자신의 유명한 예술 작품 모델에 대해 진단을 남긴 바가 있는데 1910년 당시의 의학으로는 도움을 줄 수 없었다.

운명3_제임스 가필드
: 대통령의 목숨을 앗아간 범인은 총알이 아니었다

수많은 국민들과 마찬가지로 미국 대
통령 역시 7월 4일 국경일을 고대하고
있었다. 6개월 동안 대통령으로 재임했던 제임스 가필드는 오랜만에 가족과 함께 뉴저지 해안에서 주말을 보낼 계획을 세웠다. 이맘때면 전형적인 열대성 습도로 후덥지근해지는 수도 워싱턴을 탈출해 다른 국회의원이나 내각 각료처럼 휴가를 보내려 한 것이다.

1881년 7월 2일 아침 기차역에는 대통령을 수행했던 제임스 G. 블레인 국무장관도 함께 있었는데, 그 기차역은 지금은 사라진 볼티모어 앤드 포토맥 역으로 워싱턴의 거대한 녹지이자 수도 중심부에 있었다. 가필드와 블레인은 역 건물 안으로 들어가면서 대화에 너무 몰두한 나머지 자신들을 기다리고 있던 남자를 알아차리지 못했다. 정부의 관직을 얻기 위해 노력했지만 뜻을 이루지 못한 것에 앙심을 품은 찰스 기토Charles Guiteau는 권총을 뽑아 두 발을 쏘았다. 첫 번째 총알은 가필드의 팔을 스쳤고, 두 번째 총알은 그의 등에 박혔다.

몇 시간 안에 다양한 직책과 기술을 갖춘 의사들이 대통령 캠프에 모였다. 그중 몇몇은 부름을 받지 않고도 자발적으로 찾아왔다. 일반적인 원칙에 따르면 총알의 위치를 찾아 제거하는 것이 가장 중요했다. 이를 위해 의료진은 총알이 관통한 부위와 입구를 여러 번 검사했다. 그런데 여기서 치명적인 실수가 발생했다. 씻지도 않은 맨 손가락으로 부상 부위를 헤집은 것이다! 제멜바이스 이후 30년이 넘었고, 미국은 그 시대에서 가장 뛰어난 기술을 가진 현대 국가였을 뿐 아니라, 리스터가 최초로 소독제를 발명한 지 16년이나 지났다는 점을 고려해보면 가장 높은 지위를 가진 환자를 기초적인 위생도 갖추지 않고 진찰했다는 것이 믿을 수 없을 정도다. 가토가 입힌 총상은 그다지 치명적이지 않았지만 치료 과정은 정반대였다.

그 후 10주 동안 온 나라는 다소 완곡한 의학용어를 사용하는 공지를 출처로 한 집중적인 언론 보도를 통해 천천히 악화하는 대통령의 병세를 지켜보았다. 첨단 기술을 사용했음에도 총알의 위치를 알아내려는 시도는 실패했다. 전화기 발명가 알렉산더 그레이엄 벨은 총알을 찾는 데 도움을 줄 일종의 금속 탐지기를 만들었지만 성공을 거두지는 못했다. 하지만 이 도구는 일종의 초기 에어컨 시스템을 가지고 있어서 백악관 병실의 숨 막힐 듯한 온도를 현저히 낮출 수 있었다. 대통령의 상처가 벌어져 고름이 흘러나왔다. 한때는 건장했던 대통령의 체중은 95킬로그램에서 59킬로그램으로 급감했다.

눈에 띄게 쇠약해진 가필드는 9월 5일 백악관을 떠났다. 특별열차를 타고 뉴저지로 갔는데 철도 근로자들은 그가 도착하는 전날 밤까지 요양소가 있는 곳으로 철로를 연장하는 작업을 해야만 했다. 대통령은 바다의 소리를 다시 듣고 싶어 했다고 전해진다. 열병을 앓고 수척해진 그는 1881년 9월 19일에 사망했다. 부검을 통해 의사들은 간 근처에 생긴 커다란 농양으로 온몸이 고름으로 가득 차고 양쪽 폐에 염증이 생긴 것을 발견했다. 사망의 직접적인 원인은 동맥 파열이었다. 그러나저러나 사망한 대통령의 복강은 그의 사망 시점에서 한 세대 이상 과거에 속한 1847년경 이그나즈 제멜바이스를 잠 못 이루게 하던 수많은 산욕열 환자의 복강과 똑같은 상태였다.

운명4_조지프 메릭

: 코끼리 인간

우리는 발명과 새로운 방식의 발견이라는 측면에서 혁신과 진보를 이야기하곤 한다. 최선의 경우 이는 모든 사람의 삶을 개선할 수 있다. 하지만 우리가 '정상'이라고 여겨지는 것 바깥에 있는 사람을 대하는 태도에서 그 사회의 진보성(과학적 기술적 측면이 아니라 사회적 도덕적 측면에서)이 드러나기도 한다. 이 것은 특히 키가 작거나 희귀한 기형 질환을 앓고 있는 사람과 같이 눈에 띄는 외모를 가진 사람을 대하는 태도에서도 볼 수 있다.

과거에는 신체적으로 불구이거나 장애가 있는 사람을 최악의 경우 '마녀'나 '악령에 지배당한 이'로 몰아 살해하는 무시무시한 예가 비일비재하게 일어났다. 이후에는 관객의 즐거움을 위해 특이한 외모를 가진 이들의 모습을 축제나 프릭 쇼 freak show(기형인 사람이나 동물을 보여주는 쇼 — 옮긴이)에 전시하는 철저하게 비인간적인 형태도 횡행했다. 조지프 메릭의 삶은 빅토리아 시대 영국의 특정한 사회적·정신적 조건 아래서 이런 선정주의가 인간적인 보살핌으로 변화하는 과정을 잘 보여준다.

유명한 영국 외과 의사인 프레더릭 트리브스는 1884년 저녁, 입장료를 받고 관객들에게 신기한 것들을 보여주는 쇼룸에서 메릭을 처음 만났다. 그는 그 순간을 다음과 같이 묘사했다.

> 쇼맨은 마치 개에게 말하듯이 '일어나!'라고 소리쳤다. 그러자 어떤 물체가 천천히 일어섰고 그의 머리와 몸을 덮었던 담요가 바닥으로 떨어졌다. 우리 앞에는 내가 본 사람 중에 가장 무시무시한 형태를 가진 한 인간이 서 있었다. 의사 생활을 하는 동안 나는 질병과 부상, 신체의 돌연변이로 인한 기형적인 머리 모양으로 고통받는 사람을 수없이 봐왔지만, 결코 이 고독한 존재만큼 퇴행적이

고 변태적인 인간 모습을 본 적이 없다. …… 남자는 작은 체구에 등뼈가 구부러져 있었고, 머리는 엄청나게 크고 이상한 모양으로 생겼으며 마치 빵 덩어리 같이 생긴 우둘투둘한 뼈 덩어리가 그의 이마에 매달려 있었다. 머리둘레는 허리둘레만큼 컸다. 또 다른 뼈 덩어리는 위턱에 매달려 있었다. 머리 뒤쪽은 갈색 꽃양배추처럼 보이는 해면이나 버섯 덩어리 같은 덩어리로 덮여 있었다.[1]

이런 메릭의 모습은 진정 심장이 약한 사람이라면 감당할 수 없을 정도였는데 트리브스와 같은 노련한 외과 의사조차 엄청난 충격을 받았다. 영국에서 메릭은 코끼리 인간Elephant Man으로 불렸다.

조지프 메릭은 1862년 레스터에서 태어났으며 처음에는 건강한 아기와 같은 모습이었다. 하지만 생후 2년이 되던 해부터 여러 가지 기형이 점점 드러나기 시작했는데 이는 이후 다른 신체 기관에도 영향을 미쳤다.

그의 증세는 수많은 종양이 변하면서 여러 기관에 영향을 미치는 질병인 신경섬유종증의 극단적 형태로 오랫동안 간주되었다. 하지만 현재의 의학 지식이나 추정에 따르면 메릭은 신경섬유종증과 결합한 매우 희귀한 프로테우스 증후군(불규칙한 뼈의 성장, 두개골 융기 등의 증상 — 옮긴이)을 앓았을 수 있다. 그런데 프로테우스 증후군에 걸린 환자는 보통 키가 큰 것이 특징인데 메릭의 경우는 그렇지 않았다. 메릭도 자신이 그런 모습이 된 것은 자신을 배 속에 품고 있던 어머니가 레스터의 서커스에서 코끼리를 보고 놀라서 죽음에 이르렀기 때문이라고 믿고 있었다.

기형의 원인이 무엇이건 간에 트리브스는 메릭을 전시 대상으로 내놓는 것을 더는 허락하지 않았다. 그는 메릭이 정상적인 지능과 깊은 신앙을 가진 사람이라는 것을 알게 되었다. 트리브스는 수많은 고통과 일상적 굴욕 속에서도 인간의 존엄성을 잃지 않은 이 젊은이를 존경하게 되었고 메릭이 어린 시절부터 한 번도 갖지 못한 개인적 공간을 병원에 마련해주었다. 메릭은 예술적 재능이 있었고 마인츠 대성당에 있는 것과 같은 나무 조각품이나 예술 작품을 그리곤 했다. 오른손 손가락이 엄청나게 팽창된 탓에 정상적으로 사용할 수 있는 손은 오직 왼손뿐이었음에도 말이다.

트리브스는 메릭이 정기적으로 극장을 드나들 수 있도록 해주었는데 그곳에서 그는 따로 떨어진 개인용 관람석에서 타인의 시선으로부터 보호받을 수 있었다. 메릭은 이후 트리브스에게 놀라운 소망을 털어놓았다. 앞을 보지 못하므로 자신의 기형을 볼 수 없고 따라서 자신을 외모로 판단하지 않을 시각장애인들과 함께 생활하고 싶다는 바람을 피력한 것이다.

트레브스는 메릭을 의학계에 소개했고 그는 과학적인 관심뿐 아니라 따뜻한 연민과 동정심도 받았다. 메릭은 어느 정도의 명성을 얻기 시작했고 상류층의 관심 있는 인물들이 그를 챙기기 시작했다. 그중에서도 가장 눈에 띈 것은 에드워드 황태자의 아내였던 알렉산드라의 방문이었다. 트리브스는 수년 후 다음과 같이 회상했다.

> 그의 사회적 위치는 당시 웨일스 공비였던 알렉산드라 왕비가 특별한 방문을 위해 병원에 왔을 때 절정에 달했고, 왕비는 메릭의 방에 들어서서 그의 손을 따뜻하게 잡아주었다. 메릭은 기뻐서 어쩔 줄 몰랐다. 감히 꿈에서조차 상상하지 못하던 일이 일어난 것이다. 왕비는 많은 사람을 행복하게 해주었지만, 메릭의 방에 들어가 그의 앞에 놓인 의자에 앉아 만나서 반갑다고 메릭에게 말을 건넨 순간만큼 더 너그러운 모습을 보인 적은 없었을 것이다.[2]

덴마크의 알렉산드라는 그것이 무엇을 의미하는지 알고 있었다. 그녀에게는 청각장애가 있었다. 트리브스가 묘사한 장면은 정확히 100년이 지난 후 에이즈 환자가 사람들 사이에서 기피당하고 있을 때 소외된 처지의 중환자들과 악수를 두려워하지 않았던 한 왕세자비를 연상시킨다.

메릭은 1890년 4월 11일에 죽었다. 아마도 그가 다른 사람들처럼 잠을 자려고 처음으로 시도한 후였을 것이다. 메릭은 예전처럼 거대한 머리를 무릎 위에 올려놓지 않고 등을 대고 누웠다. 하지만 그의 무거운 머리는 분명 뒤로 넘어가서 목이나 성대를 부러뜨린 결과를 가져왔다. 이 결말에는 많은 상징성이 있다. 그는 마침내 평범한 사람이 된 것이다.

운명5_엘리자베스 황후
: 운명을 가른 두 개의 상처

루트비히 렌이 수술한 환자 빌헬름 유스투스는 칼에 찔렸음에도 불구하고 심장이 계속 뛰고 출혈이 심하지 않아 목숨을 구했다. 반면 19세기에 심장에 상처를 입은 당대 가장 유명한 환자의 운명은 그리 밝지 않았다. 오스트리아 황후 엘리자베스의 경우 심막에 축적된 혈액이 심장눌림증으로 이어져 더 이상 규칙적인 심장박동을 허용하지 않았다.

1848년부터 합스부르크 왕가의 왕비로 살아왔던 프란츠 요제프 황제의 부인은 1898년 9월 10일 몽트뢰로 가는 기선을 타기 위해 그동안 머물렀던 제네바의 호텔 보리바주Beau-Rivage를 막 떠나던 참이었다. 왕비는 그다지 건강한 사람이 아니었다. 심장 질환과 식이 장애인 거식증을 앓고 있을 것이라 의심받기도 했다. 날씬하다 못해 극도로 말랐고 꽉 끼는 코르셋으로 허리를 졸라서 둘레가 50센티미터 정도로 얇은 개미허리를 만들곤 했다. 덕분에 정상적인 상황에서도 숨을 제대로 쉴 수가 없었다.

엘리자베스는 남편과 오랫동안 소원해져 있었다. 1950년대에 만들어진 왕비에 관한 3부작 영화의 성공 이후 독일어권 국가들에서 엘리자베스는 '시시Sissi'라는 애칭으로 알려졌다. 그녀는 빈의 엄격한 궁정 법도를 싫어했기 때문에 종종 몇 달에 걸친 여행을 떠나곤 했다. 그녀의 마지막 여행은 제네바 호숫가에서 끝이 났다.

기선이 대기하고 있는 선착장으로 가는 길에 그녀는 시녀와 함께 제네바의 산책로로 접어들었다. 그때 이탈리아의 무정부주의자 루이기 루체니Luigi Lucheni가 녹슨 칼로 그녀를 찔렀다. 엘리자베스는 아마 거의 고통을 느끼지 못한 듯하다. 그녀는 자신이 주먹에 맞았다고 생각했다. 걱정에 가득 찬 시녀의 부축을 받아 배에 오른 그녀는 배가 항구를 떠난 직후에 기절했다. 왕비는 바로 그 자리에서 사망했을 수도 아니면 호텔로 돌아오는 길에 사망했을 수도 있다(기선은 즉시 뱃머리를 돌렸다). 기다리고 있던 의사들은 왕비가 사망했다고 선언했다.

부검 결과 심장의 상처는 빌헬름 유스투스의 상처보다 더 깊었다. 왕족이라면 아무나 죽이겠다고 마음먹은 무정부주의자의 칼은 황후의 좌심실을 완전히 관통했고 상처가 단 하나뿐이었던 빌헬름 유스티스와는 다르게 상처를 두 군데나 만들었다. 칼이 매우 얇았기 때문에 혈액은 심막으로 서서히 들어갔고(바깥으로는 옷을 통해 더욱 적게 배어 나왔다.) 심장의 활동을 담당하는 부분이 지나치게 손상되지 않아 심장이 몇 분 더 뛸 수 있었다. 사인은 심장눌림증으로 밝혀졌다.

부검 보고서에서 밝혀진 두 번째 사실은 키가 172센티미터인 이 장신의 황후가 몸무게가 겨우 50킬로그램밖에 나가지 않은 데서 오는 기아부종이 있었다는 사실이다.

운명6_엘리자베스 스트라이드
: 잭 더 리퍼의 첫 번째 공식 피해자

인류의 초기 조상이 아프리카에서 새로운 지평을 개척한 이후, 이주라는 행위는 인류 역사의 일부가 되었다. 더 나은 기회와 생활 조건을 갖춘 새로운

집을 찾아 길을 떠나는 것은 개인뿐 아니라 사회 전체에 언제나 중요한 동력으로 작용해왔다.

19세기는 미국이 성장하면서 세계 강국으로 도약하는 데 결정적인 역할을 한 이민의 시대였다. 그런데 오늘날 자유와 번영이 넘치는 곳으로 이주민들의 목적지가 된 유럽의 한 나라는 19세기 당시에는 많은 이들이 이민을 떠나는 나라로 기록된다. 특히 19세기 말기 스웨덴에서는 수십만 명의 스웨덴인들이 신대륙에서 운명을 개척하기 위해 고국을 떠났다.

엘리자베스 구스타프스도터Elisabeth Gustafsdotter는 집에서 그리 멀리 이동한 것은 아니었다. 그녀가 도착한 곳은 런던이라는 불빛이 반짝이는 대도시였다. 하지만 그녀는 런던의 가장 음습하고 어두운 지역에 도착해 자리를 잡게 되었다. 그곳은 진보와 미래에 대한 믿음의 그늘, 인간의 사회적 도덕적 해이와 타락이 넘치는 공간이기도 했다.

엘리자베스 구스타프스도터는 1844년 11월 27일 스웨덴 서부의 토르슬란다Torslanda 마을에서 태어났으며 그녀의 부모는 농장을 경영했다. 학교 교육을 제대로 받지 못한 엘리자베스는 19세에 일자리를 찾기 위해 가까운 대도시인 예테보리로 이사했다. 도시에 나가 생계를 유지해야 했던 많은 젊은 여성들이 그랬듯이 엘리자베스도 매춘부가 되었다. 그리고 그 직업이 흔히 그렇듯 금방 성병에 걸렸다.

1866년 초에 엘리자베스는 런던으로 이주하여 적어도 일시적으로나마 중산층의 삶을 누릴 수 있었다. 그곳에서 존 토머스 스트라이드라는 이름의 목수와 결혼했고 작은 카페를 운영했다. 하지만 그다지 굳건하지 않았던 두 사람의 삶은 곧 내리막길을 걸었다. 그녀의 남편은 가난한 사람들을 고용하는 작업장으로 가게 되었고 엘리자베스는 남편과 잠시 떨어져 살아야 했다. 1884년에 존 스트라이드는 19세기의 무시무시한 전염병 중 하나인 결핵에 무릎을 꿇었다.

엘리자베스 스트라이드는 결국 수많은 싸구려 여관과 술집과 매춘부들로 가득 찬, 가난과 사회적 비참함으로 얼룩진 화이트채플 지역으로 자리를 옮겼다. 그리고 다시 매춘에 나섰다. 당시 엘리자베스는 마이클 키드니라는 이름의 부두 노동자와 함께 살았는데, 1887년 4월에 폭행 혐의로 키드니를 고소하기도 했다. 또 자신도 술에 취해 난동을 부린 혐의로 지방법원에 여러 번 출두해야 했다.

1888년 9월 29일 저녁, 그녀는 화이트채플의 한 술집에서 지인과 함께 있는 것이 목격되었는데, 자정 직전에는 한 목격자가 그녀가 잘 차려입은 남자와 키스하는 것을 보았다고 주장했다. 그날 밤 12시 30분 직후 경찰관을 포함한 두 명의 다른 목격자는 그녀가 어두컴컴한 골목길에서 한 남자와 같이 걸어가는 것을 보았다고 했다. 9월 30일 새벽 1시, 루이 디엠슈츠라는 웨이터가 말이 끄는 수레를 좁은 뒷마당으로 몰다가 '어두운 물체'라고 묘사한 무엇인가가 바닥에 있는 것을 보았다. 그가 성냥에 불을 붙이자 창백하고 깜박거리는 불빛 사이로 엘리자베스 스트라이드의 시체가 보였다. 그녀는 목부터 척추까지 내려오며 숨통을 잘라버린 깊은 상처를 입었는데 베인 상처에서는 피가 흘러나오고 있었다. 경찰이 와서 확인했을 때 아직 시체는 부분적으로 따뜻했다.

경찰은 살인범이 디엠슈츠의 등장으로 행동을 방해받고 어두운 안뜰로 도망가지 않았나 의심했다. 왜냐하면 엘리자베스 스트라이드의 운명은 불과 45분 후 몇백 미터 떨어진 곳에서 살해된 캐서린 에도우즈와 그해 가을 몇 주 동안 같은 운명을 공유했던 메리 앤 니컬스, 애니 채프먼, 메리 제인 켈리와는 단 한 가지 면에서 차이가 있었기 때문이다. 다른 네 여성의 시신은 끔찍하게 훼손되었다. 그들은 엘리자베스 스트레이드와 함께 '다섯 명의 공식 피해자Canonical Five'로 여겨진다. 이들은 잭 더 리퍼Jack the Ripper에 의해 살해되었을 가능성이 가장 큰 런던의 매춘부들이다.

다만 1888년 4월부터 1891년 2월까지 11건의 살인을 저지른 '화이트채플 살인자'의 정체는 여전히 논란의 대상이다. 이 살인 사건은 동시대인뿐 아니라 다음 세대까지도 매혹시켰다. 영화와 연극, 다큐멘터리가 제작되었을 뿐만 아니라 살해 현장은 관광 명소가 되어 살인자의 발자취를 따라 걷는 투어까지 생겨서 이방인들에게 끊임없는 전율을 제공했다. 이는 대중문화의 한 부분이 되었다.

살인자의 정체에 대한 수많은 가설 중 하나는 여성 피해자 네 명의 내장을 정확하게 제거하는 기술로 보아 외과 의사가 직업이었을 수도 있다는 것이다. 어쩌면 도살업자였을 수도 있다.

운명7_제임스 매디슨 드울프
: 스스로 운명을 개척하였으나 그 운으로 몰락을 맞이한 자

몬태나주 남부에는 멀리 느릿하게 흘러가는 강이 내려다보이고 무릎 높이로 자란 풀들이 무성한 대초원의 언덕 한가운데에 기념비들이 서 있다. 그 안에 새겨진 이상한 이름은 미국인의 의식 속에 매혹적이고도 비극적인 단 하루의 여름날을 깊이 아로새겨 놓았다. 비문에는 "J. M. 드울프, 외과 보조 의사"라는 글귀가 적혀 있다. 초원 위로는 눈길이 닿는 곳까지 비슷한 기념비가 수없이 많이 보이는데 어떤 기념비는 계곡의 분지에 흩어져 있고 또 어떤 기념비들은 '외과 보조의'의 기념비에서 걸어서 갈 수 있는 거리의 수풀이 우거진 언덕 위에 옹기종기 모여 있다. 그런데 이 모든 기념비에는 한 가지 공통점이 있다. 바로 1876년 6월 25일이라는 날짜가 새겨져 있는 것이다.

젊은 외과 의사 제임스 매디슨 드울프James Madison DeWolf의 기념비를 찾는 방문객은 거의 없다. 대부분 언덕 위에 있는 기념비 중 낙서가 가장 많이 적힌 곳으로 찾아가는데 아무래도 방문객의 사진 속에 많이 등장하는 기념비 중 하나일 것이다. 그 위에는 이 지역과 그곳을 가로질러 흘러가는 강, 리틀 빅혼 리버Little Big Horn River와 영원히 연결된 한 이름이 새겨져 있다. 바로 조지 암스트롱 커스터George Armstrong Custer 사령관이다.

이곳에서 두 문화가 충돌하는 비극이 벌어졌다. 당시의 해석으로는 '문명'과 '야

만의 대립이었다면 오늘날의 해석은 그보다는 균형 잡힌 것이다. 커스터와 드울프 등 미 7군단 소속 270여 명에 대한 정식 위령비 외에도 좀 더 현대에 와서 만들어진, 상대편을 추모하는 글씨가 새겨진 기념비도 있다. 그들의 이름 아래에는 "자기 부족의 삶의 방식을 지키기 위해 싸우다 여기 쓰러진 샤이엔Cheyenne 인디언"과 같은 문장이 적혀 있다.

피비린내 나는 사건이 있은 지 거의 한 세기 반이 지났음에도 여전히 이날에 관한 책이나 다큐멘터리, 영화가 만들어지고 있다. 이 리틀 빅혼 전투는 미국의 역사에 대해 할리우드가 가장 자주 다루는 주제다. 또 이 전투에 세 명의 의사도 참여했다는 것은 미국의 신화가 되었다. 그들 중 두 사람, 조지 에드윈 로드와 제임스 매디슨 드울프는 커스터 사령관을 비롯해 그의 부하들과 같은 운명을 나누었다. 세 번째 의사인 헨리 리날도 포터Henry Rinaldo Porter는 다행히 커스터 사령관의 부대가 아닌 마커스 리노Marcus Reno 소령의 부대에 있었다. 이 기병들은 강 건너편에 있는 여러 언덕 중 하나에서 치열한 방어전을 벌였는데 커스터의 군대와는 다르게 대부분 살아남았다.

며칠 후, 지원군이 도착하고 인디언들이 북쪽으로 이동한 후 포터는 친구 드울프의 시신과 함께 독특한 자료를 발견했다. 쓰러진 외과 의사의 일기였다. 마치 전쟁터에서 온 편지처럼 이 일기는 거친 서부에서 환자들을 돌보며 비극적인 역사와 마주쳐야 했던 한 젊은 의사의 험난한 삶을 잘 보여주고 있다.

드울프의 일기는 치열한 노력과 지식에 대한 갈망 그리고 의술에 대한 열정으로 성공을 거둔 한 인물의 이야기이기도 하다. 그는 외과 의사로 태어난 운명은 아니었다. 드울프는 1843년 1월 14일 펜실베이니아 메후파니Mehoopany의 한 농장에서 태어났는데 어린 시절의 삶은 조상 대대로 이어온 농부 이외의 직업은 상상할 수 없는 것이었다. 그런데 미국 역사의 위대한 전환점인 남북전쟁이 일어났다. 남쪽과 북쪽의 많은 다른 젊은이들과 마찬가지로 드울프는 서둘러 무기를 들고 4월 23일 고향에서 결성된 자원봉사 부대의 일원이 되었다.

드울프는 1862년 8월 불런 전투로 유명한 제2차 머내서스 전투에서 오른팔에 총알을 맞는 부상을 당했다. 하지만 그는 운이 좋았고 당시에 매우 흔했던 절단 수술을 면했다. 워싱턴 핀리Finley 병원에서 그는 자신의 진정한 소명을 깨달았다. 바로 아프고 다친 사람들을 돌보는 것이었다. 드울프는 최전방에 가까운 도시에 있는 수많은 병원 중 한 곳에서 병원 조수이자 관리인이 되었다.

남북전쟁이 끝난 후 드울프는 군대에 남아 서부 깊숙한 곳으로 발령을 받았다. 현재의 오리건주에 있었던 리옹 군부대에서 그는 해박한 의학 지식 덕분에 병원의 책임자로 임명되었다. 드울프는 말 그대로 직장 생활을 통해 지식을 습득한 인물이었다. 그는 리옹의 부대에서 2년 동안 머물렀고 그 후 워너Warner 군부대에서 외과 보조의로 거의 4년 동안 지냈다. 그는 그곳에서 1871년 10월 3일에 아홉 살 연하인 패니 다우닝이라는 여성과 결혼했다. 짧은 생애의 마지막 날들에 그가 썼던 사랑과 애정이 듬뿍 담긴 편지들에서 볼 수 있듯이 그는 행복한 결혼생활을 이어나갔다.

그 후 그는 다음 단계로 나아갔다. 1872년 5월에 드울프는 군의관이었던 외과 의사에게 의대를 가겠다며 일시적인 휴직을 요청했다. 오늘날의 관점에서 볼 때 놀라운 일이지만 그는 정규 교육의 결핍에도 불구하고 당당히 하버드 의과대학에 합격했다. 열심히 공부했을 뿐만 아니라 실전에서 얻은 상당한 지식을 갖추었던 드울프는 보통 3년이 걸리는 학업 기간을 단 2년 만에 마치고 성공적으로 모든 시험에 합격했다.

드울프는 아내와 함께 멀리 떨어진 다코타 준주로 이사했고, 그곳의 토튼Totten 요새에서 군인들을 위한 의료 서비스를 제공했다. 그는 평화를 앗아가는 사건이 눈앞에 펼쳐지리라는 것을 예감했다. 군대는 북부 대초원에서 인디언들을 상대로 마지막 대규모 군사작전을 벌일 준비를 하고 있었다. 유럽 이민자들에 의한 북아메리카 식민지화 이후, 수많은 다른 원주민들과 마찬가지로 이곳의 원주민들도 점점 더 서쪽으로 밀려났다. 라코타족과 샤이엔족에게 신성한 장소였던 블랙 힐스^{Black Hills}는 미국 정부가 영원히 원주민들에게 남겨두겠다고 약속한 곳이지만 이는 이들이 오래 지키지 못한 다른 숱한 약속과 다를 바 없었다.

하지만 이 경우는 원주민에게 적대적이었던 대통령 율리시스 S. 그랜트에 의한 고의적인 사기극이라고는 볼 수 없다. 블랙 힐스에서 금이 발견되었다는 소식이 보석 광산에 굶주린 수천의 백인들을 불러모은 것이다. 인디언들은 그들만의 방법으로 자신들의 땅을 지키려 했으나 금광 채굴업자와 정착민들을 보호하라는 요구가 군에 떨어졌다. 하지만 원주민들은 이번에야말로 굳게 단합해 자신의 땅을 방어하기 위한 강한 열의를 보였다. 원주민에게는 시팅 불^{Sitting Bull}이나 크레이지 호스^{Crazy Horse}, 투 문스^{Two Moons}, 스포티드 이글^{Spotted Eagle} 같은 역사적인 지도자들이 있었다.

3월 10일, 드울프는 아내에게 영원히 작별을 고했다. 아내에게 쓴 편지와 그의 일기에는 미신을 믿는 사람이라면 불길한 징조라고 할 수 있는 각종 사건이 넘쳤다. 일기장의 첫 장부터 엉망이 된 행진에 대한 이야기가 등장한다. "토튼 요새에서 2마일 떨어진 곳에서 말이 넘어져 내 오른발에 멍이 들었다." 혹독한 겨울이 끝나갈 무렵, 또 다른 눈보라가 무리를 휩쓸었고 그 결과 여러 병사가 동상에 시달렸는데 특히 손가락과 코가 동상에 걸린 경우가 많았다. 그는 아내에게 다음과 같이 썼다. "사람들 대부분이 동상에 걸렸다오. 어떤 사람은 손가락 끝에, 또 어떤 사람은 코나 귀에 동상을 입었는데 동상을 입지 않은 이가 없을 정도라오. 그래도 불구가 된 사람은 없는 듯하오." 간절하게 답장을 기다리곤 하던 아내 패니에게 쓴 편지에서는 드울프의 부드러운 사랑이 넘쳤는데 항상 편지의 끝은 "당신의 사랑하는 남편으로부터 사랑과 키스를"이라는 표현이 빠지지 않았다.

날씨가 좋아지자 드울프와 그의 부대는 에이브러햄 링컨 요새로 옮겨 갔다. 그곳은 커스터와 외과 의사 그리고 다른 병사들에게 마지막 거주처가 되었다. 당시 독일 수상의 이름을 따서 지은 노스다코타주의 수도는 드울프의 눈에 너무나 척박한 곳이었다. "비스마르크는 썩은 똥 두엄 같은 곳이라오." 그는 또한 길고 지루

한 여러 날을 텐트 안에서 독학을 하며 보냈다. 생리학을 공부했고 그 사실을 5월 초의 일기에 적었다.

5월 17일, 미국 제7기병대 약 700명의 병력이 에이브러햄 링컨 요새에서 출발했다. "커스터 부인이 잠시 다녀갔다."라고 드울프는 적었다. 그러면서 커스터 부인은 남편의 명성이 비판받는 것을 막기 위해서라면 기나긴 생애 동안(부인은 거의 반 세기가 지난 1933년에 세상을 떠났다) 무엇이든 할 분이라고 언급했다. 드울프가 할 일은 별로 없었다. 그는 5월 23일에 살짝 탈이 난 세 명의 환자를 돌보았다. 6월 2일 갑자기 눈이 내렸다. "내 텐트 앞에 모닥불이 타오르고 있고 연기 때문에 눈이 빠질 지경이오. 여보, 난 말이오, 가끔 집에 갈 수 있다면 얼마나 좋을까 생각하곤 한다오." 6월 21일, 소문으로 떠돌던 거대한 인디언 쪽의 캠프를 찾아 탐색전을 벌이는 동안 드울프는 명백한 오판으로 밝혀진 생각을 일기에 토로했다. "분명 올여름에 단 한 명의 인디언도 보지 못할 것이라고 장담한다." 외과 의사가 보낸 마지막 편지는 "모두에게 안부를 전하시오. 당신을 사랑하는 남편hubby♦ JM 드울프"라는 구절로 끝을 맺는다. 6월 24일, 그는 마지막으로 일기에 행진 중인 부대에 대해 자세히 묘사했다. "새로운 인물들을 발견했다. …… 거의 해체된 낡은 캠프 …… 그렇게 높지 않다." 여기서 제임스 매디슨 드울프의 일기는 끝이 난다.

그렇게 높지 않다. 그것은 버려진 인디언 캠프에 추정한 것보다 적은 수의 전사가 있을 것이라는 암시였다. 하지만 이는 치명적인 실수였다. 다음날 커스터 사령관은 종이쪽지에 마지막 문장을 적어 내려갔다. "커다란 마을이다! 얼른 올 것! 보급품을 가져오라!" 리노 소령에게 그 쪽지를 전달하기로 되어 있던 병사는 조반니 마르티노Giovanni Martino라는 이탈리아에서 온 이민자 병사였다. 그는 커스터와 그의 부하들이 살아 있는 모습을 본 마지막 백인이었다.

리틀 빅혼 전투에서 리노 소령의 부대는 강을 건너 도망쳤고 커스터 대령은 대

♦ hubby는 남편에 대한 애칭

부분의 병력을 이끌고 파멸을 향해 달려갔는데 이 전투에서 드울프는 비교적 빨리 죽음을 맞이했다. 목격자의 진술에 따르면, 의사는 심장에 총을 맞아 곧바로 목숨을 잃은 것으로 알려졌다.

　제임스 매디슨 드울프의 아메리칸 드림은 실현되었다. 그는 자신의 힘으로 매우 비천한 배경에서 존경받는 직업으로 운명을 바꾸었다. 이 꿈이 그를 미국의 가장 위대한 전설 중 하나인 커스터의 마지막 저항으로 이끌었고, 운명적인 몰락을 맞이하게 했다.

| 미주 |

조지프 메릭

1. Frederick Treves: 《코끼리 인간과 여러 추억들The Elephant Man and Other Reminiscenses》, London 1923, 3~4쪽.
2. 같은 책, 24쪽.

제임스 매디슨 드울프
추가 문헌:
Todd E. Harburn 편: 《리틀 빅혼 전투에서 커스터와 함께한 외과의. 제임스 드울프의 일기장과 편지, 1876년A Surgeon with Custer at the Little Big Horn. James DeWolf's Diary and Letters, 1876》, Norman, Oklahoma 2017.